民主的浪漫之路

雷震傳

薛化元——著

目錄

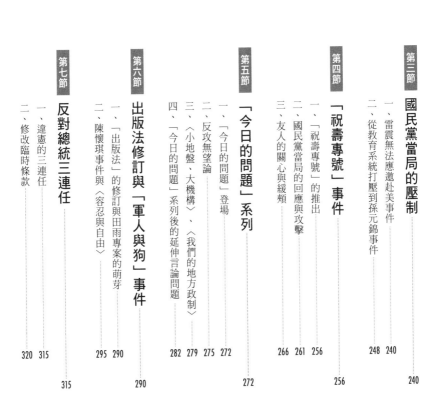

第四章 後《自由中國》時期

自序

雷震公益信託成立後，發起人雷美琳小姐一本初衷十分熱心於推動雷震相關資料的整理出版，例如《雷震回憶錄之新黨運動黑皮書》、《雷震家書》等著作，就陸續在遠流出版公司的支持下問世。對雷小姐而言，重要的心願就是紀念她的父親雷震，彰顯雷震推動民主憲政的貢獻，就此而言，除了頒發雷震獎學金之外，另一個重要的工作，就是推動雷震傳記之撰寫出版。就已經出版的著作中，如中國大陸雷震研究者范泓先後出版了兩個版本的雷震傳記（《民主的銅像：雷震傳》），是海內外分量最大的雷震傳；另外，我的學生任育德、蘇瑞鏘都對雷震的歷史、思想有相當研究，特別是在民主憲政層面，有相當深厚的造詣，而且都有豐富的學術成果發表。不過，基於彼此熟悉和信任的考量，公益信託認為由協助雷小姐整理雷震史料的學者來撰寫，較為適合。然而在多重因素及因緣際會下，雷震傳並沒有如雷小姐預期中順利完成。雷小姐過世後，我在薛欽峰律師多次的鼓吹下，也覺得這是一個相當有意義的工作，於是答應接手，投入這本《民主的浪漫之路：雷震傳》的撰寫。

我在一九七八年開始接觸《自由中國》及雷震著作，在時間上雖不算晚，但在年齡方面，對一位研究台灣政治史或是思想史的研究者而言，算是比較晚熟的。當時我因為林能士老師的介紹才開始接觸《自由中國》與殷海光，回家和父親談及此事後，對雷震和《自由中國》的貢獻進一步有所了解。再加上當時政治大學社會資料研究中心就收藏有《自由中國》，學生可以直接翻閱，這也是我認識《自由中國》以及雷震的第一步。大學剛畢業，由於好友孫善豪的介紹，我認識了後來擔任中國民主社會黨秘書長的顧紹昌先生（他到東海大學任職，就是雷震先生推薦的），由於顧先生的引介和協助，我有機會進一步接觸張君勱及「中華民國憲法」的緣起，也認識雷震在政治協商的關鍵角色。除了持續和朋友討論張君勱和民主憲政之外，我也藉著拿到獎學金的機會，在邱淑如小姐的協助下，從國外影印了大批的相關資料，這是我撰寫博士論文的重要機緣。就是因為張君勱與「中華民國憲法」以及雷震之間有著千絲萬縷的關係，使得我除了廣泛地閱讀、參考雷震有關「中華民國憲法」的相關文章之外，也進一步閱讀當時已經出版的日記，這使我對於雷震與《自由中國》以及台灣戰後政治史有進一步的認識。

我進入博士班之後，有一回已經生病住院的傅正先生託他的學生陳信傑兄來找我，告知他聽說我對研究《自由中國》有興趣，說要送一套《自由中國》讓我做研究。雖然當時我表示已經用研究經費幫服務的張榮發基金會國策中心購買了一套《自由中國》，然而他們得知後仍十分好意，認為我自己如果擁有一套《自由中國》，對於我未來的研究必定會有所幫助。當時傅正先生已經病危，我也隱約感覺到，他的期待是希望我可以多做雷震與《自由中國》方面的研究。我也曾經向指導教授李永熾老師提及要不要改做《自由中國》研究，李老師提醒我，我的博士論文計畫已經準備多年，就先完成張君勱的憲政思想主題取得博士學位，畢業後在民主憲政相關的歷史研究脈絡下，再投入以《自由中國》做為研究的主題準備未來升等。

由於前述的機緣，加上我對研究台灣史，特別是民主憲政的偏好，畢業後我在交通大學任教期間，除了繼續撰寫第三勢力和張君勱相關的研究論文之外，主要的研究重點就放在《自由中國》和雷震的研究主題。十分感謝國科會研究計畫補助，使得我有機會將《自由中國》雜誌中與民主憲政相關的部分，全部做成摘要，進而利用這些逐篇的摘要，並配合雷震的日記及相關的史料進行相關研究。在完成研究整備後，於稻鄉出版社的協助下，出版了《《自由中國》與民主憲政：一九五〇年代台灣思想史的一個考察》，這也是我研究《自由中國》的第一本著作。

不久，我轉到政治大學歷史系任教，當時殷海光基金會的顧忠華教授，積極希望我可以協助完成殷海光相關人士的口述整理工作。由於殷海光與雷震、《自由中國》關係十分密切，在這樣的機緣之下，透過一系列相關前輩的口述，除了讓我對殷海光的思想有更清楚的了解之外，也讓我和《自由中國》的相關人士，特別是宋文明先生、馬之驌先生等人有了進一步的接觸，他們兩位提供的許多回憶都是與雷震、《自由中國》密切相關的。而在以《自由中國》相關研究完成升等的同時，我另外寫了《《自由中國》的國家藍圖》這一本書的初稿，只是升等之後，新的論文寫作接續不斷，導致這本書的初稿的整理、出版，就被擱置下來。期間我則陸續完成幾篇有關雷震和《自由中國》的論文，不過另一個研究取徑，則和數位典藏及後續的數位人文研究有關。

我接任政治大學台灣史研究所所長不久時，創立了人權史研究中心，開始進行數位典藏的系統工作。首先除了完成台灣人權協進會中有關雜誌、會議紀錄與口述訪談等史料，從目錄建置、數位典藏，進一步往全文數位化資料庫的方向發展之外，也期待以戰後台灣自由、民主、人權為中心，逐步建立made in Taiwan的資料庫。後來，在雷震公益信託諮詢委員會和政治大學吳思華校長的鼓勵下，二〇一〇年我推動雷震研究中心的創設工作。之後，更直接把《自由中國》、《雷震日記》的全文建置，做為中心計畫的第一個目標。對於我及許多研究者而言，《自由中國》和《雷震日記》的全文檢索系統不單單只是一般的資料庫檢索而已，更重要的是，它讓我進入了《自由中國》和雷震研究的數位人文時代，並以此為基礎撰寫了幾篇學術論文，使我能擴大雷震相關研究議題的視野。

後來在中正紀念堂管理處的委託下，我執行了「雷震與一九五〇年代台灣政治發展——轉型正義的視角」的研究計畫，計畫結案後，通過審查，進而出版了《雷震與一九五〇年代台灣政治發展——轉型正義的視角》。這是我第一次嘗試用數位人文的研究方法進行專書寫作。

因為有了前述這些經驗和研究基礎，讓我比以前更有信心地，將過去關於《自由中國》的相關研究作為，再以《自由中國》、《雷震日記》為主要的研究素材，進而完成《民主的浪漫之路：雷震傳》的撰寫。本書的完成，對我在雷震相關研究上而言，是一個新的階段目標之完成，但同時我也期待以此為基礎，可以將雷震和《自由中國》的相關研究繼續深化下去。

感謝葉雅涵小姐和李盈萱小姐、郭佩瑜小姐在資料整理上的協助，特別是陳致好小姐持續提供增補的意見，對我協助最多，有她們的協助做為基礎才有今天《民主的浪漫之路：雷震傳》的完成。此外，感謝雷震公益信託諮詢委員會的支持和薛欽峰律師一再的「催促」，使得這本書的初稿可以順利的完稿，也感謝審查委員提供的修改意見。最後，特別要感謝遠流出版公司王榮文董事長大力協助本書的出版，曾淑正副總編輯在我延遲交稿的狀況下，協助全書的編輯作業，才使本書可以順利問世。

前言

一、雷震的歷史角色

有關雷震與民主憲政的關係，一般著重他在中華民國制憲史或是台灣民主憲政發展脈絡的角色，不過如果考量他民主憲政學識的養成，更可以看到他與近代東亞民主憲政思想發展的關係。首先，就民主憲政的基本學養而言，雷震到日本求學，在名古屋第八高等學校畢業後，進入了京都大學法學部就讀，當時他選擇了政治科，主要就是希望能夠研究政治，尤其是憲法，對於一般法學科注重訴訟以及律師職業的養成，雷震並沒有太大的興趣。而在京都大學法學部畢業之後，雷震又進入了大學院（研究所）就讀，雖然他沒有完成大學院的學業，但是他選擇研究美國憲法，可以看出他對於學術或者是自己未來生涯發展的取向。雷震在日本求學期間的所學，乃至於他的老師們的學養或是相關的研究，對雷震後來在中國的發展有相當程度的影響。而在日本求學期間，雷震就在戴季陶等人的介紹下，加入中華革命黨。他在一九二六年返回中國時，碰巧是中國國民黨（以下簡稱國民黨）北伐期間，因此他做為國民黨的黨員，加上他的老師韓寶華的關係，雷震先在浙江教育界發展，而後由於理想無法落實，因此在一九二七年底辭職。其後，他開始以國民黨員的身分進入國民政府服務。起先，戴季陶推薦雷震進入國民政府法制局工作，雷震在法制局服務期間和當時的局長王世杰建立了多年的長官下屬情誼，而最後成為好友的關係。其後，再到戴季陶負責的考試院服務，雷震利用日本的相關資料開始協助建立中國的公務人員任用制度。

一九三三年王世杰就任教育部長，再找雷震進入教育部協助。雷震在教育部總務司長任職期間，與學術界有了更密切的往來，也與胡適等學術界自由主義人士結交，這影響了雷震後來和自由主義者的關係。一九三五年，雷震當選國民黨候補監察委員第二名，同時兼任國民黨中央政治委員會財政專門委員會的委員，這次國民黨的全國代表大會，對於憲政的推動，有了具體的決議，因而促成了雷震參與國民政府制憲工作的因緣。一九三六年，雷震參與由王寵惠擔任召集人的憲法草案的審議報告，這也是雷震接觸中華民國憲法草案（五五憲草）的重要開端。而在不久之後，中日戰爭爆發，雷震轉到國民參政會服務，他參與修改「五五憲草」到制憲的工作，角色也越來越重要。

（二）促進三黨共同制憲行憲

在國民參政會服務，除了與憲法草案的修改有密切的關係外，雷震也與國民黨以外各黨派的領袖有了更密切的接觸，其中中國國社黨（以下簡稱國社黨）、中國青年黨（以下簡稱青年黨）以及後來成立的民主同盟的重要領導人都在國民參政會中與雷震有相當密切的互動，可以說在國民參政會的期間，雷震開始扮演國民黨與黨外各政黨政團溝通的重要角色，包括中國共產黨也與他有相當互動。這樣的人際關係，不僅使雷震在後續憲法草案的討論修正中扮演了重要的角色，也是一九四五年八月戰爭結束之後，雷震參與各黨派協商的重要關鍵。一九四六年一月雷震擔任政治協商會議的秘書長，使他與政治協商會議的決議後續發展以及政治協商會議憲法草案的形成，結下了密切的關係。

政治協商會議告一段落，後續政協憲草的討論過程中，雷震扮演著秘書工作，繼續穿梭於國民黨與各黨各派之間。他協助促成由張君勱起草的政治協商會議憲法草案，更是後來中華民國憲法的藍本。由於國民黨與中共、民主同盟之間互信不足，因此根據政治協商會議的決議，必須先進行國民政府改組再進行制憲的工作在程序上始終無法按部就班推動。在國共兩黨軍事衝突不斷，又無法達成制憲協議的狀況之下，國民政府主席兼國民黨總裁蔣中正決定要推動制憲。但是此一程序與政治協商會議的決議程序不合，因而給了中共與民主同盟杯葛的理由。為了避免一黨制憲，如何促成青年黨與民社黨（國社黨改組而成）參與制憲國民大會變成是一件重要的工作，而促成此一工作的關鍵人物就是雷震。雷震在蔣中正的授權和命令之下，積極與民社黨、青年黨溝通協商，最後在蔣中正承諾制憲國民大會將通過以政治協商會議憲法草案為藍本的憲法之後，民社黨同意參與制憲國民大會，而青年黨原本就以民社黨參加制憲國民大會為條件決議參與，因此有一九四六年十一月三黨共同制憲。

完成制憲之後，後續行憲的準備推動工作，則有待國民政府的改組。雷震在這次國民政府改組中，在張群擔任行政院長的內閣中出任政務委員，主要工作之一就是繼續協調民社黨和青年黨共同準備行憲工作。另一方面，也積極處理民社黨和青年黨參與政府以及提出的種種政治要求，經過不斷的穿梭、協商，國民政府終於順利改組，雷震同時也在行政院負責審查原有的各種可能違憲的法律與行政命令，並提出修正的方案。只是在動員戡亂時期展開之後，這項工作的成效相當有限。一九四七年十二月進入憲政時期，第一屆中央民意代表的選舉，雷震也扮演了重要的角色。雷震協助國民黨與民社黨、青年黨協調第一屆中央民意代表席次的分配，在國民黨違紀參選人數眾多，導致原本承諾給民社黨、青年黨席次不足的狀況下，雷震繼續穿梭協商，終於促成民社黨、青年黨共同參與行憲之後政府的工作。行憲後的第一任行政院，雷震擔任翁文灝內閣的政務委員，主要的工作仍然是在於國民黨與民社黨、青年黨的溝通協調，特別是在各機關人事安排方面，避免民社黨、青年黨與國民黨發生太嚴重的矛盾，使行憲工作得以順利展開。

（二）從「擁蔣反共」到批判國民黨當局

一九四八年底，由於動員戡亂工作相當不順利，中華民國國軍在各個主要戰場的敗象日漸明顯，而實力派軍人與國民黨內同志，對於繼續作戰也欠缺信心，因而在一九四九年一月元旦文告中，蔣中正表達不戀棧職位的辦法，這也是後續他下野以及進行國共和談的重要轉折。此時，雷震、王世杰和胡適都站在支持蔣中正繼續領導國政，並積極與中共人民解放軍對抗的基本路線，也就是所謂「擁蔣反共」的路線。因此，李宗仁就任代總統，邀請雷震擔任國策顧問一職，雷震便拒絕，反而積極與王世杰等人聯手，希望推動「自由中國運動」，促成以胡適領導的自由派知識分子支持蔣中正的政治路線。「自由中國運動」以及後續出刊的《自由中國》雜誌，正是雷震從中國民主憲政的推動轉往台灣，成為台灣民主憲政發展重要人物的連結與轉折。[1]

一九四九年十一月，《自由中國》雜誌在台北創刊，雷震是雜誌的實際負責人。他原本在危急存亡之秋，站在「擁蔣反共」的政治路線，相對的比較忽視自由、人權的問題。一九五〇年六月，韓戰爆發，美國第七艦隊進入台灣海峽，實施台灣海峽中立化，台灣轉危為安。一九五一年五月美國明確決定不在台灣問題上對中華人民共和國讓步，整個國際情勢有了根本性的改變。此時，雷震和《自由中國》也回歸原本雜誌創刊的宗旨，對於自由、民主在台灣的落實投入更多的關注。相對的，國民黨當局在蔣中正的主導下，於韓戰爆發後推動的改造事業朝向「以黨領政、以黨領軍」的方向發展，並標舉蔣中正做為領袖的地位，國民黨的政治結構由原本的蔣家天下陳家黨，轉換成為蔣家天下蔣家黨，同時也朝向強人威權體制的方向發展。一方面是雷震和《自由中國》對自由民主人權的價值越來越關注，一方面則是國民黨當局朝向強人威權體制的方面發展，因而兩者之間後續的衝突變成不可避免。

雷震在《自由中國》期間與國民黨當局的衝突越來越大，逐漸淡出國民黨的政治核心，轉而變成監督、制衡國民黨施政的角色。因此有人說雷震本來是替國民黨來統戰各黨各派人士，或者說替國民黨來遊說胡適等人支持國民黨的統治體制，但發展的結果卻是雷震的政治立場和主張，和提倡自由、民主、人權的各黨各派人士、台灣本土政治菁英越來越接近，這種角色的變換使得雷震在台灣民主運動中受到各方面的矚目，也導致雷震與國民黨當局終究走上決裂之途。其中一九五六年「祝壽專號」的出版，是雷震由一九五一年〈政府不可誘民入罪〉和情治單位衝突，轉化到與國民黨當局直接衝突的一個重要轉折。繼而雷震主導的《自由中國》又發表了「今日的問題」系列社論，提出的種種改革主張，更引發了以蔣中正為首的國民黨高層不滿。更為關鍵的是雷震在反對黨，以及蔣中正總統試圖三連任的態度。對雷震而言，站在擁護中華民國憲法體制的角度，基本上是反對蔣中正總統違反憲法規定進行三連任的，因此在蔣中正總統及國民黨當局朝向三連任的發展越來越明顯之際，《自由中國》的言論也越來越尖銳，扮演了強力批判的角色。

（三）反對運動的投入與傳承

另一方面，雷震自始就覺得民主憲政之下應該有反對黨的存在。中華民國政府敗退到台灣，民社黨和青年黨的力量太小，不足以扮演強大反對黨的角色，因此《自由中國》雜誌即不斷鼓吹必須要成立新的反對黨，等到台灣本土政治菁英因為地方選舉不公，朝向組黨的方向發展，雷震一開始並不贊成，但是這兩股不同的組黨力量，在一九六〇年蔣中正總統三連任之後逐漸合流。雷震則積極投入促成外省籍政治菁英與台灣本土政治菁英的合作，加入由台籍菁英主導的中國民主黨的組黨工作。在此一歷史脈絡中，國民黨當局採取了強力壓制的手段，將原本田雨專案對雷震和《自由中國》的監控轉換為實際上的壓制行動，因而一九六〇年九月四日雷震被捕，《自由中國》停刊，至於中國民主黨的籌備工作雖然還撐過一段時間，但是在一九六一年地方選舉之後，也壽終正寢。這當然也與國民黨當局持續以政治事件（案件），對與雷震共同擔任中國民主黨主要籌備負責人的高玉樹、李萬居施壓有關。

雷震入獄十年，出獄之後，中華民國在一九七〇年國際政治舞台的危機愈發明顯。而雷震在《自由中國》時期，對於以美國為主，朝向「兩個中國」發展的方向已經密切關注，而且認為必須以在台灣落實民主政治改革做為政治的重點工作。因此，雷震在一九七〇年出獄後，就主張「兩個中國」。一九七一年中華民國失去聯合國的代表權，中華人民共和國政府繼承了中華民國政府在國際舞台的角色之後，雷震更積極主張在台灣建立中華台灣民主國，制定新憲法，在台灣建構一個獨立於中華人民共和國之外的民主國家。這樣的主張當然沒有被蔣中正、蔣經國父子主導的國民黨當局所接受，但是卻影響了後來台灣民主運動的發展。整體而言，一九七〇年代，台灣黨外運動逐漸崛起，許多黨外運動的參與者，對於一九五〇年代《自由中國》雜誌要求改革的主張並不陌生，並且引以做為改革訴求參考的依據，而雷震提出的〈救亡圖存獻議〉在當時的政治氛圍中更為激進，連黨外人士也不敢直接引用，不過，強調由台灣住民在台灣建立一個獨立於中華人民共和國之外主權國家的訴求，也在台灣民主運動中逐漸醞釀。特別是住民自決的概念，從黨外人士〈國是聲明〉開始就成為黨外運動及後來民主進步黨政治訴求的基調。而雷震除了透過言論影響黨外人士之外，他出獄之後除了與一九五〇年代結交的台灣本土菁英互動外，和康寧祥等新興黨外人士亦密切交往，而郭雨新及他的秘書陳菊與雷震的互動也相當密切，雷震許多的言論資料之所以可以流傳到海外，就是黨外人士以及關心台灣自由、民主、人權的國際人士協助的結果。一九七九年，雷震過世，雷震案的平反運動則在一九八〇年代開始陸續展開，而雷震在台灣政治運動中的角色與地位也受到各方的重視。這本《雷震傳》希望可以呈現雷震成長歷程，以及他在政治投入的貢獻及其意義，特別是希望呈現雷震在中華民國民主憲政的推動與他在台灣民主運動的角色。

二、雷震研究回顧與資料應用

筆者在二〇一九年出版《雷震與一九五〇年代台灣政治發展——轉型正義的視角》一書時，對於雷震和《自由中國》的研究，有比較全面的回顧。在此，主要是以當時的整理為基礎，回顧以雷震為主題的研究。

有關雷震的相關研究，專書部分，李敖在《雷震研究》中蒐集了有關雷震的相關史料與檔案。[2]任育德在《雷震與台灣民主憲政的發展》中，將雷震與戰後台灣民主憲政發展間做一連結，並進而探討雷震對戰後台灣民主憲政發展的影響與關係。[3]范泓以雷震作主軸撰寫其個人傳記，並前後增補再版雷震傳。[4]張忠棟的《胡適．雷震．殷海光》雖不是只以雷震研究為題，但其內容都與《自由中國》相關。[5]另外，有關雷震的研究尚有不少，例如：馬之驌的《雷震與蔣介石》等。[6]

單篇論文部分，主要有楊秀菁的〈權衡下的十年罪責——雷震案與一九五〇年代的言論自由問題〉，探討雷震案如何被論罪以及其所反應的一九五〇年代言論自由問題。[7]蘇瑞鏘的〈從雷震案看戒嚴時期政治案件的法律處置對人權的侵害〉，[8]透過當時法律相關規定及處置雷震案的程序進行深入的考察。許瑞浩的〈從官方檔案看統治當局處理「雷震案」的態度與決策——以國防部檔案為中心〉，則利用國防部檔案，探討國民黨當局處理「雷震案」的決策問題。[9]薛化元在〈雷震的「國家統治機構」改革主張〉[10]以及〈雷震的國家「統治機構」改革主張——對台灣自由主義的一個考察〉[11]中，透過外在情勢變遷與《自由中國》主張間互動關係的分析，考察雷震乃至於《自由中國》刊物立場，隨著時空環境更迭，而產生相當程度之演變。在〈台灣自由主義對國家定位思考的歷史探討——以雷震及《自由中國》為例〉[12]以及〈戰後台灣自由主義與民族主義互動的一個考察——以雷震及《自由中國》的國家定位為中心〉[13]中，從外在時空條件改變，及思想內在邏輯發展兩面向出發，檢視《自由中國》對台灣國家定位之立場變遷，即由以中華民國做為中國唯一合法代表者之「一個中國」論，而朝向「兩個中國」論之移行過程。任育德在〈一九五〇年代雷震憲政思想的發展——以「中央政體」與「反對黨」為例〉[14]中，從雷震憲政思想發展出發，進而探討《自由中國》對於「中央政體」與「反對黨」的立場主張。

就撰寫這本雷震傳記而言，主要是以筆者過去研究雷震和《自由中國》的成果為基礎，參考既有研究成果和已經出版的雷震作品，並廣泛使用傅正主編《雷震全集》中的回憶、日記、書信，以及官方的雷震相關檔案。另一方面，除了根據傳統的研究方法進行傳記的撰寫外，筆者也再次嘗試使用數位人文的研究取徑，針對《雷震日記》進行分析，配合相關章節的論述藉以呈現雷震在反對黨推動方面等課題的樣態。

三、內容安排

本書基本上是根據時序先後安排，第一章從雷震出生、求學，依序是在故鄉學習、日本留學，及至返回中國進入政府服務。第二章論述雷震參與政黨協商、制憲、行憲，並在一九四九年隨著中華民國政府敗退到台灣，在台灣出版《自由中國》。第三章則討論雷震主持《自由中國》期間的發展，透過《自由中國》，成為一九五〇年代台灣自由民主言論與民主運動的代表性人物之一。最後由於批評蔣中正領導的國民黨當局，觸犯了國民黨當局的紅線，一九六〇年九月雷震因莫須有的罪名下獄。

第四章論述雷震下獄的經緯，並敘述歷經十年牢獄之災，一九七〇年九月雷震出獄後沒有《自由中國》，不再是輿論界閃耀的明星，卻又能在台灣民主運動中扮演角色。這固然是因為過去《自由中國》在自由民主領域的耕耘，成為一九七〇年代民主運動的重要資源，啟蒙了下一代的政治運動者，也指引了政治改革的方向。另一方面，雷震的自由民主主張並沒有停留在《自由中國》的時代，而能進一步與台灣的生存結合。在一九七〇年代初期，雷震以自由、民主價值的優位性，思考台灣民主憲政發展的可能途徑，直到目前仍有現實的意義。最後，則再總結雷震一生追求民主憲政的身影及其意義。

1 有關「自由中國運動」及《自由中國》的發展，參見薛化元，《《自由中國》與民主憲政：一九五〇年代台灣思想史的一個考察》（板橋：稻鄉，一九九六）。

2 李敖編著，《雷震研究》（台北：李敖出版社，一九八八）。

3 任育德，《雷震與台灣民主憲政的發展》（台北：國立政治大學歷史學系，一九九九）。

4 如范泓，《民主的銅像：雷震先生傳》（台北：秀威資訊，二〇〇八），及范泓，《雷震傳：民主在風雨中前行》（廣西：廣西師範大學出版社，二〇一三）。

5 張忠棟，《胡適．雷震．殷海光》（台北：自立晚報社，一九九〇）。

6 馬之驌，《雷震與蔣介石》（台北：自立晚報社，一九九三）。

7 楊秀菁，〈權衡下的十年罪責——雷震案與一九五〇年代的言論自由問題〉，《國史館館刊》，第四十期（2014.6），頁一〇四～一三八。

8 蘇瑞鏘，〈從雷震案看戒嚴時期政治案件的法律處置對人權的侵害〉，《國史館學術集刊》，第十五期（2008.3），頁一一三～一五八。

9 許瑞浩，〈從官方檔案看統治當局處理「雷震案」的態度與決策——以國防部檔案為中心〉，收入胡健國主編，《二十世紀臺灣民主發展：第七屆中華民國史專題論文集》（台北縣：國史館，二〇〇四），頁三一九～四〇六。

10 薛化元，〈雷震的「國家統治機構」改革主張〉，《二十一世紀》，第六十九期（2002.2），頁六六～七〇。

11 薛化元，雷震的國家「統治機構」改革主張——對台灣自由主義的一個考察〉，《台灣史料研究》，第二十期（2003.3），頁一一九～一五五。

12 薛化元，〈台灣自由主義對國家定位思考的歷史探討——以雷震及《自由中國》為例〉，《台灣風物》，第四十八卷第一期（1998.3），頁四一～六一。

13 薛化元，〈戰後台灣自由主義與民族主義互動的一個考察——以雷震及《自由中國》的國家定位為中心〉，《當代》，第一四一期（1999.5），頁三二～四五。

14 任育德，〈一九五〇年代雷震憲政思想的發展——以「中央政體」與「反對黨」為例〉，《思與言》，第三十七卷第一期（1999.3），頁九七～一三九。

第一章

成長與
家庭生活

第一節

成長與啟蒙學習經歷

一、家世背景及學識養成

雷震，一八九七年六月二十五日（陰曆五月二十六日）出生於中國浙江省長興縣小溪口鎮。父親雷錦貴原籍河南省羅山縣，由於祖父雷天壽在河南抵抗捻軍時逝世，[1]家中房屋亦於這段期間遭焚毀，家道中落，雷錦貴乃於光緒十年（一八八四年）左右離開家鄉，跟隨大批逃避戰禍的難民隊伍到浙江投靠在湘軍任標統職的二堂兄，最終定居浙江省長興縣小溪口鎮。居住於小溪口鎮的雷氏族人，多數皆來自河南羅山縣。[2]

雷錦貴在河南時娶妻范氏，育有雷用功、雷用書二子。雷錦貴將雷用書過繼給膝下無子的二堂兄，不料後來長子雷用功及元配范氏相繼亡故，[3]於是雷錦貴續弦浙江本地人陳氏。[4]陳氏先後生下三子二女，雷震排行第二，在族譜上登記的譜名為雷用龍，有一兄一弟二妹。大妹一九〇八年早殤，二妹一九二二年逝世，兩位妹妹均是未成年即去世。[5]長兄雷用邦幼時曾患腦膜炎，導致腦袋遲鈍且耳朵變聾；弟弟雷用國為么兒，備受母親疼愛。[6] 由於父親移民的背景，雷震從小生長在不同省籍結合的家庭中，對於不同省籍文化的互動有較一般人更強的體驗。這種成長的環境，促使雷震對省籍衝突與歧視有一定的瞭解，相當程度影響了他日後處理省籍問題的態度。[7]

雷震是從私塾開始進行課業學習的，當時雷震的家鄉是以孩子數數的能力，做為是否有足夠悟性可以入私塾學習的判準。雷震五歲那年冬天，長夜無事，父親便開始教雷震數數，不久雷震便可以數銅錢到百位數，父親對此十分高興，認為雷震的天賦很高，應該趕快入學念書。一九〇三年，雷震六歲「發蒙讀書」，開始從學二表兄沈本魁（字幼卿）。[8] 當時中國的學塾，是地方鄉紳或有錢人家為方便自己孩子讀書而設立的，故塾師只注意學東的孩子或行將赴考的學生，對於寄讀的小孩通常不會花費太多精力教學。雷震父親並不識字，他希望自己的孩子能夠多讀一點書，於是自行張羅設立學館。[9]

雷震認為，自河南遷來浙江的人「自視甚高」，視江浙地方為蠻荒鄙野，平時稱浙江本地人為「蠻子」，也不肯學當地的語言。[10] 雷震的父親雷錦貴身為河南省移民，也想找個河南老師來教導孩子讀書，「俾免受到南蠻鴃舌之人的影響，庶可保存著中原上國的優良傳統」。經雷震的姑丈沈文卿安排，雷父特別從河南邀請外甥沈幼卿來到浙江教書。[11]

父親雷錦貴在距家五華里左右的南涼坍附近，名叫西莊的地方，購置一片田莊，於該處設立學塾，學生除雷震和哥哥雷用邦、雷用書[12] 之外，另有學生近二十人，在當時是一個相當大的學塾。姑丈沈文卿則在田莊種田，雷震和兩個哥哥均住在塾裡，另外還有三個寄宿生。姑丈慈祥和靄，待雷震猶若親生兒子。雷震在學塾接受初級的教育，先讀《三字經》、《百家姓》，再讀《論語》，但這些內容對年幼的雷震而言「索然寡味」。而且沈幼卿授課能力有限，脾氣又不好，常對學生施以體罰，雷震在此學習意願不高，也希望離開。雷震進入學塾後不久，到了清明節，雷震和哥哥雷用邦返家掃墓，次日母親叫他們回塾上學，雷震極不想去，但在母親連哄帶騙下還是勉強上路。不料到塾後，雷震無論如何不想念書，堅持要回家，姑丈不得已，囑二哥雷用書陪雷震回家，清明雨後路上泥濘，幾乎有一半路途是雷用書揹著雷震走完的。雷震到家後，父親心中雖不高興，但未責備，而母親則勃然大怒，認為雷震逃學，狠狠地打罵了一頓後，命令用書二哥立刻帶雷震連夜返塾。在父親百般講情之下，始准雷震在家中留宿一晚，次晨黎明即啟程上學。自此之後，雷震再未逃過學，且深知讀書的重要。雷震自認之後多少讀了一點書，乃是母親此次教訓之力。[13] 此次逃學遭母親嚴厲的責罰，在雷震心中留下「終其一生不能忘懷」的深刻印象，並將清明節後第二天，視為人生中一個值得紀念的日子。[14]

一九〇五年，雷震讀書的學館由南淙圩遷至離家更遠的王家埠，原因有二：一是姑丈沈文卿要搬到蘇州吳縣渡村鎮，家裡的田莊必須另租他人耕種，不便再將學館設於該處；二是學館學生多係附近鄉村的農家子弟，而沈幼卿瞧不起這些學生的家長，認為他們都是村夫俗子，許多家長遭受閒氣後，紛紛把自己的孩子送到別的學館就讀，也有因此輟學者，學生數量逐漸減少，這是學館遷移的主要原因。[15] 恰巧雷震父親好友在王家埠有一間空屋，願意出借使用，於是決定將學館搬到那裡。但王家埠距離雷震家更遠，約有七、八華里之遙，係一山鄉的邊區，人煙稀少，學館的學生自然也沒有以前多，沈幼卿心中大為不悅，認為「學東」無能，使他遭受委屈，收入減少。雷震的父親是目不識丁的農夫，沈幼卿向來認為雷父是個鄉下佬，雷母是個「蠻子」（因其浙江出身），看不起雷震的父母，亦曾辱罵雷震及雷用邦為野孩子，指其父母不學無術、不懂管教。雷震所認識的沈幼卿，是個心地狹隘、唯利是圖的人。除了學館搬遷導致沈幼卿學費收入減少外，過去雷父為設學館購地的契紙，是由沈幼卿來寫，然而雷父未付代筆費，沈幼卿內心非常介意，認為雷父有錢買田而不付代筆費，是「吝嗇」、「為富不仁」。事實上，因沈幼卿是親戚，雷父怕給錢顯得見外，但為他購買新衣、添購行裝，所費已為代筆費之數倍，何況購地也是為他設立學館。[16]

沈幼卿和雷父的不愉快，牽連到雷震兄弟身上，多次藉故毒打他們洩憤。有一次，沈老師的一條面巾遺失，即對雷震兄弟倆責罵、毒打，又罰跪一整晚。沈老師罰他們一直跪著，直到搞丟面巾的人承認為止。跪到半夜，雷震便偷偷和哥哥雷用邦商量，叫哥哥「權且承認，免得久跪下去」，哥哥亦頗以為然，就去叫醒沈老師，承認面巾是他搞丟的。不料，沈老師睡夢中被叫醒更加生氣，聽到雷用邦說不知面巾去向，又狠狠打了他一頓。雷震兄弟覺得受了天大的冤屈，當夜躺在木床上假寐，根本睡不著，交頭接耳地計畫明晨出逃。天剛亮，趁著沈老師還在酣睡，雷震與雷用邦輕手輕腳地起床，穿好衣服，溜出大門，往家的方向狂奔，一路上驚魂不定，生怕有人追來或在路上遇見同學，為了抄近路還不惜走過一座危險的木橋。雷震與雷用邦到家時，家中還未吃早飯，母親見兄弟兩人奔跑回家，驚訝萬分，正欲追問時，兄弟倆便放聲大哭起來。母親一面追問事情始末，一面撫摸兒子的頭臉，忽然發現雷用邦頭上大小不一的疙瘩，發覺孩子受了委屈，也跟著淚如泉湧，母子三人擁抱而哭。雷震到家約兩個鐘頭後，沈老師派遣的兩名學生也跑來了雷震家中，奉老師之命要求他們返塾，當下由雷震母親嚴詞拒絕。[17]

經過這次事件，母親已不欲孩子再到沈老師那裡讀書，無奈父親顧慮到介紹人姑丈沈文卿的面子，姑丈一再前來說情，而雷震兄弟在家不肯用功，於是兄弟倆又被父親送回沈老師那裡讀書。此後，沈幼卿因惱羞成怒，更加虐待雷震兄弟，講課時還諷刺雷震的父親「仗著自己有錢，而看不起窮人」，雷震很想反唇相譏，卻又不敢，只有忍氣吞聲，把頭低下噙著淚水。待端午節放假回家，雷震把沈老師這段講課內容告訴父母，他們聽後非常生氣，母親又叫雷震及哥哥不要再去上學，免得再遭受傷害，但父親顧慮到姑丈，仍要雷震假期結束後一定返塾。[18]

日常生活中，沈老師也對寄宿學館的雷震兄弟很差。他向雷震父親領取伙夫的工資，卻不聘伙夫，而要求雷震兄弟二人負責燒飯，他自己來做菜。有一次柴火被雨淋濕，雷震無法燒飯，沈老師卻睡在床上不聞不問。雷震兄弟餓得發慌，於是藉口要回家過生日，逃回家去，一到家便入廚房抓冷飯吃。還有某一年的夏天，一場暴風雨導致茅屋建築的學塾漏雨，床上淋濕，沈老師竟自己睡在乾的地方，讓雷震他們睡在濕的地方，顯見其對自己年幼的學生毫不關心。[19]

二、父親病逝與強盜事件

在沈幼卿處讀書三年後，一九〇六年，雷震改入堂姑丈黃有鄰主持的學塾就讀兩年。第一年，黃老師考中了秀才，在鄉里間是一件大事，接連數個月間，黃老師四處拜訪同年、親友、前輩，他們則必須輪流設宴慶賀，最後黃老師又自行發放帖子宴客，大撈一票。因此，這一年黃老師根本沒有心思教書，每日早晨曉喻學生們要好好念書寫字、不得貪玩打架，接著就整裝出門，直到太陽快下山時才回來，學生早已自動放學返家。當時有句俗話說「先生出了門，學生成了精」，黃老師不在塾中，學生天天鬧得天翻地覆。[20]

到了一九〇七年，黃有鄰老師兼作訴訟事務，更無心教學，曠課輟教之日越來越多，嚴重影響到了雷震的學習。雷震認為黃有鄰「跡同訟棍」，讓他「糟蹋了兩年的光陰」。每天放學回家，雷震都向母親稟陳當日學習情形，再由母親轉告父親。母親向父親力斥黃老師的不適任，並抱怨父親不夠留意兒子讀書情形，堅決改換學館，不讓兒子們再從黃有鄰讀書。[21]

十一歲（一九〇八年）時，雷震與哥哥雷用邦遂在家人安排下，改入郭伯仁先生塾中學習。郭伯仁為河南人，教書很認真，講課清楚詳盡，是一位好老師，雷震在這一年受益不少，也真正學會如何「做題」（即作文之意）。[22]

到了一九〇九年，由於父親雷錦貴臥病在床，母親需要有人分擔家中勞務，且三弟雷用國亦屆發蒙讀書之期，母親不願孩子們離家讀書，遂在自己家中設館，延聘江蘇句容縣李先生課讀。[23]然而，這一年的四月九日，雷震父親雷錦貴不幸病故，[24]母親陳氏年僅三十六歲即成寡婦，[25]獨自肩負起養育四個小孩的責任。[26]父親逝世這一年，雖然是延聘李老師在家中課讀，但是忙於喪事，雷震幾乎沒有好好的讀過書。[27]

父親因病過世的經歷，影響了雷震日後對傳統文化的態度。當時雷震的家鄉沒有西醫，而中醫並無法醫治父親的疾病，這造成雷震日後對中醫不信任；還有一些親友找來道士或巫祝，多次施行捉妖降魔的法術，事實上只造成病人無法靜養。雷震從這些經驗中，體認到傳統文化的侷限性，後來在文化論戰中強調追求近代（西方）文化的必要性。[28]

父親雷錦貴的過世，對家中影響甚大，雷震的母親更必須接手掌理家中的決策。此際，雷震同父異母的二哥雷用書，竟於雷錦貴出殯之日前來大吵大鬧，意圖爭奪家產，雷震認為其「荒謬絕倫，實已到了不可寬恕的地步」。陳氏當時受此打擊，常常到雷錦貴墳前哭訴她受人欺侮的痛苦。後來幸得明理的蘭泉伯父出面說公道話，用書二哥才知難而退。[29]在那個年代，失去一家之主的孤兒寡母容易受人欺凌。雷用書爭產糾紛之後，接二連三又有其他族人趁著雷錦貴過世，企圖侵吞他們家的財產。陳氏受族人欺壓，仍不屈不撓，決心周旋到底。雷錦貴死後，陳氏與族人訴訟經年，族人始知陳氏不好欺負，由此生出敬畏之心，並送她一個綽號「老巴子」，即老虎之意。[30]

在父親病故的同年陰曆九月一日，恰好是陳氏生日當天半夜，家中竟遭一大群約二十人的強盜洗劫。不過，在他們以巨石撞倒側門之前，陳氏早發現有盜匪企圖闖入，即先行布置環境，假裝自己已經逃出，實則躲在屋瓦上，為的是避免遭到強盜當面勒索。雷震兄弟三人則直到強盜上樓才自睡夢中驚醒，雷震下意識想逃走，卻被一名強盜捉住，他把雷震的辮子綁在柱子上，不許他逃，還架刀在雷震脖子上左右摩擦，逼問雷震母親的下落，又有另一名強盜手持短槍對準雷震肚皮大聲威嚇，嚇得雷震嚎啕大哭，狂呼救命。雷震回憶時提到，幸好陳氏沒告訴他藏身處，否則恐怕被逼問出來。這群強盜於屋內盡情搜括財物，「翻箱倒櫃」太浪費時間，皮箱、木櫃都是直接以刀斧劈開。臨走前不忘大聲警告不得追擊或告官，「萬一不聽忠言，謹防血洗報仇，當心子女性命」，又鳴槍示威始離去。陳氏料定這群身揹贓物的強盜不敢折回報復，即在屋瓦上大聲呼喊捉拿強盜。雷震則在強盜離開之後，才忽然感到頸部疼痛難耐，原來是被強盜以刀擦傷了數道血痕，只是當下過度恐懼而沒感覺到痛。[31]

發生強盜事件後，陳氏不肯罷休，一再向縣衙告狀，終於在數個月之內緝獲其中七人，成功樹立起聲威，此後江湖中的大盜不敢再來搶劫。而陳氏當下處變不驚的應對，受到鄉里之人欽佩，地位聲望也由此開始逐漸提高。[32]母親除了必須主持家計，還必須應付種種突變，雷震對母親由衷感到佩服。雷震印象中的母親，做事果斷，好勝心強，智慧極高，記憶力尤佳，說話謹慎，也相當注重孩子的教育。[33]

當時家中聘請的李老師，被這群強盜給嚇到不願意續教。在李老師辭去之後，曾有人邀陳氏將孩子們送至某學塾讀書，但陳氏認為「大勢所趨，子弟今後應入『洋學堂』就讀，不能抱殘守缺」，婉拒了這個邀請。雷震在舊式學塾的學習，至此便告一段落。[34]

三、學習現代知識，參加愛國運動

一九一〇年，雷震十三歲，也是他學習現代知識的重要里程碑。在當時「西學」的學習逐漸受到重視，小溪口鎮也於宣統元年（一九〇九年）成立了兩所「洋學堂」，分別為浙江本地人設立的「長安小學堂」，以及河南移民設立的「安長小學堂」。陳氏認為學習「洋學」是一種趨勢，便安排雷震進入安長小學堂，就讀高年級。該學堂的堂董是雷震的叔公雷祖培（字壽山），而同學六人全是河南子弟。此時號稱「洋學堂」的新式小學堂，實際上仍是半新半舊的混合物，國文課授新式課本兼授經書《左傳》，此外再加上修身、算術、體操三門課。[35]

然而，小溪口鎮的學生數實不足以撐起兩間小學堂，地方紳商於一九一〇年底決議將兩校合併，公推秀才韓寶華（字劍青）擔任校長，校名為「安長兩等小學堂」。安長兩等小學堂於一九一一年正月底始正式上課，學生人數激增，總數達百人以上。雖然就學學生增多，但無論大考小考，雷震成績總是名列第一，深得老師們器重，韓校長尤其看好雷震前途無量。[36]也是在這一年，雷震學會了抽菸。[37]接觸到菸的契機，是因為當時堂哥雷用皋在小溪口街上擺魚攤兼賣香菸，每逢假日雷震上街總是會到他的店裡一趟，堂哥就會開包香菸給雷震抽一支。當時學堂並不准許學生抽菸，雷震總是偷偷躲在角落或教室抽。[38]在往後的日子裡，雷震斷斷續續的戒菸又抽菸。直到雷震為「自由中國運動」奔忙，氣管炎極劇，咳嗽不止，乃於一九四九年三月二十九日決心戒菸，之後有接近十年期間未吸過一口菸。[39]

一九一一年十月「武昌革命」發生，學堂老師紛紛參加革命，學校因而停頓。韓老師相當興奮，認為這是漢人出頭的機會，不過學生們則不太了解革命是為何物，但知道可以剪掉辮子，均十分高興。[40]一九一二年，韓寶華校長轉往梅溪高等小學校任教，離職前託人給雷震的母親帶信，建議雷震和他一起轉學，他也可以「就近照料」。雷震的母親接受了韓寶華的建議，讓雷震離鄉轉入梅溪高等小學校就讀。入學時雷震原為一年級生，一個月內被連升兩級，編入三年級，[41]由於好勝心強，雷震在新的學校奮發讀書，於暑期大考獲得了第一名。[42]韓寶華認為雷震是可造之材，建議雷震應該報考浙江省立第三中學。雷震並經由梅溪高等小學校校長劉式玉（名以璋）[43]的介紹，報考浙江省立第三中學，後來順利上榜。[44]

雷震雖然是在浙江省出生長大，但家裡原籍河南，從小接觸到的老師也都是河南人，因此雷震講話發音完全是河南人腔調，也沒辦法完全聽懂浙江本地人說的話。進入中學之後，老師則全為南方人，雷震在聽課時感受到很大的隔閡，十分痛苦。雷震更在剛入學時，就受到本地學生的歧視。河南人學生一開始還有五人，後來只剩下二人，雷震可以說話的同學很少。因為雷震本地話未學好，對於校內的級會、球賽等活動，總是採取旁觀的態度。[45]

韓寶華和劉式玉是雷震進入中學就讀前遇見的兩位恩師，對雷震影響極大。前者與雷震往來相當密切，雷震中學時期每逢返鄉總會特別前往拜會韓老師，日本留學期間仍保持著書信來往，雷震曾說韓老師一直鼓勵他讀書深造，同時也是韓老師說服雷震母親繼續培植他。[46]待雷震日本留學返國後，也是經由韓寶華的介紹而投身教育工作。[47]而雷震前往日本求學，最初是與劉式玉老師一起出發，劉式玉同樣是到日本留學，當時雷震母親曾特別懇請劉老師照料與教導雷震。[48]

中學期間，雷震開始參加愛國運動。一九一五年十八歲的雷震參與人生第一次的學生救國活動：反對二十一條運動。[49]當年的一月十八日，日本向中國提出了「對華二十一條要求」，並在五月七日要求中國政府在四十八小時內回應答覆。而袁世凱政府迫於日本壓力，違反民意秘密簽字。事發之後，引起各界批評聲浪。當時中學三年級的雷震，跟著班上的同學一同成為反對二十一條要求的領導分子，透過遊行示威、印發傳單、宣導反對日本帝國主義與抵制日貨，希望國人可以同仇敵愾，一起響應。雷震回憶當時的活動，不僅沒有組織的策動，且大家誰也不願出風頭，默默有錢出錢、有力出力，事情也是整理得井然有序。此活動的響應狀況可說是空前熱烈，在湖州城內一時之間完全不見日本貨物的販賣。當時中國的學運、社運雖無法直接達成讓袁世凱政府拒絕「二十一條」的目的，但仍影響後續相關合約的簽訂、推動。[50]

一九一六年，雷震為反對袁世凱稱帝，第二次投入所謂的學生救國活動，卻因此遭到當地軍警密探監視，險些被捕。[51]然而，投入愛國運動，難免影響到不少課業學習進度，讀書與愛國運動的優先順序，不免困擾雷震，使雷震不由得思考：究竟這樣的活動是否真的對國家有益？對自己有益？這樣的運動是否應該由學生來做？[52]在那個「啟蒙」與「救亡」交織的年代，雷震終究認同這種自動、自發的愛國運動，而這也影響了雷震的留學生涯。

1 任育德整理的雷震年譜以及一般雷震傳記誤植父親名雷天壽，然而雷天壽實為雷錦貴之父，也就是雷震的祖父。見任育德，《雷震與台灣民主憲政的發展》，頁三四五；范泓，《民主的銅像：雷震傳》（台北：獨立作家，二〇一三），頁三一。據雷震自述「先祖父諱天壽公」、「先父諱錦貴公」，見雷震著，傅正主編，《雷震全集8：我的母親》（台北：桂冠圖書，一九八九），頁VII。雷震另曾寫道：「我父親的父親名『天壽』」，推測可能此句容易產生誤讀，見《雷震全集8：我的母親》，頁一四一。

2 雷震，《雷震全集8：我的母親》，頁VII、二六、九四～九六、一四二；任育德，《雷震與台灣民主憲政的發展》，頁一三；胡虛一，〈雷震日記介紹及選註〉，收入李敖主編，《李敖千秋評論》，冊七五（1988.1.15），頁二二一～二二二。

3 雷震，《雷震全集8：我的母親》，頁九七、一四〇～一四一。

4 雷震，《雷震全集8：我的母親》，頁VII；任育德，《雷震與台灣民主憲政的發展》，頁三四五。

5 雷震，《雷震全集8：我的母親》，頁VII～VIII、一四一。

6 雷震，《雷震全集8：我的母親》，頁九；雷震，《雷震全集9：我的學生時代（一）》（台北：桂冠圖書，一九八九），頁一六八～一六九。

7 任育德，《雷震與台灣民主憲政的發展》，頁一五；可參考雷震，《雷震全集8：我的母親》，頁九八～九九。

8 雷震一九〇三年發蒙讀書，實歲六歲。不過雷震自己計算為七歲：「我是七歲發蒙讀書的。這一年是光緒二十九年，即西曆一九〇三年。」見雷震，《雷震全集8：我的母親》，頁九四。范泓，《民主的銅像：雷震傳》，頁三一；雷震，《雷震全集8：我的母親》，頁九四、一〇〇；任育德，《雷震與台灣民主憲政的發展》，頁三四五。

9 雷震，《雷震全集8：我的母親》，頁一〇六。

10 雷震，《雷震全集8：我的母親》，頁九八。

11 雷震，《雷震全集8：我的母親》，頁一〇〇。

12 雷用書是雷震同父異母的哥哥，早在陳氏到雷家之前，已經過繼給雷震的二伯父。但雷震父親設學館當時，二伯父已逝世，父親遂要雷用書也來念書。見雷震，《雷震全集8：我的母親》，頁一〇一、一三九、一四一。

13 雷震，《雷震全集8：我的母親》，頁一〇〇～一〇三。

14 雷震，《雷震全集8：我的母親》，頁九三。

15 雷震，《雷震全集8：我的母親》，頁一〇四～一〇六。

16 雷震，《雷震全集8：我的母親》，頁一〇五～一〇八。

17 雷震，《雷震全集8：我的母親》，頁一〇九～一一三。

18 雷震，《雷震全集8：我的母親》，頁一一三～一一五。

19 雷震，《雷震全集8：我的母親》，頁一一五～一一七。

20 雷震，《雷震全集8：我的母親》，頁一五九～一六〇。

21 范泓，《民主的銅像：雷震傳》，頁三二；雷震，《雷震全集8：我的母親》，頁一五九、一六四。

22 雷震，《雷震全集8：我的母親》，頁一六五～一六七。

23 雷震，《雷震全集8：我的母親》，頁一六八～一六九。

24 任育德，《雷震與台灣民主憲政的發展》，頁三四五；雷震，《雷震全集8：我的母親》，頁一三一。

25 雷震另處又寫三十五歲，《雷震全集8：我的母親》，頁一六八～一六九。

26 雷震，《雷震全集10：我的學生時代（二）》（台北：桂冠圖書，一九八九），頁三九四。

27 雷震，《雷震全集8：我的母親》，頁一六九。
28 任育德，《雷震與台灣民主憲政的發展》，頁一五；雷震，《雷震全集8：我的母親》，頁一二六、一三〇～一三七
29 雷震，《雷震全集8：我的母親》，頁一三九～一四〇。
30 雷震，《雷震全集8：我的母親》，頁一四五。
31 雷震，《雷震全集8：我的母親》，頁一四六～一五七。
32 雷震，《雷震全集8：我的母親》，頁一五一、一五七。
33 雷震，《雷震全集8：我的母親》，頁一三七、一四四～一四五。
34 雷震，《雷震全集8：我的母親》，頁一六九～一七〇。
35 雷震，《雷震全集8：我的母親》，頁三六、一七〇～一七一。
36 雷震，《雷震全集8：我的母親》，頁一七二～一七三。
37 雷震，《雷震全集8：我的母親》，頁一七五。
38 雷震，《雷震全集9：我的學生時代（一）》，頁二二〇。
39 如一九三四年春雷震因氣管發炎，咳嗽頻仍，為此曾經減少抽菸量，有兩年的期間，雷震只在趕稿時吸菸（當時與徐逸樵、羅鴻詔、馬宗榮等人創辦《中國新論》月刊），但僅僅維持到一九三五年底雷震又恢復一般抽菸量。雷震，《雷震全集9：我的學生時代（一）》，頁三三。
40 雷震，《雷震全集8：我的母親》，頁一七三～一七四。
41 雷震，《雷震全集8：我的母親》，頁一七五～一七六。
42 雷震，《雷震全集8：我的母親》，頁一七八～一七九。
43 雷震，《雷震全集10：我的學生時代（二）》，頁四一七。
44 雷震，《雷震全集8：我的母親》，頁一七九～一八〇。
45 雷震，《雷震全集8：我的母親》，頁一八八～一八九。
46 雷震，《雷震全集10：我的學生時代（二）》，頁三九二、三九六。
47 雷震，《雷震全集10：我的學生時代（二）》，頁一九五。
48 雷震，《雷震全集10：我的學生時代（二）》，頁四一七。
49 雷震，《雷震全集10：我的學生時代（二）》，頁四〇一～四〇三。
50 雷震，《雷震全集10：我的學生時代（二）》，頁四〇一～四〇四；薛化元，《中國現代史》（台北：三民，二〇一一），頁一一一。
51 雷震，《雷震全集10：我的學生時代（二）》，頁四〇三。
52 雷震，《雷震全集10：我的學生時代（二）》，頁四〇五。

第二節

赴日留學

一、加入中華革命黨

一九一六年夏季，雷震自浙江省立第三中學校畢業。雖然家鄉浙江距離上海較近，但雷震對自己的英文程度沒有信心，在他當時的想像中，上海的學校都是「洋派學校」，因而卻步。另一方面，母親認為上海是個墮落的城市，亦不欲雷震前往。因此，雷震中學畢業後原本計畫至北京的大學深造。但在這段期間，陸續有幾位友人紛紛勸說雷震赴日本念書，打動了雷震。友人提出的理由主要有兩方面，一個是經濟的理由，另一個則是留學生返國比起本土的大學畢業生更容易受到社會重視。就求學的負擔而言，當時浙江到北京的旅費，比到日本還高，而且留學日本學費比到北京求學划算，只要考取中國官方（包括地方的浙江省）提供日本留學生的官費，如此不但求學的花費較少，還可以獲得「鍍銀」美名。雷震因而更改志向，並取得母親陳氏的支持。當時在雷震的家鄉，「把出洋留學看做了一件大事」。雷震的母親在三個月內籌措了五百大洋，並陪同雷震前往湖州，與其他三位同赴日本求學的劉式玉老師、潘震玉及金正容同學會合。雷震一行四個人共同前往上海搭船，為了整裝與安排船票諸事，在上海又停留了十天，十月才搭上日本輪船「築島丸」[1]渡洋赴日。第一次搭船的雷震，被此次翻湧不已的乘船經驗給著實嚇到，一行人原先擬定搭到最終站橫濱，再就近前往東京，卻因受不了暈船的不適，乃決定提前於神戶下船，再改搭火車前往東京。[2]

大約是在一九一六年的十一月，雷震等人抵達日本，當時雷震計畫於一九一八年夏天投考東京第一高等學校中國人特別預科，之後再循序升學，報考日本的帝國大學。[3]由於在中國沒有學習日文，初到日本的雷震完全不認識日文的五十音，因此先進入松本龜次郎專為中國留日學生於東京神保町開設的先修班「東亞預備學校」學習日語和英語。[4]同年，改名為雷震，字儆寰。[5]雷震入中學時曾經由國文老師潘尊行，依「雷名於淵」的典故，為雷震取學名「雷淵」。但是「淵」和「冤」同音，往往被叫成「老冤」，名字容易被開玩笑，因此到日本後乃改名為「雷震」。[6]

雷震晚年時表示：「我很早就討厭一個人有一個名字和一個別號。『對人稱字，於己稱名』的作風，已不適宜於今日時代……我自己早已取了單名，又取了別號，許多地方很不方便，但已無法改正了。」[7]

一九一七年五月七日，留日中國學生在東京大手町衛生院召開會議，以紀念日本政府一九一五年五月七日對中國政府發出最後通牒，要求同意其所提的二十一條的「國恥日」，二十歲的雷震也第一次參與。這次活動名義上是由中國學生會主辦，實際則由東京的中華革命黨幕後主導，雷震對日本提出二十一條這件事懷恨極深，留學前在中國就參加過抗議行動，在日本遇到這樣的紀念活動也總是會出席。當天由東京帝大學生王兆榮擔任主席，王兆榮闡述了紀念大會的意義，之後介紹張繼、戴季陶（在日本時又名戴天仇）兩位革命黨的領導人進行演講。大會結束後，張繼、戴季陶二人邀約部分與會的年輕人繼續談話，雷震也是其中一位。戴季陶祖籍湖州，算是雷震的同鄉。雷震受張繼和戴季陶的演講吸引，決定要參加革命組織。[8]

因此，經由張繼與戴季陶的引介，雷震當天便加入了中華革命黨。此時入黨手續極其簡單，只要寫下姓名、年齡、籍貫、通訊地址，即完成入黨，無宣誓儀式，亦不需繳交黨費。[9]包括雷震在內，當時的青年學生心中有深切的亡國感，痛恨北京政府之腐敗無能和各地軍閥的割據自私，「相信國民黨是一個具有現代政治意識的政治團體」，[10]期盼有朝一日「國民黨」一掌握政權能夠進行改革，建立民主政治，進而國家富強、人民康樂。雷震感嘆，當時入黨的年輕學生們「對於國民黨真是五體投地的信仰」。不過，雷震忙於課業，每天要上六至八小時的課，故入黨之後很少參加日本當地的黨部會議和活動。[11]

如前所述，雷震赴日後，首要目標在考取東京第一高等學校預科。對於劉式玉建議他報考東京高等師範學校中國公費生資格，則不為所動。[12]一九一七年底，雷震開始在「研數學館」學習數學、理化，以加強應考能力。[13]但是外在中日關係的發展，仍牽動了包括雷震在內許多留學生的神經，最終使他投入政治抗爭的洪流，第一次中斷了他的留日。

一九一八年三月中旬，有關北洋政府將與日本簽訂「膠濟鐵路密約」，在日本留學生之間流傳，引起極大的騷動與不安。雷震當時住在東京市內中國留學生最集中的神田三崎町，幾乎天天都有朋友到雷震的宿舍商討研究，互相交換關於密約簽訂的最新消息。在此氛圍下，雷震將學業拋諸腦後，滿腦子只有對喪權辱國條約的憤慨。[14]

二、罷學歸國，辦報救國

中國留日學生總會在醞釀兩個多星期之後，展開召集全體留學生大會的行動，決議「罷學歸國」，要求留日學生全體即日返回中國。雷震指出，這起行動的背後有國民黨黨部的人暗中指揮。[15]由於眾青年學生對先前的「對華二十一條要求」懷恨已久，故「罷學歸國」運動一傳出，隨即得到多數學生的響應，運動狂熱者更有以和平勸導、武力脅迫等方式來進行號召，反對歸國的中國留學生不僅遭他們罵為「賣國賊」，甚至還有挨揍的可能。當時雷震也積極投入運動，他的任務是到處拜訪各中國留學生的宿舍，勸告同學們罷學返國，不要再受日本人的侮辱。當時他覺得每多說服一人回國，對國家就多一份功勞。他自己也將赴日一年多以來所購買的書籍、桌椅、和服等用品全數轉賣，不留後路，賭咒發誓「不要再到日本這個蠻橫無理的國家念書」。而當初和雷震一同來日的劉式玉老師見狀，即勸告雷震應該冷靜下來，好好為自己的前程考慮，不過身處在運動熱潮中的雷震並沒有接受。雷震日後回想起這段年少過往，表示自己當時早已受不了日本報紙上常有侮辱中國人的話語，再加上國民黨人慫恿，愛國情緒高漲，根本聽不進劉式玉的勸告，乃不顧個人利害，放棄他準備已久的一高預科入學考試，滿心以為「罷學歸國就可以救國似的，就盡了我做國民一分子的責任」。[16]

這群留日學生「罷學歸國」行動目標，除了不再於日本讀書以示與日本人決絕外，還派人赴北京請願，請求政府不可簽訂山東「濟順」、「高徐」兩條鐵路的借款合同，另又派人赴廣東、武漢宣傳，冀望喚起國人注意。為方便連絡，「歸國團」將總部設於上海。雷震從日本神戶搭乘「八幡丸」輪船，於一九一八年五月返抵中國上海，放棄七月的第一高等中國人預科考試。[17]

「歸國團」成員回到中國後，於上海創辦《救國日報》，雷震擔任推銷工作，投宿於湖州幫所開設的振興旅館。雷震原滿心以為回國之後，立可擔任反日救國工作，不料事與願違，與他在日本時的想像相去甚遠，中國國內各界對此學生歸國行動並不熱心，買報者甚少，報紙營銷成績不佳。而待在上海，每日住宿及飲食的開銷甚為可觀，約一個月後，雷震離日前變賣各種用品所得的旅費已經用罄，不僅旅館欠帳無法支付，甚至連坐車的零錢都沒有，不得已只好寫信向母親告急，請求家中寄錢來上海。母親接到雷震來信，才知道他放棄考試跑回中國，萬分詫異之餘，亦擔心雷震在上海的行動會有危險，馬上派雷用國帶一百五十元到上海營救。雷用國為雷震將上海的各項欠款付清後，便堅持帶雷震返家。雷震此時亦對救國運動感到洩氣，遂於七月底隨雷用國回家鄉。[18]

辦報救國的行動失敗，雷震一時之間不曉得該何去何從，但起初仍不想回到日本念書。然而，回到鄉里之後，面對親朋好友們殷切詢問在日就讀的學校和學科，雷震「竟瞠目不知所對」，感到恥辱；接著又被追問此次回國所為何事，雷震雖然說了一篇救國的大道理，卻發現別人難以理解，還被指「定是受了亂黨的煽動和指使」。令雷震最為懊惱的是，他發現自己一時衝動拋棄學業的行為，使母親悶悶不樂，也浪費了母親為他辛苦籌措的留學經費。[19]

當時北洋政府認為國民黨是「亂黨」，栽誣、構陷的案例也不少，如雷震的堂兄雷子才，因與湖州鎮守使署密探爭風吃醋，竟遭其指為亂黨嫌疑分子，雷子才及堂叔雷文初、雷心齋一齊遭到逮捕。湖州鎮守使署從他們三人的口供，亦將罷學歸國的雷震斷定為「亂黨分子」，展開緝捕。所幸密探前來家中緝捕當天，雷震恰巧去表叔丁鶴人家中商議營救堂叔堂兄事宜，並不在家。機警的母親一面向密探謊稱雷震人在上海準備返日，一面派人暗中通知雷震不可返家。雷震乃翻山越嶺，半夜奔至一名親戚的家中，不料親戚十分害怕，擔心容留亂黨分子在家會連帶受重罰，因此將雷震安頓在後閣樓，不准他下樓。雷震在閣樓悶了兩天，實在受不了，決定離開家鄉湖州，繞路至蘇州的姑丈沈文卿、遠房親戚敖雲翹等人的家中暫避。雷震在蘇州約待了兩個月，也順便遊覽各處名勝。[20]

經過這段期間的反省，雷震從蘇州寫信給母親，表明自己希望回日本繼續念書，並承諾一定考取官費學校，請求母親盡快為他籌措經費。[21]母親得知雷震的決定後相當贊成，並於十二月時帶著出售白米所得款項，以及衣服、被褥、書籍等用品，親自前來蘇州姑丈家接雷震，一同前往上海。一九一八年十二月底，雷震再搭船回到日本，繼續準備升學。[22]

三、返日就讀名古屋八高

由於雷震返回中國大半年，過去為投考第一高等中國人預科所準備的課業多已荒廢，此次回到日本，距離考試時間已剩不過幾個月，雷震再進入「研數學館」上一次數學課，同時獨自搬到早稻田附近極為偏僻的地方居住，除了好友丘景尼和王廷翰外，任何人都不知道雷震的住處。雷震夜以繼日埋首苦讀，卻也因此患上了失眠症，種下往後人生長期失眠的苦果。[23]一九一九年四月間，雷震先考入私立早稻田大學專門部政治經濟科，做為自己萬一無法考取公費生時的退路。[24]同年七月時，雷震自認一高預科考試考得不甚理想，擔心若是真的未能考取公費生資格，仍必須完成早稻田大學專門部的學業，因此在結束一高預科考試後旋即歸國籌錢，以免最後未獲得任何學位而使母親失望。[25]就在雷震歸國不久，立即接獲留日學生監督處的通知，他已順利考取每年只招收五十名中國學生的東京第一高等學校附設中國學生特別預科文科官費生，[26]並請其於八月底赴日辦理入學手續。成功獲得官費待遇，往後不必再增加母親負擔，讓雷震慶幸萬分，並決心未來不再盲目參加救國活動，對於自己過去參與罷學歸國行動，深感魯莽且幼稚。雷震痛思過後，得到結論：「國者人之聚，個人如能自立，也就是對國家、對社會有貢獻的地方……每一個人必須具有淵博的知識，和高深的學問，而後才能自立，才能有所貢獻。」[27]

雷震考取的所謂中國人特別預科，是由中國政府於清末年間商請日本文部省協助，下令東京第一高等學校、東京高等師範學校、東京高等工業學校以及千葉醫學專門學校總計四校設立。當時兩國間訂立有文化專約，每間學校每年招收五十名中國學生，總共為期十五年，於是考取此資格者，即可成為官費生，由中國政府每月供給費用。主要訓練考取預科的中國學生日文聽講能力，學習期間為一年，學習科目除了英日語以外仍有文科、理科的課程。[28]

雷震這次再前往日本就學前，特地繞道杭州拜訪過去一直鼓勵他繼續求學的韓寶華。韓老師看到雷震很高興，還特別宴請他與同行的王廷翰至杭州車站附近有名的「聚豐館」餐廳用餐。然而，或許是此頓菜餚不新鮮，導致雷震於隔日登上前往日本的輪船「八幡丸」後，肚子疼痛劇烈。雖然船上配有日本醫生，但礙於那時上海正發生霍亂，日本郵輪公司規定，若是船上發現有人患有此疾，則全船人員必須於長崎進行一個月隔離，檢查無病者才可以上岸，故當時許多人屢勸雷震不要向船上醫生求診，以免真患霍亂而殃及全船旅客。所幸當時船上有一位中國留學生周振治，運用治肚痛的老方法助雷震按摩，腹痛遂逐漸停止。周振治的出手相助，實在是給予雷震很大的幫助，雷震直到來台後仍無法忘懷，。後來周振治考入「千葉醫學專門學校」，並順利執業當醫生，然而卻不幸因車禍身亡。[29]

如前所述，雷震初抵日本時完全不認識任何日文，因此到日本後先到「東亞預備學校」學習日文半年。[30]然而，即使報考一高之前已學了一段時間的日語，但他平時接觸對象多為中國人，使用日文的機會極少，以致日文的聽講能力很難有太大的進展。這對雷震的學習，造成了一定的困擾，於是就讀一高預科時，雷震特別申請入住學校宿舍「明寮」，一方面可以了解日本學生生活，認識日本人的性格，也可以多學習一些日本話；一方面是因為宿舍費用十分便宜，省下的錢可以用來購置書籍。入住宿舍後，雷震積極參與日本學生的活動，曾經有日本學生向雷震說過，過去覺得中國留學生多是來做客人的，唯有雷震是真的來與他們同甘共苦。[31]

按中國留學生特別預科的規定，修業完畢且合格者，可依其成績與志願，分發至其他高等學校。當時日本各間高等學校均是以數字來命名，意為各校設立的先後順序。[32]二十三歲時（一九二〇年七月）雷震順利自一高中國人預科畢業，並決定離開學生運動頻繁的東京，好好念書。雷震認為，如果他繼續待在東京，即使自己下定決心念書，仍難以擺脫舊有的人際關係，當留學生總會有活動時，終究無法避免出席。他又受到課堂上讀到福澤諭吉勉勵學生的一段話：「現在還是好好的讀書，他日報國之機會正多」影響，為能專心於課業，雷震便希望進入京都或名古屋的高等學校就讀，第一志願為京都三高，第二志願為名古屋八高。後來與好友羅鴻詔一同分發至名古屋第八高等學校文科。[33]

日本高等學校的畢業生可以進入帝國大學就讀，也是菁英的養成教育。學校教育方針，主要著重在語言的訓練，其次則是基本知識的灌輸，因此實際上是比較著重在基礎訓練，不完全是大學預科教育。[34]雷震就讀名古屋八高的英語科，同時修習第二外語德語，每週有九小時的英語課和四小時的德語課。[35]儘管此時雷震已在日本學了幾年日語，但至名古屋第八高等學校後，上課聽講時仍有很多地方難以理解。身為中國留學生，課堂上所使用到的日、英、德語，對雷震來說都是外語，因此若課堂上需要英翻日或德翻日時，由於對日文的掌握度不夠，有時還需要多費功夫查日文辭典，尤其在歷史科的部分，聽講時特別感到吃力，課堂上老師講的笑話或故事，有時根本聽不懂，最後只能隨日本同學發笑時跟著笑。[36]除了聽課時的語言隔閡，體育課更令雷震感到痛苦。因為雷震是班上個子最高的人，上體育課時必須擔任排頭，不得不特別注意老師喊的口令，絲毫不可懈怠。雷震個性好勝，更怕會丟中國人的臉，擔任排頭不敢出錯，因此上體育課的壓力特別大。[37]

雷震認為名古屋八高的教授比過去在東京一高的教授差了許多，在課業教學上真正令他誠服者寥寥無幾。不過在那個年代，儘管老師的教學能力參差不齊，學生也絕無說話的餘地，只能勉強聆聽。[38]訓育方面，八高則是採取相對嚴格的管理方式，學校對於學生的儀容舉止訂有相當多的禁規，繁瑣的規定也造成了管理人員與學生之間的摩擦。學校規定越多，雷震也就越想反抗。雷震年少時頭髮還很茂盛，因想將頭髮留長梳西式頭，曾與負責管理學生的「生徒監」發生衝突。[39]

八高在學期間，由於教室桌子甚矮，上課又需長時間屈坐，個子高的雷震，尾椎骨就此種下了病根，往後的日子裡時發時癒。[40]此外，雷震飲食不規律，又經常吃零食，因而引發胃疾，久醫不癒，最後是經醫師告誡短時間內勿吃零食，雷震下定決心禁吃，這才使胃疾逐漸好轉，也從此養成日後不吃零食的習慣。[41]

雷震原本是為了遠離學生運動才到名古屋念書，但他在名古屋求學的最後一年，還是參與了社會運動。當時日本社會出現許多第一次世界大戰時期受招募到法國工作，戰後工作解散而流浪到日本的中國勞工與行商，聚集地點以東京和名古屋居多，人數的劇增引發了一些問題，因而受到日本政府的關注，甚至開始找這些中國工人的麻煩，而中國使館卻對這些人不聞不問。因此，由中國青年會發起，日本救世軍（一基督教社福團體）贊助，成立華工共濟會，總會設於東京，由王希天主持，另由八高學生王兆澄於名古屋設立分會。王兆澄與雷震同住慶親館，常找雷震商量華工共濟會事宜，後來更堅決邀請雷震實際參與幫忙。雷震一方面同情中國工人的遭遇，一方面為了國家的榮譽也希望能提升他們的處境，於是答應加入，擔任華工共濟會名古屋分會的副會長。華工共濟會名古屋分會為中國工人經營了兩所宿舍，並辦理一所夜間學校。雷震兼任夜校校長，教授華工日常的日語會話與日本習俗，每週有兩晚要去教書，週日晚間還主持特別演講。儘管這些工作花費雷震非常多的心力與時間，甚至有時得自己貼錢，雷震仍將這樣的福利事業視為應盡的義務。[42]

四、進入京都帝大法學部

一九二三年三月，二十六歲的雷震自名古屋第八高等學校畢業。依當時日本的教育制度，從專為菁英養成的高等學校畢業後，可以直接申請進入帝國大學就讀，如果某校某一科系報名人數過多，超過預定名額時，再進行考試決定錄取的學生。[43]因此在高等學校畢業考試之前，學校已要求同學填寫大學志願表，以便送各大學做為新生報名名冊。當時雷震的志願是進入法學部，而法學部中又分為法律學科與政治科，雷震以後者為主要志願。他原本最希望能夠進入東京帝國大學，原因是同學羅鴻詔已決定入東京帝大哲學系就讀，[44]若是自己也能進入東京帝大，可經常見面，彼此砥礪；再者，東京為政治活動之中心，若在東京讀書則可以多加接觸現實政治，並且一般認為東京帝大的法學部教授比京都帝大的教授陣容還要好一些。[45]然而，由於東京帝大法學部非常熱門，報名人數遠超出其所欲招募的學生名額，學校只能採取選拔試驗加以篩選。雷震特於考前十日先到東京溫書，住在東京帝大本鄉校門對面一所小公寓，並結識同公寓一名東大工學部造船科的學生加藤恭亮，兩人就此成為摯友。[46]

東京帝大法學部選拔試驗內容，為單純的英翻日、日翻英筆試，雷震頗為懷疑試驗內容的鑑別度。東京帝大放榜當天，雷震發現自己並未上榜，只好急忙打電報給名古屋八高，請求學校再向京都帝大法學部報名。由於京都帝大法學部也相當熱門，第二次報名的人數亦超出名額，因此雷震必須再次參加選拔試驗。[47]這次雷震順利通過考試，得以進入日本最高學府之一的京都帝國大學法學部政治學科就讀。[48]

雷震就讀京都帝大法學部時，校方對學生選課的規定相當自由，只需獲得教授簽字並在學年考試前提出申請準時應考即可，課堂上亦鮮少點名，儘管出席與否主要是由學生自己決定，基本上多數學生仍會準時出席。由於當時雷震的日語聽講能力尚不及日本學生，教室太大又無擴音器設備，他總是提前到教室佔位子，以便清楚聽講並抄下重點講義。聽不懂之處先空下，等下課再向日本學生請教。通常每抄完一門課的筆記，雷震即感到手痠背痛，他認為漢字的筆畫實在過多，日本學生還可運用日語假名取代漢字，但中國學生對此則較不熟悉。這樣的學習經驗，使雷震於後來到教育部任職時，曾積極主張中國字應該簡化，卻遭戴季陶強烈反對而不了了之。至於雷震日本求學時期的手抄講義，後來在抗戰期間一再搬遷的過程中遺失了，雷震為此深感惋惜。[49]

雷震之所以選擇法學部的政治科做為大學志願，主因在於希望能夠研究政治，尤其是憲法；對於一般的法律訴訟以及律師這個職業，雷震可說是毫無興趣。日本的帝國大學設立政治科，主要目的在於培養外交人才，但相較於法學科而言，政治科的出路較窄，這也是政治科學生人數較少的原因。[50]政治學科的內容介乎法律學科和經濟學科之間，學生可選修的課程也跨於這三個領域。入學後，雷震對於政治科課程常感到有些空洞而不實在，甚至認為自修比較有效率。法學科課程則不然，對雷震而言，法學科內容較政治科來得晦澀，需要老師的循循善誘才不致於瞎子摸象，因此在選修課程時，雷震總盡量選擇法律方面的課。[51]

雷震在京都帝大偏重選修法律方面課程，奠立日後寫作法政文章的基礎。[52]在學期間，他深受鼓吹民主政治的森口繁治與佐佐木惣一兩位教授影響。[53]雷震接受京都帝大森口繁治教授教導的時間雖然不長，但他認為自己日後之所以篤信民主政治與議會制度，可說是深深受到森口的影響。而且返國之後，還繼續研讀森口的新研究。

五、森口繁治與佐佐木惣一的影響

森口繁治曾留學法國多年，當時在京都帝大法學部講授「國法學」這門課，是一名教學熱心認真的年輕老師，且研究著述甚富，著有《近世民主政治論》、《立憲主義與議會政治》、《比例代表法之研究》、《婦人參政權論》、《憲法之原理與其運用》、《選舉制度論》、《憲法學原理》等書，另曾與市村光惠合譯盧梭的《民約論》（又稱《社會契約論》）。雷震所認識的森口教授，「是一個十足的民主主義者」，畢生醉心於「全民政治」。森口繁治在當時日本仍視天皇為神聖不可侵犯的政治態勢下，勇於鼓吹民主政治，更大力反對軍人干政，曾以「帷幄上奏」來譏諷軍事首長得以不經內閣而直接上奏於天皇之制度。[54]

森口繁治認為，近世民主政治，是以民主主義或「國民主權說」為基礎，其中包含三個思想的要素：

一、國家是為個人而存在，為全體個人而存在。

二、國家的一切權力，係出之於人民的自身，其最高權力則掌握在國民自身。因此，政府之官吏，乃受人民委託之「公僕」，要對人民負其責任。

三、人民服從國家之意思，即是服從個人之意思，因為人民均有參與作成此意思之權利。所以現代民主政治是「多數決的政治」，是「議會政治」，亦即「輿論政治」。[55]

雷震由此認為，代表民意之政黨，在民主政治的推行中佔有非常重要的地位，由政黨而產生議會所採行的選舉方法更尤為重要。森口繁治教授主張議會選舉應採行「比例代表制」，俾使少數人的意見不致埋沒，可保障少數人的權利，以免陷於「多數暴政」的局面，因為即使是多數人的意見也並不完全正確；唯有採用「比例代表制」，表現出少數人之意見，才是真正實現「全民政治」的民主政治。壓制少數人的多數暴政，不僅不是真正的民主政治，而且容易釀成「革命」或「暴動」，所以絕對不能完全不照顧少數人之權益。雷震能夠理解森口繁治的初衷，但法國採用「比例代表制」造成小黨林立的結果，沒有一黨可以過半，勢必成立「聯合內閣」，如此則政府的政策不易貫徹，政治也不穩定，不能長久執政。[56]

透過森口教授的《近世民主政治論》一書，雷震對於民主主義和民主憲政有更深刻的了解，[57]對其日後憲政相關著述有重大之影響。換言之，雷震雖然以政治科為志願，入學以後則在法學課程受益頗多，其後雷震進入大學院後更選擇在森口教授指導下專攻憲法。李鴻禧曾指出雷震相關憲法憲政論著有三個特色：

第一、對憲法理論之病理診斷明快，詮釋評述誠實不晦。

第二、對憲法學法理有深入研究，憲法觀念極為明晰正確。

第三、對孫文獨創之政權與治權兩分論說，能以現代憲法學、政治學立場去客觀析論。[58]

京都帝大法學部中，還有一位佐佐木惣一教授也對雷震影響甚深。佐佐木惣一當時在京都帝大法學院教授行政法總論和各論兩門課，並著有專書，但上課時不會只照著書本講，除了仔細解釋法律原理和原則之外，還會盡量舉例說明，以便學生將來應用時可以參考。雷震回憶，佐佐木教授在當時京都帝大法學部之中，是講課最有條理、最吸引學生聽講的一位教授，教室內幾乎座無虛席。[59]雷震年輕時仔細研讀佐佐木惣一的著作《日本行政法總論》，並在書上寫了許多「眉批」和「註解」表示個人意見，對於該書及自己的詳細筆記相當珍惜。這本書後來借給了劉百閔，可是劉百閔在抗戰後的搬遷過程中，裝有書籍的木箱不幸落入三峽急流，再也找不回來，雷震甚感遺憾。[60]

而佐佐木教授不僅致力於行政法學，還廣及於憲法學的研究，在其著作《日本憲法要論》中，採用「天皇機關說」論稱「天皇是國家統治權的機關，非統治權之主體，而統治權之主體則是人民」，為此遭受軍部迫害，著作曾經一度遭到查禁。[61]

京都帝國大學法學部與東京帝國大學法學部在日本國內同居領導位置，都是頂尖的法學人才養成所。相較於東京帝大，京都帝大的學風更為自由，還曾有過多次對抗日本右派的紀錄，其中以一九三三年的「瀧川事件」最為知名。一九三三年，瀧川幸辰教授在著作中對「通姦罪只適用於妻子一方」的法律規定提出批評，因而遭保守派抨擊為共產主義之學說。在國會右翼議員的施壓下，[62]文部省宣布查禁瀧川的著作，並解除其教授之職。[63]京都帝大法學部的教授們為了表示抗議，決定全體請辭，最後是信奉民主自由之教授們被准予辭退，其中包括雷震在學時期印象深刻的森口繁治教授及佐佐木惣一教授。這起事件後來又被稱為「京大事件」。雖然事件是發生在雷震離開京都帝大之後，但京都帝大自由、不畏權力的校風，仍深深影響了雷震。雷震向來欽慕森口教授勇敢無畏批評時政的精神，也佩服佐佐木教授的學問和風度，而這兩位教授在「瀧川事件」中展現的風骨更令雷震敬仰不已。此外，據雷震了解，佐佐木教授在離開京都帝大後，轉至立命館大學擔任校長，卻又因「天皇機關說」的論點，而被迫辭去立命館大學校長一職。64

六、東山銀閣寺的求學生活

就讀京都帝大期間，雷震也熱衷於研讀「社會問題」、「社會政策」一類「當時最時髦的學科」，並認為「這是從事實際政治的人所必須了解」。此外，雷震認為學習法律或社會科學之人，必須具有深厚的哲學修養及邏輯訓練，於是又多選修了不計入學分的文學部的哲學、倫理學相關課程。65

而在京都帝大留學生活的其他方面，雷震個人觀察認為日本的大學教育不重視學生交誼活動，造成人際關係疏離，是為一大缺失，而這應和日本人「孤獨性格」有關。在雷震的留學經驗裡，京都帝大教師與學生之間鮮少有機會單獨接觸，課堂幾乎是大班級，人數眾多，課程結束後教授隨即離開教室，師生間少有互動。雷震回憶自己京都帝大求學的三年多間，甚至未曾和老師單獨說過一句話。不僅如此，學生之間亦難以建立友誼，同桌聽講的同學彼此互不認識，即使說過話也未曾詢問對方的名字，平時少往來，法學部雖有同學會，卻沒有實際上的交際效用。[66]更別說雷震在日本念書經歷過的三所學校，竟未曾有任何一所舉行過畢業典禮，他認為日本的教育實在太忽視活動了。[67]

雷震大學時期在京都東山銀閣寺附近住了兩年多，從住處步行至京都帝大法學部需時三十幾分鐘，回程則是上坡路，大約要走一個小時，頗為耗費時間。故雷震每日背著一個大書包，帶齊全日所需用品，早出晚歸，避免二次往返。中午則多在京都帝大附近的會堂用餐，或是在吉田山一間山東人開的小飯館，可以吃到北方口味的中國菜餚。京都帝大距離當時的市區尚有一段路程，前往市區購物甚為不便。或許和鬧區有相當的距離，往返不便，雷震因而讚賞京都帝大「真是一個讀書求學的好環境」，亦認為留學期間養成的步行習慣，對一生的健康有所幫助。[68]

當時東山銀閣寺一帶住了不少京都帝大學生，附近仍為鄉間，沒什麼都會氣息，民風純樸。相較於先前在東京租屋常常遇到註明「支那人不行」的房東，他感受到京都銀閣寺一帶的居民並不會歧視中國人，甚至對中國人還懷有好感。[69]東山同時也是京都市郊有名的風景區之一。雷震讀書頭昏腦脹之餘，喜歡四處遊山玩水，飽覽各式名勝古蹟，亦樂於參觀博物館或展覽以增廣見聞。在氣候良好的春季或秋季，雷震曾多次獨自攀登東山後方的比叡山，越過山頭，抵達滋賀縣琵琶湖岸的坂本地區後，還可搭乘琵琶湖遊覽輪船欣賞湖光山色，最後再從大津市碼頭搭乘電車返回京都。雷震將這套登山遊湖的行程，視為消除課業疲勞的不二良方，直至老年時還十分懷念：「如國民黨政府准許我出國，我一定去日本遊歷一次，如步履不很艱難，擬再步行登臨一次，俾舊地重遊，藉以溫習舊日的回憶。」[70]

七、往返中日之間，認識的加深

一九二三年春天，雷震的三弟雷用國突然患病去世。由於雷震父親早逝，大哥自小腦筋遲鈍，而雷震又長年在外，因此家中事務原多由三弟處理，他的不幸身亡使母親大為悲痛。京都帝大入學一學期後，雷震暫時放下課業，於暑假時返回中國陪伴母親。[71]回鄉途中，經過上海時，雷震參與了國民黨主辦、居正擔任主席的五九國恥紀念會。雷震並在會上為留日華工共濟會發聲，呼籲國人予以援助；當日並認識徐謙、黃宗漢等國民黨人。[72]

該年九月一日，日本發生了關東大地震。地震時正值中午家家戶戶燒菜時間，多數人家皆在用火，受到突如其來的強震襲擊，火勢一發不可收拾，大火蔓延將房屋燒毀，許多難民無家可歸。而就在此次大災難後數日，華工共濟會發起人之王希天前往築地了解中國工人的生活情形，卻遭日本憲兵傳喚後失蹤，疑遭殺害，共濟會因而停辦。獲知這個不幸消息的雷震，也再次感受到日本對在日中國人的迫害。[73]

一九二四年春天，二十七歲的雷震自中國返回京都。由於前一年的關東大地震導致日本物資缺乏，此時物價普遍上漲，中國留學生所獲得的官費已經難以維持留學生活所需，迫使各地區學生紛紛向政府請求提高官費，雷震所屬之浙江省官費留學生亦加入了此次請求的行列。結果，浙江省政府僅同意針對東京地區學生每月增加日幣十元，而未同時提高東京以外的公費留學生待遇。相較於其他省區是增加全體學生官費，浙江省政府的做法引發雷震等東京以外（亦稱「京外」）的公費留學生強烈不滿，因而積極向浙江省教育廳要求改善，[74]進一步由各校浙江公費生組成團體，並推雷震主持。雷震為此奔忙，除匯集各地物價資料，亦特別拜託浙江留日學生經理員向浙江教育當局報告京外學生境遇，請求准以提高官費數額，但過了一年後仍無具體下文。[75]雪上加霜的是，一九二四年秋季時中國發生直系和皖系武裝對抗的「齊盧戰爭」（又稱「江浙戰爭」），受戰爭影響，浙江督軍盧永祥將浙江省的留學生官費挪用充做軍費。浙江省政府因此數月未匯學生官費到日本，使得留學生的生活難以為繼。當時浙江省官費遲發了四個月，雷震也受到波及，所幸後來得到廣東省出身的羅鴻詔幫忙，將其所領之官費一部分接濟雷震，才勉強可以支付伙食費。[76]

一九二四年雷震對於孫中山「聯俄容共」的思想，也有了親身的接觸。十一月雷震與同學到神戶高等女學校聽孫中山演講，會上孫中山竟大讚「赤俄」，雷震等人一時不解，再向戴季陶詢問，始明瞭聯俄容共政策為何。孫中山演講完畢後，雷震等人繼至孫中山下榻的飯店談論時政。雷震認為孫中山的想法不切實際，頗感失望。[77]

一九二四年十二月中旬，為先前留學生官費事，雷震被推為「京外」代表，與東京代表東京帝大農科的學生戴弘，一同從神戶搭乘上海丸返國請願。起先雷震是不大願意返國的，原因在於當時已快到學校大考時間，深怕無法準備。但雷震實在不希望過去一年爭取官費的事毫無結果，又礙於京外同學們的寄望，因而勉為其難動身啟程，並將返國日期選在學校年假期間，以少缺一些功課。[78]不過，雷震見到戴弘後大感失望，因戴弘自稱不善言辭，一切全靠雷震一人出力。所幸最後獲得浙江省議員蔡經賢幫助，才得以於省議會通過全體公費生一律月增十元官費之決議。[79]此次請願過程中，雷震遇到許多貴人相助，前述蔡經賢議員的胞弟蔡經德為雷震在東京念書時熟識之友人，承其致函介紹請託兄長幫忙；當時的教育廳長亦為雷震甫到日本念書時的浙江省經理員；還有雷震中學時的老師祝文白，當時在教育廳工作，偶然在會客室相遇雷震一行人，也幫忙為他們說了些話，協助此事順利進行。[80]

雷震待在杭州向浙江省請願提高官費期間，順道拜訪已於杭州開業當律師的小學恩師韓寶華，卻意外從韓老師口中聽聞母親臥病在床已將近一個月。由於該年（一九二四年）夏天，兄長雷用邦遭瘋狗咬傷，因延誤就醫或食用來路不明「丹方」而毒發身亡，母親悲痛之餘，又必須肩負家務與各項事務，因此積勞成疾。[81]雷震聞訊後，心中惴惴不安，待官費增加的結果一出爐，連忙自杭州返家。由於兄長與三弟皆已過世，家中無男丁可為母親分憂解勞，雷震遂決定暫時留下，幫忙母親料理家中事務。而母親見到許久未見的兒子，心情總是特別快活，病情大為好轉。在家中待滿兩週後，雷震即於一九二五年二月十七日啟程返回京都應考。[82]從上海準備搭船回神戶時，雷震花了五大洋買了一簍橘子打算回京贈送給友人，然而卻在抵達神戶準備上岸前，遭日本海關人員攔查，並向雷震表示：按照日本海關規定，因當時中國橘類表皮上附有寄生蟲一類的微細菌，規定不准進口，需全數丟棄。雷震心中暗自以為日本海關人員可能藉此獲得這些橘子，自己食用，不料海關人員竟當場直接將這些橘子拋棄海上。這次事件，讓雷震對日本海關認真的處事態度極為讚賞。[83]

同年秋天，雷震與京都帝大法學部同學一同參觀當時日本監獄當中最完善的「奈良模範監獄」，雷震見到監獄的犯人完全不需戴手銬腳鐐，還可按各人志願擔任一定工作，平時還有各式各樣之團體活動，獄方亦透過宗教等方式希望幫助犯人洗心革面。此外，典獄長還是一位相當有學問的博士，其對待受刑人的尊重與親近令雷震印象深刻。[84]

八、返國接受校長聘任

一九二六年三月，二十九歲的雷震自京都帝國大學法學部畢業，再進入京都大學大學院追隨森口繁治教授研究憲法，原定畢業論文為「美國憲法」。[85]但是入學後，雷震卻因為用功過度、服用過多安眠藥，導致失眠日益嚴重，求診仍不見效，醫生建議可以嘗試旅行等「自然療法」，故雷震甫入大學院就讀一學期，即於同年秋季返國休養。[86]雷震曾嘆，一生苦於失眠，不知究竟服用了多少的安眠藥。[87]

一九二六年此次自日本返回中國的途中，與雷震一同搭船的京都帝大畢業生韓祖望，在上海登陸之際與一名不講理的日本人發生流血衝突，他們遂赴日本駐上海總領事館請求懲辦兇手，卻毫無結果。此次事件又讓雷震深感日本人瞧不起中國人，並大為影響雷震往後對日本人的態度。[88]原本雷震預計於年底回京都繼續大學院的研究，母親卻堅決留他在家過完農曆年。雷震想到，母親生了五個孩子，如今竟只剩自己可以相陪，心中該有多寂寞，因而決定留下來陪伴母親。[89]

然而，隔年（一九二七年）雷震卻意外收到轉任國民黨浙江省黨部工人部長的韓寶華的電報，要他趕赴杭州，擔任浙江省立第三中學校長一職。起初雷震認為自己資歷不足，堅辭三中校長一職，然教育廳長朱兆萃（雷震的老友兼同鄉，在東京求學時經常見面）與韓寶華均希望雷震接任，韓寶華對雷震說：「革命政府就是要用『新人』，才可以『去腐生肌』，才能做到『除舊佈新』。」雷震只好勉為其難地接受。一九二七年二月十一日正式接到浙江省政府教育科的聘任命令，雷震就此結束學生生活。[90]

後來，森口繁治教授曾於一九三〇年到中國南京視察國民黨北伐後的設施，並特別與雷震碰面。森口告訴雷震他對國民黨革命後中國社會情形的感想，說：「許多大唱革命的人，是為爭奪權力而不是為建設國家。」雷震聽後心中極為難過，無話可答。雷震還陪森口在南京拜訪了胡漢民和戴傳賢兩人，胡漢民對森口大略說明了立法院工作，由雷震口譯；戴傳賢日語能力很好，可與森口直接交談，但雙方談論考試院制度時，戴傳賢只是根據孫中山的說法重複一遍而已。森口繁治認為，沒有必要設立一個獨立的「院」來主持考試制度，不僅不易做，且過於浪費。森口此趟中國行，還帶了兩本新出版的著作《憲法原理與研究》、《比例代表法之研究》送給雷震，雷震一直保存良好。[91]然而，此後雷震再沒有機會當面聆聽森口教授的指導，森口繁治在二戰期間因病過世。[92]

1 雷震，《雷震全集8：我的母親》，頁一九四；雷震，《雷震全集10：我的學生時代（二）》，頁四〇九。根據工藤貴正考證日本郵船株式會社資料，未見「築島丸」之記載，推測雷震可能誤記船名，見工藤貴正，〈雷震在日本留學體驗之中所形成的初期民主．憲政思想〉，發表於二〇一八年十二月五日，中央研究院近代史研究所「西方經驗與近代中日交流的思想連鎖」學術研討會，頁一二。

2 雷震，《雷震全集10：我的學生時代（二）》，頁四〇六～四一一。

3 工藤貴正，〈雷震在日本留學體驗之中所形成的初期民主．憲政思想〉，發表於二〇一八年十二月五日，中央研究院近代史研究所「西方經驗與近代中日交流的思想連鎖」學術研討會，頁一；雷震，〈學生時代救國活動的回憶〉，《雷震全集10：我的學生時代（二）》，頁四一三。

4 雷震，《雷震全集8：我的母親》，頁一九六；雷震，〈學生時代救國活動的回憶〉，《雷震全集10：我的學生時代（二）》，頁四一三。

5 任育德，《雷震與台灣民主憲政的發展》，頁一三、三四五。

6 雷震，《雷震全集8：我的母親》，頁一八六。至於取名雷淵的典故，由於雷震譜名雷用龍，另有一說可能是出自《易經》乾卦，龍「或躍在淵，無咎」。

7 雷震，〈中華民國憲法詮真原序〉，收入雷震原著，薛化元主編，《中華民國制憲史：制憲的歷史軌跡（1912-1945）》（板橋：稻鄉，二〇一〇），頁vii。原文見國科會編，雷震遺著，《中華民國制憲史》手稿，總號：1、「中華民國憲法詮真——中山學術文化基金會專題研究」，頁一～一一、二九～四〇。世新大學圖書館藏，微縮資料。

8 范泓，《民主的銅像：雷震傳》，頁五三～五四；雷震，《雷震全集10：我的學生時代（二）》，頁四一三～四一四、四四一。

9 這一年孫中山已經決定要放棄中華革命黨，再進行改組。雷震入黨時已經沒有原本對孫中山宣誓效忠的要求。

10 傳統中國國民黨的黨員接受革命黨傳承的說法，因此雷震也視中華革命黨為國民黨的歷史階段，因此事後的記錄常常以「國民黨」稱之。

11 雷震，《雷震全集8：我的母親》，頁一九七；雷震，〈學生時代救國活動的回憶〉，《雷震全集10：我的學生時代（二）》，頁四一三～四一四。

12 雷震，《雷震全集8：我的母親》，頁一九六；雷震，《雷震全集9：我的學生時代（一）》，頁一七五。

13 該校係為日本學生投考專門學校而設，中國留學生很少。雷震，《雷震全集8：我的母親》，頁一九六。

14 雷震，〈學生時代救國活動的回憶〉，《雷震全集10：我的學生時代（二）》，頁四一六。

15 在此之前孫中山已經以國民黨改組通知中華革命黨各支部。

16 雷震，《雷震全集8：我的母親》，頁一九七；雷震，《雷震全集9：我的學生時代（一）》，頁一七四～一七五；雷震，《雷震全集10：我的學生時代（二）》，頁四一六～四一八。

17 雷震，《雷震全集10：我的學生時代（二）》，頁四一八。

18 范泓，《民主的銅像：雷震傳》，頁六〇；雷震，《雷震全集8：我的母親》，頁一九七；雷震，《雷震全集9：我的學生時代（一）》，頁一七五～一七六；雷震，《雷震全集10：我的學生時代（二）》，頁四一九～四二〇

19 雷震，《雷震全集10：我的學生時代（二）》，頁四一九～四二一。

20 雷震，《雷震全集10：我的學生時代（二）》，頁四二二～四二五。

21 雷震，《雷震全集10：我的學生時代（二）》，頁四二七；工藤貴正，〈雷震在日本留學體驗之中所形成的初期民主‧憲政思想〉，發表於二〇一八年十二月五日，中央研究院近代史研究所「西方經驗與近代中日交流的思想連鎖」學術研討會，頁二。

22 雷震，《雷震全集10：我的學生時代（二）》，頁四二七～四二八。

23 雷震，《雷震全集9：我的學生時代（一）》，頁一七六。

24 雷震，《雷震全集9：我的學生時代（一）》，頁一七六；雷震，《雷震全集10：我的學生時代（二）》，頁三九五～三九六。

25 雷震，《雷震全集10：我的學生時代（二）》，頁三九五～三九六。

26 任育德，《雷震與台灣民主憲政的發展》，頁三四六；雷震，《雷震全集9：我的學生時代（一）》，頁二。

27 雷震，《雷震全集10：我的學生時代（二）》，頁三九五～三九六、四二八～四二九。

28 雷震，《雷震全集9：我的學生時代（一）》，頁一～二。

29 雷震，《雷震全集10：我的學生時代（二）》，頁三九五～三九九。

30 雷震，《雷震全集10：我的學生時代（二）》，頁四一三。

31 雷震，《雷震全集9：我的學生時代（一）》，頁三～六。

32 雷震，《雷震全集9：我的學生時代（一）》，頁二七。

33 雷震，《雷震全集10：我的學生時代（二）》，頁四三一～四三三。

34 雷震，《雷震全集9：我的學生時代（一）》，頁四八～四九。由於高等學校重視外國語言訓練，因此雷震的好友齊世英高等學校畢業後雖進入京都大學，卻可以旋即前往歐洲留學。

35 雷震，《雷震全集9：我的學生時代（一）》，頁四五。

36 雷震，《雷震全集9：我的學生時代（一）》，頁一、四六～四七。

37 雷震，《雷震全集9：我的學生時代（一）》，頁三七。

38 雷震，《雷震全集9：我的學生時代（一）》，頁四三～四四。

39 雷震，《雷震全集9：我的學生時代（一）》，頁三〇～三一。

40 雷震，《雷震全集9：我的學生時代（一）》，頁三七～三八。

41 雷震，《雷震全集9：我的學生時代（一）》，頁三八～四一。

42 雷震，《雷震全集9：我的學生時代（一）》，頁八八～一〇〇。

43 其中帝國大學法學部和醫學部是當時的熱門，往往報名人數超過錄取人數，可參見當時留日學生的回憶：雷震，《雷震全集9：我的學生時代（一）》，頁一一三～一一四；陳逸松口述，林忠勝撰述，《陳逸松回憶錄（日據時代篇）》（台北：前衛，一九九四），頁八二。

44 羅鴻詔是雷震一生的友人，後來擔任《自由中國》的編輯委員，於一九五六年過世。雷震晚年時，將羅鴻詔遷葬於他規劃的自由

墓園。雷震，一九五六年四月三日、五日日記，《雷震全集38：第一個十年（六）》（台北：桂冠圖書，一九八九），頁二四四～二四六。不過，有關吳乃德書中提到羅鴻詔和雷震是在抗戰時認識的說法，則有誤，見吳乃德，《百年追求：卷二自由的挫敗》（新北市：衛城出版，二〇一三），頁二九～三〇。

45 雷震，《雷震全集9：我的學生時代（一）》，頁一一三～一一八。

46 雷震，《雷震全集9：我的學生時代（一）》，頁一二八～一三〇。

47 雷震，《雷震全集9：我的學生時代（一）》，頁一二八～一三〇。

48 任育德，《雷震與台灣民主憲政的發展》，頁一九、三四六；范泓，《民主的銅像：雷震傳》，頁八四；雷震，〈京都帝大三年半〉，《雷震全集9：我的學生時代（一）》，頁一四三～一四四。

49 雷震，《雷震全集9：我的學生時代（一）》，頁一五四～一五五；雷震，《雷震全集10：我的學生時代（二）》，頁二七六～二八一。

50 雷震，《雷震全集9：我的學生時代（一）》，頁一四三～一四四。

51 雷震，《雷震全集9：我的學生時代（一）》，頁一四四～一四八。

52 任育德，《雷震與台灣民主憲政的發展》，頁一九～二〇；雷震，〈京都帝大三年半〉，《雷震全集9：我的學生時代（一）》，頁一四七、一六一～一六二。

53 任育德，《雷震與台灣民主憲政的發展》，頁二一～二二；雷震，〈京都帝大三年半〉，《雷震全集9：我的學生時代（一）》，頁一六六、二三三、二三五、二七五～二七六。

54 雷震，《雷震全集9：我的學生時代（一）》，頁一六五～一六七。

55 雷震引自森口繁治《近世民主政治論》，頁二四三～二四四、三一九。見雷震，《雷震全集9：我的學生時代（一）》，頁一六六。

56 雷震，《雷震全集9：我的學生時代（一）》，頁一六六～一六七。

57 工藤貴正，〈雷震在日本留學體驗之中所形成的初期民主．憲政思想〉，發表於二〇一八年十二月五日，中央研究院近代史研究所「西方經驗與近代中日交流的思想連鎖」學術研討會，頁一一。

58 李鴻禧，〈雷震之憲法學者畫像——遭誣受害之宿命〉，[HI-ON]鯨魚網站，二〇〇二年九月七日文章，網址：http://www.hi-on.org.tw/bulletins.jsp?b_ID=44880，瀏覽日期：二〇二〇年四月二十四日。

59 雷震，《雷震全集9：我的學生時代（一）》，頁二三二、二三四。

60 雷震，《雷震全集9：我的學生時代（一）》，頁二三四～二三五。

61 佐佐木教授因「瀧川事件」辭去京都帝大教授職務後，轉至立命館大學擔任校長。雷震，《雷震全集9：我的學生時代（一）》，頁二三一～二三四。

62 在雷震的認知中，文部省是受到軍閥施壓才將瀧川幸辰教授解職，見雷震，《雷震全集9：我的學生時代（一）》，頁二三三。

63 張智程，〈瀧川幸辰與京大事件：捍衛百分之百學術自由的「京大精神」〉、陳建邦，〈【大學之道】青春無悔、反骨精神——說京都大學〉，「台灣海外網」，網址：http://taiwanus.net/news/news/2012/201212170213591983.htm，瀏覽日期：二〇二〇年七月九日。

64 雷震，《雷震全集9：我的學生時代（一）》，頁一六七、二三三～二三五。

65 雷震，《雷震全集9：我的學生時代（一）》，頁一四八～一四九。

66 雷震，〈京都帝大三年半〉，《雷震全集10：我的學生時代（二）》，頁二八一～二八二。

67 雷震，〈京都帝大三年半〉，《雷震全集10：我的學生時代（二）》，頁二八二～二八三。

68 雷震，〈京都帝大三年半〉，《雷震全集10：我的學生時代（二）》，頁二八四～二八五、二八八～二九〇。

69 雷震，〈京都帝大三年半〉，《雷震全集10：我的學生時代（二）》，頁二八四～二八五、二八八～二九六。

70 雷震，〈京都帝大三年半〉，《雷震全集10：我的學生時代（二）》，頁二九七～三〇一。

71 雷震，《雷震全集9：我的學生時代（一）》，頁一〇四、一六八～一七〇。

72 雷震，《雷震全集10：我的學生時代（二）》，頁四三五。

73 任育德，《雷震與台灣民主憲政的發展》，頁一九；雷震，《雷震全集9：我的學生時代（一）》，頁九六～一〇七。

74 雷震，《雷震全集9：我的學生時代（一）》，頁一八〇～一八五。

75 雷震，《雷震全集10：我的學生時代（二）》，頁三八九。

76 雷震，《雷震全集9：我的學生時代（一）》，頁一七二；雷震，《雷震全集10：我的學生時代（二）》，頁三〇二～三〇三。

77 雷震，《雷震全集10：我的學生時代（二）》，頁四三四～四三七。

78 雷震，《雷震全集10：我的學生時代（二）》，頁三九〇～三九二。

79 雷震，《雷震全集10：我的學生時代（二）》，頁三九〇～三九二；雷震，《雷震全集9：我的學生時代（一）》，頁一八四～一八五。

80 雷震，《雷震全集10：我的學生時代（二）》，頁三九一～三九二。

81 雷震，《雷震全集9：我的學生時代（一）》，頁一八五。

82 雷震，《雷震全集10：我的學生時代（二）》，頁三九三～三九四。

83 雷震，《雷震全集10：我的學生時代（二）》，頁三九四～三九五。

84 雷震，《雷震全集10：我的學生時代（二）》，頁三七二～三七六。

85 工藤貴正，〈雷震在日本留學體驗之中所形成的初期民主・憲政思想〉，發表於二〇一八年十二月五日，中央研究院近代史研究所「西方經驗與近代中日交流的思想連鎖」學術研討會，頁四。

86 任育德，《雷震與台灣民主憲政的發展》，頁三四六；范泓，《民主的銅像：雷震傳》，頁九六；一九二六年秋返國之記述，見雷震，《雷震全集8：我的母親》，頁五五；雷震，《雷震全集9：我的學生時代（一）》，頁一八七～一八八。

87 雷震，《雷震全集9：我的學生時代（一）》，頁一八四～一八五。

88 雷震，《雷震全集8：我的母親》，頁五五～五六。

89 雷震，《雷震全集9：我的學生時代（一）》，頁一九三。

90 雷震，《雷震全集9：我的學生時代（一）》，頁一九三～一九七、二〇〇。根據工藤貴正考證，京都帝國大學一九二九年四月的學籍名單上還有雷震的記錄：「美國憲法↓法學士↓雷震↓支那」，推測雷震大概沒有辦理退學手續。參見工藤貴正，〈雷震在日本留學體驗之中所形成的初期民主・憲政思想〉，發表於二〇一八年十二月五日，中央研究院近代史研究所「西方經驗與近代中日交流的思想連鎖」學術研討會，頁一三。

91 根據工藤貴正考證，森口繁治給雷震的兩本書，森口繁治並沒有《憲法原理與研究》這本著作，推測是一九二五年出版的《比例代表法之研究》（比例代表法の研究）、一九二九年出版的《憲政的原理與其運用》（憲政の原理と其運用），雷震晚年記述的書名有些出入。參見工藤貴正，〈雷震在日本留學體驗之中所形成的初期民主・憲政思想〉，發表於二〇一八年十二月五日，中央研究院近代史研究所「西方經驗與近代中日交流的思想連鎖」學術研討會，頁一四。

92 雷震，《雷震全集9：我的學生時代（一）》，頁一九九。

第三節

婚姻與家庭生活

一、婚姻及感情狀況

在雷震往返中國、日本之間的求學期間，約略在一九一八年底第二次赴日求學前後，在母親陳氏的安排下，他有了第一次的婚姻。對於這段婚姻，相關的記載相當有限，甚至有人認為婚姻很短暫。雷震的元配劉氏，全名不詳，根據雷紹陵於美國過世時的死亡證明書記載，其母名為「Zen Liu」應為雷劉氏的名字音譯。[1]雷震與劉氏共育有二男二女，目前姓名資料較明確的有兒子雷紹陵（小名瑞陵）[2]、雷祥陵、女兒雷鳳陵。[3]受限於資料，難以確定兩人於何時結婚。不過，除一般所知一九二二年雷震二十五歲時長子雷紹陵出生，是與第一任妻子劉氏所生外，還有一名較少被提及的女兒雷省吾，據聞為雷紹陵的姐姐。[4]根據長子的出生時間，推論雷震與劉氏成婚應更早於一九二一年，如果雷省吾是第一個孩子，結婚時間就要更早。而另一個女兒雷鳳陵出生於一九二四年，[5]婚姻持續應該超過五年。不過，婚姻持續正值雷震留學期間，夫妻相聚少，離別多，互動也較一般夫妻少。

至於雷震與第二任妻子宋英的交往，則是在他自京都帝大大學院休（退）學，返回中國之後。一九二八年這一年，三十一歲的雷震認識了後來成為他第二任妻子，當時在財政部關務署做事的宋英（一九〇二年生）。[6]隔年（一九二九年）宋英赴日留學，雷震特別送她到上海搭船，並寫信給居住於神戶的日本友人加藤恭亮，請他協助就近照料。[7]而他們進一步的互動，則與宋英回中國申請官費，雷震母親陳氏到南京短期居留有關。

一九三〇年底，雷震母親來信，表示要到南京住兩個月，雷震便特別於考試院東邊另租一棟房子，準備給母親來訪時住。由於房子甚大，又偏僻，而雷震白天仍需上班，擔心母親會無聊，因此特別找了好友羅鴻詔、王廷翰夫婦以及暫時回國的宋英一起搬入同住，與母親作伴。當時羅鴻詔在金陵大學教書，王廷翰也在考試院工作，而宋英是為了申請官費才從日本回到中國，卻被安徽教育廳通知暫時沒有官費缺額，必須等到明年暑假始能申請到官費再赴日本留學。同住的時間雖然不長，卻發生了令雷震印象深刻的插曲。某天半夜，雷震家遭小偷光顧，小偷的目標是宋英父親當天剛匯來的生活費，他們從屋外直接挖宋英房間的牆壁。雷震母親首先發現異狀，喊醒睡夢中的雷震。雷震意識到有人竊盜，從交談聲推測小偷至少有三人，但因幼時家中遭竊的可怕經驗，不敢出外查看，只在屋內狂喊「強盜來了！強盜來了！」小偷們聽到後，立刻帶著宋英的皮箱倉皇逃跑，卻不慎留下了挖牆時用的軍帽以及刺刀。隔天一早，眾人決定立刻搬家。[8]而雷震根據小偷遺留的軍帽及刺刀，研判竊盜應是附近中央陸軍軍官學校的士兵所為。當日即前往軍校，表明自己考試院秘書的身分，要求徹查昨夜的竊盜事件。不過連長卻堅持此事絕非營內士兵所為，雷震十分不滿，離開軍校之前揚言要將遭竊過程登報，甚至呈文蔣中正總司令請其對軍隊嚴加管束。又過了一天，中央軍校主持人團長宋希濂接獲報告後，可能擔心事情曝光將受上級責備，連忙派人通知雷震已經找到他「遺失的東西」，請雷震來軍校領取。雷震邀同事潘鳳騫、王廷翰同往，宋希濂親自迎接，將宋英的皮箱歸還，但仍聲稱這些東西是士兵「撿到的」，矢口否認有偷竊行為。雖然皮箱內的金錢和物品都有短少，事已至此，雷震也不再計較。[9]

宋英回日本留學之後，雷震於一九三一年三月間受日本外務省中日文化事業部邀請，有一次訪日考察的機會。[10]這趟考察行程中，雷震也邀在日本讀書的宋英一同出遊，[11]並向宋英求婚，卻遭宋英婉拒。他們兩人相識已有數年，雖然宋英對雷震印象甚佳，但是基於各種個人考量，一時之間難以答應。當時宋英還考量到雷震之前已有一段婚姻，還有四名兒女，而且雷震的母親又太過於精明幹練。雷震求婚被拒，心情甚糟，加上工作方面辛勞過度，返回中國之後竟忽然咳血不止，於是暫時搬到南京城外清涼山上的一間小廟休養，由長子雷紹陵照顧。雷震感情受挫，鬱鬱寡歡，半年時間不大願意開口說話，身旁好友如徐逸樵、楊開甲等人便寫信給宋英，報告雷震的近況，順便為雷震說話。宋英心裡游移不決，直至一九三一年九月發生九一八事變，促使宋英離開日本，返回中國，時空環境的改變，兩人的感情才有新的發展。[12]

一九三一年十二月初，宋英返抵上海，即先到南京找雷震，碰巧雷震當時人在開封勞軍，兩人未能立即相見。宋英逗留南京期間，雷震雖然不在，好友徐逸樵、湯恩伯等人則幾乎天天來為雷震做說客，希望宋英答應雷震的求婚，並表示雷震保證婚後絕不與婆婆及前妻的兒女同住。宋英幾經考慮，認為雷震為人可靠，可以託付終身，終於鬆口答應與雷震結婚。湯恩伯立刻拍電報到開封向雷震報喜，雷震亦馬上回電，請宋英到北平與他結婚，並計畫度完蜜月後兩人返回南京定居。宋英與雷震許下約定之後，一九三二年一月中旬先到上海添購衣飾與日用品，預備從上海坐船往天津。不料，才到上海不久，即發生一二八事變，宋英因而暫避松江，直到元宵節後才離開，轉赴蘇州擠上一班開往南京的火車，抵南京後渡江到浦口，再從浦口坐火車，終於到達北平。[13] 三月五日雷震與宋英在北京擷英飯店結婚，[14] 當天出席者約有三十多人，有詮敘部秘書王維藩、次長馬洪煥、金庸、趙蔚如夫婦、丘景尼等人。[15] 雷震拜託同鄉的世交尚傳道，協助安排婚禮事宜。尚傳道擔任介紹人並兼儐相，丘景尼為證婚人。婚後，兩人在北平附近遊覽風景名勝，度了半個月的蜜月後，再搭津浦路火車返回南京。當時雷震任考試院秘書，因此他們回到南京後，住在考試院的宿舍。[16]

結婚後不久，雷震和宋英就有了愛情的結晶。一九三二年十一月二十六日，他們的長子雷德寧於南京市考試院宿舍出生。[17] 一九三三年十二月七日，雷震與宋英的長女雷德全出生。[18] 一九三五年四月一日，雷震與宋英的次子雷德成誕生，並給好友劉百閔做乾兒子。[19] 大約在一九三七年春天，宋英和雷震的母親陳氏有了短期的共居生活經驗。當時陳氏到南京雷震剛建造完工的新居來住了一段時間，除了鄉下土產，還帶上雷震與元配所生的女兒雷鳳陵、姪女雷繼華一起來南京旅遊。雖然雷震與宋英婚前有過約定，婚後不與婆婆、前妻子女同住，但在雷震的其他兄弟先後辭世之後，陳氏就只剩雷震這一個兒子，她在南京期間，總有講不完的心事、家鄉事要與雷震分享。[20]另一方面，對宋英而言，生活中多了一位她必須小心伺候的婆婆，婆婆還會吃她這個媳婦的醋，只要宋英和雷震多說幾句話，陳氏便不高興，好似宋英搶走了她的兒子。此外，在自己的孫兒之中，陳氏顯然偏心雷繼華，冷落雷鳳陵，宋英發現這個情況後，也只能私底下安慰雷鳳陵。[21]也從這段經驗開始，宋英和雷震前妻的子女有了進一步的互動。特別是雷鳳陵和宋英的感情非常好，有相當長的期間她和宋英同一個戶籍。雷鳳陵曾表示自己「自幼即由雷夫人宋英女士視為己出，扶養成人，本政府之戶籍資料皆有詳載宋女士為本人之母親」。[22]

除了和宋英共組家庭外，雷震也與如夫人向筠（參考補償基金會的戶籍資料的稱呼）逐漸發展了堅固的感情。向筠一九一五年二月十日出生，[23]與宋英同為安徽人，也同樣畢業於安慶女師，[24]兩人同校而不同期。[25]以目前公開資料，尚難以掌握雷震與向筠的相識過程。一九三二年雷震與宋英結婚，在同一年，雷震曾與向筠同遊暨南大學校園，並為她拍攝多張個人獨照。[26]一九三八年十二月二十日，雷震與向筠的大女兒雷美琳出生。[27]一九四〇年十二月十三日，雷震與向筠的次女雷美莉出生。[28]一九四四年三月十五日，雷震與向筠的三女雷美梅出生。[29]一九四七年八月七日，雷震與向筠的大兒子雷天錫於無錫出生。[30]據雷美琳回憶一家人在無錫的生活，當時和湯恩伯一家合住在一個大院落，大門口還有衛兵值勤。[31]至於向筠與雷震的小兒子雷天洪，則是一九五〇年八月四日在台北出生。[32]

雷震十分佩服母親陳氏，也感念她對自己的教養、扶持。雷震返國後，雷震的母親除了短期間來探望雷震之外，大部分的時間都留在故鄉，並協助教養雷震第一次婚姻的四位子女。一九三四年，雷震為了感念母親一生辛勞，以母親六旬誕辰所收受的禮金，加上家族收入，在長興縣創辦長安小學，於該年冬季開始建築。[33]一九三五年夏季，長安小學課室建築大部完成，暑假中開始招生。[34]雷震對此校的關心深切不已，即使來到台灣多年，與大陸兩相隔離，仍時常掛念此校，曾囑咐兒女，若在他死後，有朝一日光復大陸故土，希望他們能將此校復校。[35]

二、對日戰爭的遷徙

一九三七年七七事變發生後，母親陳氏擔心雷震，特地趕到南京來探望。雷震的眷屬於八月六日離開南京，疏散至牯嶺小住。也有友人勸雷震將家眷搬至上海租界居住較為省事，但雷震一方面相當討厭租界裡歧視中國人的氛圍，一方面堅決主張「抗日圖存」，認為應遷往內陸長期抗戰。[36]隨著戰事發展，政府自南京撤退，蔣中正起初下令教育部遷到長沙，當時任職教育部的雷震因此將家人接到長沙。但他們在長沙待沒多久，蔣中正又命令教育部遷至重慶，雷震遂又到長沙接走家眷，經漢口轉抵重慶。[37]在雷震安排眷屬往重慶遷移之際，八月十三日，雷震的母親陳氏聽聞日軍進攻上海，決定於次日返鄉，組織地方上的防衛工作。[38]陳氏在鄉里算得上是一位「大紳女」，常為鄉親排難解紛，故而於此戰亂之時，陳氏不肯隨雷震遠走他方避難，而選擇回鄉守衛家園。[39]

一九三八年二月二十日，母親陳氏於長興縣和平鄉吳山區，不幸遭日軍硫磺彈擊中燒死，享年六十四歲。[40]而雷震則在兩個月後，四月底時才獲知母親過世的消息。當時雷震在武昌的設計委員會工作，突然接獲此一噩耗，不知向何人傾訴，只好含著淚水，獨自跑到黃鶴樓上嚎啕痛哭一場。[41]時值抗戰期間，儘管雷震非常想回家鄉一趟，但武漢至浙江的路途是兵荒馬亂、寸步難行。[42]母親在世時沒能隨侍在側，母親過世後又遲遲不能盡禮安葬，雷震感覺自己罪孽深重。[43]對於母親殉難，一九四一年雷震曾於日記中記載：「大仇未報，衷心至為悲慟！」[44]

至一九四五年八月對日抗戰宣告勝利，一九四六年雷震又忙於政治協商會議和制憲大業，一九四七年又為「國民政府改組」奔走，直到行政院改組，張群擔任院長，雷震任不管部政務委員，始有時間進行母親的安葬事宜。[45]一九四七年八月底，雷震終於返回故里安葬母親，看到棺材中母親屍首被燒得不全，更加痛恨日軍之殘暴。[46]雷震遵照母親生前的意願，於太湖東山（東洞庭山）購置了一處風水寶地建墳墓。此次返鄉，聽聞鄉親一致稱讚汪精衛，雷震甚感奇怪。鄉親們又說，長興縣自從國軍撤退後，那些號稱「忠勇救國軍」的游擊隊，在地方上的行為實與土匪無異，人民不堪其擾。侄兒雷紹熙也同意這些說法，還說：「祖母之死，就是游擊隊在地方上鬧得雞犬不寧，老百姓竟跑到湖州城內日軍總部，請求他們派兵下鄉征剿時遭到的慘害。」雷震聽後，心中感到十分慚愧。[47]一九四九年三月十六日，雷震預期自己將長期離開中國大陸，曾抽空到母親墳前祭拜。[48]

三、舉家遷台

一九四九年一月初，雷震已著手準備舉家從上海移至台灣。宋英首先來台，透過湯恩伯的關係，一月十一日下午由宋英帶著三名孩子、兩名幫傭（雷德全稱「褚媽」，與廚師劉博淵），以及大批行李，搭乘中興輪前往台灣。出發之際，宋英上吐下瀉，雷震甚感不安。[49]一月十三日下午，中興輪抵達基隆港，即有人前來迎接，晚上帶領他們到西門町一家日本料理店洗塵。宋英一行人先被安排住在和平東路二段十八巷一號，是一幢日本式的房子。接下來幾天，宋英忙於安頓家小，陸續購置家具與日用品，也讓孩子們分別插班進入台灣的學校就讀。[50]雷德全回憶當年的搭船來台，曾言：「我們對於出遠門都懷著高興的心情……可是從來沒有想到離開了三十多年，才能重返大陸。」[51]

此時，雷震長官兼好友王世杰的大兒子王紀五，插入台灣大學就讀大四，也暫時前來宋英處借住。為因應家中居住人口的增加以及後續運來的家當，宋英透過朋友協助另在金山街一巷二號，找到一處兩棟日式房子打通而成的大房子，連院子共有二百多坪。原本南京的家具亦陸續運到，包括雷德全心愛的鋼琴也被雷震運來了。[52]

二月九日晚間，雷震再送向筠等人上船前往台灣。[53]不過，此時雷家還不是正式全部搬遷至台灣，雷震還留在中國大陸處理事務，宋英亦曾搭機往返南京開會。[54]雷震來台初期，也入住金山街的房子，不久，程積寬、張和祥也從上海來台幫忙雷震處理事務，有時也協助家務。[55]

宋英和向筠對於彼此與雷震三角的關係應該早已知情，原本仍瞞著子女。但是在搬到台灣以後，由於地方範圍較小，宋英的女兒雷德全發現父親雷震在外竟然另有家庭，十分不能接受，雷德全因而與雷震起了正面衝突，三個月沒有和雷震說過一句話，家庭氣氛變得很差，宋英遂決定送雷德全出國讀書。一九五〇年五月底雷德全順利錄取政府辦理的留學考試，同年九月二十九日搭機飛離台北前往美國念書，此後直到一九七二年才首次回台探親。[56]

雷震與元配劉氏所生的子女之中，雷紹陵、雷鳳陵亦有來台。雷鳳陵長年來與宋英一起生活，感情深厚。宋英做為後母，盡力關照雷震元配的子女，視如己出，不敢虧待，而雷鳳陵亦將宋英當作自己的母親。雷德全認為：「母親對四姊（雷鳳陵），比對親生女兒還要好得多。」[57]但雷祥陵因故沒和家人一起來台，等他一九五〇年六月離開上海時，舟山已撤兵，因此不及來台，不得已留在中國大陸，[58]直至後來中國開始改革開放，始能申請赴美，而那時雷震已去世了。[59]雷祥陵身體不好，患有肺病，留在中國大陸期間，只能偶爾以書信與兄姊連絡，兄長雷紹陵則定期寄錢給他。[60]雷祥陵曾來信報告家鄉情形，文化大革命期間，因雷家為「地主」，雷震與雷紹唐更被當局視為「國特」，所以雷家均是「成分不良的份子」，劉氏死於紅衛兵的批鬥。雷震的大侄子雷紹熙則早被下放到新疆，據聞一九六〇年左右已於新疆過世。[61]

根據目前的資料，宋英和向筠兩人相處尚稱和諧，沒有太大的衝突，也都在背後支持雷震。兩人的子女也都十分關心雷震，雷震一九六〇年被捕後，他們有的隨母親探望雷震，有的在海外進行聲援。但是，兩個家庭的子女年紀漸長，為了彼此母親的處境，有時不免有些緊張的關係。雷震生前曾經交代，希望死後不要舉行公祭，或許也是為了避免發生衝突。[62]不過，大抵上宋英和向筠兩人分別和子女居住，也維持不錯的互動關係。[63]

1 財團法人戒嚴時期不當叛亂暨匪諜審判案件補償基金會藏，〈雷紹陵死亡證明書〉，《雷鳳陵等十一人，申請補償金（雷震）》，案號：004764號，頁一二一。

2 「瑞陵係雷先生長公子紹陵小名。」見傅正注釋，雷震，一九五五年十二月二十七日日記，《雷震全集38：第一個十年（六）》，頁一九七。

3 「母親那時知道父親與髮妻已經離異，育有二男二女，跟著祖母住在浙江長興縣小溪口鄉下。」「父親以前憑父母之命結過婚，雖已與髮妻離異，但已育有二男二女跟著祖母生活。」見雷德全，《我的母親：宋英》（台北：桂冠圖書，一九九六），頁三八、五二。

4 徐惠林，〈雷震家事〉，轉載於網站「秋毫明察軒主的博文」，網址：http://blog.tianya.cn/m/post-27063818.shtml，瀏覽日期：二〇二〇年六月五日。

5 財團法人戒嚴時期不當叛亂暨匪諜審判案件補償基金會藏，《雷鳳陵等十一人，申請補償金（雷震）》，案號：004764號，頁二二。

6 就雷德全的記述，雷震與宋英相識於一九二六年初春，並稱雷震當時任職於法制局，然而雷震任職於法制局的時間是一九二七年底至一九二八年十月，如此看來，應當如雷震自己所記載，他與宋英是於一九二八年認識。參見雷震，《雷震全集9：我的學生時代（一）》，頁二一二；雷德全，《我的母親：宋英》，頁三七。

7 雷震，《雷震全集9：我的學生時代（一）》，頁二一五、二二六～二三〇。

8 雷震，《雷震全集9：我的學生時代（一）》，頁二一八～二一九、二二六～二二八。

9 雷震，《雷震全集9：我的學生時代（一）》，頁二二八～二三〇。

10 雷震，《雷震全集10：我的學生時代（二）》，頁三六三～三六四。

11 雷震，《雷震全集10：我的學生時代（二）》，頁三六四～三六五。

12 雷德全，《我的母親：宋英》，頁五八。

13 雷德全，《我的母親：宋英》，頁六一～六二。

14 雷震，一九六二年三月五日日記，《雷震全集37：獄中十年（二）》（台北：桂冠圖書，一九八九），頁五三～五四。內容指出雷震當時為三十六歲，宋英為三十一歲，推測指的應為虛歲。

15 雷震，一九六四年三月四日日記，《雷震全集41：獄中十年（三）》（台北：桂冠圖書，一九八九），頁二六五～二六六。

16 雷德全，《我的母親：宋英》，頁六三。

17 雷德全，《我的母親：宋英》，頁六五。

18 雷德全，《我的母親：宋英》，頁六六。

19 雷德全，《我的母親：宋英》，頁六七。

20 雷震，《雷震全集8：我的母親》，頁八～九。

21 雷德全，《我的母親：宋英》，頁七三～七四。

22 雷鳳陵，〈身份證明說明書〉，財團法人戒嚴時期不當叛亂暨匪諜審判案件補償基金會，《雷鳳陵等十一人，申請補償金（雷震）》，案號：004764號，頁一二四。

23 財團法人戒嚴時期不當叛亂暨匪諜審判案件補償基金會，《雷鳳陵等十一人，申請補償金（雷震）》，案號：004764號，頁一四五。

24 安慶女子師範學堂創立於一九〇七年，於一九一二年改制為安徽省立第一女子師範學校，一九二八年改制為安徽省立第一女子中學校。後續又經歷多次整併，現為安慶市第二中學。參見安慶市第二中學網站，「安慶二中校史沿革圖」，二〇一六年十二月十九日編輯，網址：http://www.aqez.net/DocHtml/1/Article_201612194973.html，瀏覽日期：二〇二〇年五月二十五日。

25 胡虛一，〈雷震日記介紹及選註〉，收入《李敖千秋評論》，冊七二（1987.9.20），頁三一五。嚴格說來，宋英就學時應為安徽省立第一女子師範學校，至向筠就學時應為安徽省立第一女子中學校。參見雷德全，《我的母親：宋英》，頁一九。

26 宛萱（圖片文字），收入雷震，《雷震家書》（台北：遠流，二〇〇三），頁一八～二三。

27 財團法人戒嚴時期不當叛亂暨匪諜審判案件補償基金會，《雷鳳陵等十一人，申請補償金（雷震）》，案號：004764號，頁四一。

28 財團法人戒嚴時期不當叛亂暨匪諜審判案件補償基金會，《雷鳳陵等十一人，申請補償金（雷震）》，案號：004764號，頁五六。

29 財團法人戒嚴時期不當叛亂暨匪諜審判案件補償基金會，《雷鳳陵等十一人，申請補償金（雷震）》，案號：004764號，頁四一。

30 財團法人戒嚴時期不當叛亂暨匪諜審判案件補償基金會，《雷鳳陵等十一人，申請補償金（雷震）》，案號：004764號，頁四二；宛萱（圖片文字），收入雷震，《雷震家書》，頁六一。

31 宛萱（圖片文字），收入雷震，《雷震家書》，頁六一。

32 財團法人戒嚴時期不當叛亂暨匪諜審判案件補償基金會，《雷鳳陵等十一人，申請補償金（雷震）》，案號：004764號，頁四二。

33 雷震，《雷震全集8：我的母親》，頁三五～四三；任育德，《雷震與台灣民主憲政的發展》，頁三四七。

34 雷震，《雷震全集8：我的母親》，頁三九。

35 雷震，一九六六年一月六日日記，《雷震全集42：獄中十年（四）》（台北：桂冠圖書，一九八九），頁二五〇～二五一。

36 雷震，《雷震全集8：我的母親》，頁九～一〇。

37 雷震，《雷震全集8：我的母親》，頁一一～一二。

38 雷震，《雷震全集8：我的母親》，頁一六～一七。

39 雷震，《雷震全集8：我的母親》，頁五〇、五三～五五。
40 雷震，《雷震全集8：我的母親》，頁一、三四。
41 雷震，《雷震全集8：我的母親》，頁四七、四九。
42 雷震，《雷震全集8：我的母親》，頁五七～五八。
43 雷震，《雷震全集8：我的母親》，頁七五～七六。
44 見胡虛一，〈雷震日記介紹及選註〉（雷震一九四一年二月十七日日記），收入李敖主編，《萬歲評論叢書》，冊三（1984.3.31），頁一二三～一二四。
45 雷震，《雷震全集8：我的母親》，頁七六。
46 雷震，《雷震全集8：我的母親》，頁三四～三五。
47 雷震，《雷震全集8：我的母親》，頁七七～九一。
48 雷震，《雷震全集8：我的母親》，頁九二。
49 雷震，一九四九年一月十日、十一日日記，《雷震全集31：第一個十年（一）》（台北：桂冠圖書，一九八九），頁一一七～一一九。
50 雷德全，《我的母親：宋英》，頁一五三～一五五。這是根據《自由中國》設立地址修正的。
51 雷德全，《我的母親：宋英》，頁一五三～一五四。
52 雷德全，《我的母親：宋英》，頁一五六。
53 雷震，一九四九年二月九日、十日日記，《雷震全集31：第一個十年（一）》，頁一二九、一三〇。
54 雷德全，《我的母親：宋英》，頁一五七。雷震，一九四九年三月六日、八日日記，《雷震全集31：第一個十年（一）》，頁一五二～一五四。
55 雷德全，《我的母親：宋英》，頁一五六。
56 雷德全，《我的母親：宋英》，頁一六一～一六五；雷震，一九五〇年九月二十九日日記，《雷震全集32：第一個十年（二）》（台北：桂冠圖書，一九八九），頁一九五。雷美琳對於這件事的記憶比較早，她曾經向筆者提及，雷震在國民參政會任職期間，有一次她到辦公室找雷震，才第一次發現雷震有另一個女兒雷德全，也知道了雷震和宋英的家庭。來台後，雷德全和湯恩伯的女兒還和他們發生爭吵。另外，雷德全赴美留學時，雷震可能希望她和也在美國熟識的王紀五可以有進一步的發展，但沒有結果。
57 雷德全，《我的母親：宋英》，頁一一八。
58 雷震，一九五〇年六月三日日記，《雷震全集32：第一個十年（二）》，頁一一九～一二〇。
59 傅正注釋，雷震，一九五〇年七月八日日記，《雷震全集32：第一個十年（二）》，頁一四〇～一四一。
60 雷震，一九六四年九月二十一日日記，《雷震全集41：獄中十年（三）》，頁四一〇；雷震，一九六七年四月二十九日日記，《雷震全集43：獄中十年（五）》（台北：桂冠圖書，一九八九），頁七二～七三；雷震，一九六七年十二月十九日日記，《雷震全集43：獄中十年（五）》，頁一八五～一八七。
61 雷震，一九六七年一月十八日日記，《雷震全集43：獄中十年（五）》，頁一六。目前公開出版之雷震的日記不曾直接提到「劉氏」，雷震此篇日記是以「鳳陵母親」稱之。
62 胡虛一，〈雷震先生喪事記實〉，收入李敖主編，《雷震研究》（台北：李敖出版社，一九八八），頁三六。
63 如雷震的外孫金幼陵曾經告訴筆者，他記得雷震出獄後，雖然也會到松江路向筠住處，大多數的時間住在木柵，他們小孩常在母親雷美琳帶領下，到木柵來看宋英和雷震，陪兩位長輩消遣，彼此感情不錯。

第二章

中國大陸時期的政治生涯

第一節

二次大戰結束前的政治經歷

一、進入國民政府初期

雷震返國時，適逢國民政府北伐，在新取得統治權的區域，國民黨部也介入主導行政、司法、教育各個範疇。因此，雷震接任母校第三中學校長一職後不久，就發現當時學校無論是在用人、教育內容、與教育方式等各個方面，都受到當地黨部不少干涉和牽制。地方縣黨部隨時找學生去查問，雷震認為已嚴重妨礙到學生的學習，便去向黨部反應，不料黨部工作人員竟然譏諷雷震「『帝國大學』畢業，是個『帝國主義者』，應是國民黨革命之目標」，雷震認為這實在是胡鬧。[1]由於自己的教育理想無法落實，雷震接任校長不到一年，即在一九二七年年底辭職。辭去校長職務後不久，雷震開始以國民黨員身分在國民政府服務。[2]最初經由在東京介紹雷震加入中華革命黨的戴季陶，推薦雷震進入國民政府法制局擔任編審一職。[3]當時擔任局長的王世杰本人留學英國、法國，專攻憲法，是當時中國研究比較憲法的傑出學者，他瞭解雷震留學日本京都帝國大學法學部，也攻讀憲法後，接受戴季陶的推薦，讓雷震到法制局任職。雷震與王世杰，不僅學術專攻相近，兩人也十分投緣，此後維持長達數十年的情誼。[4]

（一）從法制局到銓敘部

一九二八年十月底，雷震任職的法制局併入立法院，他的職務也再度變動。當時國民政府剛修正通過「國民政府組織法」，建立五院制，蔣中正的親信戴季陶被任命為國民政府考試院長一職。[5]戴季陶剛接受任命，也在尋覓人才，碰巧法制局隸屬變動，戴季陶便延攬雷震，協助進行考試院籌備工作，並擔任考試院編譯局編撰。當時人事法規亟待修訂（制定），雷震受命起草「公務人員任用法草案」。[6]因應新時代的需要，現代政府相關的法規有必要參考國外的先例。不過，此時相關的書籍相當短缺，雷震在南京無法找到需要的參考資料。雷震為此函請森口教授代尋關於日本文官任用制度之書籍，森口教授也寄來許多相關書籍，除了當時日本適用的文官任用法規，還為雷震向京都帝大圖書館借了一套三巨冊的《官吏學》。這些資料對於雷震瞭解文官制度，研擬法規，有相當大的幫助。[7]此時雷震除了支付自己的房租、日用外，還要匯款回家貼補家用，三百元的月薪入不敷出，只好想辦法增加收入。因此在考試院工作的同時，還到距離住處不遠的中央軍事政治學校兼課，教授三民主義和五權憲法，並且從事翻譯的工作。[8]一九二九年銓敘部成立，雷震出任銓敘部秘書兼調查統計科科長。[9]次年，三十三歲的雷震再兼任國立中央大學法學院教授。[10]

一九三〇年秋季，日本外務省中日文化事業部部長來中國考察，在南京時特別來訪問雷震。中日文化事業部是日本政府運用庚子賠款設立的機構，雷震認為日本政府意欲以此機構做為「中日親善」之工具，於是雷震趁此次會面，直接向該部長指責日本對華政策是「『以中日親善』、『同文同種』為名，到處侮辱中國人，並時時刻刻想侵略中國土地」，強調這樣的政策必須改變。該名部長則認為雷震說話坦白，他知道雷震在南京組成「大高同學會」（日本帝大以及高等學校學生），可說是在南京留日學生的領導人，所以對雷震相當熱絡。部長在南京兩度訪問雷震，徵詢他對中日關係的意見，更正式邀請雷震至日本訪問，經費全由中日文化事業部支出。此番邀請，對當時任職考試院銓敘部秘書，負責設計銓敘制度的雷震而言，是考察日本文官制度的好機會，於是雷震欣然接受。[11]

一九三一年三月間，雷震請了兩週的長假，在日本外務省中日文化事業部的邀請下赴東京考察。[12]這趟訪日行程中，雷震特地抽空回到充滿留學回憶的京都。原想拜訪京大的恩師森口繁治教授，卻適逢老師前往東京而沒有見到面。他也拜訪了日本友人加藤恭亮，當時加藤已在神戶的造船廠內監督製造兵艦和潛水艇。此外，雷震也邀請在日本讀書的宋英一同出遊。[13]

一九三一年冬季時，雷震著眼於行政組織改革，鉛印〈行政改良芻議〉分送各單位，亦曾公開發表於天津《益世報》、上海《時事新報》和武漢的一家報紙。時任考試院長戴季陶看到雷震這篇文章，相當不快。[14]該文提倡總務獨立，而且主張集中採辦用品，節省經費，戴季陶認為雷震的文章必將得罪不少機關長官。而且雷震本人是考試院職員，並非單純以大學教授或一般知識分子的身分批評時政，戴季陶做為考試院長，自然多少必須考量文章的政治效應。[15]

在南京政府任職時期，雷震在國民黨黨內也有進一步的發展，一九三一年他先擔任南京特別市黨部委員，負責宣傳工作。[16]南京特別市黨部委員共有七人，除雷震外，還有周伯敏、張元良、谷正鼎、方治、袁野秋、謝作民等人。之後，雷震擔任南京市黨部常務委員兼書記長，因為辦理黨務，與同為浙江省出身的陳果夫、陳立夫的關係不錯。[17]國民黨南京市黨部一般被認為是CC派的天下，但雷震並非CC派成員，他始終反對在黨內搞派系鬥爭。也由於雷震未加入任何派系，一九三三年三月他反而被推派負責主持南京市黨員第二次代表大會。在大會上，吳紹澍抓住「改組派」谷正鼎的一點小紕漏，大力抨擊。主席雷震擔心影響大會進行，便勸吳紹澍不可讓谷正鼎難堪，CC派卻因此懷疑雷震暗中和改組派勾結，對他十分不滿。[18]

（二）任職教育部

一九三三年，三十六歲的雷震又轉換政治跑道。這個工作異動與雷震過去任職的國民政府法制局老長官王世杰有關，王世杰在該年四月就任教育部長，需要找人協助推展部務，就找了雷震進入教育部。雷震在七月擔任教育部總務司長，[19]而政務次長段錫朋起初以為他是CC派的人，竟不敢批閱總務司的公文，後來是由王世杰代雷震澄清。[20]

CC派方面，則有人認為王世杰是「改組派」，雷震既然在王世杰底下做事，過去又曾與改組派的彭學沛在日本一高當過一年同學，便認定雷震也是改組派。[21]日後，雷震又曾與張群共事，他因公而和張群、王世杰等被視作「政學系」首腦的兩名人物建立起私交，所以雷震也常被誤會為政學系的一分子。[22]

雷震任職於教育部時，政府計畫開始推行小學義務教育，雷震期望能藉此掃除中國的文盲，使人人都具備適於生存的基本知識，並從義務教育中培養做為國民的民族意識和國家觀念。雷震當時指出，「義務教育就是救亡圖存復興民族最根本最有效的工作」。[23]此外，雷震任內也曾提出「教授治校主張」，認為外界不能干涉大學自治。[24]雷震也是在這段期間，與上司王世杰過去在北京大學任教時的老同事胡適結識。[25]

一九三五年，雷震在十一月舉行的國民黨第五次全國代表大會中，獲選候補監察委員第二名，並兼國民黨政治委員會財政專門委員會委員。[26]這一次全國代表大會對於憲政的推動也有了具體的決議：通過「召集國民大會及宣布憲法草案」，授權第五屆中央執行委員會宣布憲法草案，及決定召集國民大會日期。[27]這也促成雷震參與國民政府制憲工作的因緣。同年四月，雷震與徐逸樵、周憲文、劉百閔、羅鴻詔與馬存坤等創辦政論性刊物《中國新論》，由徐逸樵擔任總編輯、雷震為發行人。雜誌社成立後，雷震收集的文章也編輯叢書出版。次年出版的《雷震論文集》，內容收錄有政論二十二篇，共計約十萬餘字。[28]一九三七年雷震編輯的「非常時期叢書」，再由《中國新論》出版，共出版三十六種。[29]

一九三六年，是中日戰爭前國民黨當局推動制憲工作的重要一年。雷震參與審議，由王寵惠擔任召集人的「憲法草案審議報告」，在國民黨中央通過，這是雷震接觸「中華民國憲法草案」的重要開端。五月五日國民政府公布「中華民國憲法草案」又稱「五五憲草」。[30]在這一次的制憲工作中，雷震只是參與審議的工作，不過雷震到國民參政會服務後，他參與的修改「五五憲草」到制憲工作，角色越來越重要。

一九三七年七月國民政府於牯嶺舉行教育人員暑期訓練班，雷震擔任該班副主任，主要工作是陪同講師去上課。教育人員暑期訓練班擇於七月九日開學，這也是國民革命軍於廣州誓師北伐的日期。雷震記得，當天開學典禮上，眾人於豔陽下長時間聆聽蔣中正委員重複的致詞，每人不准揮動扇子，也不准使用手帕擦汗，一些體弱力衰者紛紛不支倒地。訓練班學員的生活起居，一律軍隊化，編隊小組進行軍事管理，由軍事委員會訓練總監部派員主持。雷震事後回憶，這類所謂的「訓練」，「全是一套虛有其表的官樣文章，熱鬧好看或者有之，『實際效果』則談不到」，相當浪費所有參與人員的時間及公家經費，甚至是「把整個大陸訓垮了」。對於國民黨政府只做表面功夫，不求實際效果的訓練做法，雷震相當不以為然。[31]不過，負責接待講師的工作，對雷震的人脈開展則有正面的意義。

同年七月七日，蘆溝橋事變發生。不久，國民政府命令各機關職員將眷屬疏散離開南京，作長期抗戰準備。雷震則於七月十四日乘長興輪返回南京，處理因戰爭引起的教育部行政事務，包括疏散辦公人員、檔案、建造防空設備等等。進行疏散後，除雷震的母親返鄉抗日外，其餘家眷則由雷震安排，陸續前往重慶。[32]

一九三八年一月國民政府改組，王世杰離開教育部，轉至軍事委員會任職，雷震跟隨王世杰離開教育部。剛好此時軍事委員會設立了政治部，陳誠擔任部長，當時的政治部秘書張厲生便建議陳誠聘請雷震擔任政治部設計委員，雷震因而轉至軍事委員會政治部任職。[33]政治部設計委員是一個只需開會不需辦公的閒差，這也是雷震初次與陳誠共事。[34]由於不需每日辦公，雖然政治部設計委員會辦公處設在武昌市，雷震則和友人住在漢口。[35]

二、籌備國民參政會

日本攻陷南京後，國民政府為應付長期抗戰的局勢，有必要回應各方之呼籲，盡快團結各黨派，遂於一九三八年三月二十九日召開的中國國民黨臨時全國代表大會中，通過「抗戰建國綱領」，並決議結束國防參議會，召集國民參政會。[36]四月十二日國民參政會條例公布，第一條即指出成立的目的為：「國民政府在抗戰期間，為集思廣益，團結全國力量起見，特設國民參政會。」[37]

國民參政會參政員係由國民政府遴選、邀請而來，成員有來自各黨各派、各民族、各區域的菁英，二百名人選於六月十六日決定。[38]國民黨希望藉由此一組織，團結黨內外，在國民政府領導下，為抗戰建國努力。[39]整體而言，在非常時期成立的國民參政會，主要的功能在團結各黨派，提供各黨派政治菁英建言的管道，其雖為一法定機關，卻並非真正的中央民意機關，它只有發言權，對政府施政提供建議，而無立法權等實際的政治權力，現實上也無法拘束政府，最多只是一個「準」中央民意機關。[40]

其時，雷震參加第三戰區慰勞團，擔任團長。於六月間與谷正綱、包華國等人前往安徽省休寧縣城的第三戰區總部勞軍時，雷震突然接獲王世杰由漢口打來之長途電話，告知雷震「國民參政會」將定於七月一日在漢口召開第一次大會，請他盡快到漢口參與籌備工作。[41]

六月底，雷震輾轉回到漢口，著手籌備國民參政會事宜，然而籌備工作繁雜，參政會延至七月五日才開幕，會期十天，七月十四日閉會。[42]王世杰擔任國民參政會秘書長，雷震則擔任相當於各部次長的「特務秘書」，[43]兼秘書處轄下所設之議事組主任，主要工作內容為編訂議事日程與會議紀錄、編輯各種議案關係文件、整理提案決議及審查報告、會議及各委員會開會的準備與通知、參政員出缺席表決計數、協助議事日程進行中的一切事項，以及新聞發表暨新聞記者的接洽。[44]雷震又兼任國民黨國民參政會黨團幹事，負責於會場內傳達黨團指示。[45]

國民參政會開會期間，在大會中通過「擁護『抗戰建國綱領』決議案」，此綱領主要是希望全國人士能團結集中精神統一行動以擁護政府。[46]此外，會中亦通過在各省市設立戰時民意機關。[47]此次國民參政會開會的同時，雷震已著手準備撤退至重慶之工作。在會議結束之後，八月一日雷震飛抵重慶，布置參政會秘書處辦公室，於當地接續辦公。[48]

一九三九年四十二歲的雷震在國民黨內有了進一步的發展，他遞補蕭佛成之遺缺擔任國民黨中央監察委員。[49]同年第一屆第三次國民參政會會議於重慶舉行，議長蔣中正提議組織「川康建設期成會」，並於會中順利通過。「川康建設期成會」由蔣中正兼任會長，雷震兼任主任秘書。[50]此期成會主要任務為組織訪視團前往四川、西康各地視察，並根據視察結果草擬川康建設具體意見書送至期成會，再由期成會擬定建設方案，[51]以督促政府推進川康建設增強抗戰及建國力量。[52]

一九三九年九月九日國民參政會第一屆第四次大會在重慶大學舉行，在野黨派人士長期以來對國民黨實施「一黨訓政」本已不滿，也希望推動原本應該在一九三六年完成的制憲。[53]原先在一九三八年，國民黨當局為了營造團結的政治氛圍，以面對日本侵略，透過國民黨臨時全國代表大會通過「抗戰建國綱領」，其中第二十六條規定承認國民黨以外的政黨可以合法結社，[54]國民黨的領導人蔣中正及汪精衛還曾去函給國社黨領導人張君勱，表示保障其「言論出版結社集會之自由」，在形式上承認在野黨存在的合法性。[55]但即使如此，仍沒有改變國民黨實質上「一黨專政」的政治局面。因此，在野黨希望國民黨能夠放棄「一黨專政」，給予各黨派平等位置。[56]在野黨也要求修正原本憲法草案「三民主義共和國」等用詞，讓青年黨、國社黨（戰後改組為民社黨）的政治主張，可以和三民主義處於平等的地位。[57]在一九三九年九月第一屆第四次大會中，左舜生、張君勱、孔庚等人提出「請政府定期召集國大，制定憲法」相關的七件提案，[58]包括「請結束黨治立施憲政以安定人心發揚民力而利抗戰案」以及「改革政治以應付非常局面案」。[59]

對雷震而言，施行憲法是使人民能夠有權力過問國家之事，也是團結民心、凝聚國民向心力的唯一方法，凡是關心國事者，藉民意機關的設立，有了施展抱負的機會，也以此能將「議場」代替「疆場」，場上大家只需用口說服，「人民通過選舉而得以參加中心政治」，這是近代政治的常識。所以不可認為實施憲政會人多嘴雜，且必須謹記「雖不善法，尤惡於無法」，相對地，「獨裁才是造成國家分裂的主因，專政才是促使政治陷於敗壞的毒素」。[60]然而，國民黨此時仍無法放棄「一黨專政」的念頭，在野黨人士的要求引起國民黨中央的重視，有意提出對策以沖淡其他黨派人士的想法。在此次事件中，雷震扮演著傳遞議案訊息給國民黨中央黨部，並向國民參政會轉達國民黨中央意見的角色。為了執行任務，雷震曾冒險於視線不佳的黑夜，搭車通過危險路段，將建議案親自送到重慶上清寺的國民黨中央黨部，以利黨內及時研擬對策。[61]國民黨為了因應在野黨派提出的改革訴求，最後通過「召集國民大會實行憲政決議案」，內容擬定定期召開國民大會，以制定憲法開始憲政，[62]形式上表現國民黨已有意結束「黨治」，推動改革。[63]在國民黨中央決策後，最後大會決議成立「憲政期成會」，[64]並於國民參政會第一屆第四次大會閉幕前一天的九月十八日，由議長蔣中正宣布憲政期成會委員名單共二十五人。[65]此一名單主要為雷震所草擬，蔣中正並未做任何更改就採納了。[66]

三、與各政黨溝通協商

憲政期成會主要設立的目的即為協助政府促成憲政，[67]雷震則擔任秘書長一職，也因此成為日後制憲相關工作的重要助理，[68]而從此時開始一直到制憲國民大會完成制憲為止，雷震參與各式大小會議約一百三十八次，加深其對制憲工作的了解。[69]憲政期成會經過三次會期的討論，在一九四〇年三月將「五五憲草」修改而提出「中華民國憲法草案（五五憲草）修正草案」。[70]對雷震而言，擔任憲政期成會秘書長一職，使他與中華民國制定憲法的工作有了更緊密的結合；同時也使他在國民黨與各黨派政治溝通／協商的過程中，扮演關鍵的溝通者的角色，這使他與各黨派的領導菁英有了更進一步的往來。

至於憲政期成會的決議，提交一九四〇年四月二日舉行的國民參政會第一屆第五次大會討論。[71]然而最終的決議文與原本在野黨派的要求差距甚大，完全未提及結束訓政與召開國民大會進行制憲之事，這使左舜生（青年黨領導人之一）與張君勱（國社黨領導人）兩位參政員感到不滿。[72]雷震認為這一決議文反映了國民黨領導階層的想法，國民黨內大多數人並不願意結束「黨治」，因而對制憲結束訓政刻意拖延，秉持著拖一天是一天的想法。[73]對於國民黨此時不願意推動制憲的原因，雷震日後曾有記述，他認為主因在於：一來國民黨的領導階層根本不相信西方民主制度，他們總認為人多口雜；二來是國民黨人普遍自誇自傲，欠缺省思能力，總以為只有自己是先知先覺，若實施憲政將可能再陷北伐時代的紛亂。[74]

（二）民主同盟成立

一九四一年雷震仍為國民參政會的工作忙碌不已，二月間他參與籌備國民參政會第二屆第一次大會，大會於三月一日開幕。[75]會議期間，他擔任國民黨和與會各黨派人士溝通的主要窗口，在各黨派及國民黨／政府間奔走，有時他需代表國民黨／政府轉達答覆在野黨派的要求。而中共參政員因不滿對新四軍之處置，拒絕出席會議，雷震為此經常走訪中共駐渝代表團與周恩來、董必武等人交涉。[76]三月，國民參政會第二屆第一次大會剛結束，雷震緊接著以國民黨中央監察委員身分，於重慶參加國民黨五屆八中全會，極為忙碌。[77]在此期間，國、共以外的第三勢力也有重大的發展，以積極爭取民主形式的政府與停止內亂為目標，主張政府民主化以及軍隊國家化。[78]隨此要求，多名參政員於一九四一年三月秘密籌組中國民主政團同盟（簡稱民主同盟或民盟），[79]十一月十七日國民參政會第二屆第二次大會前，正式宣告成立。[80]雷震除了與個別黨派協商之外，此後與民主同盟的溝通也成為重要事務。

不過，民主同盟成立後，由於批評國民黨當局的聲音不斷，其成員羅隆基等人也遭到打壓。國社黨籍的參政員羅隆基（兼任民主同盟宣傳部長）在參政會憲政期成會中為修正「五五憲草」而開罪於國民黨當局，又時常為文批評國民黨，更於任教大學課堂上批評國民黨和三民主義，因而由陳立夫擔任部長的教育部下令昆明國立雲南大學將其解聘。丟掉教職之後，羅隆基感受到壓力，在參政會的發言也轉趨保守。但是，一九四二年國防最高委員會國民參政會參政員資格審查委員會審查第三屆國民參政會名單時，陳布雷表達欲將羅隆基除名的意見，雷震雖然表示異議，但陳布雷的意見也代表蔣中正的態度，羅仍遭到審查會除名。羅隆基聽到消息後，請雷震幫忙。雷震試著找了國民參政會秘書長王世杰、中央黨部秘書長吳鐵城協助，吳鐵城雖然同情羅的處境，卻表示「蔣中正和陳布雷對羅隆基成見太深，現在無法挽回」。羅隆基又以行動退出國社黨，希望事情能有轉圜，請雷震為他說情，但雷震深知已無力回天，愛莫能助，力勸羅不要脫離國社黨，因雷震了解即使他那麼做也無法改變參政員除名的事實。羅隆基失去國民參政員的職位後，對國民黨當局和蔣中正的批判就更為激烈。[81]不僅如此，十二月底，張君勱因昆明西南聯合大學爆發的學生風潮問題，被誣陷為主使者，遭藉故軟禁於汪山達兩年之久，而且他找國民黨重要人士一同掛名的民族文化書院，亦遭下令停辦。雷震指出，「蔣中正一直是討厭張君勱和羅隆基的，對國社黨更是厭惡之至」，蔣認為張君勱、羅隆基和國社黨都是「國民黨天下的敵人，尤其對於自己政權極為不利」。[82]雷震有一次有事到汪山找張君勱，親眼見到張君勱在汪山日夜受到監視的情形，來訪者須一一接受憲兵盤查，雷震亦受到嚴厲盤問，簡直把張君勱當作一名要犯。雷震知道張君勱受監視的痛苦後，「不僅良心上過意不去，在事實上無法交代」，一回到重慶即去找軍統局副局長戴笠說情，解釋昆明學潮原非張君勱所主使，而且事情都已經過了快兩年，實無監視之必要，徒給外界留下迫害在野黨領袖的不良印象，請戴笠立刻撤除張君勱屋外監視的憲兵和出門時跟蹤的特務。[83]不料，戴笠竟十分抱歉地說：

> 關於黨派的事情，尤其是對付這些政黨領袖，如張君勱等等的事情，都是委員長自己管的，可能布雷先生過問一點，委員長怎樣交下來，我們就照辦不誤。對不起，抱歉得很，我無權撤除監視張君勱的憲兵。

我心中正和儆寰先生所說一樣，覺得目前實在沒有再行監視之必要。[84]

解鈴還需繫鈴人，雷震只好請參政會秘書長王世杰，轉請蔣中正下令撤除。幸好，蔣中正聽到王世杰報告之後，立即下令撤除對張君勱的監視和跟蹤。雷震在得知事情順利解決後，總算覺得鬆了一口氣，自己能對張君勱一家有所交代。[85]不過自此以後，張君勱就再也不願和蔣中正共事了，所以一九四六年民社黨雖然參加制憲國民大會，張君勱個人卻拒絕參加，還有之後國、青、民三黨的聯合政府他也拒絕參加，使蔣中正極不高興，認為張君勱不識抬舉。[86]

（二）參政院的「當家婆」

經歷在國民參政會多年的工作，一九四三年四十六歲的雷震升任國民參政會副秘書長。[87]若是根據國民參政會秘書處組織規則，這個職位是由國民政府特派，主要工作為協助秘書長邵力子掌管秘書處事務，而在秘書長因故缺席時，則需由副秘書長代理職務。[88]就雷震事後的回憶，他自述在國民參政會的十年之中，自己只不過是扮演「門神」的角色，經常需對各黨各派參政員負起敷衍與應付之責，由於國民黨當時無意推動在野黨派要求的改革，他不僅時常挨罵還十分辛苦，實在是一件非常吃力不討好的工作。[89]雷震在參政會擔任副秘書長期間，有朋友稱他為參政會的「當家婆」。事實上，兼任議事組主任的雷震，固然主要是負責議事組的事務，但如有參政員發生問題，也往往要求由雷震居中調節，因此總是忙得不可開交。例如有一次，有幾位參政員要去中共的根據地延安訪問，臨行前中共突然宣布不歡迎梁實秋去，梁實秋遂要雷震去質問周恩來，中共為何獨不歡迎他去延安，還對雷震說：「你不去代我質問周恩來，那我們要你這個副秘書長管什麼用呢？」於是雷震去找周恩來交涉，周則回答「那是延安的決定，我也無法改變，請代為向梁參政員說明」。後來左舜生、傅斯年等人都去參觀了延安，梁實秋沒有去成。雷震認為，是因為梁實秋和魯迅打過筆墨官司，故被中共認為反共而抵制。[90]

九月六日，國民黨於重慶召開第五屆第十一中全會，雷震以國民黨中央監察委員身分出席。他也向大會詳細陳述政治改革的相關意見，但此次的建議並未獲得採納。[91]

當時民主同盟對民主憲政運動宣傳甚力，得到了國內民主人士的響應和外國的同情。國民黨為了回應民主同盟等黨外人士的民主憲政運動，至少形式上必須表現出有誠意制定憲法、實施憲政的政治態度，故國民黨總裁兼國民政府主席蔣中正，特於一九四三年九月國民參政會第三屆第二次大會報告中提到「對憲政之實施，當設置憲政實施協進會」。[92]而國民參政會大會決議設立後，該會於一九四三年十一月十二日正式成立，設置於國防最高委員會之下。憲政實施協進會由國民政府主席蔣中正兼任會長，立法院副院長葉楚傖兼秘書長，而雷震則奉派兼任副秘書長。當時在重慶的朋友們，都戲稱雷震是「包做副秘書長的專才」。[93]雷震指出，憲政實施協進會成員由國民黨中央委員、國民參政員和國民黨所指定的專家組織而成，因此國民黨可以直接控制此會活動，不再像先前國民參政會憲政期成會那樣無法控制。不過，受邀參加的黨外民主人士則對此會相當不滿意，如青年黨左舜生、民主同盟黃炎培均在會議席上公開說過，他們應邀參加不過是敷衍國民黨面子。而就雷震親自參與每次會議的觀察，實際會議情形亦果真相當敷衍，協進會所提出對「五五憲草」的意見，都是一些不重要的地方。雷震認為來參加憲政實施協進會的黨外人士，並未認真研究中國憲政的內容。雷震曾將他的觀察告訴吳鐵城和王世杰，不過，他們兩個人雖然是「國民黨方面派去玩弄憲政實施協進會的主持人」，卻都不太出席協進會的會議，沒有全力應付民主黨派的活動、協調民主黨派人士的不滿。相較之下，共產黨則以全力來幫助主張實施憲政的民主運動，雷震指「此乃國民黨在鬥爭上失敗的原因之一」。[94]另一方面，因為協進會中有些人即為「五五憲草」的主要起草者，他們認為「五五憲草」最合乎孫文遺教五權憲法與建國大綱，因此討論時始終不願讓步。[95]

雷震認為，「憲政實施協進會」只是國民黨當局用來敷衍民主人士的期望，應付民主同盟的呼聲，希望減少以美國為主外國輿論的批評。[96]因此「憲政實施協進會」雖然開了數次會議，但相較於之前的憲政期成會，更沒有成效。

在國民參政會期間，雷震也協助人權保障法規的起草。為了回應民主黨派菁英要求強化對人權的保障，一九四四年國民參政會起草「保障人民身體自由辦法」草案，國民政府於當年七月十五日公告，八月一日起施行，此辦法乃是提審法施行前的過渡辦法。[97]當時雷震應王世杰之囑，審查行政院和軍法執行總監部分別擬出的兩個草案，大致予以採用，其中雷震特別新加上一條：「各機關依法逮捕人民，經訊問後，如認為誤行逮捕或嫌疑不足時，應立即釋放，不再經取保手續。」並附上說明，指出「罪犯因覓保可遭受無謂之損失及精神上之痛苦，如遇到思想犯政治犯一類事件，則幾無人敢作保也」。雷震所加的此一法條，獲得《大公報》社論大加讚揚，極為肯定此法中對於誤行逮捕或是嫌疑不足者應不經取保立即釋放之規範，稱其「真可謂打破歷史紀錄一大功德」。[98]這也是「提審法」實施之前，訓政體制下保障人身自由的過渡辦法。[99]

---

1 雷震，《雷震全集9：我的學生時代（一）》，頁一二七。
2 任育德，《雷震與台灣民主憲政的發展》，頁二三。
3 任育德，《雷震與台灣民主憲政的發展》，頁二三、三四六；馬之驌，《雷震與蔣介石》（台北：自立晚報社，一九九三），頁八。
4 范泓，《民主的銅像：雷震傳》，頁九七。
5 繆全吉，《中國制憲史資料彙編》（台北縣：國史館，一九八九），頁三一九～三二五。
6 范泓，《民主的銅像：雷震傳》，頁九七。
7 這三大冊的《官吏學》，後來與佐佐木惣一的《行政法總論》同遭劉百閔遺落三峽急流之中，再也找不回來。由於《官吏學》已絕版，雷震內心一直認為自己積欠京大圖書館一筆不可能償還的書債。雷震，《雷震全集9：我的學生時代（一）》，頁一九八、二三五。
8 雷震，《雷震全集9：我的學生時代（一）》，頁二一四。
9 任育德，《雷震與台灣民主憲政的發展》，頁三四六；《國民政府公報》，三三一（1929.11.28），頁一五。
10 任育德，《雷震與台灣民主憲政的發展》，頁三四六。
11 雷震，《雷震全集10：我的學生時代（二）》，頁三六二～三六三。
12 雷震，《雷震全集10：我的學生時代（二）》，頁三六三～三六四。
13 雷震，《雷震全集10：我的學生時代（二）》，頁三六四～三六七。
14 任育德，《雷震與台灣民主憲政的發展》，頁二六。
15 雷震，一九六七年一月三十日日記，《雷震全集43：獄中十年（五）》，頁二一～二二。
16 任育德，《雷震與台灣民主憲政的發展》，頁二三。
17 胡虛一，〈雷震日記介紹及選註〉，收入李敖主編，《李敖千秋評論》，冊七四（1987.12.2），頁二二〇～二二一。
18 雷震著，林淇瀁校註，《雷震回憶錄之新黨運動黑皮書》，頁二〇九～二一二。
19 《國民政府公報》，一一七九（1933.7.11），頁一。
20 胡虛一，〈讀「愛荷華憶雷震」書後〉，收入李敖編著，《雷震研究》（台北：李敖出版社，一九八八），頁一一八～一一九。

21 雷震，《雷震回憶錄之新黨運動黑皮書》，頁二〇八～二〇九。

22 胡虛一，〈雷震日記介紹及選註〉，收入李敖主編，《李敖千秋評論》，冊七四（1987.12.2），頁二二〇。

23 雷震，〈實施義務教育計劃〉，《大公報》（天津），一九三五年八月十一日，第四版。

24 雷震，《雷震全集9：我的學生時代（一）》，頁一一四。

25 胡虛一，〈讀「愛荷華憶雷震」書後〉，收入李敖編著，《雷震研究》，頁一一八。

26 李雲漢主編，劉維開編輯，《中國國民黨職名錄》（台北：中國國民黨中央委員會黨史委員會，一九九四），頁一二〇、一三三。對此此次中央監察委員競選結果，雷震自認是受CC派妨害，才無法順利當選正式名額。參見雷震著，林淇瀁校註，《雷震回憶錄之新黨運動黑皮書》，頁一一二。

27 「歷屆全代會」，「中國國民黨全球資訊網」網站，網址：http://www.kmt.org.tw/p/blog-page_36.html，瀏覽日期：二〇二〇年六月三十日。

28 任育德，《雷震與台灣民主憲政的發展》，頁四一～四二、三四八。

29 任育德，《雷震與台灣民主憲政的發展》，頁三四八。

30 胡虛一，〈雷震日記介紹及選註〉，收入李敖主編，《萬歲評論叢書》，冊一二（1984.12.15），頁二六。

31 雷震，《雷震全集8：我的母親》，頁三～七。

32 雷震，《雷震全集8：我的母親》，頁一一～一二。

33 雷震，《雷震全集8：我的母親》，頁四八。

34 胡虛一，〈雷震日記介紹及選註〉（雷震一九四五年一月一日日記），收入李敖主編，《萬歲評論叢書》，冊8（1984.8.31），頁一〇三～一〇五。

35 雷震，《雷震全集8：我的母親》，頁四九。

36 雷震原著，薛化元主編，《中華民國制憲史：制憲的歷史軌跡（1912-1945）》（板橋：稻鄉，二〇一〇），頁一七〇；郭廷以，《中華民國史事日誌》第四冊（台北：中央研究院近代史研究所，一九八五），頁二二一。「抗戰建國綱領」第十二條規定：「組織國民參政機關，團結全國力量，集中全國之思慮與識見，以利國策之決定與推行。」見〈中國國民黨抗戰建國綱領〉，收入中國國民黨中央執行委員會宣傳部編著，《抗戰建國綱領淺說》（重慶：正中書局，一九三八），頁一七〇。

37 雷震原著，薛化元主編，《中華民國制憲史：制憲的歷史軌跡（1912-1945）》，頁一七〇；孟廣涵主編，《國民參政會紀實（上卷）》（重慶：重慶出版社，一九八五），頁四六。

38 郭廷以，《中華民國史事日誌》第四冊，頁三八。

39 孟廣涵主編，《國民參政會紀實（上卷）》，頁九四。

40 雷震原著，薛化元主編，《中華民國制憲史：制憲的歷史軌跡（1912-1945）》，頁一七一。荊知仁，《中國立憲史》（台北：聯經，一九九二），頁四二九。

41 雷震，《雷震全集8：我的母親》，頁五七～六一。

42 雷震，《雷震全集8：我的母親》，頁六六～六七。

43 胡虛一，〈雷震日記介紹及選註〉，收入李敖主編，《萬歲評論叢書》，冊四（1984.4.30），頁八四。

44 孟廣涵主編，《國民參政會紀實（上卷）》，頁五六～五七；胡虛一，〈雷震日記介紹及選註〉，收入李敖主編，《萬歲評論叢書》，冊四（1984.4.30），頁八四、九二。

45 任育德，《雷震與台灣民主憲政的發展》，頁二四。

46 孟廣涵主編，《國民參政會紀實（上卷）》，頁一八一～一九三。

47 雷震，《雷震全集8：我的母親》，頁六七。

48 雷震，《雷震全集8：我的母親》，頁六七。

49 金陵，〈撫今追昔〉，收入雷震著，林淇瀁校註，《雷震回憶錄之新黨運動黑皮書》，頁六。；任育德，《雷震與台灣民主憲政的發展》，頁二四、三四九；李雲漢主編，劉維開編輯，《中國國民黨職名錄》，頁一二〇。

50 任育德，《雷震與台灣民主憲政的發展》，頁二四。

51 孟廣涵主編，《國民參政會紀實（上卷）》，頁四三八。

52 孟廣涵主編，《國民參政會紀實（上卷）》，頁四六四。

53 孟廣涵主編，《國民參政會紀實（上卷）》，頁五七四～五七五。

54 「在抗戰期間，於不違反三民主義最高原則及法令範圍內，對於言論出版集會結社，當與以合法之充分保障。」參見〈中國國民黨抗戰建國綱領〉，收入中國國民黨中央執行委員會宣傳部編著，《抗戰建國綱領淺說》，頁一七一。

55 〈張君勱先生年譜初稿〉，收入《張君勱先生九秩誕辰紀念冊》（台北：中國民主社會黨中央總部，一九七六），頁四三。

56 雷震原著，薛化元主編，《中華民國制憲史：制憲的歷史軌跡（1912-1945）》，頁一一一。

57 在此次的修正案當中，於第一條：「中華民國為三民主義共和國」旁附記了：「參政員張君勱、左舜生聲明在憲法公布前應請國民黨最高機關或領袖確定本條文不影響於抗戰以來各派之團結、合法存在、及其固有主義之信仰。」繆全吉，《中國制憲史資料彙編》，頁五六六。

58 荊知仁，《中國立憲史》，頁四二九。

59 孟廣涵主編，《國民參政會紀實（上卷）》，頁五七四～五七五。

60 雷震原著，薛化元主編，《中華民國制憲史：制憲的歷史軌跡（1912-1945）》，頁一七八～一七九。

61 雷震原著，薛化元主編，《中華民國制憲史：制憲的歷史軌跡（1912-1945）》，頁一一二～一一三。

62 孟廣涵主編，《國民參政會紀實（上卷）》，頁五九三。

63 雷震原著，薛化元主編，《中華民國制憲史：制憲的歷史軌跡（1912-1945）》，頁一一三～一一四。

64 孟廣涵主編，《國民參政會紀實（上卷）》，頁五九三。

65 雷震原著，薛化元主編，《中華民國制憲史：制憲的歷史軌跡（1912-1945）》，頁一一六。

66 雷震原著，薛化元主編，《中華民國制憲史：制憲的歷史軌跡（1912-1945）》，頁一一五～一一六。

67 雷震原著，薛化元主編，《中華民國制憲史：制憲的歷史軌跡（1912-1945）》，頁一一四。

68 任育德，《雷震與台灣民主憲政的發展》，頁二四、三〇。

69 雷震原著，薛化元主編，《中華民國制憲史：制憲的歷史軌跡（1912-1945）》，頁一五三。

70 雷震原著，薛化元主編，《中華民國制憲史：制憲的歷史軌跡（1912-1945）》，頁一一八。荊知仁，《中國立憲史》，頁四三〇。

71 孟廣涵主編，《國民參政會紀實（上卷）》，頁六五九。

72 雷震原著，薛化元主編，《中華民國制憲史：制憲的歷史軌跡（1912-1945）》，頁一四九。

73 雷震原著，薛化元主編，《中華民國制憲史：制憲的歷史軌跡（1912-1945）》，頁一五四。

74 雷震原著，薛化元主編，《中華民國制憲史：制憲的歷史軌跡（1912-1945）》，頁一五八～一六五。

75 郭廷以，《中華民國史事日誌》第四冊，頁一五八～一五九。

76 孟廣涵主編，《國民參政會紀實（下卷）》，頁八六五。

77 胡虛一，〈雷震日記介紹及選註〉，收入李敖主編，《萬歲評論叢書》，冊三（1984.3.31），頁一二六～一二七。

78 張君勱，《中國第三勢力》（台北：中華民國張君勱學會編譯，二〇〇五），頁一〇八。

79 據張君勱說法，民主同盟成立於一九三九年十月，溯源於張君勱與其他民主人士在重慶所舉行的憲政座談會。張君勱，《中國第三勢力》，頁一〇九。

80 中國民主同盟中央史料資料委員會編，《中國民主同盟歷史文獻》（北京：文史資料出版社，一九八三），頁一。

81 雷震原著，薛化元主編，《中華民國制憲史：制憲的歷史軌跡（1912-1945）》，頁二四七～二六三。

82 此次學生風潮問題乃是因當年十二月日軍攻陷香港，重慶派往香港九架目的為運人的飛機，遭指出為孔夫人運狗而引發此次昆明西南大學事件，張君勱更因此被誣陷為幕後主使者。見雷震原著，薛化元主編，《中華民國制憲史：制憲國民大會》（板橋：稻鄉，二〇一一），頁二一四、二一八～二二〇；中國民主社會黨中央總部，〈張君勱先生年譜初稿〉，收入《張君勱先生九秩誕辰紀念冊》，頁五二～五三；薛化元，《民主憲政與民族主義的辯證發展》（台北縣：稻禾，一九九三），頁四四～四五。

83 雷震原著，薛化元主編，《中華民國制憲史：制憲國民大會》，頁二二一～二二二。

84 雷震原著，薛化元主編，《中華民國制憲史：制憲國民大會》，頁二二二。

85 雷震原著，薛化元主編，《中華民國制憲史：制憲國民大會》，頁二二二～二二三。

86 雷震原著，薛化元主編，《中華民國制憲史：制憲國民大會》，頁二二五。

87 任育德，《雷震與台灣民主憲政的發展》，頁二一四；《國民政府公報》，三三一：渝字六〇九號（1943.9.29），頁二。

88 孟廣涵主編，《國民參政會紀實（上卷）》，頁五六。

89 雷震原著，薛化元主編，《中華民國制憲史：制憲的歷史軌跡（1912-1945）》，頁一五六。

90 胡虛一，〈雷震日記介紹及選註〉，收入李敖主編，《萬歲評論叢書》，冊六（1984.6.30），頁七〇。

91 胡虛一，〈雷震日記介紹及選註〉，收入李敖主編，《萬歲評論叢書》，冊七（1984.7.1），頁一三三～一三六。

92 郭廷以，《中華民國史事日誌》第四冊，頁二五七。

93 胡虛一，〈雷震日記介紹及選註〉（雷震一九四四年八月一日日記），收入李敖主編，《萬歲評論叢書》，冊六（1984.6.30），頁七一～七二。

94 雷震原著，薛化元主編，《中華民國制憲史：制憲的歷史軌跡（1912-1945）》，頁一八五～一八六。

95 雷震原著，薛化元主編，《中華民國制憲史：制憲的歷史軌跡（1912-1945）》，頁一九四～一九五。

96 雷震原著，薛化元主編，《中華民國制憲史：制憲的歷史軌跡（1912-1945）》，頁一八三～一八五。

97 任育德，《雷震與台灣民主憲政的發展》，頁三四九；郭廷以，《中華民國史事日誌》第四冊，頁二九三。

98 雷震，一九四四年八月一日日記，見胡虛一，〈雷震日記介紹及選註〉，收入李敖主編，《萬歲評論叢書》，冊六（1984.6.30），頁五七～五八。

99 此辦法由王世杰具名提出對草案的修正，擬議的過程及意義，參見吉見崇，《中國司法の政治史》（東京：東京大學出版會，二〇二〇），頁一七五～一八二。

第二節

政治協商會議

一、政治協商會議的背景[1]

在一九四五年五月五日開幕的中國國民黨第六次全國代表大會中，雷震連任國民黨中央監察委員。[2]當時國共之間已經紛擾不斷，對日戰爭結束後如何建國，受到各方矚目。國民黨當局對此也有一定的認知，於是在此次全國代表大會中，通過「促進憲政實施之各種必要措施案」，也決議將在一九四五年十一月十二日召開制憲國民大會，制定憲法。[3]

國民黨當局宣示要朝向憲政發展，與前述國民參政會在野各黨各派菁英的主張相近。但是，當時戰爭還尚未結束，而縱使戰爭迅速結束，如果沒有特別的措施，十一月十二日的制憲勢必仍由一九三七年戰爭爆發前國民黨當局主導產生的國民大會代表掌控，這與在野人士的期待有相當落差。就此而言，除非國民黨部考慮政治後果準備一黨制憲，否則前述國民黨全國代表大會的決議，政治上宣示的意義遠大於實質效果。因此，戰後政局仍朝向朝野政治協商的方向發展。

政治協商的展開，遠因是中國的憲政體制未能確立，再者則與國共的衝突有相當密切的關係。[4]上節提及一九三九年九月第一屆參政會第四次大會通過張君勱、左舜生、章伯鈞等人的提案，要求政府明令定期召集國民大會，制定憲法，實行憲政。[5]而中國國民黨的五屆六中全會，亦決議於一九四〇年十一月召集國民大會，[6]表示具有實質決定國家政策權力的執政黨接受國民參政會的決議。但後來不僅國民大會沒有如期召集，做為國防最高委員會代表的蔣中正，在一九四一年第二屆參政會第一次大會的演講中，反而還重申「一黨訓政」，取消原本的決議。[7]這對希望在國民參政會追求民主憲政的張君勱等人，自然是一大刺激。[8]加上同年（一九四一年）一月發生新四軍事件，[9]以及稍早第二屆參政員名單中將章伯鈞等人除名，使國共以外的所謂民主黨派成員為了調停國共兩黨，繼續結合以追求民主，成立了民主政團同盟。[10]其後，又在一九四四年九月發展成為中國民主同盟。[11]以這些在野民主人士為主體的「第三勢力」，一直主張國共必須趕快用政治協商來解決糾紛。[12]而在另一方面，一九四四年九月第三屆國民參政會第三次大會中，代表中共的林祖涵及代表國府的張治中詳細報告了兩黨協商的經過，同時也表示「從事政治解決而不用兵」。[13]此外，美國駐華大使赫爾利（P.Hurley），從一九四四年開始亦多次往返於重慶、延安之間，積極促成國共雙方的協商。[14]雖然如此，國共雙方正式協商遲遲未能有效展開。

不過，至一九四五年八月十五日日本宣布投降以後，中國國內舉國殷望和平，國民政府蔣中正主席主動對中共要求會談。美國始終希望國共合作，而「中蘇友好同盟條約」又已經簽訂，蘇聯也希望國共能夠達成協議，[15]中共方面鑑於國內外情勢的發展，經蔣中正三次去電邀請，毛澤東八月二十四日表示願意與蔣中正會面，共商和平建國大計。[16]赫爾利信誓旦旦保證毛澤東安全，並於八月二十八日陪同毛澤東、周恩來等人抵達重慶，與國民政府展開會談。[17]因為毛澤東是參政員，身為國民參政會正副祕書長的邵子力、雷震都前往機場歡迎。[18]國共雙方經過會談以後，十月十日由雙方代表在重慶發表簽署「雙十會談紀要」，其中的第二點，關於中國政治民主化問題，雙方一致認為應迅速結束訓政，實施憲政，首要步驟則是由國民政府召開政治協商會議，邀集各黨派代表及社會賢達協商國是，討論和平建國方案以及召開國民大會各項問題。[19]

雷震當時為此感到十分慶幸，視「雙十會談紀要」為中國走上民主自由的里程碑。不過，某天雷震與青年黨的左舜生閒聊時，左舜生還是不斷抱怨國民黨以及中國政治的軍閥作風：

> 今天共產黨提出了這許多問題，都是過去我們在參政會裡一再提過的問題，過去國民黨竟置之不理，今天國民黨卻一一答應了，因為共產黨手裡握有槍桿子，可以搗亂，可以造反，國民黨就不能不和他妥協，可見國民黨是吃硬不吃軟，是怕有槍桿子的人，不理會我們這些手無寸鐵的黨派……[20]

信：

雷震認同左舜生所言「句句都是實話，我只有洗耳恭聽而一言未發」，然而雷震心中堅

今後人權一定會有保障；言論、出版、講學、集會、結社一定有自由，我們的國家賓後一定可以走上民主自由之路，到了那個時候，他們——民主人士就不會再來埋怨國民黨和國民政府了……心想讓時間來答覆這些問題吧！[21]

二、召開政治協商會議

國共「雙十會談紀要」發表後，美國駐華大使赫爾利認為美國調解成功，中國和平有望，即行返美國述職。不料赫爾利返美後，和國務院主管中國事務的人員意見上發生衝突而辭職，杜魯門總統即宣布前陸軍參謀長馬歇爾元帥為「杜魯門特使」，派遣馬歇爾到中國繼續赫爾利的工作，並聲明美國對華政策，呼籲中央政府與中共軍隊立即停止鬥爭，催促召開中國各大政黨代表會議——政治協商會議，以期早日解決當前內部糾紛。[22]

馬歇爾自美國抵達中國上海後，蔣中正主席派擔任國民參政會副秘書長的雷震和陸軍總司令何應欽等人赴上海，迎接特使馬歇爾到南京，表示中國政府的歡迎之意，願與馬歇爾共同促成「和平統一的民主新中國」。[23]共產黨則派代表團到重慶與國民政府進行談判，成員有周恩

來、葉劍英、董必武、陸定一等人。雷震與王世杰、張群、邵力子、張治中等人則做為政府代表，和共產黨連日協商，談判所謂「和平統一民主建設」之國家大事。[24]

在馬歇爾的催生下，國共兩黨協商後，政治協商會議乃決定於一九四六年一月十日在重慶國民政府大禮堂舉行，國民政府並宣布由原任國民參政會副秘書長的雷震擔任政治協商會議秘書長。[25]雷震在政協召開之前，已先積極連絡原國民參政會中「夾在國共兩黨間的第三勢力」（主要為民主同盟中的黨派），相當忙碌。[26]

（一）政協召開與人事

政治協商會議秘書處於一月六日成立，從原本國民參政會組織成員中，調參政會秘書龔光朗為秘書，參政會會計李拂丞為會計，參政會議事組組員顧粲為政協議事組職員，並且立即在國民參政會裡開始辦公。[27]

決定召開政治協商會議後，各方面代表人數和人選問題也浮上檯面，影響會議的舉行。據雷震回憶，共產黨原本預計政協將由國民黨、共產黨、民主同盟、無黨派的社會賢達等四方人馬參加；然而，國民黨考量到當時民主同盟成員除國社黨外，幾乎已全部傾向共產黨，於是企圖拉攏青年黨，促使脫離民主同盟的青年黨獨立成為一個單位。協調結果，參加政治協商會議共三十八人之中，國民黨八人、共產黨七人、民主同盟九人、青年黨五人、無黨派的社會賢達九人。[28]

共產黨七人：周恩來、董必武、王若飛、秦邦憲、吳玉章、陸定一、鄧穎超；民主同盟九人：張瀾、羅隆基、張君勱、張東蓀、沈鈞儒、張申府、黃炎培、章伯鈞、梁漱溟；青年黨五人：曾琦、陳啓天、楊永浚、余家菊、常乃悳；社會賢達九人：莫德惠、邵從恩、王雲五、傅斯年、胡霖、郭沫若、錢永銘、繆嘉銘、李燭塵。[29]社會賢達之中，僅郭沫若是由共產黨推薦，其餘除了李燭塵亦受共產黨支持外，皆為國民黨提出的人選，共產黨對此相當不滿。[30]

由於政治協商會議的參與者，多數與國民參政會有淵源，政協會員三十八人中，國民參政員即佔了二十五人，再加上主席蔣中正原為國民參政會的議長，多人為國民參政會主席團成員，而國民黨代表邵力子乃國民參政會的秘書長，故政治協商會議又被人稱為國民參政會的「特別委員會」。[31]

政治協商會議開始前，採用圓桌會議的形式事先安排席次，以表示執政的國民黨和其他黨派或無黨派的社會賢達為「平等」地位。亦仿照法國議會依各政黨思想「左右」來排列座位，在政協會議主席的左右兩邊分別是共產黨與國民黨，也顯示出「中國今日的天下，除了國民黨之外，就是共產黨，兩者是『並肩』對立」。[32]

雷震做為政治協商會議的秘書長，主要負責協商各黨派之意見。然而，雷震觀察政協開會的實際情形，他認為：「政治協商會議的大會，變成了在野黨派的宣傳場所」。由於政協大會有新聞記者在場，許多出席者特意自我表現，博取報紙版面，表示自己愛國為民。因此，只有在沒有記者參加的小組裡頭，才有真正討論問題的機會。[33]以民主同盟一員的身分參加政協會議的國社黨主席張君勱，即對此怪象深不以為然，曾向主席提議，對發言超出議題者應予糾正。主席則答覆：「此非議會，乃協商會議，有話均可自由發表。」雷震認為張君勱是真正重視國家大事之人，才會厭惡那種專作自我宣傳的政客。[34]

（二）依議題分組進行討論

政治協商會議召開後，依議題分為五組以便進行實際討論：一、擴大政府組織組；二、施政綱領組；三、軍事問題組；四、國民大會組；五、憲法草案組。在五個小組之上，又設一「綜合小組」，凡是各組不能單獨解決的問題，與其他小組相關問題，則由綜合小組加以負責。[35]

其中第一組主要討論擴大政府案，此提案曾提及：「中國國民黨在國民大會未舉行以前，為準備實施憲政起見，擬修改國民政府組織法，以充實國民政府委員會，容納黨外人士，作為會後施政的決策機關。」而這也表示，國民政府將改組成為中國政治從訓政過渡到憲政的統治機關。[36]

就從訓政往憲政發展而言，除了程序的安排外，憲法的內容更是成敗的關鍵。政協由第五組的憲法草案組，討論有關中華民國憲法草案的內容，「五五憲草」的修正則是重點所在。這個攸關後來「中華民國憲法」根本精神的部分，之所以可以有效展開討論，孫科的立場相當關鍵，他不僅是原本主持通過「五五憲草」的立法院院長，也是孫中山的兒子。孫科經由蔣中正的正式指定，擔任政協每次全體會議的主席。[37]對於「五五憲草」，孫科表明：「國民黨方面並不認為這個草案（五五憲草）是天經地義不可修改」，雖然希望「中華民國憲法要根據三民主義，推行五權制度」，但是「國民大會的產生、組織、大總統的職權、五院組織的方式及其運用，那是專門技術問題，可以從長研討，補充修正」。[38]孫科的此一態度，無論是在憲法草案組的分組會議，或是其後同樣由他擔任召集人的憲草審議委員會，對於憲法草案的討論方向或空間，都具相當正面的功能。[39]

至於政治協商會議通過的政協十二項憲草修改原則，如同雷震所指出的，張君勱在研擬過程中提出了許多意見，是關鍵的角色。[40]大體上，從參加政協諸人及同時期其他重要政治人物的回憶，張君勱對此用力最多，似乎已無容置疑。其中，梁漱溟不只肯認張君勱的貢獻，更指出十二項原則是張君勱「用偷樑換柱的巧妙手段，保全五權憲法之名，運入英美憲政之實」，[41]清楚地說明張君勱與十二項原則的密切關係。

不只憲法草案組有具體成果，整體而言，政治協商會議經過朝野代表的彼此辯駁、溝通，各組都有具體的成果，並經政治協商會議通過。

雷震對於政治協商會議期間的朝野衝突，留有相當的記錄。他自認擔任政協秘書長期間「竭誠服務，所以沒有出過岔子」，唯有一次因夜間光線昏暗，送錯新聞稿，沒有將董必武修改過的稿子正確送出，而遭受董必武的責罵。董必武指雷震等人有意作弊，雷震則認為共產黨人疑心與防備心太重，「不容易做朋友」。[42]此外，雷震指出，政協期間共產黨軍隊到處進行叛變和襲擊國民黨軍隊，政協的共產黨代表周恩來以及民主同盟的沈鈞儒、羅隆基等人則大肆攻擊國民黨利用特務進行迫害，這些情況均使「原來就心胸狹隘的國民黨人」難以容忍。[43]但是，周恩來、沈鈞儒一再於原本應該協商問題的時候翻舊帳，久了連其他無黨派人士也聽得厭煩，如社會賢達代表傅斯年曾回應：「吾人討論問題，應著重現在，不追過去，舊事亦應少提。」[44]

不過，國民黨本身內部也有衝突。國民黨方面參與政治協商會議的八名代表為：孫科、吳鐵城、陳布雷、陳立夫、張厲生、王世杰、邵力子、張群。[45]雷震指出，國民黨商量出這份涵括了黨內各派系人馬的名單，是為了表示黨內團結。然而，原本黨內最大派系CC派，被選入名單中者卻僅陳立夫一人，其餘除陳布雷外都和CC派不對盤，CC派因此感到喪氣，進而認為「政協如果成功，即是CC在政治上失敗」。在政協開會一週之後，陳立夫的態度突由積極轉為消極，經常缺席或遲到，雷震對此感到納悶，經多方打聽，始知原因是CC派內部商量決定陳立夫「採取消極的態度，不可過於認真，最好使政協沒有結果而散」。[46]雷震指出，CC派還向蔣中正進言：「政協成功了，國民黨就要失敗」。

雷震回想一月十日政協開幕當天，蔣中正致詞時神情十分愉快；政協開會期間，蔣中正邀約雷震、王寵惠、王世杰、吳鐵城等人到他家商量政協修改「五五憲草原則十二條」（即政協十二項憲草修改原則）時，蔣中正的神情還是相當愉快。不料，在政協閉幕前國民黨舉行之臨時中央常會，出現了波折。

三、政治協商會議憲草的波折

整體而言，政協各組的決議幾乎都已獲各黨派絕大多數的支持，畢竟如果國民黨代表不願接受，這些決議也不可能順利通過。不過，其中的「十二項憲草修改原則」，雖然是做為未來「政協憲草」的主要設計原則，但在政治協商會議通過以後，卻沒有得到國民黨中央的承認，影響「政協憲草」無法順利產生。

當王世杰等國民黨代表將政協五項決議案拿到國民黨中常會上報告時，遭遇黨內強烈反對聲浪，谷正綱為反對政協十二項憲草修改原則甚至還落淚。雖然決議在當天中常會上仍然通過，但在幾天後的中央委員會談話會中，以CC派為主的委員，發言反對政治協商會議之結果，尤其攻擊憲草案。對於國民黨內強烈批評聲浪，王世杰本人也覺得草案「確多不妥之處」，承認「當時確不免輕忽將事」。[47]

此外，總裁蔣中正在事前也未能完全掌握有關「十二項憲草修改原則」的內容，蔣知悉以後雖不便立刻公開反對，在一九四六年一月三十一日政協閉幕會場上，已表現出對此保留的態度。[48]蔣中正當天致詞時顯得「神情十分嚴肅、態度十分惱怒」，甚至還取消掉雷震原本準備於散會後舉行的自助餐聯歡活動。雷震認為蔣中正「是受了黨內破壞政協的讒言，在政協閉幕前所舉行之臨時中央常會裡，受了反對者言論的刺激」，才有如此轉變。[49]

國民黨方面的反對態度，固然在當時已見端倪，不過並未明確成為黨的政策。在此情形下，依據政治協商會議決議成立憲草審議委員會，似乎沒有立刻受到影響。政治協商會議閉會後，即根據政協憲草小組的決議，組織憲草審議委員會，委員由參加政協的政府代表、共產黨代表、青年黨代表、民主同盟代表、社會賢達各推五人。[50]政府方面為孫科、王寵惠、王世杰、邵力子、陳布雷五人；[51]共產黨方面為周恩來、董必武、吳玉章、陸定一、何思敬五人，但由於吳玉章患病，共產黨改派李維漢參加；青年黨方面為曾琦、陳啓天、余家菊、常乃悳、楊永浚五人；民主同盟方面為張君勱、黃炎培、沈鈞儒、章伯鈞、羅隆基五人；社會賢達為傅斯年、王雲五、胡霖、莫德惠、繆嘉銘五人。會外專家十人為林彬（立法委員，五五憲草執筆人）、[52]吳經熊（立法委員，五五憲草執筆人）、史尚寬（原為立法委員，曾參加五五憲草的起草，現任考試院秘書長）、樓桐孫（立法委員）、黃右昌（立法委員）等。而雷震在憲草審查會議中同樣擔任秘書長一職，[53]先前擔任政協每次全體會議主席的孫科，在憲草審議會則被推定為召集人，也經常擔任憲草審議會的主席。[54]

（二）孫科的關鍵角色

張君勱和民主同盟人士批評，本來會外專家的聘請應由各方面公推，後來卻由國民黨自行聘任，結果這些人的立場多傾向反對政協十二項憲草修改原則。[55]不過，除了在野黨派的代表努力為政協「十二項憲草修改原則」辯護外，擔任召集人的孫科的態度更是關鍵。雷震回憶指出：

他［孫科］對民主制度有確切的認識，並不贊成五權憲法和建國大綱之所定，把政權治權劃分的作法，尤其不贊成五五憲草賦與總統以獨裁的權力，所以在憲草討論時，他並不支持那些「食孫不化」專家的意見，所以能得到比較美滿的結果。[56]

但每當憲草討論遇到問題時，召集人孫科或憲法學者王寵惠的態度都偏向消極，不多作肯定的表示，主要交由王世杰來做決定，雷震認為「這大概由於王世杰和蔣中正最接近，隨時可以看到蔣中正，不僅可以隨時報告，而王世杰所作的決定，蔣中正可以信任得過」。[57]

而在政協憲法草案的擬議方面，雷震扮演了重要助產士的角色。有關憲法草案的草擬，「憲草審議會曾推定孫科、王寵惠、張君勱、王雲五、陳啓天、周恩來和吳經熊七人為憲法起草小組的執筆人」，可是雷震認為「憲法要有一貫性，不能雜湊成章，而實際執筆起草者只能由一人專任其事，不可能採用集體創作的」。[58]國民黨的代表中，雖有憲法學者王寵惠和王世杰，但雷震認為他們「不敢執筆起草一部和五五憲草相去太遠，甚至違背了孫文的五權憲法原則，尤其是違反了建國大綱所定的憲草」；[59]至於「共產黨方面的參加人，根本沒有真正懂得民主政治和憲政制度的人」；青年黨又與共產黨「勢成水火，不會和衷合作」，也不適合；民主同盟的代表中，羅隆基和張君勱是有這方面的能力，不過「國民黨當局對羅隆基的印象，至為惡劣」想必無法接受。[60]雷震考慮到最後，「唯一可以擔任起草這部工作艱鉅而吃力不易討好的憲法草案者，只有張君勱一人，再也找不到可以得到各方面同意的第二個人，則至為明顯。」張君勱從德國留學歸國後，一九二二年起草的「國是會議憲法草案」已受到各方重視，對其後「曹錕憲法」和段祺瑞執政的「段氏憲草」都有相當大的影響。加上雷震對張君勱的觀感甚佳，評判他「為人厚道，言行一致，不弄權術，認為國家的利益應高於黨派的利益」，經與王世杰商量，王世杰對張君勱這個人選亦相當贊同。雷震乃於一九四六年二月四日至「上清寺求精中學向張君勱拜年，請他勞神起草憲草草案，交給憲草審議會來討論」。張君勱答應後，三天內迅速交稿。[61]雷震深信：

他所起草的憲法，一定是一部「民主憲法」而可以把中國的民主政制建設起來，除了國民黨一些頑固分子和自私自利之徒之外，其他黨派都可以接受的，包括野心勃勃，企圖打垮國民黨而代之以起的共產黨。[62]

收到張君勱的草稿後，雷震為了時效，跳過憲草起草小組，請孫科儘速召集憲草審議委員會舉行會議，同時迅速油印張君勱起草的憲草全文，隔天立即分送各參加委員，開始逐條討論。[63]張君勱對雷震的效率大吃一驚，多年之後在寫給雷震的信中曾說：「當日倘無公毅然為之之決心，安有所謂憲法哉？」[64]

不過，會議進行時，由於會外專家從根柢反對政治協商會議的決議，使得會議進行並不順利。在二月十六日會中「專家痛罵議會政治」之後，召集人孫科發言表示「遺教不一定盡美，協商案不一定全非」，而且孫科也表明接受立法委員為直接民選產生，以及立法委員參加國民大會開會（政協十二項憲草原則第一項第二款）等符合政協十二項憲草修改原則的設計。[65]孫科雖未必是完全贊同政治協商的結果，不過他的表態至少提供了保全政治協商決議的可能，[66]這對憲草審議委員會的進行，有相當正面的效果。

（二）協商結果再度趨向僵局

然而，三月初中國國民黨六屆二中全會召開以後，情況又起了相當的變化。特別是張群、王世杰、孫科等人在全會中受到批評後，張君勱及民主同盟的主要領導人便認為這表示執政黨方面保守的力量將會崛起。[67]至六屆二中全會CC派及保守派批評政治協商會議決議時，蔣中正更表明決議是沒有法律效力的；甚至到了二中全會結束後，面對改組政府等亟待落實之政協決議，蔣中正又再次說明只有「訓政時期約法」是合法的，而政治協商會議的決議沒有拘束力，必須循約法的程序來進行改革。[68]

國民黨六屆二中全會中批評政協「十二項憲草修改原則」，相關條文如下：[69]

一、國民大會

1. 全國選民行使四權，名之曰國民大會。

2. 在未實行總統普選制以前，總統由縣級、省級及中央議會合組選舉機關選舉之。

六、行政院

2.如立法院對行政院全體不信任時，行政院長或辭職，或提請總統解散立法院，但同一行政院長，不得再提請解散立法院。

八、地方制度

4.省得制定省憲，但不得與國憲牴觸。

如果國民大會由全國選民組成，變成是「無形的大會」，國民黨人士認為這是在敷衍，實違背建國大綱；[70]除此之外，蔣中正對總統的權限更是不滿。張君勱在此一政治風潮中，也掌握住總統的職權問題可能是一大關鍵所在，心中有了「行政院長承總統之命，處理政務，對立法院負責」的修改腹案。[71]一九四六年三月十五日，當時中共還希望在政治協商會議有所收穫，面對國民黨方面的反彈，周恩來進而遊說張君勱接受妥協，由於其讓步之處與張君勱個人的想法並不甚遠，而執政黨方面的代表也同意，遂於當日晚上八點之後得到三點決議：[72]

一、國民大會為有形之國民大會；

二、政治協商關於憲草原則之第六項第二條取消；

三、省憲改稱為省自治法。

而三月十六日當天國民黨六屆二中全會第十八次大會上，報告的協議內容，則明白添加了原本協議所無的國大「行使四權」，將「省自治法」改為「自治法規」，而且將立法院對行政院長之同意權、監察院的同意權列入為「尚未獲得協議」之項目。[73]結果，針對此一報告，國民黨二中全會第十八會議作成了與政治協商結果不同的決議：除了包括報告案未獲得協議部分也完全納入外，並強調應以「建國大綱」做為制定憲法的基本依據，國民大會也必須行使「建國大綱」中規定的職權。[74]這下又使得好不容易得到的協商結果，再度趨向僵局。

此一結果，自然引起在野方面相當的反彈。張君勱也於三月十八日、十九日分別向共產黨、國民黨方面表示：國社黨不提名單參加政府改組。[75]此外，中國共產黨的立場也發生明顯的改變。[76]

這樣的僵局，在三月二十日很快又有了轉機，國民黨代表（應該是取得蔣中正主席等黨領袖的支持）於晚間七時的綜合小組會議上，又推翻了前述六屆二中全會的決議，向在野各黨派澄清了三點主要的懷疑：除了本已達成的政協十二項原則之修正三點之外，沒有其他修改；黨外人士參加政府名單，不提交國民黨中常會通過；憲法修正案通過（即「政協憲草」）後，立法院將來提出於制憲國大的也只有一個定本。[77]當日會議結果，使得三月十五日的決議，再獲得確認。換言之，這天的協議本身乃是三月十五日結果的再確認，並非國民黨代表根據六屆二中全會決議與在野各方面協商的結果，亦即中間的波折係國民黨決議與原有的協議矛盾所致。

至此，「政協憲草」的設計方向及定位才算有了一定的結果，而關於憲草問題才能繼續進入協商，張君勱也從四月七日著手於全部憲草的擬稿。[78]其中有關行政院對立法院負責的問題，是最大的爭議之點，一直到四月十三日討論設置憲法條文小組，以王寵惠、王世杰、吳經熊代表國民政府（黨）、陳啓天代表青年黨、張君勱代表民主同盟、王雲五代表社會賢達（中共人選另行推定）時，吳鐵城仍然表示國民黨要「五五憲草」式的總統制。張君勱則反駁吳氏的意見，並對於政協的折衷制提出說明：「將來用人權歸總統，而行政院長非對議會負責不可，此之謂折衷之制。」[79]最後，憲法條文小組從四月十六日開始通過憲法草案的條文，[80]並在四月底初步完成全部條文的討論。[81]

雖然國、共雙方內部對於憲法草案都還持部分保留意見，但政協會議原定召開之制憲國民大會，之所以無法如期於五月五日召開，主因是國共和談進展不順。就政協通過的制憲程序而言，關鍵在於國民政府委員的席次分配問題無法解決，導致國民政府無法改組容納各黨派的成員。

1 本書有關政治協商到制憲的內容，主要是以筆者的博士論文《民主憲政與民族主義的辯證發展——張君勱思想研究》和雷震相關記錄為基礎，進一步開展而成。

2 任育德，《雷震與台灣民主憲政的發展》，頁三四九。

3 〈歷屆全代會〉，「中國國民黨」網站，網址：http://www.kmt.org.tw/p/blog-page_36.html。瀏覽日期：二〇二〇年六月三十日。

4 李璜，《學鈍室回憶錄》，下冊（香港：明報月刊社，一九八二），頁五七七；荊知仁，《中國立憲史》，頁四三七。

5 李璜，《學鈍室回憶錄》，下冊，頁五六四；孟廣涵主編，《國民參政會紀實（上卷）》，頁五八四～五八八。

6 李璜，《學鈍室回憶錄》，下冊，頁五六四。

7 李璜，《學鈍室回憶錄》，下冊，頁五六九。

8 C. Chang, *The Third Force in China* (New York: Bookman Associates Inc., 1952), pp. 112-114.

9 郭廷以，《近代中國史綱》（香港：中文大學，一九七九），頁七〇四。

10 平野正，《中國民主同盟の研究》（東京：研文出版，一九八三），頁二九～三一，對民主政團同盟成立的原因，亦有相當的說明；李璜，《學鈍室回憶錄》，下冊，頁五六九～五七二。

11 平野正，《中國民主同盟の研究》，頁六二～六五，其中並討論了二者性質的轉變。

12 李璜，《學鈍室回憶錄》，下冊，頁五八五。

13 李璜，《學鈍室回憶錄》，下冊，頁五八一；孟廣涵主編，《國民參政會紀實（下卷）》，頁一三四二～一三六四。

14 郭廷以，《近代中國史綱》，頁七四〇～七四四。

15 郭廷以，《近代中國史綱》，頁七四三～七四四。

16 郭廷以，《中華民國史事日誌》第四冊，頁三八五。

17 蔣匀田，《中國近代史轉捩點》（香港：友聯出版社，一九七六），頁一；郭廷以，《中華民國史事日誌》第四冊，頁三八七。

18 雷震原著，薛化元主編，《中華民國制憲史：政治協商會議憲法草案》（板橋：稻鄉，二〇一〇），頁三六。

19 〈一九四五年雙十節國共會談紀要〉，學習知識社編印，《政治協商會議文彙（增訂本）》（廣州：學習知識社，一九四七年六月再版），頁一八〇；張玉法，《中國現代史》（台北：東華書局，一九七七），頁六九〇；雷震原著，薛化元主編，《中華民國制憲史：政治協商會議憲法草案》，頁三八。

20 雷震原著，薛化元主編，《中華民國制憲史：政治協商會議憲法草案》，頁四二～四三。

21 雷震原著，薛化元主編，《中華民國制憲史：政治協商會議憲法草案》，頁四三。

22 雷震原著，薛化元主編，《中華民國制憲史：政治協商會議憲法草案》，頁四三～四四。

23 胡虛一，〈雷震日記介紹及選註〉，收入李敖主編，《李敖萬歲評論》，冊一六（1985.3.5），頁一〇三～一〇四。

24 胡虛一，〈雷震日記介紹及選註〉，收入李敖主編，《李敖萬歲評論》，冊一六（1985.3.5），頁一〇四。

25 雷震原著，薛化元主編，《中華民國制憲史：政治協商會議憲法草案》，頁四四。

26 胡虛一，〈雷震日記介紹及選註〉，收入李敖主編，《李敖萬歲評論》，冊一六（1985.3.5），頁一〇四。

27 雷震原著，薛化元主編，《中華民國制憲史：政治協商會議憲法草案》，頁四五。

28 雷震原著，薛化元主編，《中華民國制憲史：政治協商會議憲法草案》，頁五〇～五一。

29 雷震原著，薛化元主編，《中華民國制憲史：政治協商會議憲法草案》，頁四九。

30 雷震原著，薛化元主編，《中華民國制憲史：政治協商會議憲法草案》，頁五〇～五一。

31 雷震原著，薛化元主編，《中華民國制憲史：政治協商會議憲法草案》，頁五一。

32 雷震原著，薛化元主編，《中華民國制憲史：政治協商會議憲法草案》，頁五二～五三。

33 雷震原著，薛化元主編，《中華民國制憲史：政治協商會議憲法草案》，頁五三～五四。

34 雷震原著，薛化元主編，《中華民國制憲史：政治協商會議憲法草案》，頁五四。

35 雷震原著，薛化元主編，《中華民國制憲史：政治協商會議憲法草案》，頁五五。

36 雷震原著，薛化元主編，《中華民國制憲史：政治協商會議憲法草案》，頁五七。

37 雷震原著，薛化元主編，《中華民國制憲史：政治協商會議憲法草案》，頁一〇四。

38 《中央日報》一九四六年一月十九日，轉見「孫科對『五五憲草』的說明」，收入重慶市政協文史資料研究委員會、中共重慶市委黨校編，《政治協商會議紀實》（重慶：重慶出版社，一九八九），頁四一九～四二〇；另見孔繁霖編，《五五憲草之評議》（南京：時代出版社，一九四六），頁二七〇。

39 憲草審議委員會是根據政治協商會議決議成立，主要是根據政協十二項憲草修改原則，參酌憲政期成會的修正案，憲政實施協進會研討結果，及各方意見，匯綜「五五憲草修正案」。國民政府蔣中正主席並指定孫科為該委員會召集人。重慶市政協文史資料研究委員會、中共重慶市委黨校編，《政治協商會議紀實》，頁一二八。

40 雷震，《制憲述要》（香港：自由出版社，一九五七），頁一三。

41 梁漱溟，〈我參加國共和談的經過〉，收入重慶市政協文史資料研究委員會、中共重慶市委黨校編，《政治協商會議紀實》，頁三七二。他在回憶中清楚地說明，張君勱如何在保持五權憲法的結構下，使國民大會無形化，將監察院作為上議院，而使立法院與行政院在運作上成為內閣制的設計。

42 雷震原著，薛化元主編，《中華民國制憲史：政治協商會議憲法草案》，頁四五。

43 雷震原著，薛化元主編，《中華民國制憲史：政治協商會議憲法草案》，頁四九。

44 雷震原著，薛化元主編，《中華民國制憲史：政治協商會議憲法草案》，頁五四～五五。

45 「張厲生是河北人，可以代表北方人和軍事首領陳誠的關係，他原先也是CC集團分子。」見雷震原著，薛化元主編，《中華民國制憲史：政治協商會議憲法草案》，頁四七。

46 雷震原著，薛化元主編，《中華民國制憲史：政治協商會議憲法草案》，頁四七～四八。

47 雷震原著，薛化元主編，《中華民國制憲史：政治協商會議憲法草案》，頁四七；《王世杰日記》，冊五，頁二五九～二六〇、二六三，轉引自雷震原著，薛化元主編，《中華民國制憲史：政治協商會議憲法草案》，頁四八。

48 雷震原著，薛化元主編，《中華民國制憲史：政治協商會議憲法草案》，頁四八～四九。梁漱溟，〈我參加國共和談的經過〉，收入中共重慶市委黨校編，《政治協商會議紀實》，頁七三一。

49 雷震原著，薛化元主編，《中華民國制憲史：政治協商會議憲法草案》，頁四八～四九。

50 雷震原著，薛化元主編，《中華民國制憲史：政治協商會議憲法草案》，頁一〇一。

51 事實上經常參加會議的，只有孫科、王寵惠和王世杰三人。見雷震原著，薛化元主編，《中華民國制憲史：政治協商會議憲法草案》，頁一〇四。

52 林彬曾向雷震提起「五五憲草起草的許多困難」：「第一，要顧及現實政治，尤其是要顧到這部憲法在實行時一定是蔣中正擔任總統，而他是一個絕對獨裁的人，要使他能夠做得下去而不至『違憲』，第二，又要顧到五權憲法和建國大綱的指示，不能離譜太遠，第三，還要多少顧到我國是民主國家，表示憲法所設計的政治制度是民主制度。因要有這三種顧慮，在執筆時自然會感到進退維谷，結果不免陷於自相矛盾而不自知。」見雷震原著，薛化元主編，《中華民國制憲史：政治協商會議憲法草案》，頁一七七。

53 雷震原著，薛化元主編，《中華民國制憲史：政治協商會議憲法草案》，頁一〇一；任育德，《雷震與台灣民主憲政的發展》，頁三三。

54 雷震原著，薛化元主編，《中華民國制憲史：政治協商會議憲法草案》，頁一〇四。

55 梁漱溟，〈我參加國共和談的經過〉，收入中共重慶市委黨校編，《政治協商會議紀實》，頁七三四；張君勱，一九四六年二月十五日、十六日日記手稿。

56 見國科會編，雷震遺著，《中華民國制憲史》手稿，總號：31、「政治憲草」附註（1）。世新大學圖書館藏，微縮資料。轉引自雷震原著，薛化元主編，《中華民國制憲史：政治協商會議憲法草案》，頁一一三。

57 雷震原著，薛化元主編，《中華民國制憲史：政治協商會議憲法草案》，頁一〇四。

58 雷震原著，薛化元主編，《中華民國制憲史：政治協商會議憲法草案》，頁一〇五。

59 雷震原著，薛化元主編，《中華民國制憲史：政治協商會議憲法草案》，頁一〇六。

60 雷震原著，薛化元主編，《中華民國制憲史：政治協商會議憲法草案》，頁一〇六～一〇七。

61 雷震原著，薛化元主編，《中華民國制憲史：政治協商會議憲法草案》，頁一〇八。

62 雷震原著，薛化元主編，《中華民國制憲史：制憲國民大會》，頁三九～四四。

63 雷震原著，薛化元主編，《中華民國制憲史：政治協商會議憲法草案》，頁一〇八～一〇九。除了雷震之外，蔣勻田指出國、共兩黨係由周恩來和王世杰分別透過他傳話給張君勱起草憲法草案底稿，而張則再要蔣轉告兩方允諾。蔣勻田，《中國近代史轉捩點》，頁三七。而張君勱也主動向孫科表示他草稿，主席孫科再交雷震印交與會諸人以供討論。張君勱，〈中國新憲法起草經過〉，《再生》總二二〇期（1948.6），頁三。

64 張君勱，〈讀「制憲經過」憶當年制憲情形令人感佩——張君勱致雷震〉（一九五七年七月三日），收入傅正主編，《雷震全集30：雷震秘藏書信選（雷震書信集）》（台北：桂冠圖書，一九九〇），頁三四八。

65 張君勱，一九四六年二月十六日日記手稿。

66 張君勱指出由於孫科的說詞，使得批評（暫時）中止，而使政協時二項憲草修改原則不致被國民黨方面認定全非。參見張君勱，〈中國新憲法起草經過〉，《再生》總二二〇期（1948.6），頁三。

67 張君勱，一九四六年三月九日日記手稿；梁漱溟，〈我參加國共和談的經過〉，收入中共重慶市委黨校編，《政治協商會議紀實》，頁七三三。

68 蔣勻田，《中國近代史的轉捩點》，頁四九、五七。梁漱溟向雷震查詢，也得到同樣的問題癥結所在。梁漱溟，〈我參加國共和談的經過〉，收入中共重慶市委黨校編，《政治協商會議紀實》，頁七三三；歷史文獻社編選，《政協文獻》（歷史文獻社，一九四六），頁一八六～一九三。

69 國民大會秘書處編印，《國民大會實錄》（國民大會秘書處，一九四六年十二月），頁二七八～二八一。

70 雷震原著，薛化元主編，《中華民國制憲史：政治協商會議憲法草案》，頁一五七。

71 張君勱，一九四六年三月十一日日記手稿。

72 張君勱，一九四六年三月十五日日記手稿；歷史文獻社編選，《政協文獻》，頁一四四。

73 國大行使四權，則已不止是有形化而已，尤其是創制、複決權將造成立法院角色的模糊，以及立法院與國民大會的衝突。歷史文獻社編選，《政協文獻》，頁一四四。

74 此一決議原文，收入歷史文獻社編選，《政協文獻》，頁一四五～一四六；中共重慶市委黨校編，《政治協商會議紀實》，頁六三八～六三九。

75 張君勱，一九四六年三月十八日、十九日日記手稿。

76 一九四六年二月六日，中共中央政治局會議，針對參加政府問題決定由毛澤東、林伯渠、董必武、吳玉章、周恩來、劉少奇、范明樞（或彭真）、張聞天參加國民府委員會任委員，而以周恩來、林伯渠、董必武、王若飛參加行政院，力爭以周恩來為副院長。但至三月十八日，眼見國民黨六屆二中全會決議，便致電周恩來「不能參加國民大會、國民政府」。中共中央文獻研究室編，《周恩來年譜：一八九八～一九四九》，頁六四三、六五二。

77 張君勱，一九四六年三月二十日日記手稿。協議至此才獲各方確認。

78 張君勱，一九四六年四月七日日記手稿。

79 張君勱，一九四六年四月十三日日記手稿。

80 張君勱，一九四六年四月十六日到四月二十四日日記手稿。

81 根據後來公布、刊登的草案條文，都指出行政權部分未經決定（各方保留的條文另列）。最值得注意的是，民社黨的機關刊物曾在民國三十五年十月刊載「五五憲草修正案初稿」，註記較其他記錄者為多，條文內提到其他條文條號則留白，而條文則僅條數不同（有兩處數條合併者），係目前掌握較原始的記錄，《再生》總一三五期（1947.10.19）。

第三節

制憲國民大會

一、制憲國大的程序爭議

根據政治協商會決議，應該先完成國民政府改組，再召開制憲國民大會。而國民政府準備依照政治協商會議的決議，修改「國民政府組織法」，以充實國民政府委員會，容納黨外人士，做為會後施政的決策機關。[1]但由於中共和民主同盟的杯葛，國民政府始終無法完成改組，影響了時序在後的制憲國民大會的召開。中共和民主同盟之所以抱持杯葛的態度，主要是牽涉到國民政府委員席次的安排問題。國民政府委員會一般的決策是多數決，而政協通過的「政府組織案」附註第三項規定：「國府委員名額之半，由國民黨人員充任，其餘半數由其他各黨派及社會賢達充任，其分配另行商定。」[2]國民黨佔委員的二分之一，所以一般的決策國民黨的政策是可以順利推動的，但假設國民政府委員會要變更政治協商會議所通過的「施政綱領」，則需要三分之二贊成。因此，中共跟民主同盟極力要求在國民政府委員名額中佔到十四席，也就是三分之一的席次，如此則等於享有阻止國民黨變更施政綱領的「否決權」。[3]相對地，國民黨害怕這樣會造成執政困難，因此不肯允許共產黨和民主同盟拿到十四席的國民政府委員，而共產黨和民主同盟則無法接受。兩邊各為自己黨派的利益打算，絲毫沒有折衷協調的可能，原本想做和事佬的所謂「第三方面代表」[4]及馬歇爾特使最後都宣告放棄。[5]到了一九四六年十月，蔣中正才讓步願意給中共和民主同盟十三席國民政府委員，但是國民黨仍不願使二者擁有十四席，為了這關鍵一席，使得結束訓政、進入憲政之過渡期間的國民政府無法順利改組。雷震認為，僅僅為了這麼一個國民政府委員名額而不能獲致協議，終使國民政府委員會不能成立，「是由於國民黨過於固執了」。[6]

一九四六年四月起，政協各方代表陸續離開戰時首都重慶，而雷震則留下處理政協的善後工作，到五月一日才飛往漢口，為主持中國工鑛銀行漢口分行的開幕典禮，又在武漢停留三日，五月四日飛往南京。距離當年撤退離開南京，已過了八年五個多月。[7]

依照政治協商會議的決定，制憲國民大會原定於一九四六年五月五日在南京國民大會堂舉行，並根據政協憲草來制定中華民國憲法。因此，國民政府成立了「國民大會籌備委員會」處理相關事務，起先由國民黨中常委葉楚傖任主任委員，洪蘭友任秘書長，雷震為籌備委員之一。不久葉楚傖病故，遂由國民參政會秘書長邵力子兼任國大籌備會的主任委員。[8]制憲國民大會因國共和談進展不順而延後，暫時還未決定延到何時，不過眾人均有共識，希望年內完成制憲工作。為了團結、停戰和確認召開制憲國大的日期，國民黨有必要盡快和各黨派商洽。[9]

（二）南京第一大忙人

為求順利召開制憲國大，雷震奉派奔走於民主同盟、民社黨、青年黨之間，求他們與國民黨合作，因而被記者公認為「南京第一大忙人」。一九四六年六月間，雷震穿梭於國民黨、青年黨、民主同盟、中共之間，報告國共雙方對於停戰、恢復交通談判的意見。[10]

協商還在進行，國民政府一九四六年七月四日明令於十一月十二日召開國民大會。[11]但是，各黨派持續協商未能成功，導致會議何時召開仍在未定之天。一九四六年十月十一日早上，國民政府主席蔣中正透過電話，召集吳鐵城、陳立夫、王世杰、邵力子和雷震等人到國民政府主席室談話。眾人抵達後，只見蔣中正面色沉重，但是堅決地說：「我決定於十一月十二日召開國民大會，盼你們著手籌備！」蔣並沒有說明任何理由，單純是下「命令」要雷震等人照辦，當下眾人一片靜默。此時，雷震立刻想起在重慶時政協綜合小組曾有決議：「國民大會召開日期，應由政協綜合小組協議定之」，認為自己有責任提醒蔣中正這一點，便開口說：「共產黨和民主同盟均有人在南京，我們理應和他們說一說才好」，雷震心中其實還有許多念頭，未說出口：

> 自應先和他們談一談，以免他們有所藉口，又說國民黨獨斷獨行！還有，依照政協決議的

程序來說，應該先行改組政府，然後再開國民大會，就是說，在聯合政府的統治之下，舉行國民大會來制定憲法……

沒想到蔣中正絲毫不想聽雷震的意見，立刻說：「不必了！」等於是又下了一道命令。而吳鐵城、陳立夫、王世杰、邵力子四人，對於蔣中正違反政協決議的指示，竟然都沒有表示意見，使雷震心中十分反感。[12]蔣中正又命令雷震即日到上海，將十一月十二日舉行國民大會一事傳達給第三方面人士，尤其要向民社黨和青年黨領導人張君勱、曾琦、左舜生等人詳細說明，政府準備結束訓政，所以必須召開國民大會制定憲法。[13]

雷震等國民黨人都普遍認為，共產黨一定反對召開制憲國大，所以蔣中正不願和共產黨協商。據雷震了解，當時蔣中正以為打垮共產黨不成問題，蔣中正內心想法是「一面制憲，表示放棄訓政；一面剿匪，以武力統一中國，免得拖泥帶水，決不願和共產黨平起平坐」。王世杰也同意如此作法，他認為和共產黨是浪費時間與精神。[14]雷震晚年回憶，當時國軍腐敗，地方政治不良，人民對國民黨深深失望，已經傾向共產黨，但蔣中正每天聽多了阿諛奉承，他身邊的高級將領也都主張以武力消滅共產黨，太缺乏自知。雷震還指出，當時國民黨統治中國大陸近二十年，一般國民黨人都抱有「優越感」，看不起其他民主黨派，認為他們只是想來瓜分政權，如此將為共產黨製造叛亂機會。[15]

蔣中正決定舉行制憲國民大會，事先未和其他黨派商量，隔天十月十二日，國民黨準備

「單獨」召開國民大會的消息見報，各大報紙紛紛抨擊國民黨「不顧政協的決議」「獨斷獨行」。[16]因此，吳鐵城、孫科、王世杰、邵力子，都極力贊成蔣中正派雷震去上海交涉，他們期望雷震將十一月十二日一定舉行國民大會之事，委婉的傳達給張君勱、曾琦、左舜生、李璜、陳啓天、黃炎培、梁漱溟等人，除了可以緩和報紙輿論的指責，倘若國民大會能如期召開，制憲後實施憲政，就終於可以結束遭世人詬病的一黨專政，也可使主張國共停戰和談的美國朝野較為滿意。[17]

由於第三方面也希望促成國、共兩黨透過協商達成協議，因此各方面的代表紛紛前往南京開會。一九四六年十月二十一日上午，雷震也到明故宮機場迎接開會代表。除了國民黨的吳鐵城、邵力子外，共產黨方面有周恩來和董必武，民主同盟有梁漱溟和黃炎培，青年黨有曾琦、左舜生、李璜、陳啓天和常乃悳，民社黨（此時國社黨已改組，稱為民社黨）有張君勱和蔣勻田，他們都是滿懷熱忱，希望停止內戰，走上團結和平之路，以建設中國的民主政治。次日，各方面代表在南京白下路交通銀行開過一次談話會，亦可說是政協綜合小組會議。共產黨方面與會有周恩來、董必武和陳家康三人。[18]會議的主要訴求為：「籲請國共雙方軍隊停止衝突，實行政協決議，認為局部衝突可能演成長期內戰，而制憲工作就會遙遙無期了。」而由第三方面人士提出宣傳休戰辦法，得到國共兩方同意後，由梁漱溟等擬出和平方案，經當時在南京的全體第三方面人士同意簽字後，於十月二十六日分送國共雙方，但是，共產黨認為方案是不利於共產黨的，拒絕接受，這次和談努力又告失敗。共產黨拒絕接受和平方案後，國共雙方的軍事衝突無法停止，也無法進行軍隊整備縮編，共產黨更不可能參加制憲國民大會。如此，國民黨要避免一黨制憲，重點工作就在邀請民主黨派和社會賢達參加國民大會了。而負責此一溝通、協調工作的，主要是雷震，至於其他參與的國民黨高層也透過管道進行溝通。[19]

（二）拉攏在野黨派參加

對國民黨當局而言，在此狀況下，如果想要拉攏其他在野黨派參加制憲國民大會，就必須先完成「政協憲草」，經立法院審議通過，再由國民政府送到制憲國民大會。[20]因此，一九四六年十一月二日，蔣中正就命王寵惠和雷震整理政協憲草，以便完成後續程序，再交由國民政府提交制憲國民大會來討論。[21]蔣中正之所以找雷震參與此一工作，雷震認為與他的學經歷有關：他是學憲法的，又在大學教過憲法，自參加國民參政會之後，所有憲政期成會、憲政實施協進會、政治協商會議憲法小組、政協憲草審議會等，始終參與其事，又擔任了政治協商會議秘書長。[22]因此，雷震參與這件工作，可以掌握原本政協憲草起草的精神。整理稿完成後，由雷震送到孫科家中。孫科收到後囑咐雷震邀約王寵惠、邵力子、吳鐵城、王世杰、陳布雷一起進行國民黨內部的研究、討論（王世杰有事未到）。國民黨內部討論後，孫科又囑咐雷震邀集政協憲草審議會參加人王寵惠、張君勱、陳啓天、左舜生、王雲五、繆嘉銘和專家吳經熊、林彬一起到他家，針對整理稿再審議一次（張君勱在上海未到），希望有利於「政協憲草」在制憲國民大會上通過。[23]

會後，雷震再將整理稿送交蔣中正主席／總裁。蔣中正表示沒有什麼意見，交代雷震將這份整理稿送給國民黨中央黨部秘書長吳鐵城，準備提交國民黨中央常務委員會通過後，再送到立法院完成立法程序。雷震說明此一程序是因為「五五憲草」是立法院草擬（通過）的，而「政協憲草」是「五五憲草的修正案」。[24]而就當時的訓政體制而言，經立法院通過，再由國民政府將憲法草案送交制憲國民大會審議，與原本一九三六年準備進行的程序是相似的。

立法院收到之後，做了兩個重要的修正。首先針對總統職權加了一條：「總統對於院與院間之爭執，除本憲法已有規定者外，得召集有關各院召集會商解決之。」其次是限縮監察院的職權行使範圍，將原本的「送交各該院部會注意改善」，改為「送交行政院及其各部會注意改善」；再將「監察院查明各院或各部有重大違法事件，得……」改為「監察院對於行政院或其各部會人員，認為有違法或失職情事，得……」。雷震認為，按照立法院的意見，監察院的彈劾案將僅限於行政院及其各部會，比政協草案和整理稿的範圍似乎更為縮小。而「監察院對於中央……公務員違法或失職時」，所指的「中央」就只限於「行政院及其各部會」。[25]

（三）蔣中正的聲明

由於制憲國民大會開議的時間在即，中共仍拒絕提交制憲國民大會代表名單，國民政府主席蔣中正又在十一月八日發表聲明，表達國民政府為何沒有根據政治協商會議通過的制憲程序，要在十一月十二日召開制憲國民大會，並說明後續的作法：[26]

依照政治協商會議所決議，國民大會應於本年五月五日召開，但中共與各黨派拒未提出其代表之名單，復於七月四日，政府宣布國民大會於十一月十二日召開，俾各黨派可於此四個月期間作一切之商討與準備。對於此點，各黨派曾表示異議，謂政協所同意改組政府之步驟，尚未實行。惟余欲有所說明者，自政協會議閉會以來，此半年間一般情勢已大有變遷，關外東北嚴重之戰事發生，旋又蔓延及於華北，而中共軍隊之整編，迄未依照協議之方案而開始實行。在此種狀況之下，政治協議遂未能獲得結果。現國民大會依法選出之代表，均已如期報到，國民大會實不能再予延期，以增加政治軍事之不安，而加深人民之痛苦。且召開國民大會為政府還政於民唯一合法的步驟，亦不能再有稽延。因此政府已決定國民大會於十一月十二日如期開會。……

因此，政府一面保留中共及其他黨派在國民大會應出之代表名額，仍望其隨時參加制憲，一面希望中共立即派出代表參加軍事三人小組會議，根據余十月十六日聲明所提之各點，商談停止衝突辦法，與今後軍隊駐地分配，以及恢復交通，與整編統編等辦法，以期從速施行。

關於國府委員會之改組，望能早日獲得協議，得以正式改組成立。至於行政院則為實際負責之機構，其改組必須更加慎重，故國民大會未閉會以前，不能遽作此重大之變更。

關於憲草，政府擬向國民大會提出憲草審議會未完成之修正草案。此次國民大會閉會以後六個月內，即依照憲法舉行全國普選，各黨派全國人民屆時均可自由競選，以產生下屆國民大會，根據憲法所規定而行使其法定之職權。故各黨派在下居國民大會，對於憲法，如有修改意見，仍可依法提出修正。

對於蔣中正的聲明，共產黨和第三方面基本上無法接受。次日晚上，共產黨出席政協的首席代表周恩來，在共產黨駐南京總部梅園新村，[27]約集民主同盟人士談話，再次批評國民黨沒有和政協其他方面商量，而決定十一月十二日召開國民大會，並強調：「依照政協決定的程序，應先改組國民政府委員會，成立聯合政府，由這個聯合政府召開國民大會來制定憲法，實施憲政，今國民黨既不按此程序進行，顯然無視政治協商會議的決議，這部憲法一定不是一部民主憲法了。共產黨處此情形之下，只有『再革命』了。並告訴大家，已決定明日返回延安，『脫了皮鞋穿草鞋，三年再見面！』」[28]

二、說服民、青兩黨，化解僵局

中共已拒絕參加制憲，蔣中正雖未進一步表態，雷震等人為化解政治僵局，繼續穿梭於其他政黨間進行溝通，說服民社黨、青年黨願意派出代表，出席制憲國民大會。

十一月十一日國共以外的第三方面人士又在南京交通銀行集會一次，希望國民大會延期三天，至十一月十五日開會。不過，直到制憲國民大會召開前一日，民社黨雖未拒絕，亦未表示參加；青年黨雖允參加，但以民社黨之參加與否為前提，所以也沒有提出參加國民大會的代表名單。[29]在此之前，國民黨與青年黨方面的聯絡工作，除雷震隨時應需要進行會晤外，還有陶希聖等人進行拉攏的工作。民社黨方面，則幾乎只有雷震進行接洽的工作。雷震知道蔣中正和CC派相當討厭張君勱和民社黨，因此不敢積極直接邀約民社黨，只是透過蔣勻田向張君勱轉達：要想結束國民黨的訓政，必須使制憲國民大會召開成功，完成制憲工作。並提醒他：必須以國民大會通過「政協憲草」做為他們參加制憲的保證條件，否則國民黨人佔絕大多數制憲國民大會，一定通過五權憲草。而在國民黨內部，雷震則強調，要避免一黨制憲，必須要青年和民社兩黨一起參加。[30]

由於十一月十四日仍呈現「一黨制憲」的樣態，蔣中正十分焦急，當天下午通知雷震、王世杰和吳鐵城到官邸開會。三人分別抵達後，蔣中正即向雷震探詢：「青年、民社兩黨參加國民大會的消息怎樣？張君勱肯不肯參加？」雷震答覆：「青年黨已表示參加，但以民社黨之參加為條件，……。民社黨方面，我私下雖有接觸，並勸他們參加，由於中央和蔣先生沒有表示，我不便正式表示邀請。」接著四個人一起吃飯時，蔣中正進一步指示雷震：「儆寰兄，今天晚上去上海邀請民社黨參加國民大會，並告訴張君勱說，政府一定提出政協憲草來討論，並照政協憲草通過！」雷震則回覆他打算明天再搭飛機到上海，當天應該可以先拿到青年黨參加制憲國民大會的名單。雷震心中盤算，如果把青年黨名單公開發表於報紙上，有助於促成民社黨的參加。蔣中正同意雷震的意見，便請他與青年黨方面聯絡。晚飯後，曾琦、李璜、左舜生三人帶來青年黨準備參加制憲國民大會的名單到蔣中正的官邸，要求分配一百四十位制憲國民代表。蔣中正原已應允青年黨的要求，但是雷震一聽到就立刻表示反對，李璜即批評雷震：「你天天要求青年黨參加，今天你倒為難起來了？」雷震接著解釋，因為此時只有河北、山東、察哈爾、北平四個省市區域的代表尚未產生，青年黨人的籍貫如不在這四個區域，也就無法產生代表。聽完雷震說明困難之處後，李璜、曾琦等人也只好接受了。[31]

為了取得青年黨參加制憲國民大會的正式名單，雷震從十一月十五日凌晨起，至當天中午十一點，三度到訪青年黨秘書長陳啓天家，才總算順利完成任務。[32]

（二）政協憲草基本原則的確認

等待青年黨名單期間，雷震上午出席制憲國民大會的開幕典禮，但民社黨、青年黨都未派人參加，大會就告休會。陳啓天交給雷震名單時，也再次表明：如果民社黨不參加，縱使青年黨制憲國民大會代表名單發表了，青年黨是不會出席。雖然陳啓天交代不能先發表，雷震卻沒有正面回覆。因為雷震認為，如果先發表青年黨出席制憲國民大會的代表名單，有助於說服民社黨參加。因此，雷震就先將名單交給陳立夫，要陳儘速送中央社發表。為了可以搭上飛往上海的飛機，雷震也請宋英先準備行李，協助懇求中國航空公司至上海的班機，一定要等雷震抵達再起飛，並準備炒飯到機場，讓雷震簡單吃幾口止飢就出發，而飛機為了等雷震，誤點半個小時。[33]

雷震抵達上海後，好友蔡叔厚來接機，並已先確認好和蔣匀田等人的會面。雷震先至飯店，卻因為太累而暈倒。稍作休息並進食後，雷震便去拜訪蔣匀田，再由蔣陪同一起去見張君勱。雷震向張君勱表示：蔣中正邀請民社黨參加制憲國民大會，並已經決定以政協憲草做為討論的基礎，而且保證制憲國民大會不推翻政協憲草的基本原則，只可能在文字上做一些修正。雷震說服三個小時，張君勱則表示必須等第二天民社黨（中）常會開會討論。由於蔣匀田事先告訴雷震，徐傅霖對民社黨是否參加制憲國民大會，有相當大的影響力，第二天早上雷震依約先去拜訪徐。結果，雷震還來不及說明完來意，徐傅霖就開始痛罵國民黨過去的行為，特別是特務做了許多傷天害理的事。徐痛罵四十分鐘後，出了一口氣，再經雷震重複蔣中正向張君勱的承諾，一再解釋、說明制憲工作之重要，他表示將發言支持民社黨參加制憲國民大會。[34]

可是，十一月十六日下午雷震再到張君勱家中拜訪，並沒有聽到好消息。張君勱表示：「參加制憲，尚未定案，明日上午還要舉行常會，再作決定。」雷震離開後，先去說服蔣匀田，請他向民社黨中央建議：「一、民社黨決定參加國民大會。二、國民大會要通過政協憲草，至少在原則方面，不能變更，否則民社黨寧可退出國民大會。其餘細節，俟到南京後，繼續商量，等商量妥當後，民社黨再提出參加國大的名單。如商量不妥，民社黨可以不參加，只算到南京去遊覽一趟。」蔣匀田贊成雷震的意見後，雷震又立即分頭拜訪張君勱和徐傅霖，一再說明並保證制憲國民大會將通過「政協憲草」後，張君勱和徐傅霖也同意雷震的建議。雷震認為時間緊迫，就計畫包機將民社黨代表整團帶往南京。十一月十七日一早，雷震聯絡上海市長吳國楨，請他協助。吳國楨迅速和中國航空公司確認飛往南京的包機，又備妥三輛汽車借給雷震接送民社黨代表，並派秘書歐陽遵詮來協助。另一方面，民社黨中常會通過決議：國民大會須通過「政協憲草」，在此原則之下，民社黨參加制憲國民大會。雷震則迅速表示完全答應，民社黨出席國民大會代表也於十七日下午和雷震一同乘機抵達南京。至於雷震在此期間之所以可以迅速聯絡南京、上海兩地相關人員，除了宋英在家中守候，可以迅速將雷震的訊息轉達外，上海、南京兩地的電話局也十分幫忙，只要是雷震的長途電話，在幾分鐘內一定迅速接通。由徐傅霖擔任團長的民社黨制憲國民大會代表團抵達南京後，雷震迅速向蔣中正報告，請他安排接見。當天晚上八點，蔣中正就接見徐傅霖，兩人相談甚歡，會談結束後，「蔣中正親自送到寓所門外，俟徐傅霖上車後始轉身進去」。[35]

第二天，蔣中正在國民大會秘書處約見雷震，要雷震接任制憲國民大會副秘書長，並表示：[36]

> 現在國民政府是提出政協憲草到國民大會再討論。這部憲草在草擬期間，你是政協會議秘書長，一切經過只有你知道得最清楚，民青兩黨的主要人物你都認識，且有深厚的交情，請你擔任副秘書長的目的，是要你負責設法通過政協憲草，務使民青兩黨不致因國民黨人要恢復五五憲草而退席。此次國民大會之制憲，為中外人士所矚目，希望順利進行，切不可中途出問題。如有問題發生，你不能解決時，你可隨時來問我，我一定通知國民黨黨團

解決問題。儆寰兄，你擔任副秘書長，只是負責協調通過政協憲草，一切事務仍由秘書長主持。你不必過問，討論憲草有問題時，不論什麼時候，要隨時來報告我！

（二）國民黨不再「一黨獨辦」

完成邀請民社黨和青年黨參加國民大會的工作後，雷震就在蔣中正的任命下，擔任制憲國民大會副秘書長，負責大會的議事工作。民社黨出席國民大會代表團抵達南京後，又針對參加會議事宜討論了三天，直到十一月二十日下午始才決定相關細節問題，再由民社黨主席張君勱具名，提出其政治主張的信函，連夜送給國民政府主席蔣中正。主要內容包括兩大項：一、如何澈底執行停戰命令，以防戰事之擴大，而示誠心爭取和平之至意。二、如何澈底實現政協決議之精神，以昭示實行民主之決心於個人。而在如何澈底實現政協決議之精神方面，開宗明義就提出：「政協憲草審議會所修改之憲章，應在國大之內，各方應負責使其通過。」蔣中正收信後，十一月二十一日也以國民黨總裁的身分回信，表達同意張君勱信函的主張：「總之，函中列舉諸端，俱為政府所當為，亦即中正個人所願竭其全力以求其實現者。」[37]二十一日民社黨方面收到蔣中正的覆函後，徐傅霖在當日晚上，就將民社黨出席國民大會的代表名單交給雷震。其中除了民社黨在民主同盟原本分配的四十名制憲國大代表外，也比照青年黨在區域產生十名代表。[38]

由於民社黨、青年黨與社會賢達的參加，使制憲國民大會不致成為國民黨「一黨獨辦」。[39]張君勱與左舜生都曾肯定雷震在促成制憲國民大會的辛勞，表示：「微儆寰，則不知國民大會何日可以開成矣？」[40]不過，民社黨雖然出席制憲國民大會，張君勱本人則不願參加。他向雷震表示：「蔣中正是過河拆橋的人，有求於你的時候，可以滿口應允，等到不需要你的時候，就一腳踢開，完全無視對方的人格。」而青年黨領導人之一的李璜長期與張君勱交好，且早在一九二八年就合辦《新路》雜誌，[41]也與張君勱同一步驟，不出席制憲國民大會，之後也不參加改組後的國民政府。[42]

民社黨出席國民大會代表名單提出後，在形式上尚需經過「國民大會遴選代表資格審查委員會」加以審查，再報請國民政府遴選公布。此一結果到十一月二十四日才在報紙上發表，第二天，民社黨制憲國大代表始出席國民大會。這一天上午十時，國民大會討論「國民大會議事規則」，由蔣中正擔任主席，制憲國民大會才算是正式開議。而青年黨籍的制憲國大代表，除李璜未報到外，也是這一天正式出席。[43]

雷震曾就制憲國民大會代表的成員進行分析，國民黨代表佔百分之八十以上，而社會賢達的七十名中，已經報到的，至少有三十三人是國民黨員，而尚未報到的五名中，也有三名是國民黨員。相對地，總計已經報到的制憲國民大會代表一七十一人中，青民兩黨總共不過一百六十人，而實際出席者尚不足此數，因此，雷震估計原本贊成「政協憲草」的，至多不過二百人。而國民黨所不同意的任何憲法條文，都無法順利在制憲國民大會中通過。[44]為了防備在制憲國民大會佔絕大多數的國民黨籍代表可能否決「政協憲草」，只有在制憲國民大會討論憲法的程序上加以「預防」。於是，在憲草提到國民大會之後，經過「第一讀會」的期間，由各代表廣泛發表意見，但不作決定，然後分別送到有關審查委員會去審查。[45]而在八個分組審查委員會之外，另設一個「綜合審查委員會」，以調和各組間之衝突，並矯正各組間的不當決定，使「政協憲草」的主要原則不致受到否決。綜合審查委員會，由各組審查委員會委員中互推一人，召集人中各推二人，主席團中推選九人，及各代表產生單位各推三人組織之。其性質與範圍有四：各審查委員會相關之事項；各審查委員會爭論不決之事項；各審查委員會審查結果，與審查原則略有變更者；彙編各審查委員會之結果及全章節與文字之整理。[46]因此，青年黨制憲國大代表陳啓天、曾琦、張伯倫、余家菊、常乃悳、張子柱，和民社黨的徐傅霖、蔣勻田、劉中一、石志泉、朱鴻儒、伍藻池均參加了綜合審查委員會，陳啓天和徐傅霖並擔任綜合審查委員會的召集人；而對「政協憲草」抱持同情態度的國民黨孫科、王寵惠、王世杰、胡適、吳經熊等人也參加了綜合審查委員會，其中孫科和王世杰也擔任召集人。因此，「政協憲草」的主要原則，凡是在制憲國民大會各組委員會遭到否決的條文，均能在綜合審查委員會提請覆議，其間當然有激烈的爭辯，但終究可以挽回。[47]

由於國民黨內部仍有相當多數的制憲國民大會代表支持「五五憲草」，或是希望進一步擴大總統職權，而不贊成「政協憲草」的原則。因此，國民政府主席和立法院長孫科，都在制憲國民大會公開表達支持「政協憲草」設計的立場。一九四六年十一月二十八日，國民政府主席蔣中正親自出席制憲國民大會，將中華民國憲法草案及國民政府諮文送請制憲國民大會審議，蔣中正向國代發表談話，他說：「對於今天國民政府所提出的憲法草案，我是贊成的，擁護的，我認為五五憲草在今天是不適用的。」[48]孫科在大會上報告時，提到他對「政協憲草」有關總統及行政院長職權的意見：「總統的責任由行政院長代為擔負，立法院通不過時，行政院長可以立刻下來，由總統另提人選。這種方法可以減輕總統的責任，亦免得總統受政潮的影響。」[49]

（三）取得國民黨團領導人的支持

如前所述，蔣中正任命雷震擔任制憲國民大會副秘書長，是出於希望順利通過「政協憲草」的考量。由於雷震對「政協憲草」的來龍去脈和在野黨對於憲法的見解，知之最詳，因此大會討論憲法時，都由他執行秘書長的職務。同時，雷震也兼任綜合審查委員會的秘書，以便見機行事，促成制憲工作。制憲國民大會開會期間，面對爭議不斷，雷震奔走調解，煞費苦心，弄到舌敝唇焦，喉嚨嘶啞。[50]而他擔任了綜合審查委員會的秘書職務，不僅對於糾正各分組審查委員會否決「政協憲草」的決議，大有幫助，而且可以減少協議的時間。因為各分組審查委員會對於「政協憲草」凡有不同的決議，一律送到綜合審查委員會來討論，將分組審查委員會的決議加以修正或否決，然後將綜合審查委員會的修正條文提到國民大會二讀會來討論決定。[51]

當時，國民黨人在制憲國民大會違反承諾，試圖推翻「政協憲草」的原則，民社黨、青年黨反彈時，首當其衝的是國民黨秘書長吳鐵城、CC派領導人陳立夫和復興社領導人陳誠，其中吳鐵城和陳立夫雖不是制憲國民大會代表，[52]但兩人和陳誠都負責指導制憲國民大會國民黨黨團的運作。[53]起初，在國民黨黨團內部開會時，陳誠和陳立夫都曾經批評民社黨、青年黨要求太多，而雷震過於遷就。為此，雷震公開表示：邀請民社黨參加制憲國民大會，是國民黨答應保證通過「政協憲草」，民社黨「才肯提名參加」，否則民社黨是「不會貿然參加」制憲國民大會的。因此，通過「政協憲草」，只是「履行諾言」，而不是民社黨過度的要求。至於「青民兩黨來參加國民大會，一方面誠然是實現他們多年的願望：結束黨治、實施憲政；而在另一方面，也是幫助國民黨完成制憲，使共產黨和民主同盟所宣傳的國民黨單獨制憲的責備不攻自破」。[54]

而針對制憲及其後的行憲，雷震也表明：「今日我們和青民兩黨共同制憲，等憲法制定後，我們還要和青民兩黨共同行憲的。這一點要國民黨國大代表深切瞭解而見諸行動，千萬不可再詛咒和侮辱青民兩黨的國大代表，這樣可以減少我的麻煩，免得我向他們賠罪，也可以保全總裁的信譽！至於我個人受到辱罵則無關重要，根本算不得什麼！」[55]此後，雷震取得國民黨團領導人的支持，此後他的折衝、溝通工作，才得以順利進行。

以下再以中華民國憲法第一條及國民大會定位的衝突為例，補充說明。前者（憲法第一條）在分組審查會時，雖然青民兩黨代表堅決反對，審查委員會表決結果，仍然為：「中華民國為三民主義民主共和國」。[56]因而，民社黨出席國大代表團團長徐傅霖便聲言：如不恢復政協憲草第一條原文，民社黨代表將不再出席國民大會，以示抵制。雷震就商請國民黨黨團指導員負責督促「復興社」系統的國大代表陳誠出面，提案到綜合審查委員會，請求覆議。陳誠又召集國民黨黨團會議，「剴切曉喻，要大家顧全大局，不可意氣用事，尤其不可在討論時用言語傷害青民兩黨代表的感情。」再經綜合審查委員會覆議，決議維持政協憲草原文：「中華民國基於三民主義為民有、民治、民享之民主共和國」。[57]後者（國民大會定位），國民黨仗著人多勢眾，不顧民社、青年兩黨代表的極力反對，仍在第二審查會表決通過：「國民大會為代表中華民國國民行使政權之最高機關」。[58]民社黨代表團團長徐傅霖是有參加綜合審查委員會的，由於他反對增加這一條未成功，他立即聲明「退席」，不再參加國民大會了，而民社黨其他有參加綜合審查委員會的國大代表，如蔣匀田、石志泉、朱鴻儒和伍藻池四人，也都跟著退席了。[59]雷震一方面請綜合審查委員會國民黨籍召集人陳誠，制止國民黨人對民社黨代表的「濫言」，不要使民社黨代表太難堪，也不可使國民黨太失面子；[60]另一方面，雷震又取得蔣匀田的協助，一同去勸說徐傅霖再出席綜合審查委員會。後來透過陳誠適時講話，才得以恢復「政協憲草」的原案。[61]

歷經折衝、翻案，制憲國大終於順利通過以「政協憲草」由藍本的中華民國憲法，[62]十二月二十五日上午由雷震將全部憲法條文唸了一遍做為三讀，[63]國民大會亦在當日順利閉會。[64]但是令雷震覺得可惜的是，當時若蔣能聽取他和王世杰的勸告將大會延後，好好與共黨談判，則說不定歷史將因而不同，這都該歸咎於蔣太相信自己的軍隊能打敗共黨，卻不料後續被打敗的是自己。[65] 制憲國民大會閉幕後，蔣中正為國民政府改組問題，囑雷震去上海與民社黨及青年黨談判。[66]

1 雷震原著，薛化元主編，《中華民國制憲史：政治協商會議憲法草案》，頁五七。

2 雷震原著，薛化元主編，《中華民國制憲史：制憲國民大會》，頁八一。

3 薛化元，《民主憲政與民族主義的辯證發展——張君勱思想研究》，頁一八六；雷震原著，薛化元主編，《中華民國制憲史：制憲國民大會》，頁八〇～八二。

4 政協中的「社會賢達」、「青年黨」、「民主同盟」等代表。

5 胡虛一，〈雷震日記介紹及選註〉，收入李敖主編，《李敖萬歲評論》，冊一六（1985.3.5），頁一一五。

6 雷震原著，薛化元主編，《中華民國制憲史：制憲國民大會》，頁八一～八二。蔣中正為了順利於十一月十二日召開制憲國民大會，後來到一九四六年十月致函馬歇爾，表示同意在原本允諾的十二席外，再增加一席給無黨派人士，由中共推薦，經國府同意後任命之。見張君勱著，中華民國張君勱學會編譯，《中國第三勢力》，頁一四八。

7 雷震原著，薛化元主編，《中華民國制憲史：制憲國民大會》，頁三六。

8 雷震原著，薛化元主編，《中華民國制憲史：制憲國民大會》，頁三八。

9 雷震指共產黨根本反對召開國民大會，且有意將國大不能召開、憲法無法制定、沒有結束訓政還政於民等等責任，都推給國民黨擔負。雷震原著，薛化元主編，《中華民國制憲史：制憲國民大會》，頁三七。

10 任育德，《雷震與台灣民主憲政的發展》，頁三三～三四；陸鏗，〈雷震——記者之友〉，收入傅正主編，《雷震全集2：雷震與我（二）》，頁二五五～二五七。

11 雷震原著，薛化元主編，《中華民國制憲史：制憲國民大會》，頁四一。

12 雷震原著，薛化元主編，《中華民國制憲史：制憲國民大會》，頁三九～四〇。

13 雷震原著，薛化元主編，《中華民國制憲史：制憲國民大會》，頁四一。

14 雷震原著，薛化元主編，《中華民國制憲史：制憲國民大會》，頁四一～四二。

15 雷震原著，薛化元主編，《中華民國制憲史：制憲國民大會》，頁四一～四五。

16 雷震原著，薛化元主編，《中華民國制憲史：制憲國民大會》，頁四一。

17 雷震原著，薛化元主編，《中華民國制憲史：制憲國民大會》，頁四五～四六。

18 雷震原著，薛化元主編，《中華民國制憲史：制憲國民大會》，頁五八。

19 雷震原著，薛化元主編，《中華民國制憲史：制憲國民大會》，頁五九。談判過程，另可參見當事人的回憶：梁漱溟《憶往談舊錄》（台北：李敖出版，知道發行，一九九〇）及蔣匀田《中國近代史的轉捩點》。

20 雷震原著，薛化元主編，《中華民國制憲史：制憲國民大會》，頁八五。

21 《國民大會實錄》的記載稍有不同，強調是政府指定王寵惠、吳經熊、雷震就協議之修正草案為文字之整理校正。《國民大會實錄》，頁二九八。

22 雷震原著，薛化元主編，《中華民國制憲史：制憲國民大會》，頁八八。

23 雷震原著，薛化元主編，《中華民國制憲史：制憲國民大會》，頁九四。

24 雷震原著，薛化元主編，《中華民國制憲史：制憲國民大會》，頁九五。

25 雷震原著，薛化元主編，《中華民國制憲史：制憲國民大會》，頁九五～九六。總統職權列為四十五條，有關監察院的條文整理稿列為一百零一條，而立法院的修正稿則列為第一百零三條。

26 雷震原著，薛化元主編，《中華民國制憲史：制憲國民大會》，頁七四～七五。不知何故，蔣中正事後將聲明發表的時間記為十一月十一日。蔣中正，《蘇俄在中國》（台北：中央文物供應社，一九五七），頁一八二～一八三。

27 一九四六年五月三日至一九四七年三月間，中共代表團設辦公處於長江路東端的梅園新村（今日漢府街）。梅園新村十七號為代表團對外辦事機構，有外事組、新聞組、軍事組、婦女組及八路軍駐京辦事處等。也是周恩來對外舉行記者會及會客之處。周恩來與鄧穎超則住在梅園新村三十號。梅園新村三十五號為董必武、李維漢住宿處。

28 雷震原著，薛化元主編，《中華民國制憲史：制憲國民大會》，頁八六。不過，周恩來本人則於十一月十五日返回延安，此處雷震記述有誤。

29 雷震原著，薛化元主編，《中華民國制憲史：制憲國民大會》，頁一〇一。

30 雷震原著，薛化元主編，《中華民國制憲史：制憲國民大會》，頁一〇三、一三五。有關國民黨籍國民大會代表循正常會議程序，將主導制憲國民大會，可參見荊知仁，《中國立憲史》，頁四五四。

31 雷震原著，薛化元主編，《中華民國制憲史：制憲國民大會》，頁一〇三～一〇七。

32 雷震原著，薛化元主編，《中華民國制憲史：制憲國民大會》，頁一〇八～一〇九。

33 雷震原著，薛化元主編，《中華民國制憲史：制憲國民大會》，頁一一〇～一一一。任育德，《雷震與台灣民主憲政的發展》，頁三五～三六。

34 雷震原著，薛化元主編，《中華民國制憲史：制憲國民大會》，頁一二二～一二八。

35 雷震原著，薛化元主編，《中華民國制憲史：制憲國民大會》，頁一一九～一二四。

36 雷震原著，薛化元主編，《中華民國制憲史：制憲國民大會》，頁一二四。

37 雷震原著，薛化元主編，《中華民國制憲史：制憲國民大會》，頁一二五～一三〇。而在民社黨開會期間，雷震又到上海希望說服部分民主同盟人士如黃炎培等人參與制憲，但未成功。中國社會科學院近代史研究所中華民國史研究室編，《黃炎培日記摘錄》，頁一三〇。

38 雷震原著，薛化元主編，《中華民國制憲史：制憲國民大會》，頁一三〇。

39 胡虛一，〈雷震日記介紹及選註〉（雷震一九四七年一月二十二日日記），收入李敖主編，《李敖千秋評論》，冊七一（1987.8.31），頁一九四。

40 胡虛一，〈雷震日記介紹及選註〉，收入李敖主編，《李敖千秋評論》，冊七一（1987.8.31），頁二〇二。

41 薛化元，《民主憲政與民族主義的辯證發展》，頁四〇；李璜，《學鈍室回憶錄》，頁二四三。

42 雷震原著，薛化元主編，《中華民國制憲史：制憲國民大會》，頁一三〇～一三一。

43 雷震原著，薛化元主編，《中華民國制憲史：制憲國民大會》，頁一三七。

44 雷震原著，薛化元主編，《中華民國制憲史：制憲國民大會》，頁一四一。

45 雷震原著，薛化元主編，《中華民國制憲史：制憲國民大會》，頁一四一。

46 王壽南編，《王雲五先生年譜初稿》，冊二，頁五五七。

47 雷震原著，薛化元主編，《中華民國制憲史：制憲國民大會》，頁一四二～一四三。

48 國民大會秘書處編，《國民大會實錄》（一九四六），頁三八七、三九一。

49 《國民大會實錄》（一九四六），頁三九五。

50 雷震原著，薛化元主編，《中華民國制憲史：制憲國民大會》，頁一四二～一四三。

51 雷震原著，薛化元主編，《中華民國制憲史：制憲國民大會》，頁一四三～一四四。

52 兩人此時是行憲立法委員。

53 雷震原著，薛化元主編，《中華民國制憲史：制憲國民大會》，頁一六七。

54 雷震原著，薛化元主編，《中華民國制憲史：制憲國民大會》，頁一四四～一四七。

55 雷震原著，薛化元主編，《中華民國制憲史：制憲國民大會》，頁一四九～一五〇。

56 雷震原著，薛化元主編，《中華民國制憲史：制憲國民大會》，頁一五一。

57 雷震原著，薛化元主編，《中華民國制憲史：制憲國民大會》，頁一五二。

58 當時就有人認為「此必為擴大職權伏筆，殊為可憂。」一九四六年十二月十一日條，陳布雷，《陳布雷從政日記稿樣》，冊五，頁八八四。雷震原著，薛化元主編，《中華民國制憲史：制憲國民大會》，頁一五三。

59 雷震原著，薛化元主編，《中華民國制憲史：制憲國民大會》，頁一五三～一五四。

60 雷震原著，薛化元主編，《中華民國制憲史：制憲國民大會》，頁一五四。

61 雷震原著，薛化元主編，《中華民國制憲史：制憲國民大會》，頁一五六。

62 任育德，《雷震與台灣民主憲政的發展》，頁三六～三七。

63 雷震，一九六二年十二月二十五日日記，《雷震全集37：獄中十年（二）》，頁二四一～二四二。

64 胡虛一，〈雷震日記介紹及選註〉，收入李敖主編，《李敖千秋評論》，冊七一（1987.8.31），頁二一〇。

65 胡虛一，〈雷震日記介紹及選註〉，收入李敖主編，《萬歲評論叢書》，冊一二（1984.12.15），頁三〇～三一。

66 胡虛一，〈雷震日記介紹及選註〉（雷震一九四七年一月二十二日日記），收入李敖主編，《李敖千秋評論》，冊七一（1987.8.31），頁一九四。

第四節

國民政府的改組與行憲

一、國民政府的改組

一九四六年十二月二十六日，蔣中正要雷震日內即去上海，邀請民社黨和青年黨參加「過渡」時期的政府，準備實施行憲諸項工作。在談話中蔣中正一再提到「聯合政府」的話，意思是國民黨在籌備行憲時，即放棄國民黨一黨專政之體制，由三黨合組的所謂「聯合政府」，負責推動後續實施憲政事宜，也指示雷震必須先和張君勱溝通好政府改組事宜。[1]至於代表政府／國民黨進行協商的代表，主要還有王世杰、吳鼎昌等人，但由於王當時尚有外交部長職務，吳則為國民政府的文官長，兩位公務繁忙，因此對於改組商談多由雷震進行。[2]

雷震於一九四六年十二月二十七日下午首次為聯合政府事宜搭車前往上海，此次主要針對國民政府改組事宜與民社黨、青年黨進行廣泛性的討論，並未開始討論具體事宜。[3]此後雷震往來南京、上海之間十餘次，積極促使民社黨、青年黨參加政府改組事宜。民社黨和青年黨對於參與制憲以後政府的態度稍有不同，基本上張君勱領導的民社黨比較保守，而曾琦領導的青年黨對取得政府相關部門的職位則較為積極。如前所述，兩黨在討論參與制憲國民大會時，即可稍微看出差異。民社黨基本上是以原本參與民主同盟時所分配的四十席為基礎，而青年黨則傾向儘量多爭取。[4]

雷震奉命推動聯合政府，之所以必須頻繁前往上海，與當時對口協商人物的住處有關。當時，青年黨領袖曾琦和陳啓天（秘書長）兩人在南京，而左舜生和李璜以及民社黨領袖如張君勱、徐傅霖、蔣勻田等均在上海。曾琦是青年黨主席，他告訴雷震，有關青年黨參與國民政府改組事宜，主要洽談對象是左舜生、李璜，並表示只要左、李兩人同意，青年黨黨部大致都可同意。曾琦也一再提醒雷震，張君勱不大願意和蔣中正領導的國民黨合作，如果雷震和張君勱談不通，青年黨和民社黨參加國民政府改組的工作就無法進行。[5]而雷震對張君勱的態度知之甚詳，因此也努力進行疏通。另一方面，除了對參與政府事務的溝通之外，雷震也協助提供資源給青年黨、民社黨，以利其黨務日常運作。

（一）聯合政府的推動

一九四七年一月四日，雷震接獲上海方面通知，民社黨中常會開會傾向不參與政府改組，遂連夜趕往上海，進行溝通。次日一早，雷震先拜會張君勱，決定邀約民社黨中常委會面。當天晚上，雷震到張君勱家，與張君勱、伍憲子、徐傅霖、湯住心、萬鴻圖、馮今白、孫寶剛、盧廣聲、胡海門、李大明等十人會談近午夜。之後又與各別中常委約時間會晤，另外也拜會青年黨領導人。雷震發現兩黨都傾向應先試圖和中共協商，再來討論政府改組後，一月八日晚上便趕回南京。蔣中正聽取雷震報告後，決定派張治中到延安與中共會商，並由國民黨中央文宣部部長彭學沛於一月九日發表聲明，表示：政府願與中共竭誠商談停止衝突，改組政府等問題具體辦法。蔣中正又命雷震九日晚上趕往上海，將政府願意和談的態度告知民、青兩黨，徵詢兩黨的意見，同時請孫科、張群、吳鐵城等國民黨高層返回南京，共同討論與中共和談的方案。一月十二日晚上，雷震和孫科、張群出發回南京。經過國民黨高層討論，決定和談方案後，一月十五日蔣中正又命雷震到上海，邀請青年黨、民社黨領袖到南京，討論後續事宜。次日晚上，青年黨曾琦、左舜生先搭夜車前往南京，雷震則在十七日晚上偕同民社黨張君勱、伍憲子、徐傅霖、萬鴻圖、蔣匀田及孫寶毅等人到南京。十八日各方進行商談之時，收到中共有關和談的條件：必須先恢復一九四六年一月十三日國共雙方的軍事位置，同時必須取消中華民國憲法。眾人當即對此進行會談，無法接受中共的要求，但仍請國民政府發表聲明，表達不放棄最後的和談可能。[6]由於和談沒有進展，國民黨就分別與民社黨、青年黨討論推動聯合政府的實質問題。一月二十日上午，由王世杰、吳鼎昌、雷震和民社黨的張君勱、徐傅霖、伍憲子、萬仞千、蔣匀田會談；青年黨方面則由張群、陳立夫與曾琦、左舜生會談。當天中午，再一起於孫科處舉行進一步的討論。國民黨方面表示：改組後，國民政府委員願意給民社黨、青年黨各四人；行政院由民社黨、青年黨各提名二個部會首長，以及各一席的政務委員。至於立法院、監察院及國民參政會，民社黨和青年黨各分配四分之一的名額。以上各機關可以一起改組，或是先改組立法院、監察院和國民參政會。青年黨表示願意參加，不過，參與國民政府與行政院，必須有民社黨一起參加才可。民社黨方面則說，必須回到上海召開中常會後才能決定。[7]

一月二十二日雷震前去向曾琦、陳啓天等人拜年，他們向雷震表示，國民政府委員名額分配，青年黨要求五名，並建議雷震趕緊到上海，勸說民社黨參加政府的相關事宜。雷震則向他們說明國民政府委員分配的原則：原本分配中共和民主同盟（扣除民主同盟分配給民社黨的兩席外）的席次「不予變更」，國民黨從原本的二十席讓出三席，民社黨、青年黨和社會賢達各分配四席。希望青年黨可以接受此一分配的精神，雷震也允諾會將青年黨的期望轉達給蔣中正主席。雷震接著去向張群拜年，告知他和青年黨溝通的經過。[8]

由於聯合政府的進展有限，蔣中正對此相當關心。一月二十四日王世杰用電話和雷震連絡，探詢民社黨參加政府的問題，並通知雷震當天早上十一點半至蔣中正主席官邸討論此事。會面後，蔣中正知道民社黨內部意見不同，而蔣勻田曾告訴雷震，希望過完農曆新年後，再儘速前往上海討論此事。蔣中正即要求雷震「你可到滬上與他們接洽，隨時報告」。雷震答覆蔣中正，將於一月二十五日趕到上海。雷震回家後，再向王世杰、張群電話報告此一發展。[9]

雷震抵達上海後，一月二十六日雷震先到張君勱家中長談，張君勱仍以「黨內無人材，參加無助於局勢，而內部意見不一致，參加後反遭分裂之危」，解釋為何他希望民社黨不要擔任部會首長的原因。而雷震也知道，民社黨因為李大明等人的提案，開過兩次會討論而無法做成決議，必須再由中常會開會決定。[10]

（二）國民政府委員名額分配

當時為國民參政會副秘書長的雷震，除了必須出席蔣中正邀集各地、各黨派參政員餐敘的場合外，[11]仍須負擔起為各黨派尋覓辦公處的工作。張君勱、伍憲子等人請求提供辦公處所，以利民社黨黨務運作。雷震向蔣中正報告民社黨方面的需求後，獲得蔣的批准，並交由雷震負責。一月二十七日，雷震持主席令撥給民社黨辦公處房屋一棟、汽車一輛。[12]為了和民社黨多溝通，雷震在一月二十八日分頭拜訪汪世銘、李大明、伍憲子等人，他們都認為應該多參與政府的改組，多派人進入政府部門，李並告訴雷震，若「國民黨以請客方式則彼黨不欲參加」。不過，他們要求全面參與政府的訴求，這和張君勱的意見是不一致的。[13]而對國民黨方面而言，爭取張君勱是相對優先的。

雷震與張君勱討論合作事宜時，張君勱探詢準備給民社黨多少名額，雷震回答：立法委員十二人、監察委員七人、國民參政員十一人、憲政實施協進會五人。張君勱又探詢徐傅霖可否擔任憲政實施協進會副會長？雷震則在回南京後，將張君勱的意見向陳立夫報告，並探詢陳的意見。陳立夫表示憲政實施協進會副會長各黨皆有一人，因此民社黨可以派一位副會長，同時憲政實施協進會的名額也可以增加一些，不過監察委員要減少一席。雷震和張幼儀（張君勱之妹）通電話時，告知其國民黨方面的回覆，兩人討論名額時，再確認民社黨分配到憲政實施協進會十席。[14]

二月十四日早上，張君勱與吳鼎昌會面，告知民社黨參加立法院、監察院、國民參政會及憲政實施協進會的名單尚未做最後決定。蔣勻田則與雷震電話聯絡，來電表示民社黨參加前述四機關名單將於十六日由他帶往南京。[15]二月十六日星期日民社黨再發表書面談話，說明參加四個機構的理由，但是對於參加行政院，則表示希望能夠等到「各黨一致協力和平與民主之日」。雷震看到書面談話後，認為還必須花很多說服的力氣才能讓民社黨參加國民政府和行政院。[16]

二月十七日，蔣勻田一早抵達南京，雷震接他到家中一起吃早飯，提供民社黨的名單，包括立法委員十二人、監察委員七人、國民參政員十一人、憲政實施協進會十七人。雷震發現名單跟原本的溝通有出入，就問蔣勻田，為什麼監察委員不是六人？憲政實施協進會為何提出十七名？蔣勻田說，憲政協進會如果分配民社黨、青年黨各四分之一的名額，以一百二十多名的名單，應該有三十一名，加上一名副會長的名額，所以列為三十二名；同時希望能不能再增加兩名。雷震就回覆，會將相關名單向國民黨方面報告，但擔心協進會十七名名額過多。同時雷震也馬上電話連絡蔣中正主席方面，約好稍後去參加紀念週後，當面向蔣主席報告。蔣主席和雷震見面後，即約蔣勻田下午會面。同時，吳鐵城秘書長則囑咐雷震，約參加政協的各位國民黨代表，到孫科住所討論此事。包括邵力子、王世杰、陳布雷、吳鐵城和雷震等人參加，但沒有結果，因為希望民社黨進一步參加聯合政府仍有相當的困難。[17]當天晚上，青年黨方面則由左舜生、劉東巖打電話和雷震連絡，探詢青年黨分配的名額。雷震告訴他們：立委十三名、監委六名、參政員十一名，憲政實施協進會比照民社黨可以稍微增加。左舜生和劉東巖問能增加多少，雷震說可以增到二十名至二十五名。但是青年黨認為分配人數不夠，希望按照原本參加制憲國大的比例分配，民社黨如果在憲政實施協進會有十七名的成員，青年黨要求要有四十一名。雷震認為「青年黨勒索太甚」，因為制憲國民大會民社黨是以原本在民主同盟分配的名額參加（青年黨參加政治協商會議時已經退出民主同盟），聯合政府則民社黨和青年黨是對等的兩個政黨參加（民社黨不再是民主同盟的一部分），因此青年黨的要求並不合理。但青年黨則希望雷震至少對民社黨和青年黨之間亦要公平對待，雷震認為他並沒有做差別待遇，是青年黨隨時都要更多的分配，讓雷震難以應付。包括民社黨沒有要求黨費，而青年黨要求一九四七年要給予三十億，就是類似的問題。[18]

二月十八日，雷震見到陳立夫，陳立夫怪民社黨為何在憲政實施協進會提出如此之多的名單？雷震說明，之前已將分配名額通知民社黨，同時也請張幼儀轉達，可否減少監委一名，增加憲政實施協進會的名額為十名。雷震遂進一步問蔣勻田，蔣勻田回答說，因為在上海開中常會後，發現報紙報導憲政協進會名額民社黨可分配四分之一，因此才提出如此之多的名單，並希望協助讓未能列入名單的人往金融機構任職。另一方面，雷震雖然覺得青年黨方面的要求難以應付，仍然積極協調，並告知居中聯絡的人，傳達給青年黨方面時必須先取得吳鐵城的同意。[19]

（三）民社黨內部出現分裂

隨著與民社黨、青年黨協商的進展，聯合政府原定宋子文仍任行政院院長，但是，傅斯年等人早就對宋子文不滿，傅更在國民參政會駐會委員會開會時，表示：「非請宋子文走路不可，尤須澈查孔宋兩家之財產。」[20]而在協商籌組聯合政府過程中，張君勱獲悉蔣中正可能任用宋子文擔任行政院長，更堅決反對，並強硬表示：「如果宋子文任行政院長，民社黨決不參加」，蔣中正最後決定改邀張群任行政院院長。[21]

民社黨內部對於是否要全面參加政府出現分裂狀態，以原本憲政黨伍憲子等人為主，從四月十六日開始持續反對張君勱代表民社黨的政策，也表示不承認黨主席張君勱代表民社黨提出參加政府的名單。雖然如此，國民政府改組中，仍將伍憲子、胡海門、戢翼翹，列為國民政府委員；李大明、蔣勻田則列為行政院政務委員。[22]青年黨方面比較沒有爭議，曾琦、陳啓天、余家菊、何魯之，擔任國民政府委員；[23]李璜、左舜生、常乃悳擔任行政院政務委員。而部會首長方面，李璜兼任經濟部長，左舜生兼任農林部長。[24]不過，國府委員伍憲子、行政院政務委員李大明「遲未就職」。青年黨便改提陳啓天為經濟部長，常乃悳為國府委員，鄭振文為行政院委員。民社黨加選徐傅霖，改推湯住心代伍憲子，楊浚明代李大明。而李璜不願擔任經濟部長一職，遂由同為青年黨籍的陳啓天在五月下旬接任，[25]而在部會首長方面，青年黨方面原邀李璜為經濟部長，由於李璜不肯接受經濟部長之職，並云不參加聯合政府，故後來青年黨提出時任青年黨秘書長陳啓天來接替，以致聯合政府延遲了兩週始組成。[26]

民社黨雖然決定參加國、青、民三黨的聯合政府，而蔣中正和曾琦均參加國民政府委員會，張君勱個人卻拒絕參加，這件事使蔣中正極不高興，認為張君勱太頑固而不識抬舉。縱使如此，一九四七年四月十六日，為了表達在行憲前共同推動相關政務的共識，國民黨總裁蔣中正，民社黨主席張君勱，青年黨主席曾琦，加上社會賢達莫德惠和王雲五，五人共同簽署了一份「國民政府施政綱領」，共計十二條，由國民政府加以公布，以為過渡政府的施政準則。[27]

四月二十三日，國民政府擴大各黨派參與組閣，當時行政院長為張群，雷震則擔任不管部政務委員，負責聯絡、溝通各黨派，[28]並且還獲選為浙江省長興縣國民大會代表，而在行政院政務委員職務上，雷震還向行政院長張群提出「革新建議」。[29]此外，由於制憲國民大會制定「憲法實施之準備程序」，明訂「行憲」的步驟與時程。其中，針對現行法律與憲法相牴觸者，自憲法公布之日起，國民政府應迅速分別予以修改或廢止。[30]因此，雷震還負責行政院「法規整理委員會」，檢視相關法規是否有違憲之虞，必須修正。[31]

二、行憲與中央民意代表的選舉、人事協商

聯合政府組成後，後續行憲工作的推動，中央民意代表的選舉是其中重要一環。正式選舉

之前，國民黨除了提名自己的候選人之外，也和民社黨、青年黨協商候選人選。因為當時中央選舉總事務所和各省市選舉事務所的組織，均採用「委員制」，國民黨以外的民社、青年兩黨均曾派員參加，但是縣市的選舉進行，則不是各省市選舉事務所所能控制。在實際運作上，國民黨、民社黨和青年黨提名名單也交由國民黨中央黨部組織部長陳立夫負責處理。他雖然將三黨的聯合名單交到省市選舉事務所轉知各縣市政府照辦，可是，控制各縣市選舉工作的是國民黨各縣市黨部委員，他們多屬ＣＣ派成員。各縣市所謂選舉，都由他們包辦「代填」工作，因此，民社、青年兩黨，有許多已提名的候選人並未當選，而國民黨有若干未曾提名的人卻當選了，這當然是和各縣市國民黨黨部委員勾結舞弊的結果。因此，選舉結果公布之後，糾紛重重，有前來請願的，也有前來抗議的，弄到國民黨中央黨部「戶限為穿」，陳立夫和秘書長吳鐵城也弄得焦頭爛額，到處向人作揖打躬，希望失敗者不要吵鬧。擔任國民黨和民青兩黨聯絡人的雷震，也受了不少連累而窮於應付，因為國民黨答應給青民兩黨的民意代表名額，並未照承諾將他們用「代填」的手法選舉出來，提名而落選的民社黨、青年黨人自然不滿，雷震除了向他們道歉，也儘量協調善後。[32]

但是，直到第一屆國民大會開會前，爭議還是沒有解決。一九四八年三月二十七日，雷震出席國民大會籌委會時，民社黨、青年黨兩黨還是強力主張國大開幕式必須延期。為了化解僵局，蔣中正總裁決定，相關席次爭議必須執行「以黨讓黨」辦法。張群、吳鐵城也分別請雷震出面與民社黨、青年黨協商。當天晚上，雷震拜訪蔣勻田等人時，青年黨代表也抵達，雷震便將蔣中正總裁的決定告知他們。雷震也請民、青兩黨諒解，縱使最後兩黨的國民大會代表人數不能滿足原來協商的決定，但也足夠表現國民黨的誠意，請民社黨、青年黨接受，並出席國民大會。仍請兩黨多加考慮，不要作過度的要求。會商結束後，雷震除將結果用電話向張群報告，也到吳鐵城住所向他說明。[33]

國民大會召開後，總統、副總統的選舉是重頭戲。蔣中正當選總統是在意料之中，不過副總統選舉，國民黨中央或蔣中正總裁的態度並不堅定，引發不少問題。其中最早找雷震幫忙的是李宗仁，他早在一九四七年就開始部署。李宗仁除了透過程思遠轉交信件給擔任政務委員的雷震外，也親自到雷震家拜訪，再三請雷震為他助選。[34]

一九四七年夏天，雷震當時擔任行政院政務委員，某天接獲程思遠轉交一封信件，是李宗仁寫給雷震。李宗仁信上說，蔣中正應允他出來競選副總統，李宗仁想請雷震為他助選，尤其請幫忙向青、民兩黨國民大會代表拉票。過了幾天，李宗仁親自到雷震家拜訪、請託。雷震回憶，他與李宗仁同是國民黨中央監察委員，見面只打打招呼，此前未曾交談，這次因為李宗仁想邀請雷震助選，才有了兩次談話的機會。在這兩次談話中，李宗仁態度親和，但是「一再提到蔣中正獨裁專斷，不肯接受他人意見，又說到軍人貪污，軍紀敗壞等等，提出許多證據」。雷震認為李宗仁所言固然屬實，但他們兩人的關係不深，李宗仁一見面就說出這些話，雷震因而感覺「他的城府不深，恐怕無法擔此重任」，「決不能以庸碌之人擔任副總統的」。[35]雷震認為助選是「不能冒昧從事的」，於是先向國民黨中央黨部秘書長吳鐵城探聽，而吳鐵城給了雷震確切的回應，蔣中正確實有同意李宗仁出來競選副總統，而且當時尚無第二人出來競選，所以吳鐵城贊同雷震為李宗仁助選。[36]不過，接著于右任也有意競選副總統，他親自向蔣中正請示後，蔣中正不但立刻應允，還說將下令國民黨國大代表全力支持，並說「以于右任奔走革命數十年之勞苦功高，競選副總統已屬委屈了」。蔣中正還表示：總統和副總統最好有一個是南方人，一個是北方人。[37]至於孫科，則是在蔣中正命令下才出來競選副總統。選舉前幾天，吳鐵城忽然打電話給雷震，要雷震立刻到國民黨中央黨部相談。一見面，吳鐵城著急地說：[38]

雷公，大事不好了，老總［蔣中正］忽然要「阿科」［孫科］出來競選副總統了，要黨部以全力支持他，並要青、民兩黨也支持他。現在他們［指李宗仁、程潛、于右任］拉票已經拉得差不多了，時機急迫，請你快去和青民兩黨接洽吧！如能全部投阿科的票最好，不然也要分一部分給「阿科」，不然不好交代！

雷震認為諸位副總統候選人都已經部署拉票了，要為臨時參選的孫科拉票實在有困難，吳鐵城抱怨蔣中正不與幕僚商量的決策後，還是要雷震努力奔走。[39]

雷震聽了，也只好懇求青、民兩黨負責人支持。但是，青年黨領袖左舜生、民社黨張君勱都不喜歡孫科。雷震先去拜訪左舜生，左舜生支持李宗仁，所以雷震請左舜生改支持孫科時，遭左舜生奚落一番：「李德鄰［宗仁］是蔣先生答應他競選副總統的，我已問過吳秘長鐵城。

蔣先生為什麼今天又要反悔啊？我真不瞭解他的作風。青年黨的態度已經決定支持李德鄰了，少數國大代表如願投孫哲生［孫科］，我們也不管！」[40]民社黨的部分，雷震期待孫科在政協憲草審議會上的誠懇表現有改變張君勱的態度，可是民社黨的國大代表團是由徐傅霖率領，所以雷震去找徐傅霖談，不料徐傅霖比張君勱更加厭惡孫科，而且民社黨國大代表大部分都要支持李宗仁。[41]雷震沒想到孫科惹人厭到這個地步，在碰了兩次釘子後，只好放棄。對於一九四八年副總統選舉的糾紛，雷震認為主因是「蔣中正之朝三暮四、玩弄權術，實應尸其咎也」。[42]

一九四八年五月二十日蔣中正就任中華民國行憲第一任總統，旋向立法院提名翁文灝為行政院長。五月二十四日，立法院同意翁文灝擔任行政院長，次日蔣中正總統正式任命翁文灝組閣，六月一日行政院改組，雷震繼續擔任政務委員。[43]不過，國民黨原本答應民社黨、青年黨的立法委員席次爭議問題並沒有解決。七月十二日民社黨蔣勻田等人拜訪雷震，除告知民社黨立法委員當天晚上將搭車到南京報到外，同時轉交張君勱的信給雷震。信中除要求雷震發表談話表達歡迎民社黨立法委員出席立法院之外，也要求雷震代表國民黨回覆如何退讓五席立委席次給民社黨。雷震應允民社黨的要求，但是要求國民黨當選人退讓，又談何容易。因此，雷震對於「具體答覆」覺得「自須斟酌」，並去拜訪陳布雷，陳布雷也認為覆函不可「過於具體」，以免「不易實行」。至於青年黨，在民社黨立法委員決定出席立法院後，也通知其黨籍立法委員出席，雷震乃將原本的歡迎文稿改為歡迎兩黨立法委員出席立法院。另一方面，雷震也立刻聯絡相關負責人，請蔣中正總統／總裁儘速發布民社黨籍「參議」人事案，通知立法院派車到下關來接開會的立委，也請立法院長孫科表達歡迎之意。雷震自言，兩個月來為此事費盡心血，幸而民、青兩黨顧全大局，乃獲此結果。[44]

民社黨、青年黨兩黨立法委員雖出席開會，但是，國民黨答應退讓的席次仍未能落實。[45]不僅如此，七月十四日監察院行使大法官人事同意權，民社黨、青年黨推薦由總統提名的四席，只有民社黨提名的大法官沈家彝當選。[46]七月十五日，總統提名的十九名考試委員，又落選九人。這並非只是針對民社黨、青年黨而發，與地域分配有關，也象徵蔣中正總統／總裁對國民黨籍監察委員的主導力明顯動搖。[47]在此狀況下，負責國民黨與民社黨、青年黨協商的雷震，工作困難可見一般。

1 雷震原著，薛化元主編，《中華民國制憲史：制憲國民大會》，頁二〇一。

2 胡虛一，〈雷震日記介紹及選註〉，收入李敖主編，《李敖千秋評論》，冊七二（1987.9.30），頁三一四。

3 此次雷震赴上海四日，主要是做廣泛溝通，瞭解民、青兩黨的態度，攸關政治權力分配的具體溝通協調，是在一九四七年一月展開的。胡虛一，〈雷震日記介紹及選註〉（雷震一九四七年一月二十二日日記第一篇），收入李敖主編，《李敖千秋評論》，冊七二（1987.9.30），頁三〇一。雷震日記原有兩個一月二十二日，第一篇一月二十二日雷震記載為農曆元旦，此一記載正確。雷震後來告訴胡虛一，因為覺得當天還有事未寫進日記，故再補記一次一月二十二日，因此本文凡是使用一月二十二日將加註第一篇或第二篇。

4 青年黨之所以多要制憲國代名額，可以參考曾琦將會談蔣中正內容告知黃炎培，提到「行政院必須改組，吾輩無所謂，吾輩部下就希望分得幾部做官吃飯」。此語為練達世事的黃視為赴京三句「赤裸裸地含有奇味的話」之一。中國社會科學院近代史研究所中華民國史研究室編，《黃炎培日記摘錄》（北京：中華書局，一九七九），頁一二五、一二六。雷震原著，薛化元主編，《中華民國制憲史：制憲國民大會》，頁一〇七、一一四。

5 雷震原著，薛化元主編，《中華民國制憲史：制憲國民大會》，頁二〇二。

6 胡虛一，〈雷震日記介紹及選註〉，收入李敖主編，《李敖千秋評論》，冊七二（1987.9.30），頁一九五、二一一。

7 胡虛一，〈雷震日記介紹及選註〉（雷震一九四七年一月二十二日日記第一篇），收入李敖主編，《李敖千秋評論》，冊七二（1987.9.30），頁一九五～一九六。

8 雷震，一九四七年一月二十二日日記，收入雷震原著，薛化元主編，《中華民國制憲史：制憲國民大會》，頁三三八～三三九。

9 雷震，一九四七年一月二十四日日記，收入雷震原著，薛化元主編，《中華民國制憲史：制憲國民大會》，頁三三九。

10 雷震，一九四七年一月二十六日日記，收入雷震原著，薛化元主編，《中華民國制憲史：制憲國民大會》，頁三三九。

11 胡虛一，〈雷震日記介紹及選註〉，收入李敖主編，《李敖千秋評論》，冊七七（1988.3.10），頁二七八。

12 胡虛一，〈雷震日記介紹及選註〉（雷震一九四七年一月二十七日日記），收入李敖主編，《李敖千秋評論》，冊七二（1987.9.30），頁三一三、三一六。

13 雷震，一九四七年一月二十八日日記，收入雷震原著，薛化元主編，《中華民國制憲史：制憲國民大會》，頁三四〇～三四一。

14 雷震，一九四七年二月十八日日記，收入雷震原著，薛化元主編，《中華民國制憲史：制憲國民大會》，頁三四四。

15 雷震，一九四七年二月十四日日記，收入雷震原著，薛化元主編，《中華民國制憲史：制憲國民大會》，頁三四一。

16 雷震，一九四七年二月十六日日記，收入雷震原著，薛化元主編，《中華民國制憲史：制憲國民大會》，頁三四二～三四三。

17 雷震，一九四七年二月十七日日記，收入雷震原著，薛化元主編，《中華民國制憲史：制憲國民大會》，頁三四四。

18 雷震，一九四七年二月十八日日記，收入雷震原著，薛化元主編，《中華民國制憲史：制憲國民大會》，頁三四五。

19 雷震，一九四七年二月十八日日記，收入雷震原著，薛化元主編，《中華民國制憲史：制憲國民大會》，頁三四四～三四五。

20 雷震，一九四七年二月十四日日記，收入雷震原著，薛化元主編，《中華民國制憲史：制憲國民大會》，頁三四一。

21 王世杰曾分析宋子文去職原因有三：黨內陳立夫等及黃埔同志等不滿；民社黨一再聲稱如宋繼續主持行政院，則決不參加行政院；胡適、傅斯年等無黨派人士均反對宋子文。而王世杰自言，其不表意見，因「不欲為推波助瀾之舉」也。參見王世杰，一九四七年三月一日日記，《王世杰日記：手稿本》，冊六（台北：中央研究院近代史研究所，一九九〇），頁三八～三九。

22 郭廷以，《中華民國史事日誌》第四冊，頁六三〇～六三三。

23 郭廷以，《中華民國史事日誌》第四冊，頁六三一～六三二。

24 郭廷以，《中華民國史事日誌》第四冊，頁六三三～六三四。

25 雷震，一九四七年五月二十七日日記，收入雷震原著，薛化元主編，《中華民國制憲史：制憲國民大會》，頁三五五。

26 雷震原著，薛化元主編，《中華民國制憲史：制憲國民大會》，頁一三一～一三二。

27 雷震原著，薛化元主編，《中華民國制憲史：制憲國民大會》，頁二二五。

28 任育德，《雷震與台灣民主憲政的發展》，頁四〇。

29 范泓，《民主的銅像：雷震傳》，頁一四一。

30 《國民政府公報》二七一五（一九四七年一月一日），頁一一二。

31 雷震原著，薛化元主編，《中華民國制憲史：制憲國民大會》，頁二三三二。《國民大會實錄》，頁五七六。

32 雷震原著，薛化元主編，《中華民國制憲史：制憲國民大會》，頁一九一～一九二。

33 雷震，一九四八年三月二十七日日記，《雷震全集31：第一個十年（一）》，頁九。

34 雷震原著，薛化元主編，《中華民國制憲史：政治協商會議憲法草案》，頁一九〇～一九一。

35 雷震原著，薛化元主編，《中華民國制憲史：政治協商會議憲法草案》，頁一九〇～一九一。

36 雷震原著，薛化元主編，《中華民國制憲史：政治協商會議憲法草案》，頁一九一。

37 雷震原著，薛化元主編，《中華民國制憲史：政治協商會議憲法草案》，頁一九二。

38 雷震原著，薛化元主編，《中華民國制憲史：政治協商會議憲法草案》，頁一九二。

39 雷震原著，薛化元主編，《中華民國制憲史：政治協商會議憲法草案》，頁一九二～一九三。

40 雷震原著，薛化元主編，《中華民國制憲史：政治協商會議憲法草案》，頁一九三。

41 雷震原著，薛化元主編，《中華民國制憲史：政治協商會議憲法草案》，頁一九三～一九四。

42 雷震原著，薛化元主編，《中華民國制憲史：政治協商會議憲法草案》，頁一九四。

43 郭廷以，《中華民國史事日誌》，頁七五八、七六〇。

44 雷震，一九四八年七月十二日日記，《雷震全集31：第一個十年（一）》，頁一四～一五。

45 七月二十二日，青年黨仍來拜訪雷震，請其繼續協助國民黨籍立法委員退讓事宜。雷震，一九四八年七月二十二日日記，《雷震全集31：第一個十年（一）》，頁二二。

46 雷震，一九四八年七月十四日日記，《雷震全集31：第一個十年（一）》，頁一六。

47 雷震，一九四八年七月十五日日記，《雷震全集31：第一個十年（一）》，頁一七。

第五節

一九四九年變局下的抉擇

一、一九四九年的大變局與「擁蔣反共」[1]

雖然二戰結束後中國內部對和平建國有相當高的期待，但是，一九四六年國共為主的政治協商卻相當不順利，中國內部政治、軍事對立日趨嚴重。一九四七年七月，國民政府宣布動員戡亂，中國內戰之局正式形成。一九四七年七月四日，國民政府委員會第六次國務會議通過「拯救匪區人民，保障民族生存，鞏固國家統一，勵行全國總動員，以戡平共匪叛亂，掃除民主障礙，如期實施憲政，貫澈和平建國方針案」，並發布處字第七二二號訓令，要求行政院暨直轄各機關「應即切實施行」。[2]七月十八日，在既有的「國家總動員法實施綱要」不盡適用的狀況下，國民政府委員會國務會議再通過「動員戡亂完成憲政實施綱要」，做為實施全國總動員的依據。[3]

一九四八年五月行憲的中華民國政府成立，不過，政經情勢並沒有改善，甚至更為險峻。

八月總統蔣中正公布「財政經濟緊急處分令」，推動金圓券改革，同時實施經濟管制，[4]但是成效不彰，財經狀況急遽惡化。一九四八年底爆發的徐蚌會戰，是中國大陸國民黨與共產黨勢力消長的一個重要里程碑。這次戰爭的失利，中華民國政府失去了包括邱清泉指揮的機械化部隊在內的四十多萬軍隊，中共軍隊也得以南下逼近長江。[5]在戰局不利的狀況下，政府內外主張和談的聲浪高漲，一些政治人物與高級將領主張「政府在猶有可為之時」，應與中共恢復談判。[6]十二月，新任的行政院長孫科宣稱「政府用兵的最後目的，為爭取和平」。[7]而手握重兵的華中剿匪總司令白崇禧與湖南省主席程潛電請政府與中共和談，更是政策轉變的一個關鍵，白氏主和，使得中華民國政府無法繼續再戰；而程潛與其後河南省政府主席及河南、湖北、廣西參議會議長的通電，更要求蔣中正總統下野以利和談進行。[8]除了內在的壓力之外，美國的對華政策亦不積極支持，蔣夫人宋美齡赴美求援亦沒有成效。[9]而前述各省通電要求蔣中正總統下野，可能也得到美國駐華大使司徒雷登暗中的支持。[10]蔣中正總統本人對於這些不利於繼續作戰的壓力，有相當的感受，也在一九四九年一月一日的總統元旦文告中對中共提出和平呼籲，表示只要能夠和平，「個人進退出處絕不縈懷」。[11]一月八日政府照會美、蘇、英、法大使希望斡旋和局的要求，十九日遭各國拒絕。[12]行政院乃議決：要求中共先無條件停火，以進行和平談判。[13]次日，國民黨中央政治會議通過行政院的決議，和談成為正式政策，蔣中正總統遂於一月二十一日正式宣布下野，由李宗仁任代總統。[14]雷震認為「局勢演變至此，蔣公自己亦要負責」，因為雷震過去曾多次建議蔣中正改革現局，蔣卻聽不進去。[15]而代總統李宗仁原本有意借重雷震，但雷震對於李宗仁的求和態度抱有疑慮，又認為李宗仁手下沒有人才，無法完成黨務改造，[16]因此，雷震拒絕了李宗仁國策顧問的任命。[17]相對地，雷震與王世杰相偕離開談和氣氛濃厚的南京，前往上海，採取「擁蔣反共」的政治路線。[18]胡適同樣也離開南京到了上海，這段期間，雷震和王世杰同住在章劍慧家，與胡適、杭立武等經常見面討論時局。[19]

雷震、王世杰和以胡適為代表的反共自由派的知識分子，長期以來與蔣中正總統一直維持著良好的關係。他們於一九四九年前後，固然對時局相當不滿，但仍相信局面之改變須由蔣中正總統主導，因此蔣中正總統元旦文告發表後，他們便反對蔣中正總統下野，[20]認定蔣中正總統下野後局面會垮掉，主張對中共「今日和不可能，惟有戰以圖存耳」。[21]雷震反對與中共談和，一月十七日接受記者採訪時曾公開表示，他「不敢輕易相信中共已具有和平誠意」，雷震特別強調「能戰始能和」，「如果僅在中共這個反應之下積極去求和，恐怕只是走向投降之路而已」。[22]在蔣中正下野後，他們先反對迫蔣中正總裁出國之運動。[23]至國共和談破滅前後，他們或奉命出國，[24]或協助湯恩伯防守上海。[25]

二月十二日，雷震與同在上海的胡適長談，胡適告訴他一首陶淵明的詩，「正為國民黨今日處境之寫照」：「種桑長江邊，三年望當採，枝條始欲茂，忽值山河改，柯葉自摧殘，根株浮滄海。春蠶既無食，寒衣欲誰待。本不植高原，今日復何悔？」[26]

胡適及雷震等人對蔣中正總統的親近，卻不是毫無選擇餘地的。胡適對蔣中正總統的親近，除了是胡適對他「知遇之恩」的回報之外，[27]還包含著期待蔣中正總統統治下的中華民國能成為「自由中國」，這也反應在一九四九年四月間胡適撰寫的〈自由中國的宗旨〉中。胡適認為，在反中共（或反共產、反極權）的鬥爭中，我們一定要站在民主自由的一邊，而言論自由的實行，可以讓我們站在民主自由世界毫無愧色。[28]因此，中華民國政府敗退到台灣後，則強調蔣中正總統統治下的台灣必須要作到徹底的言論自由，方能凸顯台灣和中國大陸的不同，並使美國相信台灣真正是自由民主陣營中的一員。[29]

二、「自由中國運動」與《自由中國》的創立

一九四九年二至三月期間，雷震與胡適、王世杰、杭立武等人以宣揚民主自由，對抗共黨專政極權為訴求，決定以言論督促政府改造，最開始的想法是在上海辦一份報刊，期能影響共產黨統治下的人心。

雷震和杭立武原先擬議八個刊物的名字，如「自由論壇」、「北辰」等等，但全遭胡適否決，胡適認為這些名字「在今天毫無影響北方人心的作用」，他提議以「自由中國」為名，直接表明辦理刊物的目標。[30]

雷震主張辦日報，胡適主張辦定期刊物。胡適認為：「凡是宣傳一種主張者，以定期刊物為佳，讀者可以保存，不似報紙一看過就丟了。」雷震個人則傾向辦日報，「因為期刊日子太

久，即令辦週刊，一週只能出一次，似有『遠水不能救近火』之感」，[31]雷震暫以在上海辦日報為目標，開始籌措資金。[32]而王世杰於蔣中正總統下野停留奉化期間，常至溪口停留，既做為傳達胡適、雷震想法的橋樑，亦常傳達蔣中正總裁的指示。[33]

王世杰三月十二日從台中致函雷震，提及「週刊」之名稱，認為胡適所擬的「自由中國」甚好，而「倘欲形成一種有力之運動，則廣州（或香港）、重慶、臺灣必須有一日報，上海方面日報，即令僅能辦二、三月，似亦不能不辦」。王世杰又通知雷震，自己三月十五日後將赴台北小住四、五天，如有信函或電報請逕寄雷震台北住處（和平東路二段十八巷一號）由兒子王紀五代收再轉送。[34]

三月十四日王世杰又致函雷震及杭立武，表示由於陳誠、傅斯年均在台北，建議雷震、杭立武與胡適亦趁此時到台北住四、五日，共商大局。[35]於是雷震透過陳誠的安排，三月二十三日搭機飛抵台北，[36]當時《中央日報》報導雷震「聞係來台休養」。[37]實際上，三月二十四日雷震與杭立武、許孝炎、胡適、王世杰、傅斯年等人於草山招待所見面，雷震並向與會者報告中國大陸的情形。雷震指出：「現在京滬輿論不健全，輿論全是一面倒，均是主和。」為了提高士氣，雷震表示：「我們必須奮起，號召一般信仰民主自由之人士團結起來，口誅筆伐，抨擊投降論調。因此，可一面辦週刊，一面辦報紙，力為宣傳共產黨之真面目及不投降等等。」此一想法當場獲王世杰、杭立武、許孝炎贊成，傅斯年則「東扯西拉，不得要領」。[38]隔天雷震與許孝炎依據前一日的決議，草擬了一份辦法，號召同樣信仰民主自由之人士，不分黨派，共同組織「自由中國大同盟」，以反對共產主義，阻止政府走向投降之路。雷震與許孝炎初步草擬完成後，到傅斯年處繼續討論，王世杰、杭立武、俞大維等人亦參與。在討論過程中，雖然傅斯年「怪論甚多，可云全部不贊成」。當天最後仍決議，邀約數十人對時局發表意見，組織「自由中國社」出版報刊，由雷震、杭立武、許孝炎三人進行籌備，雜誌宗旨則請胡適起草。當晚，陳誠自南京返台，邀請雷震等人到他家用餐，席上陳誠「亦表示文人應該出來講話，作軍人之後盾」，可視為陳誠對此組織及出版計畫的贊同。[39]

（一）「自由中國社」與出版計畫

負責報刊籌備工作的雷震、杭立武、許孝炎三人，三月二十七日前往王世杰處討論，因認為週刊形式「恐緩不濟急也」，初步決定先在上海、香港辦每日發行的《自由中國報》，一陣子後再及於重慶、台灣兩地。[40]雷震與多人接洽，詢問對於刊物的意見，張伯謹、[41]蕭公權、張佛泉、毛子水、俞鴻鈞等人均表示贊同，其中張佛泉願任社論委員，但不願擔任總主筆，而推薦崔書琴任之；毛子水允於日報出版前到上海協助一個月；薩孟武對「過去國民黨憤極，一切不願參加」。[42]

四月一日陳誠邀請雷震、張佛泉、毛子水、蕭公權、張百謹、何子星、許孝炎、盧冠群、謝然之及台灣省新聞處處長吳錫澤聚餐，餐畢由雷震報告「自由中國社」之組織及出版日報、發行叢書之計畫。[43]四月二日討論出版計畫時，王世杰轉述胡適說法，胡適主張出週刊，眾人討論後則傾向出版日報，仍可同時出週刊，並決定隔天雷震與王世杰出發當面向蔣中正總裁報告。[44]

四月三日雷震、王世杰離開台北準備前往溪口時，有浦薛鳳、王叔銘來送機。[45]雷震離台前向記者發表談話，呼籲「對所謂聯合政府問題，吾人不可忽視，而應特別提高警覺」。[46]抵達溪口當天晚間於蔣中正老家聚餐，雷震向蔣中正表示其欲糾正上海輿論之意圖，尤其不滿於《新聞報》與《商報》。[47]隔日，雷震發現他於台北發表的談話，各報均有刊登，惟《大公報》與《商報》未登，因而認定《商報》顯然與中共有所勾結。[48]

四月四日雷震再將「自由中國社」組織經過及出版計畫，向蔣中正大致報告，蔣表示贊成並願贊助。[49]四月五日雷震到上海，與初次見面的崔書琴及卜蔚然商談在上海出版《自由中國報》的計畫；翁文灝得知後亦表贊成，並說可約蔣廷黻及陳通伯參加。[50]

四月六日中午，胡適即將搭乘PresidentCleveland號前往美國。趕在胡適出發前，當天早上雷震、王世杰向胡適報告溪口之行的狀況，胡適並為《自由中國報》題報頭。[51]四月七日雷震與卜蔚然及崔書琴詳談《自由中國報》籌備情形，並同至中央日報社訪李秋生等晤談，告以組織自由中國社及辦報之動機與經過。[52]至於籌措辦報經費的工作，由雷震向湯恩伯籌款，王世杰向陳誠籌款，杭立武向胡宗南籌款。湯恩伯原本答應雷震籌措五千美金，稱三日內交款，但四月十一日雷震去找他時，湯恩伯又表示沒錢。湯恩伯即被雷震與宋英教訓一頓，湯恩伯連連認錯，當下指示撥吉普車一輛給自由中國社。[53]結果，湯恩伯、胡宗南均未提供分文經費，致報社籌備困難。[54]四月十三日雷震至中央日報社，討論自由中國社之綱領與組織，決定綱領由崔書琴起草，組織由許孝炎起草。此時自由中國社的款項及辦公處房屋仍無著落，雷震聽聞《正言報》有空屋，當即拜訪《正言報》社長吳紹澍。會面時，吳紹澍表示贊成聯合政府，更對李宗仁頌揚備至，兩人的立場不同，話不投機，此事也無進展。[55]

雷震與王世杰共同推動自由中國社籌設工作時，也討論時局，兩人均擔心和談破裂或南京政府接受聯合政府，遂以「擁蔣反共」立場分析「護憲與革命之利弊得失」，並曾整理出幾點意見送給擔任教育廳長的陳雪屏。由於不滿李代總統，雷震也和王世杰討論蔣中正復出與否的利弊。雷震認為蔣中正「此時不宜出山」，但「總裁若不出山，則難找適當之領袖，群龍無首」；如果蔣中正要出山，則在用人處事上須有所革新，以號召全國人士共同奮鬥，否則「反更易於崩潰也」。[56]

（二）獲得蔣、陳的支持

自由中國社的組織及刊物出版計畫，在當時獲陳誠及蔣中正支持，並得到張佛泉、毛子水等人贊同以後，[57]雷震繼續積極推動。四月十七日雷震至中央日報社討論自由中國社組織及綱領，決定由趙政沂起草徵求發起人之信，崔書琴起草綱領。許孝炎主張此報附於國民黨機關報《中央日報》發行，較為省事。然而，夏道平不贊成許孝炎提出的辦法，認為《中央日報》「黨的色彩太濃厚」。[58]最後雷震也因此放棄與《中央日報》合作出版的計畫，不過從討論的過程仍可看出自由中國社創立之初與國民黨的緊密關係。[59]四月二十一日雷震接到胡適自檀島寄來的一封信函，內有〈自由中國社的宗旨〉一文。[60]這是胡適四月間於赴美的航程中所寫，但胡適自己不甚滿意，他在寄給雷震等人的同時，再三強調這一篇只是「擬稿」，還須由他們重新寫過，公開發表時也請不要具名。[61]

這段期間，蔣中正、李宗仁兩人對軍事部署的意見雖然差異甚大，但在人民解放軍突破長江防線後，最後都準備放棄南京，[62]政府官員紛紛搭機往廣東或台灣，機場相當混亂。四月二十五日王世杰搭機前往台灣，[63]抵台後，王世杰於五月二日去電給仍在上海的雷震，催促他快到台北成立自由中國社辦報。[64]

其後，雷震因為上海防務問題先到廣州求援，想不到上海旋即失守，遂決定搭乘中國航空公司的飛機，直接由廣州前往台灣。六月一日清晨，雷震出發至廣州白雲機場，遇飛機故障，延到中午十二時始起飛，近下午三時抵達台北機場，家中無人來接機，雷震自行乘車到家。當天正好為端午節，晚間女兒雷鳳陵、侄女雷選青均來雷震家一起過節。雷震抵台當晚，前往拜訪谷正綱、方治均不遇，只有順利見到中央通訊社台北分社主任葉明勳。[65]

雷震抵台後繼續《自由中國》籌備工作，六月二日先與張佛泉談過，張估計出週刊每月需要資金八百美金。[66]六月三日雷震訪陳雪屏，向他表示無論如何都應將週刊出版。晚上陳誠約文化界人士至警總招待所晚餐，商談宣傳事宜。依台灣省政府當時的認知，刊物可分為三類，一為「高級而有學術性者」，二為「給青年學生讀的」，三為「給一般民眾讀的」，而自由中國社出版週刊可以是第一類，省府願資助出版。但雷震認為，刊物要適合讓一般人閱讀了解反共立場，不可太講學術性。陳誠亦同意刊物要能吸引民眾閱讀，並再次表明願意幫助出版。[67]六月七日上午訪浦薛鳳，向其說明籌辦《自由中國》週刊的迫切性，爭取他的支持。[68]

籌備期間，究竟自由中國社的成員對象為何，雷震的好友谷正綱等人也表達關心。由於與雷震推動自由中國社密切相關的王世杰，也是他長期的長官，屬於國民黨內的政學系，而雷震在一九四七年國民政府改組時即擔任張群組閣的行政院政務委員，當時一般認為他偏向政學系。而此時與方治（希孔）等人在草山討論國民黨改造辦法的谷正綱便向外宣揚：「自由中國社，不願邀請CC與復興社參加」。為此，六月十七日雷震特別「辯正」，表示「無此決定」。[69]

（三）在台灣的籌備狀況

六月十八日中午徐學禹約了雷震、湯恩伯、谷正綱、方治、洪蘭友等人餐敘，氣氛熱烈，雷震也飲酒過量。晚上，陳雪屏再約參與籌設自由中國社的雷震、張佛泉、崔書琴、王聿修、毛子水、張伯謹等人餐敘，討論台灣省政府補助《自由中國》的相關事宜。飯後，先由雷震報告之前數次討論經過之概要，繼由王聿修報告最近在台灣籌備的狀況，最後則由陳雪屏報告台灣省政府的意見，表示台灣省政府願意出經費辦雜誌。而雷震等人籌辦的《自由中國》擬請省主席陳誠補助，可以考慮做為台灣省政府的「第一級刊物」。張佛泉、崔書琴兩人傾向台灣省政府另行辦雜誌，而自由中國社則應該在香港辦雜誌。相對地，毛子水、雷震和張伯謹等人則認為，由於出版經費籌措不易，只要雜誌由自由中國社「獨立舉辦」，台灣省政府不干涉雜誌，可以接受台灣省政府的補助。換言之，不贊成將自由中國社的雜誌做為台灣省政府辦的「第一級刊物」。不過，請陳雪屏、張伯謹、雷震向陳誠接洽補助事宜，並約定下週在雷震家中餐敘，討論後續工作。[70]

六月二十一日《自由中國》週刊（此時設想的是辦週刊）的籌辦有了進一步的發展，陳雪屏、張佛泉、毛子水、王聿修、沙學浚、余紀忠、崔書琴、張伯謹晚間到雷震家討論，根據上一次討論的結論，將雜誌與台灣省政府主辦的「綜合性高級刊物分開」，只要陳誠願意，則雜誌接受台灣省政府的補助，在「臺灣創辦，繼續向香港發展」。除了推「毛子水寫宗旨」外，也推張佛泉擔任總編輯，王聿修負責行政事務。此時許孝炎到台北，打電話通知雷震，王世杰第二天會到台北，囑咐雷震接待。[71]

上述六月二十一日的決議，和王世杰之前與雷震推動「自由中國運動」的設想有相當的落差，特別是原本主要設定的運動（精神）領袖胡適在雜誌中並沒有扮演重要的角色。因此六月二十三日雷震和王世杰會商《自由中國》週刊事宜時，王世杰對於籌款不甚熱心，他認為崔書琴、張佛泉、毛子水等人的號召力有限，如果胡適不在雜誌寫文章，則原本「有意義之運動，反使湮沒不彰」。如此，還「不如仿時事週論辦法，約十數人署名為文登載於各報以反對共匪」。雷震則表示：「《自由中國》運動一事，對社會說得太久，至今無聲無息，不獨使國人失望，使社會覺我輩虎頭蛇尾，無論如何，先將刊物出來。」雷震也認為，王世杰所提到的兩種方式可以同時合作並行。此外，王世杰相當在意陳誠無法實現對刊物的捐助款項，也很重視崔書琴等人提出「過去凡在政府工作者一律不要」的意見，因而不願意和他們合作。[72]王世杰的主張將《自由中國》雜誌的籌備方向往他原本設定的方向拉近，強調胡適在雜誌扮演（精神）領袖的角色，凸顯了胡適在雜誌的關鍵地位。由於籌款成效有限，而時局急遽變化，雷震也忙於政、軍工作，《自由中國》雜誌無法立即開辦。不過，雷震透過公私場合，仍然積極尋求支持。

七月二十三日雷震於廣州遇見陳立夫，他表示願意幫助自由中國社事，雷震則請陳立夫務必同意正中書局撥紙給《自由中國》使用，另也提到今後國民黨應利用各種反共團體來宣傳反共，避免由國民黨自己出面。[73]七月二十四日雷震搭機經廈門返抵台北後，[74]繼續在台籌辦刊物，二十八日分別與陳雪屏、王聿修討論自由中國社選址及登記事宜。由於「自由中國」名稱已被任卓宣與易君左搶先登記走了，台北市政府拒絕受理王聿修等人提出的刊物登記申請。之前王聿修已請託陳雪屏與他們商量轉讓名稱或合併刊物，但尚無結論。[75]因此，八月三日雷震拜訪吳鈞澤（原文如此，似為新聞處長吳錫澤），請他協助說服易君左將《自由中國》刊物名義讓出，因為雷震等人已經籌備甚久。[76]這段期間，雷震一邊忙於政軍事務，一邊又須抽空為即將發行的《自由中國》刊物撰寫文章。[77]

（四）由胡適擔任發行人

在雜誌出刊前，副總編輯王聿修堅持發行人要用胡適的名義，「否則可能辦不到三個月就要關門」，但雷震並不同意王聿修的說法。首先，雷震認為國民黨在中國大陸經過重大挫敗，應該不會再和過去一樣「唯我獨尊，不容許人民說話」，「何況現在已是行憲了」，雷震相信國民黨會「尊重人民自由權利，以法律來治國」，畢竟唯有如此「才能影響大陸的人心，才有復國的可能」。而且，胡適人遠在美國，此時已來不及去信徵求他的同意。不過，實際上，毛子水、王聿修、張佛泉、崔書琴等人是認為雷震是國民黨的政治核心人物，因而對他存有戒心。[78]不過，雷震原本就主張由胡適來領導，意見剛好不謀而合。在王聿修等雜誌社成員的堅持下，最後仍決議由胡適擔任《自由中國》名義上的發行人。[79]

由於胡適一九四九年四月即去美國，此時不在台灣，囿於《出版法》規定「國內無住所者」不得為新聞紙或雜誌之發行人，[80]所以在辦理登記時勢必要另做安排，以合乎規定。而一九四九年十月十日刊物於台灣辦理登記時，當時雷震忙於金廈防務，人也不在台灣。因此，《自由中國》半月刊最初登記之發行人為胡適，同時將負責人（代發行人）另外登記為當時的主編毛子水。後來在一九五〇年三月三十日，才將官方資料上的負責人改登記為雷震。[81]

十月十九日下午，雷震始自金廈乘船返台，二十二日輾轉抵台北後，繼續刊物籌辦事宜。[82]二十三日雷震與時任教育部長的杭立武會談，杭允諾補助經費，促使《自由中國》早日出版。[83]十一月二日，雷震再與共同籌辦刊物的毛子水、張佛泉、王聿修等人討論，考量到財務及稿源問題，眾人決議出版半月刊。[84]

一九四九年十一月二十日《自由中國》雜誌正式發行創刊號，[85]首日的銷售狀況甚佳，雷震將之歸功於「發行人之大名」。[86]人在美國的胡適雖然掛名《自由中國》發行人，雜誌宗旨也是胡適所撰寫，但實際上的社務工作是由雷震負責，[87]負責經費、邀稿、撰稿、校對、主持編輯委員會議等職。創刊號有胡適、傅斯年、毛子水、雷震、殷海光等人文章。[88]雷震發表了一篇〈獨裁，殘暴，違背人性的共產黨〉，批評馬列主義高舉的「無產階級專政」，實為取消法律之平等而變成獨裁統治。[89]

雷震自述，《自由中國》申請登記表上的實際發行人是填雷震的名字，即擔負法律責任的發行人（指的是一九五〇年三月雷震去做變更登記）；後來變更發行人登記為「自由中國編輯委員會」，但實際發行人欄仍是填寫雷震。[90]雷震與之前王世杰的意見一致，認為以胡適做為刊物發行人，具有較強的社會號召力。《自由中國》出版兩期之後，十二月雷震去函胡適，請這位具有「相當號召力」的「發行人」務必寫稿供雜誌刊登，以增加編輯人之勇氣，對社會也有個交代。[91]然而，胡適收到《自由中國》雜誌與雷震的信，看見自己被掛名為發行人是相當不高興，一九五〇年一月胡適給雷震的回信上，直接地批評「這是作偽」，請雷震考慮更換發行人。另外，胡適也認為自己先前寫的雜誌宗旨已經不合時宜，建議雷震要與王世杰、傅斯年、毛子水、張佛泉等人重新討論。[92]

三、一九四九年政軍實務的參與

一九四九年一月蔣中正總統下野後，雷震拒絕代總統李宗仁遴聘擔任國策顧問的邀請，並一本初衷支持蔣中正繼續領導反共工作。此後，雷震除了推動「自由中國運動」，籌設《自由中國》雜誌外，也參與政軍實務工作。

四月起，雷震在上海擔任京滬杭警備司令部顧問，與谷正綱、方治協助湯恩伯守備上海，具體負責金融與物資管制疏散事宜，有「滬上三劍客」之稱。[93]當時，雷震對於政治異議分子和被監控的學生之處境十分關心，並盡量伸出援手，強烈建議湯恩伯採納他的意見。上海情勢吃緊，湯恩伯的治安大員陳大慶、毛森等人曾商議要秘密處決被拘押、監視和軟禁的政治異議人士，其中包含羅隆基、張瀾和黃炎培等人。雷震得知後，力勸湯恩伯萬萬不可進行此事。雷震向湯恩伯表示：「國家局面敗壞到了這等地步，就是把政治犯通通丟進外海去，又於國家何所補益呢？又於你守上海有何幫助呢？」湯恩伯最後接受了雷震的建言，未對他掌控下的政治異議人士採取行動。[94]

不過，五月八日雷震聽谷正綱轉述桂永清所言，據傳湯恩伯匯了五十萬美金到美國。雷震聽後心中萬分難過，想到自己留在此協助湯恩伯守衛上海，沒有領分文公家薪水，「完全以黨員資格在此吃苦」，湯恩伯如果真有此行為，不只對不起國家，還對不起雷震與谷正綱二人。雷震自覺「真是一個大愚人，愈想愈覺無聊」，加上宋英、王世杰分別來訊催促，雷震原本決定當週即離開上海，[95]但因為情勢緊急，仍留在上海幫忙。

（二）以行動向湯恩伯抗議

此外，當時京滬杭警備司令部逮捕學生的行動及後續的處理，更導致雷震對湯恩伯的不滿。京滬杭警備司令部拘捕四百名學生已有兩週之久，卻還「遲遲不結案，外間來保者亦不理」，五月十一日晚上會報時谷正綱提出這個問題，雷震更主張應該結案，並釋放無辜者。在正式的會議上，雷震和湯恩伯互相辯駁，雷震感覺自己「談話時顏色甚重」，而湯恩伯仍「辭色俱厲，以為不可」。湯恩伯認為「人放出來，必妨碍作戰，如做錯了，亦要錯到底」，所以拒絕釋放學生。雷震對此說詞十分不滿，強調「真正共黨固可捕，而無辜被累則不應該，尤以青年學子，我們要愛護他，孰無子女，我們要以父母之心待他，要憑良心辦此事」，力主一定要早日結案。會後，湯恩伯說雷震「太老實了」，他建議雷震直接提供保釋名單，「要保的人可交與他」，然而湯恩伯是完全誤解了雷震，雷震並沒有特別想保釋哪一名學生，單純只是「以為此事應公平處理，且宜公開討論，豈可鬼鬼崇崇以人命為兒戲也」。儘管雷震不想全然責怪湯恩伯，他認為當初開立逮捕名單的人「太不負責，恩伯事前並不知，僅代人受過，惟事既已錯誤，而又不願糾正，則軍人作風，我殊不贊成，實難與之合作也。我在政府工作二十年，不與軍人共事者以此，因軍人目中既無文人，一切作風公私不分而任意作為，非有氣節之文人能受也」。[96]

前述一連串的事件，導致雷震以行動向湯恩伯抗議。一九四九年五月十二日上午谷正綱到雷震住處拜訪，堅持邀雷震去參加中央銀行的審核會議。在谷正綱力邀下，雷震決定在他停留上海期間，要多幫忙處理經濟問題，於是願意參加相關會議。但是，雷震仍堅持不參加湯恩伯主持的政委會及晚間會報。[97]湯恩伯知道雷震的不滿，在次日連打了三、四通電話，谷正綱也打電話給雷震，雷震都不願接。於是谷正綱直接到旅館見雷震，表示是「恩伯請他來道歉」，但雷震仍不肯答應出席當天晚間的會報。湯恩伯知道晚上雷震會在蔡叔厚家吃飯，乾脆直接趕來說服。雷震看湯恩伯在軍情吃緊的狀況，還親自來勸，才出席當天晚上的會報。[98]

由於上海戰事緊急，周至柔等人勸雷震去廣州遊說中央，請求增加兵力支援。雷震遂於五月二十二日搭機前往，當晚停靠廈門，於二十三日抵達廣州。[99]雷震原定二十六日上午出席中政會及中常會的聯席會議，報告上海的戰情，沒想到開會之前就收到上海淪陷的消息。由於局勢突變，雷震也沒有報告的勇氣。當時，雷震等國民黨人曾考慮以海南島做為將來之根據地，可「與臺灣遙遙相應」。[100]二十八日雷震致函湯恩伯，表示原本打算二十七日飛回上海，「不意戰事突變……弟數日來精神苦痛萬分，進退失據，今後如何力圖恢復，尤感徬徨。」[101]

五月二十九日，雷震閱報知道谷正綱、方治、陳良、陳保泰、陶一珊、談益民等人均到台北，雷震不願在廣州久留。[102]再加上，五月下旬傳聞居正將出任行政院院長，雷震認為居正「年已七十餘，多年念佛，今於危難之際，出任行政院長，真誤國誤人也」，表示強烈反對，更氣憤地在日記記下：「居正出任行政院，國民黨真該早完，余決定速至臺灣，更不願在此久留也。」[103]居正屬於代總統李宗仁的人馬，彼時雷震的立場為「擁蔣反共」，對代總統李宗仁的作風相當不滿。後來李宗仁提名居正擔任行政院長案，在立法院差一票未過半，雷震對此表決結果相當認同：「我一向不重視立法院，此次居正不通過，倒可表現立法院尚有幾分正義也。當此危難之時，棺材裡的人想出來做行政院長，可說荒天下之大唐，而李代總統之作風，真為國人鄙視也。」[104]

六月一日雷震搭機離開廣州，飛抵台北。[105]值此動亂之際，民社黨、青年黨及無黨派社會賢達的領導菁英仍與雷震有相當互動。原先雷震還在上海時，五月六日就曾接到左舜生來函，拜託雷震設法幫忙其夫人黃竹生到台灣，[106]雷震即代為接洽好機票，黃竹生順利也於五月八日抵台。[107]獲悉雷震抵台後，六月十八日左舜生和莫德惠到雷震處相談甚久。當天莫德惠提及他為了憲政督導會事要去廣東一趟，希望行前可以見蔣中正總裁，之前曾請雷震協助，雷震則表示已經寫信給蔣經國，請他向蔣中正請示後回覆，但遲遲沒有消息，莫德惠便再請雷震透過王世杰請示。碰巧王紀五正擬將杭立武的來電寄給王世杰，雷震就請王紀五順便提及這件事。[108]

而雷震自己也致電王世杰，表達許孝炎為了「港報」（後來的《香港時報》）的事，有意拜見王世杰與蔣中正，請王世杰請示蔣後電復。[109]同時，雷震又另寫一封長信給王世杰，請他向蔣中正總裁報告幾項建議，包括：支持許孝炎在香港辦報；強化海南島的防務與經費；由於中國大陸來台人才不少，如果設立東南軍政長官公署，可以「設數個諮詢委員會」，多聘任「名流」；銀元券「難以久繼」，「應使有錢者出其錢」；從速練兵與改變練兵辦法，「應使其愛護民眾，了解責任等等」。[110]

（二）上海、廈門相繼失守

六月下旬雷震在台北參與東南軍事會議，並負責起草東南軍政長官公署及非常委員會東南分會案。[111]七月二日雷震出席上海會戰檢討會，湯恩伯報告上海之撤守，是因援軍無望，且死守下去必定對上海造成破壞，於國民政府及國民黨均無益，而最後軍隊仍必被敵人整個殲滅，故不如撤去；當時撤出兵力十萬餘人，可做為今後反攻力量。湯恩伯表示，撤守上海完全是他自己下的決定，他願負責任，願受歷史批評。雷震內心受湯恩伯發言觸動，認為「恩伯兄說話很有力量，報告非常動聽，亦為全部事實」。[112]七月八日，雷震參與討論國民黨改造方案。[113]八月初，國民黨總裁辦公室在台灣成立，雷震被任命為設計委員會委員，得以參機務，投入改造工作。[114]

在此期間，雷震曾於七月中旬從台灣搭機飛往廣州，[115]出席綏靖公署之會議，雷震於會上發言強力呼籲國民黨必須進行改造，主張「今後誰主政，誰為黨之領袖」，以減少黨和政府不同領袖容易發生之摩擦，「且今後黨部只管組織與宣傳，不能問政，自然可以減少對立之弊害」，但雷震的意見未能獲得多數支持。[116]

八月湯恩伯奉蔣中正命令調至福建，負責金廈防務。蔣中正將福建軍政完全交付給湯恩伯，並囑其兼任省主席。[117]八月十五日湯恩伯拜訪雷震及方治，湯恩伯表明自己「只問軍事，主席另保人任之」，詢問雷震與方治是否願意擔任主席。雷震、方治均說「可以不負名義幫助一切，但不願擔任主席」。[118]八月二十二日，雷震與方治依約從台北趕赴廈門，再次協助湯恩伯。[119]不過，在實務上仍需要名義才方便行事，兩人成為湯恩伯在政事方面最重要的副手。[120]

在廈門期間，雷震應教育部長杭立武的請託，與方治共同指導廈門大學疏運學校的圖書儀器至安全地區，當時廈門大學校內還有一些尚未離去的師生，為了「護校」出面阻止疏運工作，因而與協助疏運的軍隊發生衝突。時任廈門警備司令的毛森認為，這些阻止疏運的師生可能都是潛伏的共黨分子，遂派大批憲警前來彈壓，並下令全部逮捕，造成衝突擴大。廈門大學校長汪德耀擔心再這樣下去將成一場流血悲劇，便來向雷震求助，雷震立即打電話要求毛森撤走圍捕學生的憲警。為了避免形成流血事件，雷震向毛森提議後續由他與方治來處理，若有問題則由他們兩位向湯恩伯總司令負責。經商議後，毛森始撤兵，並由雷震出面與學生代表懇談，說明疏遷的必要性，才順利使疏運工作得以進行。對於當時毛森指揮軍警以如此激烈方式對待學生，雷震頗不以為然，認為面對學生應採講理方式說服。[121]

眾人原本認為廈門防務尚稱不錯，不意十月廈門失守。雷震返台後拜訪陳誠、林蔚時，感受到兩人態度冷淡。之後雷震謁見蔣中正總裁，上呈湯恩伯向蔣報告的信函，並詳細報告廈門失守經過及海軍作戰情形、金門今後防務等，請蔣指示。蔣總裁主張對金門堅守到底，囑雷震轉告湯恩伯：「金門不可再失，必須與之共存亡，尤不能在船上指揮」，雷震重複以人格保證：「在廈門棄守以前，未住船上」。蔣繼而大怒，謂「根本不應上船」。雷震即說湯恩伯係與劉汝明一起上船到金門，覓船撤退。蔣聞此更生氣，說「連劉亦不應許其上船，我們不可老是逃跑，名譽要緊」。蔣說畢即進自己房間，雷震只有退出，並明瞭稍早陳誠、林蔚冷淡之原因。據聞先前「總裁由廈返台後，對廈門防務非常滿意，屢向人誇讚，今忽然棄守，深感失望」。[122]

整體而言，雷震在一九四八年底就勸蔣中正實施改革，成效雖然不彰，但從一九四八年底外界要求國共和談的氛圍中，雷震則堅定擁護蔣中正領導反共工作。因此，一九四九年初雷震先是明確反對蔣中正下野，繼而與王世杰等人推動「擁蔣反共」工作。除了協助湯恩伯防衛上海、廈門外，雷震也曾赴台「參與東南軍事會議，負責起草東南軍政長官公署及非常委員會東南分會案」。而在國民黨黨務方面，雷震自「七月起參與討論國民黨改造方案，擔任設計委員會委員，因此得參機務，並投入改造工作」。[123]此後，雷震往返台灣與中國大陸之間，推動「自由中國運動」，而在中國大陸局勢急遽惡化後，雷震則在台北辦《自由中國》，從「擁蔣反共」逐漸朝向原本設定「民主反共」的路線發展。

1 此節有關雷震等人在一九四九年支持蔣中正，推動「自由中國運動」是以筆者所著《《自由中國》與民主憲政》（板橋：稻鄉，一九九六）第二章為基礎修正、增補而成。

2 《國民政府公報》二八六九（一九四七年七月五日），頁五～六。

3 《國民政府公報》二八八一（一九四七年七月十九日），頁一～二。《台灣省政府公報》三十六年秋三八（一九四七年八月十二日），頁五九六。

4 決定兌換率：金圓券一元對法幣三百萬元，金圓券四元對一美元。《大公報》一九四八年八月二十日一版。臺灣銀行金融研究室，〈幣制改革在臺灣〉，《臺灣銀行季刊》，第二卷第一期（1984.9），頁一〇九。

5 郭廷以，《近代中國史綱》，頁七八五；張玉法，《中國現代史》，頁七〇九。

6 張玉法，《中國現代史》，頁七一一；李宗仁口述，唐德剛撰寫，《李宗仁回憶錄》（三重：台光印刷出版事業翻印本），頁六〇一。當時的立法院長孫科便率先提出「光榮的和平」，參見雷震，〈胡適與雷案〉，《雷震全集47：最後十年（三）》，頁一六〇。

7 郭廷以，《近代中國史綱》，頁七八六。

8 張玉法，《中國現代史》，頁七一一～七一二。

9 關於蔣中正總統與蔣中正夫人在美國的活動，可參看資中筠，《美國對華政策的緣起和發展，一九四五～一九五〇》（重慶：重慶出版社，一九八七．六），頁三二八～三二九；以及參考秦孝儀主編，《中國國民黨九十年大事年表》（台北：中國國民黨黨史會，一九八四），頁四三二～四三三。

10 郭廷以，《近代中國史綱》，頁七八六。

11 在總統文告草擬完成後，曾召集國民黨中央執行委員、監察委員餐敘，並徵求意見。席間仍有相當聲音反對文告中的主張，但蔣中正總統不為所動。國立編譯館編著，《中國近代現代史》（台北：幼獅，一九七九），頁六七四。司徒雷登指出，在收到白崇禧電報的第二天（十二月二十五日），蔣中正總統便決定下野。司徒雷登，《司徒雷登回憶錄（在中國五十年）》（台北：新象書店，一九八四），頁二一五。

12 郭廷以，《近代中國史綱》，頁七八七。

13 張玉法，《中國現代史》，頁七一四。

14 國立編譯館編著，《中國近代史》，頁六七五～六七六；李永熾監修，薛化元主編，《台灣歷史年表：終戰篇I》，頁七二；《公論報》，一九四九年一月二十三日；Simon Long, *Taiwan: China's Last Frontier*, p.58。

15 雷震，一九四九年一月二十一日日記，《雷震全集31：第一個十年（一）》，頁一二四～一二五。

16 雷震，一九四九年一月二十一日、二月七日日記，《雷震全集31：第一個十年（一）》，頁一二四～一二五、一二七～一二八。

17 胡虛一，〈讀「愛荷華憶雷震」書後〉、〈再蒙李敖先生大函啟示的感想——兼代古人雷震先生再作點解說〉，收入李敖編著，《雷震研究》，頁一九二～一九三、三二四。

18 雷震與王世杰在蔣中正宣布下野的當天即搭乘火車連夜前往上海，於第二天上午抵達。見雷震，一九四九年一月二十一日、二十二日日記，《雷震全集31：第一個十年（一）》，頁一二四～一二六。雷震離開南京前，邵力子曾來雷震家吃飯，並勸雷震不要離開南京，參見雷震著，林淇瀁校註，《雷震回憶錄之新黨運動黑皮書》，頁二三三。

19 雷震，〈《自由中國》與胡適〉，《雷震全集11：雷案回憶（一）》

（台北：桂冠圖書，一九八九），頁五八～五九。

20 雷震，一九四九年一月三日、六日、二十一日日記、一九四九年一月六日日記，《雷震全集31：第一個十年（一）》，頁一一一、一一六、一二五。在一月二十一日的日記中，雷震並指出蔣中正周圍的政治人物中支持他續任總統一職的，主要只有胡適及王世杰等人。蔣勻田，《中國近代史轉捩點》，頁二四二。

21 雷震，一九四九年一月六日日記，《雷震全集31：第一個十年（一）》，頁一一六。

22 〈雷震談和平→停戰應為先決條件→中共答覆並無誠意〉，《中央日報》，一九四九年一月十八日，第二版；雷震，〈《自由中國》與胡適〉，《雷震全集11：雷案回憶（一）》，頁五八。

23 雷震，一九四九年二月二十八日日記，《雷震全集31：第一個十年（一）》，頁一四九。

24 胡適日後自己便表示民國三十八年四月去美為蔣中正所要求。張忠棟，《胡適五論》（台北：允晨文化，一九九〇），頁二八九；胡適，〈「自由中國」雜誌三週年紀念會上致詞〉，《自由中國》第七卷第十二期（1952.12.16），頁四。

25 一九四九年四月二十二日雷震聽聞蔣中正總統準備放棄南京，上海市治安當局亦於當日正式宣布上海為最前線作戰區域。黨政要員紛紛撤退，大部分去廣東，小部分去台灣，雷震則決定留在上海湯恩伯處，直至五月二十二日始離開。雷震，一九四九年四月二十二日、二十四日、二十五日、五月二十二日記，《雷震全集31：第一個十年（一）》，頁一八九、一九〇、一九一、二二五～二二六；〈滬治安當局宣佈　上海進入戰時狀態　即日起實施全面軍事管制　學校工廠派駐軍事聯絡員〉，《中央日報》，一九四九年四月二十三日，第二版。

26 雷震，一九四九年二月十二日日記，《雷震全集31：第一個十年（一）》，頁一三〇。

27 陳儀深，〈胡適與蔣介石〉，收入周策縱等著，《胡適與近代中國》（台北：時報文化，一九九一），頁一〇三。

28 張忠棟，《胡適五論》，頁二七一。張忠棟，《胡適．雷震．殷海光》（台北：自立晚報社，一九九一），頁一五五。

29 張忠棟，《胡適五論》，頁二七一。

30 雷震，《雷震回憶錄之新黨運動黑皮書》，頁八二。

31 雷震著，林淇瀁校註，《雷震回憶錄之新黨運動黑皮書》，頁九六。

32 雷震，〈《自由中國》與胡適〉，《雷震全集11：雷案回憶（一）》，頁五八～五九。

33 雷震的日記對此有不少記錄，參見《雷震全集31：第一個十年（一）》，頁一二八、一七三～一七五、一八二、一八五～一八九。

34 王世杰，〈不應迫蔣中正出國——王世杰致雷震〉（一九四九年三月十二日），收入傅正主編，《雷震全集30：雷震秘藏書信選》，頁二七～二九。

35 王世杰，〈希與胡適即至臺北小住，以便共商大局——王世杰致雷震、杭立武〉（一九四九年三月十四日），收入傅正主編，《雷震全集30：雷震秘藏書信選》，頁二九。

36 雷震，一九四九年三月二十一日、二十三日，《雷震全集31：第一個十年（一）》，頁一六三～一六五。

37 〈雷震赴台休養〉，《中央日報》，一九四九年三月二十四日，第二版。

38 雷震，一九四九年三月二十四日日記，《雷震全集31：第一個十年（一）》，頁一六五～一六六。

39 雷震，一九四九年三月二十五日日記，《雷震全集31：第一個十年（一）》，頁一六六～一六七。

40 雷震，一九四九年三月二十七日日記，《雷震全集31：第一個十年（一）》，頁一六八。

41 雷震，一九四九年三月二十六日日記，《雷震全集31：第一個十年（一）》，頁一六七～一六八。

42 雷震，一九四九年三月二十九日、三十一日日記，《雷震全集31：第一個十年（一）》，頁一七一～一七二。

43 雷震，一九四九年四月一日日記，《雷震全集31：第一個十年（一）》，頁一六九～一七一。

44 雷震，一九四九年四月二日日記，《雷震全集31：第一個十年（一）》，頁一七二。

45 雷震，一九四九年四月三日日記，《雷震全集31：第一個十年（一）》，頁一七二～一七三。

46 〈雷震離台前談話　比較前政協與今和談　共黨太缺乏民主風度　對所謂聯合政府應提高警覺〉，《中央日報》，一九四九年四月五日，第二版。

47 雷震，一九四九年四月三日日記，《雷震全集31：第一個十年（一）》，頁一七二～一七三。

48 雷震，一九四九年四月四日日記，《雷震全集31：第一個十年（一）》，頁一七三～一七四。

49 雷震，一九四九年四月四日日記，《雷震全集31：第一個十年（一）》，頁一七三～一七四。

50 雷震，一九四九年四月五日日記，《雷震全集31：第一個十年（一）》，頁一七四～一七五。

51 雷震，一九四九年四月六日日記，《雷震全集31：第一個十年（一）》，頁一七四～一七五。

52 雷震，一九四九年四月六日日記，《雷震全集31：第一個十年（一）》，頁一七五～一七六。

53 雷震，一九四九年四月十一日日記，《雷震全集31：第一個十年（一）》，頁一七七～一七八。

54 雷震，一九四九年四月十五日日記，《雷震全集31：第一個十年（一）》，頁一八一～一八三。

55 雷震，一九四九年四月十三日日記，《雷震全集31：第一個十年（一）》，頁一七九～一八〇。

56 雷震，一九四九年四月十五日日記，《雷震全集31：第一個十年（一）》，頁一八一～一八三。

57 雷震，一九四九年四月七日日記，《雷震全集31：第一個十年（一）》，頁一七六。

58 雷震，一九四九年四月十七日日記，《雷震全集31：第一個十年（一）》，頁一八四～一八五。

59 薛化元，《《自由中國》與民主憲政》，頁六一。

60 雷震，一九四九年四月二十一日日記，《雷震全集31：第一個十年（一）》，頁一八八～一八九。

61 胡適，〈胡適致雷震等〉（一九四九年四月十六日），收入萬麗鵑編註，潘光哲校閱，《萬山不許一溪奔：胡適雷震來往書信選集》（台北：中央研究院近代史研究所，二〇〇一），頁一～二。

62 雷震，一九四九年四月二十二日日記，《雷震全集31：第一個十年（一）》，頁一八九。李宗仁口述，唐德剛撰寫，《李宗仁回憶錄》（台北：遠流，二〇一〇），頁八六〇～八六四。

63 雷震，一九四九年四月二十五日日記，《雷震全集31：第一個十年（一）》，頁一九一。

64 雷震，一九四九年五月二日日記，《雷震全集31：第一個十年（一）》，頁一九六～一九七。

65 任育德，《雷震與台灣民主憲政的發展》，頁六八～六九；雷震，一九四九年五月三十一日、六月一日日記，《雷震全集31：第一個十年（一）》，頁二二四~二二六。此趟飛機票價銀洋五十五元。

66 雷震，一九四九年六月二日日記，《雷震全集31：第一個十年（一）》，頁二二七。

67 雷震，一九四九年六月三日日記，《雷震全集31：第一個十年（一）》，頁二二七~二二八。

68 雷震，一九四九年六月七日日記，《雷震全集31：第一個十年（一）》，頁二三一~二三二。

69 雷震，一九四九年六月十七日日記，《雷震全集31：第一個十年（一）》，頁二三九~二四一。

70 值得注意的是，參與雜誌籌備的人並沒有決議拒絕接受台灣省政府補助出版。任育德，《雷震與台灣民主憲政的發展》，頁八一；雷震，一九四九年六月三日、六月十八日日記，《雷震全集31：第一個十年（一）》，頁二二八、二四三。

71 雷震，一九四九年六月二十一日日記，《雷震全集31：第一個十年（一）》，頁二四四。

72 雷震，一九四九年六月二十三日日記，《雷震全集31：第一個十年（一）》，頁二四五~二四六。

73 雷震，一九四九年七月二十三日日記，《雷震全集31：第一個十年（一）》，頁二七一。

74 雷震，一九四九年七月二十四日日記，《雷震全集31：第一個十年（一）》，頁二七一~二七二。

75 雷震，一九四九年七月二十八日、八月二日日記，《雷震全集31：第一個十年（一）》，頁二七四~二七五、二七八~二七九。

76 雷震，一九四九年八月三日日記，《雷震全集31：第一個十年（一）》，頁二七九。

77 雷震，一九四九年八月十六日、十八日日記，《雷震全集31：第一個十年（一）》，頁二八七~二八八。

78 馬之驌，《雷震與蔣介石》，頁一〇一~一〇二。

79 雷震，〈《自由中國》與胡適〉，《雷震全集11：雷案回憶（一）》，頁六〇。

80 〈臺灣省行政長官公署公告：修正出版法〉（一九四七年三月一日），收入楊秀菁、薛化元、李福鐘主編，《戰後臺灣民主運動史料彙編（七）新聞自由（一九四五~一九六〇）》（台北縣：國史館，二〇〇二），頁九。

81 〈自由中國半月刊歷年人事變更調查表〉（一九五九年二月），「國史館」檔案，案名：「對雷震及自由中國半月刊調查研究案」，檔案管理局藏，檔號：A202000000A=0047=275.11=1=virtual001=virtual001=0056。雷震自己提到：「我去臺灣省政府新聞處辦理登記時，老報人的新聞處長朱虛白對我說：『若用胡適做發行人，此地一定要有一位負實際責任的發行人……依法，刊物的發行人，不能離開刊物所在地六個月的，何況胡適是在海外遙領發行人名義呢？』」，而朱虛白是一九五〇年三月十六日接任臺灣省政府新聞處處長，因此雷震去辦理登記的時間，符合官方檔案所記錄的一九五〇年三月三十日。參見雷震著，林淇瀁校註，《雷震回憶錄之新黨運動黑皮書》，頁八六；〈省新聞處明交接　吳錫澤准辭朱虛白接充〉，《中央日報》，一九五〇年三月十五日，第四版。

82 雷震，一九四九年十月十九日、二十二日日記，《雷震全集31：第一個十年（一）》，頁三四三~三四四、三四六~三四七。

83 雷震，一九四九年十月二十三日、二十四日日記，《雷震全集31：第一個十年（一）》，頁三四七~三四八。

84 雷震，一九四九年十一月二日日記，《雷震全集31：第一個十年

（一）》，頁三五四。

85 《自由中國》創刊號原定一九四九年十一月十六日出版，由於負責印刷的上海印刷廠誤事，延至二十日始出版，參見雷震，〈《自由中國》與胡適〉，《雷震全集11：雷案回憶（一）》，頁六〇。

86 雷震，一九四九年十一月二十日日記，《雷震全集31：第一個十年（一）》，頁三六六；雷震，〈《自由中國》與胡適〉，《雷震全集11：雷案回憶（一）》，頁六〇～六一。

87 范泓，《民主的銅像：雷震傳》，頁一六〇。

88 任育德，《雷震與台灣民主憲政的發展》，頁三五一。

89 雷震，〈獨裁，殘暴，違背人性的共產黨〉，《自由中國》，第一卷第一期（1949.11.20），頁一一～一三。

90 雷震著，林淇瀁校註，《雷震回憶錄之新黨運動黑皮書》，頁八六。

91 雷震，〈雷震致胡適〉（一九四九年十二月八日），收入萬麗鵑編註，潘光哲校閱，《萬山不許一溪奔：胡適雷震來往書信選集》，頁四。

92 胡適，〈胡適致雷震〉（一九五〇年一月九日），收入萬麗鵑編註，潘光哲校閱，《萬山不許一溪奔：胡適雷震來往書信選集》，頁九～一〇。

93 任育德，《雷震與台灣民主憲政的發展》，頁二五、六八；雷震一九四九年四月二十九日起至五月二十一日記，《雷震全集31：第一個十年（一）》，頁一九三～二一五。

94 這些內容是雷震告訴胡虛一（學古），而收入在他的選註中。胡虛一，〈雷震日記介紹及選註〉，收入李敖主編，《李敖千秋評論》，冊七五（1988.1.15），頁二三六。

95 雷震，一九四九年五月八日日記，《雷震全集31：第一個十年（一）》，頁二〇二。

96 雷震，一九四九年五月十一日日記，《雷震全集31：第一個十年（一）》，頁二〇四～二〇六。

97 雷震，一九四九年五月十二日日記，《雷震全集31：第一個十年（一）》，頁二〇六。

98 雷震，一九四九年五月十三日日記，《雷震全集31：第一個十年（一）》，頁二〇七。

99 雷震，一九四九年五月二十一日、二十二日、二十三日日記，《雷震全集31：第一個十年（一）》，頁二一四～二一七。

100 雷震，一九四九年五月二十六日日記，《雷震全集31：第一個十年（一）》，頁二二〇。

101 雷震，〈上海失守後練兵之道——雷震致湯恩伯〉（一九四九年五月二十八日），《雷震全集30：雷震秘藏書信選》，頁四一。

102 雷震，一九四九年五月二十九日日記，《雷震全集31：第一個十年（一）》，頁二二二～二二三。

103 雷震，一九四九年五月三十日日記，《雷震全集31：第一個十年（一）》，頁二二三～二二四。

104 雷震，一九四九年五月三十一日日記，《雷震全集31：第一個十年（一）》，頁二二四～二二五。

105 雷震，一九四九年六月一日日記，《雷震全集31：第一個十年（一）》，頁二二六。

106 雷震，一九四九年五月六日日記，《雷震全集31：第一個十年（一）》，頁一九九～二〇〇。

107 雷震，一九四九年五月八日日記，《雷震全集31：第一個十年（一）》，頁二〇二。

108 雷震，一九四九年六月十八日日記，《雷震全集31：第一個十年（一）》，頁二四一。

109 在《自由中國》之外，雷震與王世杰商量在香港辦一份黨報，由許孝炎去籌備及主持，使用北平、天津的黨報器材，初期經費先由國民黨支付。當時雷震因忙於籌備《自由中國》刊物，又參加上海和廈門的保衛戰，無暇為此「香港黨報」多出力。據雷震回憶：「《香港時報》原擬取名《自由論壇報》，英文名字則叫"Herald"，以與《自由中國》之刊物相呼應」，「不料國民黨頭子蔣中正和極權國家共產黨一樣的討厭『自由』二字，故改用《香港時報》的名字，英文則為"The Hongkong Times"。因為係在香港發行，使用《香港時報》這個名字，當可避免國民黨當權派之誤會也。」參見雷震著，林淇瀁校註，《雷震回憶錄之新黨運動黑皮書》，頁二二二、二二五～二二六。

110 雷震，一九四九年六月十八日日記，《雷震全集31：第一個十年（一）》，頁二四一。

111 任育德，《雷震與台灣民主憲政的發展》，頁六九；雷震，一九四九年六月二十四、二十五日日記，《雷震全集31：第一個十年（一）》，頁二四七～二四九。

112 雷震，一九四九年七月二日日記，《雷震全集31：第一個十年（一）》，頁二五六～二五七。

113 任育德，《雷震與台灣民主憲政的發展》，頁六九；雷震，一九四九年七月八日日記，《雷震全集31：第一個十年（一）》，頁二六一。

114 任育德，《雷震與台灣民主憲政的發展》，頁六九、三五〇。

115 雷震，一九四九年七月十四日日記，《雷震全集31：第一個十年（一）》，頁二六六～二六七。

116 雷震，一九四九年七月十五日日記，《雷震全集31：第一個十年（一）》，頁二六七。

117 原本湯恩伯在五月下旬率部自上海撤退之際，原擬全部率領到海南島，但眾人商量後，恐怕此一行動招致廣東人的反抗，逼使薛岳（伯陵）、余漢謀等廣東籍將領傾向桂系，乃決定不去。雷震，一九四九年六月五日日記，《雷震全集31：第一個十年（一）》，頁二二九～二三〇。

118 雷震，一九四九年八月十五日日記，《雷震全集31：第一個十年（一）》，頁二八六。

119 雷震，一九四九年八月二十二日日記，《雷震全集31：第一個十年（一）》，頁二九一。

120 雷震為「第二席首席」，方治為「第三席首席」。雷震，一九四九年八月二十六日日記，《雷震全集31：第一個十年（一）》，頁二九五。

121 胡虛一，〈雷震日記介紹及選註〉，收入李敖主編，《李敖千秋評論》，冊七五（1988.1.15），頁二三七～二三八。

122 雷震，〈蔣中正對廈門失守甚為不滿──雷震致湯恩伯〉（一九四九年十月二十三日），《雷震全集30：雷震秘藏書信選》，頁五一。

123 參見任育德《雷震與台灣民主憲政的發展》，頁六九；雷震，一九四九年四月十四日、六月二十四日、六月二十五日、七月八日日記，《雷震全集31：第一個十年（一）》，頁一八〇～一八一、二四六～二四九、二六一～二六二。

第三章

《自由中國》時期

第一節

「擁蔣反共」時期

一、「自由中國運動」與「擁蔣反共」路線的延續

在《自由中國》創刊初期，蔣廷黻宣布胡適要組織中國自由黨，引起雷震和朋友們持續討論因應之道。一九四九年十二月八日雷震致信胡適，表示：蔣廷黻對外宣布胡適要組織中國自由黨，恰好《自由中國》正於台北出刊，「誰說天下沒有這樣湊巧的事」。雷震告訴胡適，他已拜讀〈中國自由黨章程〉，認為「先生願出來領導，使愛好自由人士以十分的興奮」，並提醒胡適注意組織人選，「國民黨失敗之前車可鑒」。[1]

而在副總編王聿修堅持下，一九五〇年一月《自由中國》第二卷第一、二期刊登了「中國自由黨組織綱要草案」。[2]之前蔣廷黻在美國舉行記者招待會，宣布組黨及公布「中國自由黨組織綱要草案」時，強調三點：一是中國自由黨並不反對國民黨，二是中國自由黨反對極權共產黨，三是中國自由黨的積極目的在增進中國人民的經濟生活與政治自由。根據王紀五提供的

訊息，這個準備擁戴胡適做為領袖的中國自由黨，成立的主要目的之一是支援「中國合法的聯大代表團」。[3]這個方向與一九四九年王世杰、雷震等人希望推胡適做為領袖，結合自由派人士支持蔣中正的政治運動方向，大抵相合。透過美台兩地中國自由派政治人士的互動，在台北引發了「自由中國運動」的後續發展。

透過王世杰的說明，雷震與幾位同志瞭解中國自由黨的組黨活動甚至得到蔣中正總裁的贊成（王世杰說「已將胡先生之組黨轉達總裁，總裁甚贊成，但對廷黻之參加則理應報告他」）。但是，對於如何組黨，以及組黨與「自由中國運動」的關係，則出現了幾個不同的主張。其中雷震與許孝炎認為可先組織中國自由黨進而再組自由中國同盟，而杭立武則提出兩途徑，一從國民黨內分化組成中國自由黨，一從「自由中國運動」著手之後再成為一個黨。[4]

然而，在台灣如何推動「自由中國運動」，與胡適是否可以回台灣負責有密切的關係。因此，雷震和友人決定先寫信詢問胡適意願，雷震也致函胡適，希望胡適允諾領導「自由中國運動」，組織超黨派政團網羅全國人才。[5]雷震透過胡適來信得知「中國自由黨係廷黻發起，渠［胡適］未參加，以其個人不適合於此項工作」。[6]不過，胡適另封致雷震函中提到：「千萬請台北各朋友，實行組織一個『自由中國』的組織，細細討論一套切合今日需要的宗旨。」這封信的重點之一是胡適不滿自己被掛名為《自由中國》的「發行人」，亦認為自己起草的刊物宗旨「不夠用」，[7]雷震卻著重在胡適請台北友人組織一個「自由中國」組織，以為從這句話「可見胡先生贊成予過去意見」。對於「自由中國運動」，王世杰認為並不一定要胡適回來，只要他答應領導就可以了。[8]這和一九四九年推動成立媒體時，他一再強調胡適參與的重要性，態度是類似的。一月二十四日雷震郵寄刊載〈中國自由黨組織綱要草案〉的《自由中國》給蔣廷黻、陳之邁，附函表明：[9]

國人對本刊甚為注意，因本刊為「自由中國運動」而工作，而係代表一部分人之意見也。弟意今日中國應結合志同道合人士，先來一個反共超黨派的「自由中國運動」，以文字或其他方式徵求同志，俟此團體有相當力量後，再參加實際政治。這樣進行不免緩慢，但不致發生波折。惟此運動必須有信條（或稱綱領亦可）、有組織，一如政黨相同，方可產生力量，但不云政黨，可吸收已參加既成政黨之人士，而毋須令其脫黨，……現正起草運動綱領中，俟草妥當寄美請教。在此期間自應從宣傳著手，《自由中國》半月刊勉可為此運動之刊物，務祈先生為此刊撰文數篇寄下，以廣宣傳……中國自由黨章程發表後，有人詢問在臺灣是否有負責機關，以及進行到怎樣程度，足見社會對其注意。總之，今日中國一般人，不信任國民黨，很希望有一新的政治團體出現，則是千真萬確的事實。弟意「自由中國運動」較組黨易於號召而能形成力量，但也有人相信可以並行而不悖。

由於雷震在信中提及應先有一反共超黨派的「自由中國運動」，蔣廷黻接信後，於三月三日回覆表示：

> 先辦運動，暫不組黨，這也是個法子。組黨的意思，弟在三十五（一九四六）年的冬天提過，並且草了一個簡略大綱，如果當時成立，那局勢就好對付多了。現在你們既然只能運動，弟何敢獨異？不過將來仍要感覺又失良機，良心上難過。我們總是避難就易。[10]

經後續持續溝通，參與討論的雷震朋友們認為「自由中國」組織並非組黨而是一個運動，目前可不必參加政治，名稱擬用「自由中國運動同志會」。[11]然雷震認為此運動不應只以文化團體為限，應在政治上支持蔣中正反攻志業，團結反共力量，使胡適與蔣中正的力量得以結合，最後結論先以社會運動著手，因為假如是政治，恐胡適不願領導。[12]而這個運動最後仍沒有得到胡適正面的回應，無法有效的進行推動。[13]

雷震此時熱衷推動「自由中國運動」，而且相較同儕更強調運動的政治性，與雷震的政治主張或是他對現實政治的判斷有關。雷震主張，國民黨應聯合所有反共人士對抗共產黨，[14]他也反對國民黨內部一些人士主張需仿照共產黨才得以對抗共產黨的作風。[15]另一方面，雷震深信「目前在自由中國區域，須有新政團之組織方可號召內外」，而且「此組織必須由適之先生領導，始可成功」，否則「即介公［蔣中正］出來亦不能有所作為」。[16]雷震之所以如此主張，主要著眼於「今日出來號召，只有適之先生這塊招牌有力量，而實際負擔反共抗俄，又非介公則不可」，至於實際結合胡適與蔣中正的辦法，便是「自由中國運動」。[17]雷震對「自由中國運動」的推動，不僅只是在私下討論、運作而已，《自由中國》的文章也表現了此一意向。在

《自由中國》第二卷第四期（一九五〇年二月十六日）便刊登了由香港朱啓葆寄來的〈我們需要一個自由中國大運動〉一文，並於第二卷第六期（一九五〇年三月十六日）又刊登一篇國內與之呼應的文章〈響應自由中國大運動〉。在運動籌劃的過程中，雖因顧慮胡適不肯加入政治運動團體的態度，決定自限為社會運動，但在去函胡適後仍未得到正面回應，使得這個原本希望由胡適領導的運動無法實質有效推動。[18]

同一期間，遷台的中華民國政府面對中樞無主的問題。行憲後第一任總統蔣中正在一九四九年一月已經下野，代總統李宗仁則先於一九四九年十一月二十日自南寧出國到香港，托言就醫，並表示中樞軍政請行政院長閻錫山主持，[19]再於十二月五日離開香港飛美，[20]中央政務由行政院長閻錫山代行總統職權。[21]根據中華民國憲法第五十一條：「行政院院長代行總統職權時，其期限不得逾三個月。」換言之，十二月九日正式在台北辦公的中華民國政府的運作，面臨如何根據憲法繼續延續的問題。因此，針對中樞可能無主的狀態，台北政壇也開始醞釀蔣中正復行視事的氛圍。

此時，雷震「擁蔣反共」的政治傾向相當明顯，也常被外界視為可以向蔣中正總裁傳達訊息的管道。也因為這樣，甚至影響雷震欲前往日本的行程。一九五〇年一月二日雷震赴日申請遭受延宕，[22]九日收到盟軍總部（GHQ）通知謝絕雷震去日，認為雷震去日係為總裁蔣中正布置逃難所。[23]

另一方面，雷震也在國民黨內部的會議中，持續提出改革建言。在一月中旬的改造方案會議中，針對爭議已久的軍隊國家化（國民黨部退出軍隊）議題，雷震力主軍隊國家化的必要，並認為政工工作必須改善，過去的方式既然失敗則必須矯正。[24]這也展現了雷震與蔣中正對於國民黨，乃至國家政策發展的方向，有一定的歧異。只是此時，雷震仍是蔣中正總裁可以信任的同志。一九五〇年三月一日，蔣中正總統復行視事，任命孫立人為陸軍總司令，王世杰為總統府秘書長，雷震擔任國策顧問。[25]雷震對於蔣復職也持正面的期待，三月一日這天，「天氣晴朗，陽光煥發」，雷震與蔣勻田、余井塘等人閒聊表示：「今日天氣之好正象徵總統復職後之希望」。[26]隔天，雷震聽說李宗仁在美國招待記者否認總統復職，李宗仁認為蔣中正「既已退休，即為一平民，何能復職？」李宗仁稱自己正準備回國領導反共，指此時蔣中正之復職，「不獨違憲，也是違反全國人民之公意，且違憲為民國以來最嚴重之一次」。雷震與蔣勻田討論認為：「李在安全地區，我們在火山上，他如此作法，不獨於我們有害，於他自己亦無益，徒毀了自己，總之給反對與臺灣幫助者以好口實了。」[27]

早從蔣中正總統下野前後，雷震與王世杰等朋友就認為反共必須仰賴蔣中正的領導，雷震一直到一九五一年五月台灣情勢較為安定之前，也以此方針推動《自由中國》的言論與社務。[28]雜誌內容的決定上，除了早期的副總編輯王聿修曾抱怨，雷震常常在他尚未看到稿子時，便先把稿子拿去看，[29]更多的記載是雷震根據「擁蔣反共」的基調，決定文章的刊登與否。許冠三在回憶時提到，雷震常常修改他們批評政府的文章；[30]鄭學稼的文章也曾被雷震以不合《自由中國》宣揚自由民主理念的立場為由退稿。[31]甚至連後來在雜誌扮演要角的殷海光，由於文章內容批評蔣中正總統，被雷震以當時需要「擁蔣」為由退稿。[32]

一九五〇年的雷震既然抱持「擁蔣反共」的基本立場，相對地言論對政治的監督、批判功能較為弱化。但是，「自由中國運動」的目的之一，也有期待「自由中國」在台灣實現的面向。就民主憲政的運作而言，反對黨的存在有其不容忽視的角色，雷震三月十五日就在家中寫作〈反對黨之自由及如何確保〉一文。換言之，蔣中正總統在台復行視事僅半個月時，雷震即強調反對黨之意義。[33]五月二十五日雜誌協會推選《自由中國》、《自由世紀》及《新聞天地》為常務理事，[34]這也顯示了雷震主導的《自由中國》在當時台灣輿論界的地位。

此一時期，雷震受到蔣中正總統的信任，他也積極建言，希望貢獻所長。或許因為在中國大陸時期，雷震就參與銀行的業務，且對金融事務提出建議，一九五〇年六月十九日政府派雷震為中央銀行監事，雷震見報後，認為不甚妥當，即表達辭意。[35]相對地，對於他自認可以推動的事務，雷震則積極的投入。針對對日本（當時在盟軍總部統治下）交流事務，七月一日拜訪張群，討論恢復亞東協會，張群允任理事長。[36]此後，亞東協會雖然沒有明顯的進展，但是，之後在正式外交管道之外的對日事務，雷震與張群則有相當的合作。

二、第一次赴香港宣慰及返台後的活動

一九五〇年十月，雷震第一次奉派赴香港宣慰。當時國民黨當局派雷震前往，主要是因為

許孝炎主持的《香港時報》經營出現狀況。

國民黨黨部為了在香港進行反共救國宣傳，一九四九年八月投資創辦《香港時報》，發行人為許孝炎。[37]《香港時報》做為國民黨在海外的黨報，不像一般商業公司設置董事會，而是在國民黨中央宣傳部之下，設置一個「管理委員會」，由蔣中正總裁指派王世杰任主任委員，雷震為委員之一，並兼任執行秘書。[38]

（一）《香港時報》經營問題

據雷震回憶，《香港時報》經費由國民黨每月給三萬五千元或四萬元港幣，但發行人許孝炎的經營，無法有效增加收益，囿於經費不足，許經常來台向中央銀行借貸。[39]而國民黨內對於給予《香港時報》補助也有不同意見，許孝炎承受不小壓力，但雷震對該報一直是盡力幫忙，[40]認為「向海外推銷自為虧本之事，政府應予以大量補助」。[41]

一九五〇年五月二十七日，立委陳介生在蔣中正總統召開的茶會上報告《香港時報》的經營問題，已使蔣有所不滿。席間其他與會人士表達不同的意見，使問題暫時沒有爆發。[42]等到國民黨派駐香港的特務密報，稱《香港時報》每日只發行二百份、許孝炎工作不努力，蔣中正便勃然大怒拍桌。[43]九月二十三日，雷震接到蔣中正指示改造委員會針對《香港時報》之經營狀況進行調查：（一）發行份數；（二）何時經費可以自足自給；（三）該報出版後在香港影響何如。[44]隔天（二十四日）王世杰告訴雷震，他收到許孝炎來信提到「香港第三勢力蓬勃而不可抑止」，擔心許孝炎態度是否受其影響而有所轉變，「認為孝炎已失鬥爭之意志」。[45]

在此背景下，雷震遂以《香港時報》管理委員會委員兼執行秘書的身分，於十月六日赴港，[46]主要任務為調查《香港時報》的經費與銷售量問題。此行政府未予補助，僅《香港時報》台北辦事處提供一張台北赴香港的機票，申請香港入境證之急件費用都由雷震自費。[47]

抵港當晚，雷震與《香港時報》社員聚餐，席間對報社人員予以鼓勵。[48]當夜，許孝炎帶雷震參觀工廠印報情形。經理劉一樵稱《香港時報》每日約出四千份，工廠工人則告訴雷震每日約出三千份。雷震特至報攤查看，很多報攤沒有賣，因為無人來買，香港一般老百姓厭惡國民黨，不看國民黨的報；有的報攤則會將《香港時報》放在一堆報紙的下面，害怕遭到共產黨特務為難。[49]八日雷震訪杜月笙談《香港時報》募集經費事，杜表示願意幫忙。[50]《香港時報》每日發行數大致查明後，雷震進一步了解國民黨特務造謠之動機，認為是有幾個廣東籍國民黨大老認為《香港時報》應由廣東人來辦，遂買通特務造謠。[51]

除了協助《香港時報》社事，雷震也趁這段期間與在香港的反共人士會面，如民社黨正副主席張君勱、伍憲子以及青年黨主席左舜生等人。[52]雷震以蔣中正總統名義慰問他們在港情況，[53]並向他們解釋台灣近期狀態，拉攏反共勢力，也討論到籌組「自由中國協會」問題。[54]

眾人對中華民國政府提出許多意見，如劉百閔認為臺灣作風太狹隘，[55]另有左舜生、成舍我等人「對臺北不民主，隨意捕人及限制入境證與辦理不善，甚不滿意」，雷震一一對他們提出之問題加以回答，並告訴他們台灣近期的進步，希望獲得他們的諒解。王聿修另提出，應有一反共超黨派之組織以反共抗俄。[56]這些人又再與雷震約餐：

餐畢，商討將原有之自由中國聚餐會改組為一正式機構，遇有重大問題發生時，對外可以發表意見，等於一反共抗俄超黨派之組織，擁護臺灣國民政府，不作政治的活動。[57]

十月二十日雷震出席「自由中國協會」成立會，當天決定章程及幹事人選，幹事為王雲五、左舜生、金侯城、成舍我、許孝炎、卜少夫、王聿修等七人。[58]二十二日第一次幹事會開會，推選幹事會主席王雲五、書記許孝炎，對於「應否在臺北及其他地區吸收會員案」，又決議三點：「一、託雷儆寰先生在臺北徵詢傅孟真、羅志希、張佛泉、毛子水、陳啓天、蔣勻田、蕭同茲、杭立武、丘念台、臧啓芳、陳訓悆諸先生意見，為本會會員。二、由全體幹事簽名，函胡適之、張君勱、曾慕韓、于斌諸先生請參加本會，至在各地主持吸收會員，發展會務，函請左舜生先生擬稿。三、在各地會員人數在十人以上時，即推出幹事三人，參加本幹事會。」[59]後來香港著名的《自由人》雜誌，即與「自由中國協會」有密切關係。

（二）了解香港反共人士的看法

雷震在港期間，與香港民社黨人士會面時，他們託他向台灣民社中央總部轉達資金短缺情形。[60]此外，雷震也調查了調景嶺難民問題，並與調景嶺代表會面。[61]而經《祖國》週刊編輯委員許冠三（曾參與《自由中國》創刊）介紹，雷震與「友聯社」成員胡越、徐東濱、邱然等人會面交換意見，此後雷震與他們常有書信往來，一九五七年雷震的著作《制憲述要：中華民國憲法制定經過》也是由友聯出版社出版。[62]

雷震赴港期間，雙十節當天《香港時報》因版面關係只印得了蔣中正總統文告的前半，另用紅字印一份完整版附在裡頭，但該報於台灣販售時卻未附該張紅色文告，蔣為此發怒，王世杰便來函請雷震解釋。雷震除了說明緣由，更美言該報當天還有附上國旗一面，蔣中正聽到雷震的報告後十分高興。[63]

這次香港宣慰行程，香港反共人士對中華民國政府所提出最大的問題，是申請台灣入境證速度拖延或是遭到批駁，甚至有國大代表提出申請，卻得到「俟國大臨時會期過後再定」，或是「此事須由總統府決定」等敷衍之答案，令在香港的國大代表甚為憤慨。[64]

十月二十三日雷震搭船離開香港，[65]返台後，[66]繼向各相關人士報告此次赴港內容。十一月八日雷震出席改造會第一次會議，參加對敵作戰組。[67]

雷震返台後，在一九五〇年十一月二日〈呈總統蔣中正報告〉中提出明確的書面建議。就雷震的觀察，居留香港的人士大多反共，也擁護總統，所謂「第三勢力」並不足重視。但留港人士對「臺灣方面」普遍感到不滿，「希望政府廣開言路」。對此，雷震建議政府應設法邀請具有國際聲望的人物（如胡適）出面，領導「亞洲在精神文化方面的反共力量」；雷震還建議政府促請居留海外的反共領袖人物返國，包括張君勱、曾琦、李宗仁、孫科、顧孟餘等人，以示團結反共力量；亦應適度放寬入境限制，准許留居香港之政治人物來台，更要儘速處理調景嶺難民問題。雷震並請政府多加重視在港進行的反共宣傳，多多鼓勵香港的反共刊物，尤其應該支持黨報《香港時報》的發展。[68]

十一月十日雷震再面見蔣中正總統，除詳細報告《香港時報》情形及「自由中國協會」之外，也轉達香港反共人士的看法。總統聽完報告後，則下令雷震草擬調景嶺難民入台辦法。[69]

與雷震的建議相呼應，一九五〇年十一月十六日出刊的《自由中國》第三卷第十期，以社論建議政府要將香港的反共力量納入台灣這個反共實力圈內，必須理解在港反共人士對政府批評督責，並不代表不愛護政府，而是可以增強反共的力量。政府應放寬台灣入境許可證的申請，加強台港兩地反共精神的聯繫，以達到共同的反共目標。[70]十七日，雷震將在港見聞向時任行政院長陳誠報告後，陳誠表示總統事必躬親，作法甚為老舊，他也認為入境申請應放寬些。[71]

十一月十九日《香港時報》管理委員會在雷寓開會，雷震報告《香港時報》在港成績及該報同仁努力。許孝炎表示如黨方不能信任，他可辭職，但此報必須存在。王世杰亦再三說明《香港時報》以有限之金錢，辦得甚有成績，可見工作同志之努力。黃少谷謂政府無錢，而有許多人對此報確有誤解，如誤解不除，則該報前途困難。[72]基本上，雷震已說服管理委員會支持《香港時報》繼續經營。一九五〇年十二月二十七日，雷震出席設計會，會中他表示反對軍隊成立國民黨黨部。雷震認為，已經行憲，要如何處理其他政黨也要求軍隊黨部的問題？因此不如不准軍隊入黨，以示杜絕黨爭。[73]這是雷震的一貫主張，也與蔣中正總統的政策明顯相左。因此，之前雷震曾表達反對意見，一九五〇年六月就遭蔣中正於國民黨軍中黨部成立大會上「未指名」的斥責。[74]

雖然如此，雷震赴港任務仍算成功落幕，進而促成了第二次的香港宣慰之旅。

三、第二次赴香港宣慰

一九五一年一月十一日，王世杰告知雷震，蔣中正總統囑雷震再赴香港。雷震擔心此事若非由蔣總統主動提起，恐怕蔣不能信任他，到時他對香港方面應允之事無法兌現，此行將一事無成。王世杰則回覆，其他人選都遭反對，是蔣中正總統希望雷震前往。他也建議雷震先擬訂計畫，面呈蔣總統，得到蔣的同意，以便至港後工作的推動。[75]

此外，洪蘭友積極自薦前往香港，雖然黃少谷、陳誠反對他做為赴港代表，蔣則允其隨雷震同行。[76]王世杰原擔心洪蘭友同去會礙事，曾詢問雷震意見，雷震認為洪去香港雖難有貢獻，但也不至於妨礙工作，不必刻意阻止。[77]

當時香港反對共產黨，但對丟掉大陸的國民黨和蔣中正亦無好感之民主人士，正擬組織團體（第三勢力）以反共反蔣，而背後還有來自美國當局的援助。[78]雷震對此主張積極面對，這也反映在一月十六日出刊的《自由中國》第四卷第二期。此期登載一篇時事述評〈建立聯合陣線正是時候了！〉，強調反共力量團結的重要，提出呼籲：

在統一的政府之下建立起來一個基於民主原則，舉國一致的「聯合陣線」。……將所有反共的人們均集合於國民政府之下，集中力量，而後可以消滅共黨。……假使全中國海內外的人們真組成了聯合陣線，則「第三勢力」根本不會發生，美援也只有一個對象了。[79]

赴港宣慰人事底定後，國民黨當局於一九五一年一月十八日開座談會，討論營救香港反共人士辦法。與會有國民黨改造委員會各組代表、行政院秘書長黃少谷、總統府秘書長王世杰及雷震、洪蘭友、端木愷等人。洪蘭友與端木愷主張僅慰問在港極少數與國民黨有關係之人物，如許崇智等人，不贊成在港設一委員會辦理所有反共人士之調查與組織工作，認此太繁雜、太危險。雷震表示，若僅慰問少數過去政治上有地位之人士或預備其來台，對反共工作無大用處。最後決定以行政院辦法為藍本，委員會則不讓黨外人士參加。[80]

（一）救護在港反共人士

啟程前，雷震閱讀蔣中正總統批准之赴港辦法，當中有一份拒絕入境台灣的在港人士名單，係由蔣經國主導的總統府機要室資料組根據蔣總統平日言談提及的內容定出。名單上有尹述賢、甘家馨、邵鏡人、王夢鄉、黃宇人、周天賢、任國榮等人，他們與雷震熟識，也是到港後即將見面的人士，竟要拒絕他們入境，雷震見到名單後感到相當困難。[81]

最後，蔣中正及陳誠皆向雷震表示本次香港之行「只云救護，不云團結」，也就是指這次赴港任務只需救護反共人士，而不需爭取反共人士傾向國民黨當局。雷震對此深感不解，認為縱使「不倡導聯合陣線，最少亦應先鋪下向此方面進行之道路」，唐縱也贊同雷震的看法。[82]

一月三十一日，雷震再度出發前往香港進行宣慰，此趟由總統府秘書長王世杰補助了四千元港幣，[83]行政院秘書長黃少谷給了一萬港幣，[84]均是支票。[85]本次雷震赴港主要工作為：（一）代表蔣中正總統慰問反共人士，並成立駐港委員會，對香港一般反共人士，先行調查與登記，俾一旦緊急時可以撤退。[86]（二）調查第三勢力在港情形。雷震一週寫兩封信向王世杰秘書長報告行動及香港情勢。[87]

此時，香港的反共人士對國民黨政府統治下台灣的政治自由度頗有疑慮。雷震一月三十一日抵港當天，參加「自由中國協會」幹事會，針對「自由中國協會」不能在台灣成立，雷震只能解釋：「臺灣除國民黨及民、青兩黨外，不許其他政治組織，故自由中國協會亦未准成立」。[88]而青年黨的領袖左舜生和李璜等人，一見到雷震和洪蘭友，即大罵蔣中正和蔣經國在軍隊設立國民黨黨部，又不實行民主，不僅違憲，完全是「家天下」的統治。雷震和洪蘭友無話可說，只能任其批評，因為他們所罵的是事實。[89]

二月十四日再與洪蘭友一同出席「自由中國協會」大會，向與會之在港人士報告此行任務與台灣政情。會中，左舜生提問台灣國民黨政府的作法是否仍為「武力統一、一黨專政、一個領袖」，雷震答「此為比較的說法」。左舜生又指出，「自由中國協會」在台不准掛牌，政治團體如過去的民、青兩黨之需要「被承認」是可憐的。對此，許孝炎解釋「臺北政治頗有進步，新聞固有限制，但無檢查，至自由中國協會，因大多數人均為國民黨，改造委員會希望黨員歸隊，故不欲此組織在臺成立，恐有礙於黨員之歸隊」。程滄波則說「大家都不願去臺灣，而事實上非去不可，因為臺灣比較匪區自由」。[90]

二月十五日雷震出席「自由作者協會」之座談會，由雷嘯岑（馬五）擔任主席，到會有孫寶毅、丁廷標、金良木諸人。他們認為台灣作風狹隘、不民主，雷震只能一再解釋是大家不明瞭台灣情形，港台間存在誤解，應該多溝通意見。其中也有人認為雷震來港目的是為了聯絡第三勢力，雷震則聲明此為誤解。另外一方面，傳聞謝澄平認為馬義（馬五？）主導的「自由作者協會」不受指揮，就造謠馬義接受雷震一萬元，雷震對於反共勢力這樣起內鬨則感到不應該。[91]

至於許崇智是雷震此行宣慰的重點之一，一月三十一日雷震甫抵港時，朱新民即向他提起許崇智成立「中國民主反共同盟」，參加者有彭昭賢、梁寒操、左舜生、方覺慧、上官雲相及宣鐵吾等人。[92]雷震在港期間多方探聽許崇智之意圖，二月一日先從左舜生及李福林處得知，許稱自己堅決反共。左舜生認為許有革命性，台灣對其組織應該要有具體辦法。[93]此外，雷震先後與李璜、[94]甘家馨、[95]伍憲子[96]等人討論前述組織，他們皆不看好。

相對地，二月四日杭立武告訴雷震，他曾與美國駐港澳總領事見面，總領事不肯說不幫助許，且對許之組織深感興趣，總領事館政治部也與該組織常有接觸。[97]彭昭賢則表示該組織與台灣的政府是殊途同歸，現候張君勱來港及美國人答覆後即開成立大會，對此一組織的發展，深具信心。[98]

二月五日，雷震訪金侯城，探詢張君勱是否會參加許崇智的組織。金侯城告訴雷震，張君勱收到許崇智邀其領導的函件。張君勱表示，許崇智的組織宗旨為爭取民主自由，雖與民社黨完全符合，但是民社黨中央在台擁護蔣中正總統，若張君勱或金侯城另有活動，則對不起在台灣的代理主席徐傅霖，因此張君勱也沒回信給許。[99]同日下午，雷震拜訪許崇智，進行短暫談話，許表示「大家鑒於局勢之必要，而有此組織，不反對臺灣，臺灣不應有誤解」。雷震則向許說明此行目的，表示蔣總統的意思是準備必要時撤退工作，並不勉強，尤其無利用意思。[100]

另一方面，針對香港反共人士將來撤退來台名單之研擬，二月初成立駐港小組委員會，有成舍我、彭昭賢、朱新民、吳開先、楊管北、洪蘭友、谷錫五及雷震等八名成員。[101]

根據雷震的調查，香港反共人士，有的不願來台（如前述之許崇智），有的直接表示想去台灣，例如王聿修、[102]李培炎，[103]尹致中雖有意願，但也對台灣肅殺作風感到可怕。[104]而甘家馨、王夢鄰、邵鏡人及涂公遂等人願到台灣，卻被列在拒絕名單上，「彼等認為臺灣不准入境一事，十分憤慨，並云將向聯合國控訴，認為他們是民意機關代表，政府無權拒絕，而介公何必如此小氣。予再三向之解釋，並允設法。」[105]也有不少人如左舜生，[106]打算續留香港，萬一香港發生緊急事態再到台灣。

二月十六日小組委員會開會討論時，教育界由吳俊升開了一份名單；針對新聞界部分，則認為主動邀請將影響到對方的工作及旅費籌措，應是將此事宣揚出去，由對方自己來找門路；至於工商界方面，顧慮到上海事業恐惹出麻煩，不願先開名單，並說明過去曾受台灣冷淡而不欲去台者眾。[107]不過工商界中也有對中共恨之入骨者，例如三月一日林崇墉帶來新光內衣廠傅良駿及中央紡織公司劉慶一，他們原本不欲離開上海，卻見到中共迫害人民，自己也曾遭長時間疲勞訊問，故決定拋棄一切物業逃出，願意到台灣。[108]至於澳門應撤退之名單，二十五日由祝秀俠從澳門送來香港給雷震。[109]三月一日，劉家麟送來應撤退的國大代表名單。[110]

二月二十二日，雷震在香港接王世杰來函囑雷震儘速返台，因董時進、調景嶺青年學生及聯合陣線等事皆須到台商量始有辦法，雷震與洪蘭友商量後決定月底完成工作後返台。[111]

（二）與兩蔣關係的轉折

三月二日雷震搭船離開香港，[112]四日晚間返抵台北。[113]回台後，雷震一一向相關單位進行報告，其中包括向行政院提出十一項建議。[114]三月十四日，雷震與洪蘭友研究行政院交辦來台之名單，分別簽具意見。對於放寬來台人士尺度一事，將急於來台之名單，送保安司令部辦理。[115]

三月二十三日雷震與洪蘭友受邀與國民黨改造委員會討論港澳問題，雷震他們在報告中提出，香港各方人士最不滿意學校之三民主義課程及軍隊黨部二事，然而與會者均不甚重視。[116]

改造委員又要求雷震向改造委員會繳交一份書面報告，雷震難以推辭，於是寫了六條事項，親自送到改造委員會。[117]六項建議中包括廢止在學校施行三民主義課程以及軍中黨部問題，以致引發兩蔣不滿。[118]

雷震如此再三呼籲廢除軍中黨部，又遭到蔣中正與蔣經國的斥責。三月二十九日，雷震出席忠烈祠公祭時，蔣經國便邀雷震談話，問及他是否提案要撤銷軍隊黨部，雷震回答確是如此。蔣經國隨即大罵，批評雷震受共產黨之唆使要來危害國民黨，這令雷震非常難過。[119]之後四月十六日蔣中正在軍隊黨部改造委員的就職典禮上，大罵雷震與洪蘭友轉述在港人士要求廢止軍隊黨部：「此等行動與匪諜及漢奸無異，為一種寡廉鮮恥之行為」。[120]蔣中正總統對設立軍隊黨部的堅持，顯示他可能決定採取類似共產黨組織來對抗共產黨這一條路徑，而不重視以自由民主來反共，這與雷震及《自由中國》的政治路線有相當大的出入。因此，雷震開始擔心，「回大陸後怎麼實行民主的問題」。[121]與蔣中正總統在政治路線上歧見的出現，標示著雷震及《自由中國》與蔣總統關係的一個轉折。[122]

不過，雷震從香港帶回的建議，也有部分得到國民黨當局高層的青睞。如與雷震出訪前的意見接近，香港反共民主人士提及「聯合戰（陣）線」的主張，在雷震與國民黨高層人士思考如何落實時，張群較為支持，並要雷震參加他和邱昌渭、端木愷進行的草擬意見工作。[123]參與改造的其他重要人士中，唐縱雖私下表示支持，並擬起草方案，[124]公開討論時則採消極的態度，時任國民黨中央改造委員會秘書長的張其昀則採取反對的立場。[125]

另一方面，《自由中國》補助的狀況也有所改變。一九五〇年底行政院長陳誠決定停止教育部補助《自由中國》經費，而《自由中國》乃轉由台灣省主席吳國楨下屬的省財政廳補助，時間為一九五一年三月至一九五三年春為止，每年新台幣二萬元，共計六萬元。[126]

1 范泓，《民主的銅像：雷震傳》，頁二八四；〈雷震致胡適〉（一九四九年十二月八日），收入萬麗鵑編註，潘光哲校閱，《萬山不許一溪奔：胡適雷震來往書信選集》，頁五～六。

2 范泓，《民主的銅像：雷震傳》，頁二八四。

3 王紀五，〈《自由中國》創刊號可贊，而蔣廷黻籌組「自由黨」另有目的——王紀五致雷震（一九四九年十二月四日）〉，收入傅正主編，《雷震全集30：雷震秘藏書信選》，頁五八；雷震，一九五〇年一月三日日記，傅正注釋，《雷震全集32：第一個十年（二）》，頁四～六。

4 雷震，一九五〇年一月三日日記，《雷震全集32：第一個十年（二）》，頁四～六。

5 雷震，一九五〇年一月十八日日記，《雷震全集32：第一個十年（二）》，頁一九～二〇。

6 雷震，一九五〇年一月十五日日記，《雷震全集32：第一個十年（二）》，頁一六～一七。

7 〈胡適致雷震〉（一九五〇年一月九日），收入萬麗鵑編註，潘光哲校閱，《萬山不許一溪奔：胡適雷震來往書信選集》，頁九～一〇。

8 雷震，一九五〇年一月十五日日記，《雷震全集32：第一個十年（二）》，頁一六～一七。

9 雷震，〈如何由自由中國運動推動新政治團體——雷震致蔣廷黻、陳之邁（一九五〇年一月二十四日）〉，收入傅正主編，《雷震全集30：雷震秘藏書信選》，頁六六～六七。

10 蔣廷黻，〈恐先辦運動，暫不組黨又錯失良機——蔣廷黻致雷震（一九五〇年三月三日）〉，收入傅正主編，《雷震全集30：雷震秘藏書信選》，頁七二。

11 雷震，一九五〇年一月二十一日日記，《雷震全集32：第一個十年（二）》，頁二二～二三。

12 雷震，一九五〇年二月二日日記，《雷震全集32：第一個十年（二）》，頁三一～三二；雷震，一九五一年二月三日日記，《雷震全集32：第一個十年（二）》，頁三二～三三。

13 薛化元，《《自由中國》與民主憲政：一九五〇年代台灣思想史的一個考察》，頁七八。

14 關於雷震對聯合戰線的看法，雷震認為「今日聯合反共，他日聯合建國」，參見雷震，一九五一年一月二十九日日記，《雷震全集33：第一個十年（三）》，頁二一。

15 雷震，一九五〇年一月十一日日記，《雷震全集32：第一個十年（二）》，頁一四。薛化元，《《自由中國》與民主憲政：一九五〇年代台灣思想史的一個考察》，頁七八～七九。

16 雷震，一九五〇年一月十八日日記，《雷震全集32：第一個十年（二）》，頁一九。

17 雷震，一九五〇年二月二日日記，《雷震全集32：第一個十年（二）》，頁三一。

18 王聿修在給雷震的信上表示自由中國運動「適之先生既不起勁，大約前途沒大希望」。此處約略可看出胡適對「自由中國運動」不太熱心的態度。參見王聿修民國三十九年四月十七日致雷震信，收入傅正主編，《雷震全集30：雷震秘藏書信選》，頁七九。

19 參見郭廷以，《中華民國史事日誌》第四冊，頁九一二～九一五。

20 當時《中央日報》曾報導李宗仁於十一月十四日晚上從廣西飛抵重慶，應該是誤傳。《中央日報》，一九四九年十一月十五日，版一；《中央日報》，一九四九年十二月六日，版一。

21 一九四九年十一月二十日，李宗仁代總統出國赴香港，再赴美國，事後官方認為他是棄職出國，無法行使職權。參見郭廷以，《中華民國史事日誌》第四冊，頁九一五、九一九。

22 雷震，一九五〇年一月二日日記，《雷震全集32：第一個十年（二）》，頁四。

23 雷震，一九五〇年一月九日日記，《雷震全集32：第一個十年（二）》，頁一一～一二。

24 任育德，《雷震與台灣民主憲政的發展》，頁七一；雷震，一九五〇年一月十三日日記，《雷震全集32：第一個十年（二）》，頁一五。

25 任育德，《雷震與台灣民主憲政的發展》，頁六九。

26 雷震，一九五〇年三月一日日記，《雷震全集32：第一個十年（二）》，頁五一～五二。

27 雷震，一九五〇年三月二日日記，《雷震全集32：第一個十年（二）》，頁五二～五三。

28 參見薛化元，《《自由中國》與民主憲政：一九五〇年代台灣思想史的一個考察》，第三章第一節。

29 此處乃引自王聿修對馬之驌的談話內容。參見馬之驌，《雷震與蔣介石》，頁一〇四～一〇五。

30 許冠三，〈儆寰先生辭世十一年祭〉，收入傅正主編，《雷震全集2：雷震與我（二）》，頁二五二。

31 雷震，一九五〇年一月二十五日日記，《雷震全集32：第一個十年（二）》，頁二六。

32 雷震，一九五〇年六月二十一日日記，《雷震全集32：第一個十年（二）》，頁一三〇。

33 雷震，一九五〇年三月十五日日記，《雷震全集32：第一個十年（二）》，頁六一～六二。

34 雷震，一九五〇年五月二十五日日記，《雷震全集32：第一個十年（二）》，頁一一三～一一四。

35 雷震，一九五〇年六月十九日日記，《雷震全集32：第一個十年（二）》，頁一二八～一二九。

36 雷震，一九五〇年七月一日日記，《雷震全集32：第一個十年（二）》，頁一三六～一三七。

37 如前所述，許孝炎為了推動在香港辦報紙，曾經透過雷震、王世杰向蔣中正總裁爭取，而雷震也大表贊成。參見〈香港時報四日創刊〉，《中央日報》，一九四九年八月二日，第三版。

38 雷震，《雷震回憶錄之新黨運動黑皮書》，頁二二六；這是雷震回憶告訴胡虛一，而由胡記錄下來。胡虛一，〈雷震日記介紹及選註〉（雷震一九四六年六月十七日日記），收入李敖主編，《萬歲評論叢書》，冊一六（1985.3.5），頁一一〇～一一一。

39 雷震，《雷震回憶錄之新黨運動黑皮書》，頁二二八。不過雷震當時在一九五〇年六月四日的日記記載，「預算仍確定為每月三萬港紙」。參見雷震，一九五〇年六月四日日記，《雷震全集32：第一個十年（二）》，頁一二〇。

40 「該報以原籌經費只能維持到四月半，而孝炎感覺應付困難，臺灣政府及黨內人士又不諒解，反有許多閒話，乃函請辭職。予特將上次陳訪先對〈時報〉減版抗議及孝炎在港苦心維持詳為報告，建議去函慰留並予以鼓勵。希聖謂此管理委員會與中宣部及財委會均有關係，前途不無阻礙，今後開會時可請其出席，不必改變章程。對經費籌措事推雪艇及予等三人。」參見雷震，一九五〇年三月二十一日日記，《雷震全集32：第一個十年（二）》，頁六六。

41 雷震，一九五〇年六月四日日記，《雷震全集32：第一個十年（二）》，頁一二〇。

42 雷震，一九五〇年五月二十八日日記，《雷震全集32：第一個十年（二）》，頁一一五～一一六。

43 雷震，〈我兩次奉命赴港調查與宣慰〉，《雷震全集12：雷案回憶（二）》，頁三八三～三八四。

44 雷震，一九五〇年九月二十三日日記，《雷震全集32：第一個十年（二）》，頁一九二～一九三。

45 雷震，一九五〇年九月二十四日日記，《雷震全集32：第一個十年（二）》，頁一九三。

46 雷震，一九五〇年十月六日日記，《雷震全集32：第一個十年（二）》，頁一九八～一九九。

47 雷震，〈我兩次奉命赴港調查與宣慰〉，《雷震全集12：雷案回憶（二）》，頁三八四。

48 雷震，一九五〇年十月六日日記，《雷震全集32：第一個十年（二）》，頁一九八～一九九。

49 雷震，〈我兩次奉命赴港調查與宣慰〉，《雷震全集12：雷案回憶（二）》，頁三八五。

50 雷震，一九五〇年十月八日日記，《雷震全集32：第一個十年（二）》，頁二〇〇。

51 雷震，〈我兩次奉命赴港調查與宣慰〉，《雷震全集12：雷案回憶（二）》，頁三八五～三八六。

52 胡虛一，〈雷震日記介紹及選註〉（雷震一九四六年六月十七日日記），收入李敖主編，《萬歲評論叢書》，冊一六（1985.3.5），頁一一〇～一一一。

53 例如「飯後慰問王新衡，曾以總統代表名義安慰之」，見雷震，一九五〇年十月八日日記，《雷震全集32：第一個十年（二）》，頁二〇〇。

54 陳三井，〈蔣介石眼中的香港自由民主運動〉，《八十文存：大時代中的史家與史學》（台北：秀威資訊，二〇一七），頁三六三。

55 雷震，一九五〇年十月七日日記，《雷震全集32：第一個十年（二）》，頁一九九～二〇〇。

56 雷震，一九五〇年十月九日日記，《雷震全集32：第一個十年（二）》，頁二〇一。

57 雷震，一九五〇年十月十三日日記，《雷震全集32：第一個十年（二）》，頁二〇四。

58 雷震，一九五〇年十月二十日日記，《雷震全集32：第一個十年（二）》，頁二〇八；〈自由中國協會成立會紀錄〉，《雷震全集27：給蔣氏父子的建議與抗議》（臺北：桂冠圖書，一九九〇），頁一六～一七。

59 雷震，一九五〇年十月二十二日日記，《雷震全集32：第一個十年（二）》，頁二〇九～二一〇；〈自由中國協會第一次幹事會紀錄〉，《雷震全集27：給蔣氏父子的建議與抗議》，頁一八～一九。

60 雷震，一九五〇年十月十一日日記，《雷震全集32：第一個十年（二）》，頁二〇二～二〇三。

61 雷震，一九五〇年十月十四日日記，《雷震全集32：第一個十年（二）》，頁二〇四～二〇五。

62 雷震，〈我兩次奉命赴港調查與宣慰〉，《雷震全集12：雷案回憶（二）》，頁三八七～三八八。

63 雷震，〈我兩次奉命赴港調查與宣慰〉，《雷震全集12：雷案回憶（二）》，頁三九三～三九四。

64 雷震，一九五〇年十月二十一日日記，《雷震全集32：第一個十年（二）》，頁二〇九。

65 〈總統府顧問　雷震離港返台〉，《香港工商日報》，一九五〇年十月二十四日，第五頁。

66 雷震於一九五〇年十月二十三日至二十八日間未寫日記，傅正查二十八日香港《上海日報》報導雷震於二十七日返台，而據《中央日報》報導雷震是二十六日返抵台北。參見〈留港難胞及榮軍向總統獻旗祝嘏　託雷震轉呈致敬書〉，《中央日報》，一九五〇年十月二十八日，第一版。

67 雷震，一九五〇年十一月八日日記，《雷震全集32：第一個十年（二）》，頁二一五。

68 雷震，〈呈總統蔣中正報告〉（一九五〇年十一月二日），收入《雷震全集27：給蔣氏父子的建議與抗議》，頁一～七。

69 雷震，一九五〇年十一月十日日記，《雷震全集32：第一個十年（二）》，頁二一六。

70 社論，〈臺灣、香港與大陸〉，《自由中國》，第三卷第十期（1950.11.16），頁四。

71 雷震，一九五〇年十一月十七日日記，《雷震全集32：第一個十年（二）》，頁二二〇。

72 雷震，一九五〇年十一月十九日日記，《雷震全集32：第一個十年（二）》，頁二二一。

73 雷震，一九五〇年三月十五日日記，《雷震全集32：第一個十年（二）》，頁二四〇～二四一。

74 薛化元，《《自由中國》與民主憲政：一九五〇年代台灣思想史的一個考察》，頁八一。雷震，《雷震回憶錄——我的母親續篇》（香港：七十年代雜誌社，一九七八），頁三六一～三六二。

75 雷震，一九五一年一月十一日日記，《雷震全集33：第一個十年（三）》，頁六～七。

76 雷震，一九五一年一月十三日日記，《雷震全集33：第一個十年（三）》，頁八～九。

77 雷震，〈我兩次奉命赴港調查與宣慰〉，《雷震全集12：雷案回憶（二）》，頁三九四。

78 雷震，〈我兩次奉命赴港調查與宣慰〉，《雷震全集12：雷案回憶（二）》，頁三九二。

79 〈建立聯合陣線正是時候了！〉，《自由中國》，第四卷第二期（1951.1.16），頁四～五。

80 雷震，一九五一年一月十八日日記，《雷震全集33：第一個十年（三）》，頁一二～一三。

81 雷震，一九五一年一月二十四日日記，《雷震全集33：第一個十年（三）》，頁一七～一八。

82 雷震，一九五一年一月二十八日、二十九日日記，《雷震全集33：第一個十年（三）》，頁二〇～二二。

83 雷震，〈我兩次奉命赴港調查與宣慰〉，《雷震全集12：雷案回憶

（二）》，頁三八八。

84 雷震，〈我兩次奉命赴港調查與宣慰〉，《雷震全集12：雷案回憶（二）》，頁三九二。

85 雷震，〈《自由中國》的第一次言禍〉，《雷震全集12：雷案回憶（二）》，頁三九五。

86 雷震，一九五一年二月五日日記，《雷震全集33：第一個十年（三）》，頁二八～三〇。

87 雷震，〈我兩次奉命赴港調查與宣慰〉，《雷震全集12：雷案回憶（二）》，頁三九二。

88 雷震，一九五一年一月三十一日日記，《雷震全集33：第一個十年（三）》，頁二三～二四。

89 雷震，〈反對「黨化軍隊」惹怒了蔣家父子〉，《雷震全集12：雷案回憶（二）》，頁三九八。

90 雷震，一九五一年二月十四日日記，《雷震全集33：第一個十年（三）》，頁三八。

91 雷震，一九五一年二月十五日日記，《雷震全集33：第一個十年（三）》，頁三八～三九。

92 雷震，一九五一年一月三十一日日記，《雷震全集33：第一個十年（三）》，頁二三～二四。

93 雷震，一九五一年二月一日日記，《雷震全集33：第一個十年（三）》，頁二四～二五。

94 雷震，一九五一年二月二日日記，《雷震全集33：第一個十年（三）》，頁二五～二六。

95 雷震，一九五一年二月十六日日記，《雷震全集33：第一個十年（三）》，頁三九～四〇。

96 雷震，一九五一年二月十七日日記，《雷震全集33：第一個十年（三）》，頁四〇～四一。

97 雷震，一九五一年二月四日日記，《雷震全集33：第一個十年（三）》，頁二七～二八。

98 雷震，一九五一年二月四日日記，《雷震全集33：第一個十年（三）》，頁二七～二八。

99 雷震，一九五一年二月五日日記，《雷震全集33：第一個十年（三）》，頁二八～三〇。

100 雷震，一九五一年二月五日日記，《雷震全集33：第一個十年（三）》，頁二八～三〇。

101 雷震，一九五一年二月五日日記，《雷震全集33：第一個十年（三）》，頁二八～三〇。

102 雷震，一九五一年二月三日日記，《雷震全集33：第一個十年（三）》，頁二六～二七。

103 「五時許到〈時報〉看到李培天、李培炎昆仲。培天有一函呈總統，培炎擬入臺，託裴存藩去辦入境證。」見雷震，一九五一年三月一日日記，《雷震全集33：第一個十年（三）》，頁五六～五七。

104 雷震，一九五一年二月二十六日日記，《雷震全集33：第一個十年（三）》，頁五一～五二。

105 雷震，一九五一年二月十六日日記，《雷震全集33：第一個十年（三）》，頁三九～四〇。

106 「左舜生個人認為在香港可賣稿，去台灣不能生存，可先申請入境證，待緊急時再去台。」見雷震，一九五一年二月一日日記，《雷震全集33：第一個十年（三）》，頁二四～二五。

107 雷震，一九五一年二月十六日日記，《雷震全集33：第一個十年（三）》，頁三九～四〇。

108 雷震，一九五一年三月一日日記，《雷震全集33：第一個十年（三）》，頁五六～五七。

109 雷震，一九五一年二月二十五日日記，《雷震全集33：第一個十年（三）》，頁四九～五一。

110 雷震，一九五一年三月一日日記，《雷震全集33：第一個十年（三）》，頁五六～五七。

111 雷震，一九五一年二月二十二日日記，《雷震全集33：第一個十年（三）》，頁四六～四七。

112 雷震，一九五一年三月二日日記，《雷震全集33：第一個十年（三）》，頁五七。

113 雷震，一九五一年三月四日日記，《雷震全集33：第一個十年（三）》，頁五七～五八。

114 陳三井，《八十文存：大時代中的史家與史學》，頁三六六～三六七。

115 雷震，一九五一年三月十四日日記，《雷震全集33：第一個十年（三）》，頁六一～六二。

116 雷震，一九五一年三月二十三日日記，《雷震全集33：第一個十年（三）》，頁六六～六七。

117 雷震，〈反對「黨化軍隊」惹怒了蔣家父子〉，《雷震全集12：雷案回憶（二）》，頁三九八。

118 陳三井，《八十文存：大時代中的史家與史學》，頁三六六～三六七。

119 雷震，一九五一年三月二十九日日記，《雷震全集33：第一個十年（三）》，頁七〇～七一。

120 雷震，一九五一年四月十六日日記，《雷震全集33：第一個十年（三）》，頁八一；張忠棟，《胡適．雷震．殷海光》，頁七六～七七。蔣經國當時被指任為「特種黨部改造委員會」（相當於省級黨部）書記長（中央指定周至柔為主任委員），在軍中黨部工作上扮演重要的角色。周國光，《七年來的特種黨務》（一九五七年），頁一〇～一一。此資料為龔宜君教授提供，謹此致謝。

121 雷震，一九五一年四月十七日日記，《雷震全集33：第一個十年（三）》，頁八二。

122 雷震曾以蔣中正對他的批評向時任總統府秘書長的王世杰抱怨，王世杰當時並未回答。參見雷震，一九五一年四月二十二日日記，《雷震全集33：第一個十年（三）》，頁八四；王世杰於稍後曾表示贊同雷震的見解。參見雷震，一九五一年五月九日日記，《雷震全集33：第一個十年（三）》，頁九二。蔣中正對雷震的批評對雷震的打擊頗大，自此以後，蔣中正與雷震開始疏遠，而《自由中國》的言論又時常觸犯蔣的禁忌，遂使得雷震與蔣及國民黨當局愈行愈遠。

123 雷震，一九五一年三月十日日記，《雷震全集33：第一個十年（三）》，頁六〇。

124 雷震，一九五一年三月二十一日日記，《雷震全集33：第一個十年（三）》，頁六五。

125 雷震，一九五一年三月二十三日日記，《雷震全集33：第一個十年（三）》，頁六六。

126 任育德，《雷震與台灣民主憲政的發展》，頁八二。

第二節

衝突與日俱增

一、〈政府不可誘民入罪〉的意義與影響

如前所述，雷震主導的《自由中國》創刊初期抱持「擁蔣反共」的立場，在中華民國政府敗退來台初期，以「大局為重」，將人權的價值置於次位。因此，雷震與蔣中正領導的國民黨當局仍能維持交融的關係。[1]但是，雷震並沒有放棄對民主憲政的堅持，因此，雷震第二次赴港後提出的建議，在軍隊國家化等議題上造成兩蔣的不滿。不過，蔣中正、蔣經國父子雖然痛罵雷震，國民黨當局卻還沒有直接批評《自由中國》雜誌，或對雜誌施壓。

一九五〇年六月韓戰爆發，美國派第七艦隊實施「台灣海峽中立化」政策，台海局勢已經轉危為安。[2]到了一九五一年五月國際情勢有了進一步的發展，當韓國戰場局面轉趨對聯軍有利之後，美國杜魯門總統正式決定不在台海問題上對中共政權讓步，台灣的安全得到更多的保障。[3]《自由中國》原本基於國家情勢險惡而對政府侵害人權的情事所抱持的容忍態度，此時

也發生轉變，而導致《自由中國》與情治單位發生正面衝突。

引爆點是一九五一年六月一日，《自由中國》第四卷第十一期刊登夏道平執筆的社論〈政府不可誘民入罪〉。[4]該文揭發某些不肖官吏因覬覦舉發或承辦金融案件所提付的高額獎金，以騙術誘民入罪。[5]其手法是先在土地銀行開戶，取得本票後用作抵押，並藉此到處以高利率向人借款，等借貸成交時即由保安司令部經濟檢查組出面逮捕受諸以金融犯罪，交由該部軍法機關審判，經檢組人員可得高額獎金。[6]文章刊出後，台灣省保安司令部副司令彭孟緝警告雷震：「《自由中國》的文章，侮辱了保安司令部，他（彭）從今日起要與我算帳，絕不放鬆，法律解決也可以」。[7]彭孟緝一方面又對外抱怨，說他「得罪了台灣人，今後台灣不可居」，又稱雷震是總統府國策顧問，說話易使人相信，保安司令部之威信被雷震毀了，[8]彭指《自由中國》這篇文章破壞了台灣的金融管制，使他的工作今後無法實行。彭孟緝更指控雷震兩次去港曾有「套匯」、「走私」之行為，雷替商人關說而彭未應允，故雷震刊登這篇文章是有報復意圖云云。[9]

當時手握大權的彭孟緝不只是放話而已，他寫好準備逮捕自由中國社編輯人員的公文，要兼任保安司令部司令的台灣省主席吳國楨批准，但被吳國楨給退回。[10]從雷震日記的記錄可以看到，儘管彭孟緝不止一次出手，不過國民黨當局高層和雷震友好人士，也一再伸出援手。

（一）回應文章遭大筆修改

事件爆發後，六月八日雷震拜訪好友總統府秘書長王世杰，行政院秘書長黃少谷也在場。黃少谷離開後，王世杰表示〈政府不可誘民入罪〉「已與保安司令部開火了，該部決定要與我［雷震］對抗」。王世杰又說「這篇文章是事實，不過今日為打倒共產黨要用這些人，故有時不能不遷就」，建議《自由中國》可再寫一篇文章回應，說明並不反對經濟管理與對相關人員之勞績及操守廉潔，毋須「作違心之論」，雷震也允諾了。[11]六月九日，國民黨中央改造委員會第四組致電雷震，謂此事觸怒保安司令部，警告《自由中國》勿再有損害政府信譽事件發生。陶希聖又另外來電，請雷震在《自由中國》發表一篇文章緩和，他將於下週一（六月十一日）另行召開記者會，說明政府管理金融之措施。[12]

六月十一日保安司令部督察處長陳仙舟在記者會發表談話，說明政府經濟管制的用意及成效，[13]意圖挽回政府威信。但在另一方面，六月十一日雷震發現自由中國社門口有特務盯梢，顯有威脅之意，雷震憤而致電吳國楨，請求出面干預。雷震向吳國楨大發脾氣：「你們這樣子搞，國家還有什麼希望？」不久吳國楨回電雷震，告知：人是可以不捉了，其他的事他就不管了。雷震心中詫異：「為了〈政府不可誘民入罪〉一篇文章，國民黨的軍事機關就可以捉人嗎？標榜著『自由中國』的言論自由在哪裡？」然而，保安司令部的特務未立即撤走，中午雷震又打電話向行政院秘書長黃少谷質問此事，另電告王世杰、陶希聖，亦通知近鄰的友人余井塘及蔣勻田，引來多位國民黨友人出面聲援雷震。[14]其中蔣勻田是民社黨人士，陶希聖後來責備雷震，認為他不該將此事告訴非國民黨的蔣勻田。[15]

雷震間接得知，彭孟緝原本有意要求《自由中國》公開道歉，陶希聖勸彭孟緝「不可要《自由中國》採取什麼行動，若如此，不僅保安司令部不好看，連整個台灣亦不好看」，王世杰亦告訴彭孟緝不可以這樣做。[16]此外，這起事件亦引起美國大使館的關心，曾透過楊淩明轉達，請雷震切勿停刊。[17]

這起事件中，王世杰除了之前與雷震溝通《自由中國》的言論內容外，也積極介入調停。他建議《自由中國》發表文章回應時要肯定保安司令部在檢肅匪諜上之成效，但是雷震不願意，王世杰當下亦未勉強。[18]不過，《自由中國》也有所讓步。六月十一日晚間召開編輯會議，決定「遵照息事寧人之宗旨，撰擬下期社論」。[19]回應的文章寫成之後，先送給王世杰過目，編委會並另外聯名致函王世杰、黃少谷、陶希聖，表示已照指示辦理。由於毛子水未出席當天編輯會議，雷震將該函送請毛子水過目，經毛子水修改後語氣強硬，顯示連向來溫和的毛子水都認為此事有損自尊而生氣。[20]然而，王、黃、陶三人洽商後，為了息事寧人，仍然要求該文文末必須有肯定保安司令部的用語，陶希聖還不讓雷震再與其他編委商量，怕其他人有意見，則此事難以了結。他勸雷震看在與王世杰數十年交情上，配合刊登，不要使王世杰為難。[21]

雷震自述，原先自由中國社所擬的版本「寫得不亢不卑，給人看了不要有受了外力壓迫之後，而被迫寫出來的道歉的文章，給保安司令部有面子而不失去『自由中國社』的宗旨」。可是，六月十三日晚間，陶希聖看過之後，仍說：「這篇文章用不得，這是在強辯，全無表示歉意的意思。」雷震只好請陶修改，最後刊出的文字便是經過陶希聖大筆修改後的結果。[22]

六月十六日國民黨設計委員會開會，會中主席蕭自誠提到〈政府不可誘民入罪〉事件，蕭說：「如無上次《大華晚報》之案發生，不准保安司令部自由捉人，恐怕《自由中國》這次也不能免。」端木愷接著表示意見，謂：「保安司令部這次行動本違法，而《自由中國》予以批評，該部又不依法辦理，如直接行動，又是違法；大家在民主制度之下而不能依法工作，這個國家焉有進步？」端木愷還說，如果雷震因該文而坐牢，他願陪坐。會中，雷震隻字未提《自由中國》此次遭受壓迫之事，僅起立發言表達：「希望改造會對於法律範圍內之言論自由要切實主張，要造成健全之輿論，減少內幕新聞之作風，含沙射影的辦法是不能形成健全輿論的，民主政治不是要大家天天獻旗、發致敬電報，要人民督促政府、監督政府，且須鼓勵人民向上，增加人民奮鬥情緒，不要使人民走上消極和悲觀之路。」[23]

（二）公開登載胡適信件

同日《自由中國》第四卷第十二期出刊，登載王世杰、陶希聖等人要求的〈再論經濟管制的必要〉，表示認同政府的經濟管制政策，並肯定其成效，[24]試圖為此事件做一個了結。不料，這篇文章卻引起遠在美國的胡適不快。胡適看到文章後，在八月十一日寫信給雷震，表達其對台灣軍事機關干涉言論的不滿，並提出辭去《自由中國》發行人頭銜。胡適在函首空白處還另有附筆：「此信可以發表在《自由中國》上嗎？《自由中國》若不能發表『發行人胡適』的抗議，還夠得上稱《自由中國》嗎？」[25]因此，在胡適的授意下，雷震將此信件公開刊登於九月一日的《自由中國》第五卷第五期，不過信件刊出時，旁邊有幾行小字備註，仍請胡適繼續擔任《自由中國》發行人：[26]

本刊文字，雖由本刊編輯部同人負責，但本刊立論的態度，則遵守胡先生所手訂的「自由中國的宗旨」（即本刊每期所刊載的）。以前這樣，以後將永是這樣。這次胡先生要辭去本刊發行人的名義，本社同人經全體決議仍請求胡先生繼續領導。

《自由中國》透過公布胡適信件，重新申明刊物立場，不過自由中國社並沒有就此接受胡適的請辭，從雜誌封底的發行資訊可知發行人仍為胡適。[27]《自由中國》編輯群雷震、毛子水、羅鴻詔、殷海光、李中直、金承藝、夏道平、黃中等人，亦聯名致函胡適說明：[28]

總覺得中國現階段的民主自由運動——即僅就爭取言論自由這一點來看，非由您積極領導不可……現在台灣的刊物，只有我們《自由中國》才像一個輿論的刊物——這是大家所公認的。我們珍惜它，社會人士也矚望它，所以我們經一致決議，仍懇您繼續擔任發行人，繼續領導我們，并時時給我們言論方面的指示。

然而，雷震公開登載胡適信件的舉動，卻引來黨政方面一片指責。出刊當晚，李士英、蕭自誠來電話，認為雷震不應發表此信，因為胡適名氣地位太高，該信恐被共匪引用，且在國際上造成不良反響。雷震則回答：「共匪不必管他，台北方面不採行動，讓他去流通，表示台灣有言論自由，胡先生所云則不是事實；如加以干涉，正如胡先生所云言論不自由了。」[29]

而王世杰看到《自由中國》公開胡適信件「甚為傷心」，當天亦囑羅家倫來電話，向雷震傳達三點：一、此舉造成胡適與政府對立；二、先前〈政府不可誘民入罪〉事件，雷震曾經答應幫忙調停的王世杰後續不再寫文章，然而此次公開信件卻未事前通知他；三、「台灣今日風雨飄搖，受不起這個風浪」。[30]對於王世杰「傷心」的反應，雷震「深感惶惑不安」，提筆向王世杰說明發表信件是「基於胡先生的意旨」，胡適的立場自有過去和今後的言論來證明，「不是別人可以把他『弄成』與政府對立的」，「如果政府對於這封信的發表不能寬容，因而起了什麼風波，則這種風波是由政府造成的。因而，經不經得起這種風波，政府應該自己考慮，而不是我們的責任了」。[31]

出刊的隔天九月二日，雷震聽聞保安司令部派人四處收購當期雜誌；另據趙效沂來電，改造會第四組已通知他打電話要求《香港時報》停止發行該期《自由中國》。[32]九月四日，蕭自誠要求雷震出席座談會，實際上要檢討公開胡適信件一事。該會由蕭自誠主席，會上陶希聖說「胡適之主編此刊則不會發表此信……為什麼要弄到胡適之與政府對立」。胡健中亦認為發表此信對《自由中國》之損害甚大；蕭自誠也強烈認為信件不該發表。彭孟緝則指控雷震是為了向他報復，並拿出一張許超至香港的照片給與會眾人看，做為所謂雷震在香港「套匯」、「走私」的證據。然而，彭孟緝對派人監視《自由中國》一事概不承認，亦不承認保安司令部有收購雜誌。雷震則試圖說明《自由中國》刊物立場，認為如果能夠發表胡適的信，即代表《自由中國》有言論自由，他很納悶「一般人不追究經濟管制辦法好不好，總是說《自由中國》不應刊載胡先生之信」。[33]

雖然當時有要求《自由中國》停止發行的傳聞，不過張其昀隔天九月五日晚間到雷震家拜訪，他認為「對此不必過分重視，此事亦可不必報告總裁」。在張其昀來訪同時，雷震收到一張保安司令部的傳票，傳雷震次日下午三時到軍法處說明香港套匯問題，雷震認為彭孟緝發這張傳票是想侮辱他。雷震即告訴張其昀：「我明日下午一定出席，出席後函胡適之，謂你的信已登出，其後果是這一張傳票。」張其昀則說雷震不必去，並立刻去找彭孟緝談。然而，張其昀見彭後，彭竟說不知道有這張傳票，雷震質疑「軍事機關重紀律，何以下面做的都不知道」。最後張其昀將傳票收去。[34]

九月七日上午蕭自誠來自由中國社拜訪，提到刊登胡適信函的問題。羅鴻詔對他說：「胡先生函如不能發表，《自由中國》尚有言論自由乎？我們特為試驗一下，現已試驗完畢，即《自由中國》沒有言論自由。」蕭仍欲答辯，羅鴻詔又說：「你們這些人為辯論而辯論，我絕不與答辯。」下午，為了化解此事，雷震分訪吳國楨、沈昌煥及胡健中。吳國楨說蔣中正總統這次很生氣，還誤會雷震以停刊做為要脅，吳國楨因此希望雷震可以答辯。雷震說刊物已繼續出版，不過經費困難是事實，至於蔣中正處「則不求諒解」。雷震旋至沈昌煥處，李士英亦在座，李士英與蕭自誠均問該期是否再版，雷震謂「絕不會做這個事情」。胡健中則將國民黨內部高層會議情形詳告雷震，蔣中正認為：雷震「已捲入金融風潮」，前次〈政府不可誘民入罪〉文章是報復，後來雷震為調解所刊登之文章嘔氣，又登出胡適來函。蔣中正因而認為雷震不配做黨員，指示要開除黨籍，經陳誠等人反對，始改為警告。因此，中央改造會決定將雷震交紀律委員會議處，七日晚間雷震便接到國民黨中央紀律委員會來文，要求雷震於十日內提出答辯。[35]

（三）與國民黨高層關係日漸疏遠

不過另一方面，也還有不少朋友表達對雷震支持。九月八日湯恩伯因關心雷震，特地來訪。萬仞千亦特來安慰，告訴雷震「《自由中國》已成功也」。晚間《自由人》同仁約在王新衡寓所聚餐，程滄波、樓桐蓀、胡秋原、黃雪邨、端木愷、阮毅成、張純明、王雲五、陶百川等人出席，大家對《自由中國》甚表同情，鼓勵雷震「今後要積極做去」。王雲五更一再鼓勵雷震「下次要多印，因今日辦一刊物，欲出名甚不易，今日之《自由中國》已出名了」。席上眾人認為，「今後小事不必刺激政府，大事不可放鬆」。胡秋原倡言大家應支持《自由中國》，不可各自為政。[36]

九月九日下午雷震拜訪陳雪屏，將整起事件詳細告知。陳雪屏認為發表胡適函，使政府目前困難局面益加困難。因毛邦初事件正在美國發展，此函發表正供人以攻擊之口實。陳雪屏又說此信應先給王世杰看，不應如此對待三十餘年之朋友。雷震說明他此舉係為促進政府之改革。陳雪屏則回說：「用這樣方法，總裁未必肯接受」，但他也承認「看適之函後，又將原來文章再讀一遍，大家認為有許多地方應該改革」。對此，雷震認為「可見胡先生之函發生效力了」。[37]

在友人居中協調之下，〈政府不可誘民入罪〉引發的風波暫告一段落。大體而言，雷震及《自由中國》雖對政府及國民黨有相當的批評，但就雜誌言論來看，基本上仍是抱持擁護蔣中正總統、支持國民黨政府的立場。或許為了減緩對立，《自由中國》編輯會議曾經決議，「今後多寫國際文章」，也腰斬了雷震寫的〈輿論與民主政治〉連載。[38]然而刊載〈政府不可誘民入罪〉及胡適的信，也為《自由中國》帶來了名聲，台灣省議員李萬居便特別表示「代表七百萬人」向雷震致意，可是雷震想到自己是國民黨設計委員，「心中十分難過」，「有說不出的苦痛」。[39]

後來胡適於九月十一日回信給《自由中國》雜誌社同仁，表達對言論自由的深切關心：

我要查明的一點是：《自由中國》是否曾在上星期日（九月二日）被禁止發售？……如果《自由中國》真有被禁發售的事，那麼，我們更應該為此事向政府力爭，應該把一切證件讓國楨主席知道，讓辭修院長知道，讓蔣總統知道。總之，《自由中國》不可沒有自由，不可沒有言論自由。……此是大事，我辭職的事是小事。我要先弄明白這一點：究竟你們在台北辦《自由中國》有沒有言論自由？你們是否能繼續發表像〈政府不可誘民入罪〉一類批評文章？[40]

對雷震及《自由中國》而言，如何能促使政府顧及人民的自由、能夠做到民主才是更重要的事。因此，面對前述衝突時，雷震和《自由中國》是沒有太多空間可以選擇的。不過，發生此一事件後，雷震不僅與蔣中正等國民黨當局領導人關係越發緊張，連當初一起發起「自由中國運動」的長官、朋友也明顯疏遠。

一九五二年雷震與蔣中正總統關係疏遠的指標之一，是雷震沒有參加改造會及總統府的新年團拜。[41]而當天蔣經國約見自由中國社職員馬之驌時，蔣經國更痛罵雷震「不是反共而是反動……謂今日只有擁護總統，擁護政府，別無其他路子可走了」。[42]此外，朋友關係疏遠也見諸於行動。部分雷震的好友與他開始保持距離，對雷震而言，感觸最多的可能是王世杰。王世杰原為雷震及《自由中國》支持者，亦為雷震之老長官，[43]他一向是雷震所推崇尊敬的人。當雷震收到一名北婆羅洲青年張昌正寄來蔣總統相片一張，擬請雷震代請蔣總統簽名，雷震便將照片送交總統府秘書長王世杰轉陳，沒想到竟遭王世杰直接退件，王世杰與雷震疏離的態度，令雷震心中感觸萬分。[44]

而雷震不僅自己憂讒畏忌，「四門不出，任何會議均不參加，以免無謂之煩惱」，[45]也告誡同事行事必須小心。當《自由中國》編輯委員李中直於一九五二年三月赴日時，雷震還特地趕到李中直處，勸他說話謹慎，不可與第三勢力來往，尤其不可代表《自由中國》與有政治色彩之人士來往。[46]

（四）成立中日文化經濟協會

雷震為〈政府不可誘民入罪〉社論風波，備感困擾，夜不成眠，從此開始每晚必須服用安眠藥，而且分量逐漸增加，藥物時常變更。[47]不過，由於雷震深厚的人脈關係，又富人望，國民黨高層推動對日關係時，仍十分借重他。[48]

一九五二年五月十七日，張其昀在國民黨中央黨部邀集張群、何應欽、黃朝琴、陳訓悆、張伯謹、齊世英、吳鐵城、湯恩伯、丘念台、方治及雷震等人，討論要由「熱心日本問題人士」組織一個有關日本的民間團體，將來配合國策來進行活動。根據蔣中正的意見，該組織定名為「中日文化經濟協會」，由張群、何應欽二人領導，[49]蔣中正並開出一份十人籌備委員名單，但一開始眾人並沒有感受到組織團體的急迫性，因此籌備進展甚為緩慢。[50]六月十一日，張群說總統在宣傳會報上「對此會甚積極，似非早日成立不可」。[51]六月底，籌備人員始在牯嶺街何應欽家中集會討論如何組織，張其昀則始終未出席，他表示自己不了解日本，故不願意參加。[52]

七月十七日，張群打電話告知雷震，他奉政府之命將赴日本報聘，答謝日本政府派遣特使河田烈莅台簽訂「中日和約」，最快將於一週內出發。[53]對張群而言，這也是他累積個人政治資本的好機會。但是張群此時在政府並無官職，他需要一個適當的名義在日本活動，接受日本新聞記者訪問時能有個較光彩的頭銜，[54]最好是能以「中日文化經濟協會」會長資格赴日，但張群相當擔心該會來不及成立，雷震便答應為張群趕辦立案手續。[55]

由於趕著要成立「中日文化經濟協會」，雷震便想到具有行政長才的劉子英。劉子英在國民參政會擔任秘書處職員時和雷震認識，一九四九年他不聽雷震的勸告，未隨政府撤退到廣州。[56]當他自中國大陸逃離至香港後，由於無人作保，無法來台，遂託人轉請雷震協助。[57]雷震當時考量黃少谷「要物色文書人才」，遂答應為劉子英作保。[58]劉子英於一九五〇年五月十三日來台之後，[59]先任自由中國社會計，亦曾協助雷震組織「台灣雜誌協會」。[60]

為籌辦「中日文化經濟協會」，雷震與劉子英兩人熬夜數日，順利於一九五二年七月二十九日召開成立大會，會員二百多人與會，通過會章，並選舉理監事。[61]次日的常務理事會上，推舉張群為理事長，再由理事長提雷震為幹事長，張其昀為文化、鄭道儒為經濟、黃朝琴為財務委員會主任委員。[62]

「中日文化經濟協會」順利成立，七月三十一日還收到日本外相來電致賀。[63]八月二日，張群以「中日文化經濟協會」會長之身分赴日。張群十分滿意雷震工作之迅速，雷震則認為劉子英也是功不可沒。[64]

二、從軍方禁止閱讀到雷震離開國民黨

不過，雷震與國民黨當局的關係仍持續惡化。〈政府不可誘民入罪〉是雷震與彭孟緝主導的保安司令部正面交鋒，一九五二年九月、十月《自由中國》討論教育、救國團的文章，則直接與蔣經國發生衝突。一九五二年九月十六日《自由中國》登載社論〈對於我們教育的展望〉，這篇文章不認同救國團的籌備方向，使得官方與《自由中國》緊張的關係更為明顯。本期出刊不久，國防部總政治部開始禁止官兵閱讀《自由中國》，「並將舊的撕去」。[65]這是第一次官方以明顯的行動查禁《自由中國》。雖然，禁止的範圍僅限於軍中，但這也意味著蔣經國對《自由中國》的打壓正式浮上檯面。[66]

一九五二年十月十六日，《自由中國》又刊登徐復觀的〈青年反共救國團的健全發展的商榷〉一文，內容批評青年反共救國團之三要點「性格尚不夠明朗」、「缺乏與國民黨的明確的關係」以及「任務上所列舉的項目，把政府整個的工作包括完了」，也引起國民黨當局不滿，[67]尤其主導救國團事務的蔣經國更是震怒。雷震接獲王新衡電話來告，蔣經國閱讀這篇文章後十分生氣，認為「這是與他過不去」，質疑《自由中國》為何過去不批評，卻等到他擔任團長才發表？而且徐復觀與他熟識，何以不直接告訴他？雷震也和他認識，為何要刊登此文？[68]如此加深了蔣經國對雷震的不滿，其後更在會議上直接批評徐復觀與雷震有「幫助共產黨之嫌」。[69]數日後，蔣中正總統也放話：「自由中國社內部有共產黨」。[70]

既然蔣中正總統對《自由中國》不滿，國民黨黨部和行政部門對《自由中國》的津貼也就逐漸緊縮。這一年《自由中國》在言論風波後不再收到中國國民黨中央委員會按月給予的一千五百元郵寄費。此外，雷震曾向行政院請求補助《自由中國》，也未獲同意。[71]相對地，一九五二年底《自由中國》與美國半官方性質的「自由亞洲協會」簽訂長期購買合約，自一九五三年起每期購買雜誌一千本，一九五四年又增至一千五百本。[72]

蔣中正、蔣經國等國民黨當局高層對雷震的公開批評或是主導打壓行動，並不僅是對雷震或《自由中國》言論不滿的反應而已，實際上是他們——特別是蔣經國對自由主義言論或自由派知識分子的不滿。這在胡適返台之後，軍方系統的舉動，可以看出端倪。[73]

一九五二年十一月十九日，在〈政府不可誘民入罪〉風波中請辭發行人的胡適自美返台。二十八日出席《自由中國》三週年紀念會，胡適致詞時自稱「我是不發行的發行人」，並再次表達辭意：[74]

我很慚愧，這幾年擔任了一個發行人的虛名，事實上我並沒有負責任。我不但沒有負發行人的責任，甚至連作文章的責任都沒有。三年當中，我寫的文章只有兩三篇，這是很慚愧的！今天在這裡，要向各位同人特別道歉！……現在，我想藉這個機會請雷先生、夏先生，以及幫忙《自由中國》發展的各位朋友們，解除我這個不負責任的發行人虛名，另舉一負實際責任的人擔任。

胡適鼓勵「人人應把言論自由看作最寶貴的東西，隨時隨地的努力爭取，努力維持」，之所以請辭發行人一職，原因是他人在美國，不能負起言論的責任。[75]

晚間自由中國社聚餐時，討論胡適辭發行人一事，大家仍主張挽留，由於胡適辭意甚堅，這次自由中國社不得不接受胡適當面的請辭，最後是雷震提議使用「《自由中國》編輯委員會」名義，而胡適亦為委員之一，並將委員名單登在刊物上，胡適亦同意此項辦法。[76]

一九五三年一月七日，胡適在報業公會茶會上宣布自由中國社已經接受他辭發行人之請求，今後他將以編輯委員之一的身分負責。雷震發言補充，自下期起將改以《自由中國》編輯委員會名義發行。[77]因此，一九五三年二月一日出版的《自由中國》第八卷第三期起，封底的出版資訊改為「發行人兼主編：自由中國編輯委員會」，[78]不過官方登記的發行人及負責人姓名，實際上均是雷震。[79]

（二）被免去國策顧問職位

蔣中正總統已經對雷震和《自由中國》的言論不滿，《自由中國》不改變自由民主的理念，繼續對國民黨當局提供建言，就引發國民黨當局對負責人雷震的進一步打壓。從一九五三年到一九五四年，雷震先被免去國策顧問的職位，在沒有登記的狀況下，還被註銷國民黨黨籍。而縱使美國官方正式邀請下，仍被禁止前往美國短期考察。

一九五二年十一月一日出刊的《自由中國》刊登雷震寫的〈監察院之將來（一）〉及社論

〈再期望於國民黨者——讀了七全大會宣言以後〉兩篇文章，[80]再度觸怒國民黨高層。先是國民黨中央第四組去函雷震，指出雷震的文章以「挑撥性的語句」，破壞國民黨與民、青兩黨的感情，該篇社論則「故意歪曲題解，武斷本黨無意實行七全大會宣言」，希望雷震此後對用字應更審慎，「以免引起黨內外人士之誤解」。[81]並將兩篇文章上簽呈給蔣中正總統，蔣中正總統讀後「赫然震怒」，下令免去雷震的國策顧問之職。至於國民黨中央之所以採取行動，則是保安司令部向中央黨部檢舉所致。[82]

王世杰認為由總統下令免職「外面不好看」，希望雷震自己辭職。但雷震堅持兩篇文章內容無誤，任由總統免職。[83]雷震的日記中透露他早想辭去國策顧問一職，對於蔣中正總統因兩篇文章而來免他的職，顯示他「無容人之量」，[84]但雷震還是有回函中國國民黨第四組，回應批評。[85]此外，雷震在給第四組主任沈昌煥的信中則強調：[86]

> 我們不辦刊物則已，如辦刊物，對《自由中國》在政治上之最重大事件，如第七次全國代表大會之召集，我們若不為文批評，有失辦刊物之立場，如說話而不以良心來主張，一味歌功頌德，不僅於國事無補，亦失去獨立之人格。

至於解除雷震國策顧問一職的公文，則在一九五三年三月二十五日寄達。[87]當天，雷震寫了一封信給胡適，提及自己因《自由中國》兩篇文章遭蔣總統下令免除國策顧問職務，並寫道：

先生在台時一再要辭去發行人，同人之遲遲未應者，冀　先生為擋箭牌，今　先生辭去發行人不久，政府對震採取如此行動，可見過去大家所顧慮者，自非杞人憂天之舉也。……希望　先生最近務為本刊撰一文章，一則表示　先生關心本刊，二則增加同人勇氣……此言非為索文而故意危言聳聽，實際情形是如此的，不論長短務請賜予文章一篇。[88]

在當時的時空環境下，雷震被免去國策顧問之職並不僅意味著雷震及《自由中國》的言論觸怒蔣中正總統而已；從另一方面來看，這個結果也是蔣中正總統領導下的國民黨政府，加緊其政治控制所導致的衝突。[89]一些雷震的友人則鼓勵雷震，認為蔣中正「小氣」，對雷震無傷，雷震也自評「我毫無感覺，當繼續奮鬥」。[90]

雖然如此，一九五三年五月，雷震仍在政治學會第五次年會上當選理事一職，反映他在知識界的人氣。[91]而雷震繼續原有的言論路線，與國民黨當局的關係也持續惡化。至於國民黨當局則在九月先免去雷震國民大會籌備委員一職，[92]十月雷震得知中央銀行改組，他不再擔任監事職務。[93]

就在這一年，軍方不再將《自由中國》列入勞軍刊物，明令禁止閱讀。年底，《自由中國》來自政府的補助完全停止。[94]

一九五四年初，端木愷受「兩航案」陳納德民航隊欠款事牽連，蔣中正手諭「端木愷招搖撞騙，著即開除黨籍」。[95]雷震得知後，以此為殷鑑，因此收到「中央委員會第一組通知，囑各代表檢送最近二寸半身正面相片二張」，雷震就打算不繳交照片，認為「與其由中央開除黨籍，則不如不登記」，也不準備「領黨證」。[96]但是，劉子英仍替雷震將表填好寄去黨部，不久即獲核准，但雷震仍決定不去領黨證。[97]因此國民黨中央黨部第一組主任唐縱多次通知雷辦理領新換黨證時，雷即回應他：「我遲早會被你們開除的，那新黨證不領也罷，就留在你那兒，省得我被開除後，又把領來的黨證送回去。」[98]

這一年也是蔣中正第一任總統即將任滿，必須進行改選。在國民黨內部通過提名陳誠參選副總統前，[99]包括張文山、[100]毛子水、[101]以及丁文淵、左舜生等十一名香港民主人士，[102]都曾表達希望推舉胡適角逐副總統的意思。

雷震個人也曾疑慮，擔心外界會認為《自由中國》在製造胡適任副總統之輿論氛圍，[103]親近蔣經國的友人王新衡就表示胡適競選副總統一事沒有希望。[104]

（二）被撤銷國民黨籍

但二月十六日出刊的《自由中國》仍刊登許思澄〈提議徵召胡適之先生為中華民國副總統〉[105]、朱伴耘〈響應選舉胡適之先生為副總統〉[106]等支持的文章，另外夏道平則以筆名朱啓葆寫了一篇反對意見〈我不贊成選胡適先生做副總統〉。[107]最後，雖然沒有國大代表真的連署提名胡適，但傳聞蔣中正對於提名胡適任副總統的想法感覺「如芒刺在背」，[108]自然也不喜歡《自由中國》的言論。那一次的選舉，由於出席國民大會的代表人數不足，三月二十日第一輪投票在民社黨徐傅霖陪選下，雖然出席的國民大會代表絕大多數都支持，蔣中正仍無法取得代表總額過半的選票，[109]直到三月二十二日第二輪投票，蔣中正才當選連任。[110]二十三日陳誠在副總統第一輪投票也無法獲得足夠選票，二十四日第二輪投票才當選。[111]

雷震自述，在三月二十日第一輪選舉總統時，因為「不欲使友黨難堪，票子太少不好看」，將票投給了徐傅霖；三月二十二日第二輪投票時，雷震便投蔣中正一票。總統的選舉結果是早就可以預知的，而雷震的政治態度則是一方面投票支持蔣中正，「因目前中國須他領導」，但也已準備《自由中國》下期發表社論，希望蔣總統「改變作風，建立民主制度」。[112]

這篇由夏道平執筆的社論〈敬以諍言慶祝蔣總統當選連任〉，[113]呼籲蔣總統於新任期內實行民主憲政，其中也建議要有培植有力反對黨之心理準備。[114]這種慶祝總統連任的論述發表後，蔣中正總統對雷震和《自由中國》更為不滿。雷震經朱文伯、沈雲龍輾轉得知，一名「經濟部國民黨小組長」透露，該文觸怒了蔣中正，傳聞國民黨中央黨部要求《自由中國》自動停刊，不過雷震並未正式收到此一通知，因此他回應朱文伯及沈雲龍說：「我不會自動停刊，除非政府下令停刊。」[115]這不僅意味著《自由中國》與國民黨間的關係已惡化到被傳聞要求停刊的地步，更顯示以胡適為首的自由派人士，在時空環境轉變下，已被視為蔣中正總統推行強人威權體制的阻礙。[116]

一九五四年十二月十六日出刊的《自由中國》第十一卷第十二期刊登一篇讀者投書〈搶救教育危機〉，指出中學生要讀太多「課外讀物」，尤其是政治性的東西，如三民主義、總理遺教、總統訓辭等，很多時間都被這些「政治大課」給佔去。批評現行教育已成為「一黨包辦的黨化教育」，如何有臉去罵「共匪」是「毒害青年，統制思想」，呼籲當局重視這個問題，儘速搶救「教育危機」。[117]這篇投書引發了雷震與蔣中正總統更大的衝突。雷震經友人轉告得知，十二月二十八日蔣中正主持的宣傳會報上，陶希聖提出《自由中國》反對學生讀「總裁言論」，[118]於是蔣中正對該篇文章大為震怒，罵雷震混帳王八蛋，[119]更指雷震「是美國武官處間諜」，[120]決定開除雷震的黨籍，「唐縱答以（雷震）此次未登記」，蔣中正總裁則指示：「未登記亦要開除」。[121]此一訊息，是時任總統府秘書長張群告訴王世杰，雷震才輾轉得知。[122]

隨即在一九五五年一月三日，國民黨第七屆中央委員會常務委員會第一六三次會議正式決議，以雷震在第一次黨籍總檢查合格後，未於一九五三年六月由第一組通知後換領黨證，脫離國民黨已逾一年為由，依照「黨員脫離組織處分標準」，撤銷雷震的黨籍。[123]

雷震黨籍被註銷後，多位友人洪蘭友、王新衡、王雲五、吳開先等紛紛前來道賀，[124]殷海光、王正路等人也寫信恭喜雷震。[125]他們有的肯定雷震和《自由中國》，有的則是對國民黨黨部作風並不滿意。

相對地，副總統陳誠則在一月十一日第十週年司法節上批評雷震與《自由中國》：「文化流氓、文化敗類，製造矛盾，為匪張目，假借民主自由之名，投機政客，惡意攻擊政府」，並詢問「法律上有什麼方法可對文化敗類」。[126]長久以來《自由中國》所凝聚的自由言論在國際上受到的矚目，加上陳誠在司法節的發言，引起了美國在台灣大使館的注意。[127]這多少也說明了，《自由中國》當時未直接受到進一步打壓的部分原因。

1 薛化元，《自由中國與民主憲政：一九五〇年代台灣思想史的一個考察》，頁七六～八九。

2 伊原吉之助，《台灣の政治改革年表・覺書（1943-1987）》（奈良：帝塚山大學，一九八八），頁九四。

3 張淑雅，〈美國對台政策轉變的考察〉，《中央研究院近代史研究所集刊》，一九（1990.6），頁四八四～四八五。

4 范泓，《民主的銅像：雷震傳》，頁一九〇；薛化元，《自由中國與民主憲政：一九五〇年代台灣思想史的一個考察》，頁八九。

5 社論，〈政府不可誘民入罪〉，《自由中國》，第四卷第十一期（1951.6.1），頁四、三一。

6 傅正注釋，雷震一九五一年六月八日日記，收入《雷震全集33：第一個十年（三）》，頁一〇八～一〇九；雷震，〈《自由中國》的第一次言禍〉，《雷震全集12：雷案回憶（二）》，頁三九七。

7 雷震，一九五一年六月九日日記，《雷震全集33：第一個十年（三）》，頁一〇九～一一〇。雷震，《雷震回憶錄——我的母親續篇》，頁八〇～八一。

8 雷震，一九五一年六月九日日記，《雷震全集33：第一個十年（三）》，頁一〇九～一一〇。

9 雷震，《雷震全集11：雷案回憶（一）》，頁七九

10 雷震，《雷震回憶錄——我的母親續篇》，頁八二。

11 雷震，一九五一年六月八日日記，《雷震全集33：第一個十年（三）》，頁一〇八～一〇九。范泓，《民主的銅像：雷震傳》，頁一九一。范泓書中提到黃少谷的意見，但在雷震日記中沒有記載。

12 范泓，《民主的銅像：雷震傳》，頁一九二；雷震，一九五一年六月九日日記，《雷震全集33：第一個十年（三）》，頁一〇九～一一〇。

13 〈金融新措施實行後　市場已步入正軌　陳仙舟昨日向新聞界報告　緊縮黃金外銷黑市的情形〉，《中央日報》，一九五一年六月十二日，第三版。

14 雷震，一九五一年六月十一日日記，《雷震全集33：第一個十年（三）》，頁一一一～一一二；雷震，《雷震全集11：雷案回憶（一）》，頁七七。

15 雷震，一九五一年六月十三日日記，《雷震全集33：第一個十年（三）》，頁一一三。

16 雷震，一九五一年六月十日日記，《雷震全集33：第一個十年

（三）》，頁一一〇～一一一。

17 雷震，一九五一年六月十一日日記，《雷震全集33：第一個十年（三）》，頁一一一～一一二。

18 雷震，一九五一年六月十一日日記，《雷震全集33：第一個十年（三）》，頁一一一～一一二。

19 雷震，一九五一年六月十一日日記，《雷震全集33：第一個十年（三）》，頁一一一～一一二。

20 雷震，一九五一年六月十二日日記，《雷震全集33：第一個十年（三）》，頁一一二～一一三。

21 雷震，一九五一年六月十三日日記，《雷震全集33：第一個十年（三）》，頁一一三。

22 馬之驌，《雷震與蔣介石》，頁一七三～一七四。

23 雷震，一九五一年六月十六日日記，《雷震全集33：第一個十年（三）》，頁一一五～一一六。

24 社論，〈再論經濟管制的措施〉，《自由中國》，第四卷第十二期（1951.6.16），頁四。

25 〈胡適致雷震〉（一九五一年八月十一日），收入萬麗鵑編註，潘光哲校閱，《萬山不許一溪奔：胡適雷震來往書信選集》，頁二三。

26 胡適，〈致本社的一封信〉，《自由中國》，第五卷第五期（1951.9.1），頁五。

27 《自由中國》，第五卷第五期（1951.9.1），頁三二。

28 〈雷震等致胡適〉（一九五一年九月七日），收入萬麗鵑編註，潘光哲校閱，《萬山不許一溪奔：胡適雷震來往書信選集》，頁二六～二七。

29 雷震，一九五一年九月一日日記，《雷震全集33：第一個十年（三）》，頁一五〇～一五二。

30 雷震，一九五一年九月一日日記，《雷震全集33：第一個十年（三）》，頁一五〇～一五二。

31 此為雷震致王世杰函底稿。雷震，〈為發表胡適對政府抗議信再辯正〉，收入傅正主編，《雷震全集30：雷震秘藏書信選》，頁一六二～一六三。

32 雷震，一九五一年九月二日日記，《雷震全集33：第一個十年（三）》，頁一五二～一五三。

33 雷震，一九五一年九月四日日記，《雷震全集33：第一個十年（三）》，頁一五三。

34 雷震，一九五一年九月五日日記，《雷震全集33：第一個十年（三）》，頁一五三～一五四。

35 雷震，一九五一年九月七日日記，《雷震全集33：第一個十年（三）》，頁一五五；陶希聖，一九五一年九月六日日記，收入陶晉生編，《陶希聖日記：一九四七～一九五六（上）》（台北：聯經，二〇一四），頁四九四；中國國民黨中央改造委員會，〈為同志在《自由中國》刊登胡適私信，有損我國在國際上信譽一案，希於十日內提出答辯書由〉（一九五一年九月七日），收入傅正主編，《雷震全集30：雷震秘藏書信選》，頁一六五～一六六。

36 雷震，一九五一年九月八日日記，《雷震全集33：第一個十年（三）》，頁一五五～一五六。

37 雷震，一九五一年九月九日日記，《雷震全集33：第一個十年（三）》，頁一五六～一五七。

38 雷震，一九五一年十月六日日記，《雷震全集33：第一個十年（三）》，頁一七一。雷震日記中描述，編輯會做出這個決定後，「大家感到十分痛苦，夏道平兄竟不發一言。」另見張忠棟，〈離開權力核心的雷震〉，收入《胡適．雷震．殷海光：自由主義人物畫像》，頁一〇一。

39 雷震，一九五一年九月十三日日記，《雷震全集33：第一個十年（三）》，頁一五八。

40〈胡適致雷震等〉（一九五一年九月十一日），收入萬麗鵑編註，潘光哲校閱，《萬山不許一溪奔：胡適雷震來往書信選集》，頁二八～二九。

41 雷震，一九五二年一月一日日記，《雷震全集34：第一個十年（四）》，頁三；張忠棟，《胡適．雷震．殷海光》，頁八七。

42 張忠棟，《胡適．雷震．殷海光》，頁一〇五。

43 馬之驌，《雷震與蔣介石》，頁八。張忠棟，〈離開權力核心的雷震〉，收入《胡適．雷震．殷海光：自由主義人物畫像》，頁一〇〇。

44 雷震，一九五二年二月一日日記，《雷震全集34：第一個十年（四）》，頁二〇。

45 雷震，一九五二年三月五日日記，《雷震全集34：第一個十年（四）》，頁三五。由於雷震不出席設計會，曾和雷震一起推動《自由中國》創刊的崔書琴，還特別來訪，建議雷震如果不出席，應該請長假。見雷震，一九五二年四月二十六日日記，《雷震全集34：第一個十年（四）》，頁五九。

46 原文為「一、說話要謹慎，尤其在外國人面前，不可隨意批評政府。二、不可與第三勢力來往。三、尤不可以代表《自由中國》與有政治色彩之人士來往。四、可注意年輕、有見解而熱愛民主自由之人士，多與之交往。」見雷震，一九五二年三月十八日日記，《雷震全集34：第一個十年（四）》，頁四一。

47 此後雷震直到入獄才戒掉安眠藥。見雷震，〈戒藥一月受難記〉，收入萬麗鵑編註，潘光哲校閱，《萬山不許一溪奔：胡適雷震來往書信選集》，頁二五三。

48 雷震回憶國民黨當局預定籌設一個中日民間的團體時，籌備人為張群、何應欽、湯恩伯、邵汝麟和他。雷震，《雷震全集28：與王雲五的筆墨官司（雷震特稿）》，頁四三一。

49 雷震，一九五二年五月十七日日記，《雷震全集34：第一個十年（四）》，頁六九～七〇。

50 雷震，《雷震回憶錄——我的母親續篇》，頁二二。

51 雷震，一九五二年六月十一日日記，《雷震全集34：第一個十年（四）》，頁八一～八二。

52 雷震，《雷震回憶錄——我的母親續篇》，頁二三。

53 雷震，《雷震回憶錄——我的母親續篇》，頁二一；雷震，一九五二年七月十七日日記，《雷震全集34：第一個十年（四）》，頁九九～一〇〇。

54 雷震，《雷震全集28：與王雲五的筆墨官司（雷震特稿）》，頁四三一；雷震，《雷震回憶錄——我的母親續篇》，頁二二。

55 雷震，一九五二年七月十七日日記，《雷震全集34：第一個十年（四）》，頁九九～一〇〇。

56 雷震，《雷震回憶錄——我的母親續篇》，頁一七。

57 雷震，《雷震回憶錄——我的母親續篇》，頁一九；雷震，一九五〇年四月八日日記，《雷震全集32：第一個十年（二）》，頁八〇。

58 雷震，《雷震回憶錄——我的母親續篇》，頁二〇。

59 雷震，一九五〇年五月十三日日記，《雷震全集32：第一個十年（二）》，頁一〇五。

60 雷震，《雷震回憶錄——我的母親續篇》，頁二〇～二一。

61 雷震，一九五二年七月二十九日日記，《雷震全集34：第一個十年（四）》，頁一〇四；雷震，《雷震回憶錄——我的母親續篇》，頁二三。

62 雷震，一九五二年七月三十日日記，《雷震全集34：第一個十年（四）》，頁一〇四～一〇五。

63 雷震，一九五二年七月三十一日日記，《雷震全集34：第一個十年（四）》，頁一〇五。

64 雷震，《雷震全集28：與王雲五的筆墨官司（雷震特稿）》，頁四三二；雷震，《雷震回憶錄——我的母親續篇》，頁二三。

65 雷震，一九五二年九月十九日日記，《雷震全集34：第一個十年（四）》，頁一二五～一二六。

66 薛化元，《《自由中國》與民主憲政：一九五〇年代台灣思想史的一個考察》，頁一〇四～一〇五。薛化元，《雷震與一九五〇年代台灣政治發展——轉型正義的視角》（台北：中正紀念堂，二〇一九），頁一二〇。

67 雷震，一九五二年十月二十日日記，《雷震全集34：第一個十年（四）》，一四二～一四三。

68 雷震，一九五二年十月二十七日日記，《雷震全集34：第一個十年（四）》，一四六。

69 雷震，一九五二年十一月五日日記，《雷震全集34：第一個十年（四）》，一五一～一五二。

70 雷震，一九五二年十一月九日日記，《雷震全集34：第一個十年（四）》，頁一五三。

71 任育德，《雷震與台灣民主憲政的發展》，頁八一～八二。

72 馬之驌，《雷震與蔣介石》，頁一一六～一一九。

73 在胡適返台之初，國民黨當局內部已經有人提議要派人到各地方去注意胡適的言行，蔣經國領導的國防部總政治部，有人通知立委楊覺天寫信罵胡適。一九五二年十二月五日及十一日的《青年戰士報》的社論對個人自由加以抨擊，也是針對胡適而發。雷震，一九五二年十二月二日、十二日、十四日日記，《雷震全集34：第一個十年（四）》，頁一六七、一七二～一七三。《青年戰士報》，民國四十一年十二月五日、十二月十二日。

74 胡適，〈「自由中國」雜誌三週年紀念會上致詞〉，《自由中國》，第七卷第十二期（1952.12.16），頁四～五。

75 文德，〈雷震．胡適．中國民主黨〉，《雷震全集1：雷震與我（一）》（台北：桂冠圖書，一九八九），頁八～九。

76 雷震，一九五二年十一月二十八日，《雷震全集34：第一個十年（四）》，頁一六四。

77 雷震，一九五三年一月七日，《雷震全集35：第一個十年（五）》，頁七～八。

78 《自由中國》，第八卷第三期（1953.2.1），頁三二。

79 雷震，〈《自由中國》與胡適〉，《雷震全集11：雷案回憶（一）》（台北：桂冠圖書，一九八九），頁六四。

80 雷震，〈監察院之將來（一）〉，《自由中國》，第七卷第九期（1952.11.1），頁七；社論，〈再期望於國民黨者——讀了七全大會宣言以後〉，《自由中國》，第七卷第九期（1952.11.1），頁四。

81 傅正主編，《雷震全集30：雷震密藏書信選》，頁二四六～二四八。

82 雷震，一九五三年三月十九日日記，《雷震全集35：第一個十年（五）》，頁四六；張忠棟，〈離開權力核心的雷震〉，收入《胡適．雷震．殷海光：自由主義人物畫像》，頁一〇六。

83 雷震，一九五三年三月十九日日記，《雷震全集35：第一個十年（五）》，頁四六～四七。

84 雷震，一九五三年三月二十四日日記，《雷震全集35：第一個十年（五）》，頁五〇。傅正主編，《雷震全集30：雷震密藏書信選》，頁二五一～二五二。

85 傅正主編，《雷震全集30：雷震密藏書信選》，頁二四八～二五一。

86 雷震，一九五三年三月二十四日日記，《雷震全集35：第一個十年（五）》，頁五〇。

87 雷震，一九五三年三月二十五日日記，《雷震全集35：第一個十年（五）》，頁五〇～五一

88 〈雷震致胡適〉（一九五三年三月二十五日），收入萬麗鵑編註，潘光哲校閱，《萬山不許一溪奔：胡適雷震來往書信選集》，頁四四～四五。

89 薛化元，《《自由中國》與民主憲政：一九五〇年代台灣思想史的一個考察》，頁一一〇。

90 雷震，一九五三年三月二十八日日記，《雷震全集35：第一個十年（五）》，頁五二。當年的國慶活動，雷震也因為已無國策顧問身分而未獲邀。見雷震，一九五三年十月十日日記，《雷震全集35：第一個十年（五）》，頁一四九～一五〇。本段有關刊登文章雷震與蔣經國直接衝突，到雷震國策顧問遭免職，參見薛化元，《雷震與一九五〇年代台灣政治發展──轉型正義的視角》，頁一二二～一二三。

91 雷震，一九五三年五月十日日記，《雷震全集35：第一個十年（五）》，頁七五。

92 雷震，一九五三年九月十八日日記，《雷震全集35：第一個十年（五）》，頁一三九。

93 雷震，一九五三年十月三十一日日記，《雷震全集35：第一個十年（五）》，頁一六〇～一六一。相關職務免職，可參見任育德，《雷震與台灣民主憲政的發展》，頁七四。

94 任育德，《雷震與台灣民主憲政的發展》，頁七二，注九五。

95 雷震，一九五四年二月二十七日日記，《雷震全集35：第一個十年（五）》，頁二三一～二三二。此一事件是前一年總統府秘書長王世杰免職事件的延續，王世杰遭免職的原因，也是「陳納德民航隊欠款事」。雷震，一九五三年十一月十八日、十九日日記，《雷震全集35：第一個十年（五）》，頁一七二；李永熾監修，薛化元主編，《台灣歷史年表：終戰篇I（1945-1965）》，頁一九六。

96 雷震，一九五四年三月八日日記，《雷震全集35：第一個十年（五）》，頁二三九～二四〇。

97 雷震，〈國民黨是人民心中的「狗民黨」！〉，《雷震全集12：雷案回憶（二）》，頁三七七。

98 胡虛一，〈雷震日記介紹及選註〉，收入李敖主編，《李敖千秋評論》，冊八〇（1988.6.15），頁三一四。

99 雷震，一九五四年二月十六日日記，《雷震全集35：第一個十年（五）》，頁二二四～二二五。

100 雷震，一九五四年二月一日日記，《雷震全集35：第一個十年（五）》，頁二一七～二一八。

101 雷震，一九五四年二月十五日日記，《雷震全集35：第一個十年（五）》，頁二二四。

102 雷震，一九五四年二月九日日記，《雷震全集35：第一個十年（五）》，頁二二一～二二二。

103 雷震，一九五四年二月一日日記，《雷震全集35：第一個十年（五）》，頁二一七～二一八。

104 雷震，一九五四年二月九日日記，《雷震全集35：第一個十年（五）》，頁二二一～二二二。

105 許思澄，〈提議徵召胡適之先生為中華民國副總統〉，《自由中國》，第十卷第四期（1954.4.1），頁一九。

106 朱伴耘，〈響應選舉胡適之先生為副總統〉，《自由中國》，第十卷第四期（1954.4.1），頁二〇。

107 朱啓葆（夏道平），〈我不贊成選胡適先生做副總統〉，《自由中國》，第十卷第四期（1954.4.1），頁二一。

108 雷震，一九五四年三月二十一日日記，《雷震全集35：第一個十年（五）》，頁二四七～二四八。

109 《中央日報》一九五四年三月二十一日，一版。

110 《中央日報》一九五四年三月二十三日，一版。

111 《中央日報》一九五四年三月二十五日，一版。

112 雷震，一九五四年三月二十二日日記，《雷震全集35：第一個十年（五）》，頁二四八。

113 社論，〈敬以諍言慶祝蔣總統當選連任〉，《自由中國》，第十卷第七期（1954.4.1），頁三～四。

114 社論，〈敬以諍言慶祝蔣總統當選連任〉，《自由中國》，第十卷第七期（1954.4.1），頁四。

115 雷震，一九五四年四月十五日日記，《雷震全集35：第一個十年（五）》，頁二六五。

116 薛化元，《《自由中國》與民主憲政：一九五〇年代台灣思想史的一個考察》，頁一一七。

117 余燕人、黃松風、廣長白，〈搶救教育危機〉，《自由中國》，第十一卷第十二期（1954.12.16），頁三二。薛化元，《雷震與一九五〇年代台灣政治發展——轉型正義的視角》，頁一二三～一二四。

118 雷震，〈國民黨是人民心中的「狗民黨」！〉，《雷震全集12：雷案回憶（二）》，頁三七七。

119 雷震，一九五五年一月三日日記，《雷震全集38：第一個十年（六）》，頁四～五。

120 雷震，一九五五年一月四日日記，《雷震全集38：第一個十年（六）》，頁五～六。

121 雷震，一九五四年十二月二十九日日記，《雷震全集35：第一個十年（五）》，頁三八四～三八五。

122 雷震，〈國民黨是人民心中的「狗民黨」！〉，《雷震全集12：雷案回憶（二）》，頁三八一。雷震，一九五四年十二月二十九日日記，《雷震全集35：第一個十年（五）》，頁三八四～三八五。

123 「中國國民黨第七屆中央委員會常務委員會第一六三次會議紀錄」（一九五五年一月三日），〈中國國民黨第七屆中央委員會常務委員會會議紀錄（四）〉，《陳誠副總統文物》，國史館藏，數位典藏號：008-011002-00009-015。「黨員脫離組織處分標準」第四點：「脫離組織一年以上者，予以開除黨籍」。「中國國民黨第七屆中央委員會常務委員會第十七次會議紀錄」（一九五三年二月二十六日），〈中國國民黨第七屆中央委員會常務委員會工作會議紀錄彙編〉，《陳誠副總統文物》，國史館藏，數位典藏號：008-011002-00005-017。有關雷震被開除黨籍的經過，參看薛化元，《雷震與一九五〇年代台灣政治發展——轉型正義的視角》，頁一二四。

124 雷震，一九五五年一月三日、九日日記，《雷震全集38：第一個十年（六）》，頁四～五、九～一〇。

125 殷海光原函附於雷震一九五五年一月五日日記：「儆公先生：欣聞老前輩斷尾，誠新春之一喜訊也，可祝可賀，從此先生更可本平民立場，為民主事業奮進不休也，敬祝新年快樂。後學殷海光。一月四日。」見雷震，一九五五年一月五日日記，《雷震全集38：第一個十年（六）》，頁七～八。

126 雷震，一九五五年一月十二日日記，《雷震全集38：第一個十年（六）》，頁一二。

127 雷震，一九五五年一月十五日日記，《雷震全集38：第一個十年（六）》，頁一六。

第三節

國民黨當局的壓制

一、雷震無法應邀赴美事件

雖然雷震與國民黨高層仍有密切的關係，不過，蔣中正總統對雷震，則採取了出乎旁人意料的強勢壓制。一九五四年春到一九五五年中，除了雷震被國民黨註銷不存在的黨籍外，最能反映蔣中正總統與雷震關係的，就是雷震無法應美國官方邀請赴美短期訪問事件。[1]

雷震此次應邀訪美，是台灣美國新聞處主動向國務院推薦。一開始是由負責《自由中國》文藝版的聶華苓，在一九五四年三月私下告訴雷震。[2]經過五個多月，一九五四年八月十九日美國大使館正式寄發邀請函給雷震，表示國務院根據第八十屆國會所通過之公法四〇二（Under the Authority of Public Law 402）邀請雷震到美國去觀光，並通知他要與新聞處商量。[3]雷震收到這封邀請函後，與吳魯芹碰面時，吳魯芹說之前邀請雷震訪美是秘密，現在則可以公開了，並請雷震要回函表示接受邀請。[4]

行程初步安排後，一九五四年八月三十一日雷震拜訪總統府秘書長張群告知他應美國國務院之邀訪美，並回覆美方了。沒想到張群聽了雷震的報告後，反應相當不高興，認為雷震應該先報告美國國務院邀請赴美的事情，再答覆邀請。雷震覺得很奇怪，除國大代表外，他此時已經沒有公職，直接申請出國護照即可，為何需要報告？又要向誰報告？但是，張群認為雷震「疏忽而不明真相」。此時，張群可能已經預想到雷震無法順利取得出境證。當天下午，雷震去拜訪與他政治關係最密切的老長官，此時遭到罷黜的王世杰，並報告早上和張群的對話。長期與蔣中正總統關係密切的王世杰，反應更為直接，他認為蔣中正總統可能不批准雷震的出境證，因為蔣可能擔心雷震與美國有任何往來。[5]王世杰的判斷是有道理的，之後蔣中正因為《自由中國》言論要懲處雷震時，便曾公開指雷震「是美國武官處間諜」。[6]

（一）多方奔走，仍無結果

之後，雷震除了請美方通知外交部外，也繼續請朋友幫忙。九月一日雷震到外交部拜訪時昭瀛次長，時昭瀛認為，既是美國官方的邀請，依常理「不能不准」，但為求「慎重」，還是應該請張群協助向蔣中正總統轉達。他也建議可以「記者名義由內政部申請」，並給了一本相關規定做為參考。[7]九月四日，雷震獲悉，美國新聞處將邀請雷震去美參觀已經通知外交部。[8]九月六日，雷震和黃雪邨見面，討論了雷震訪美的事情後，兩人寫了信給張群說明。[9]

九月十日，他到中山北路「救國團總部會晤蔣經國」，「詳細說明」美國邀訪的事，請蔣經國讓「總統准我去」，蔣經國僅答覆說「好」。[10]雷震感慨「國民之出國要總統核准，可謂中華民國總統絕無僅有之權力也」。[11]次日一早，雷震再拜訪張群，請他再將雷震訪美的事情「報告總統」。九月十一日，張群對報告蔣總統的部分，表示不是他的職責（實際上張群有向蔣報告，詳下），建議雷震「速即進行辦理護照手續」。雷震隨即到外交部拜訪外交部長葉公超，「請其報告蔣先生准我出國」，葉則請雷震填寫表格申請。結果負責的宋幫辦堅持要雷震找教育部，並打電話給國際文教司，主辦人則回覆「招待信上未提新聞記者，不歸他管」。雷震只好再去找時昭瀛次長，時仍然堅持歸內政部管，也不願請示。兩人討論之後，九月十一日，雷震將美國大使館寄來的邀請函，「一面函內政部，一面轉岳軍【張群】請示」。[12]

九月十三日，雷震又寫了一封信給張群，「希其早日玉成」。[13]十五日葉公超告訴雷震，「出國之事應該沒有問題」。[14]不過，從《自由中國》同仁劉子英輾轉傳來張群認為雷震申請訪美沒有事先讓他知悉，導致他「進退兩難」的訊息。[15]九月二十八日，雷震又去拜訪張群，先說明準備交卸中日文經協會事務，也探詢他出國的事情。張群告訴雷震，蔣中正總統曾問他雷震是否為黨員，他回說是，蔣總統就說「要交黨部審查」。張群另外告訴雷震，他已經寫了一封信給雷震，希望雷震留任「中日文化經濟協會幹事長，暫不能出國」，並表示黨部對雷震做為黨員批評時政，相當不滿。張群並告訴雷震，對此事他已經努力，「算對得起」雷震了。[16]此時在美國的胡適，並不知道雷震無法取得護照，反而來函勸雷震「速決定接受」邀請。雷震收到信後，就帶著信去找谷正綱商量。當時擔任國民黨「中央黨部審查出國人員之委員會」

的召集人谷正綱除了表示「總統自己不願批，口頭謂交審查，實際等於不批」。（次日告知，這個會在三中全會後已經不再召開了。）除要雷震將胡適的信送給副總統陳誠，請陳幫雷「說話」外，也囑咐雷震將胡適來信告知前中央黨部秘書長張厲生。[17]雷震次日就去找郭驥，「將胡函交閱，囑他報告陳副總統請約見」。同日張群的信也寄達了，勸雷震出國的事「俟之明春，各事就緒，再為計劃成行」。[18]

十月一日陳誠副總統約見雷震，告知他看到胡適的函件，會跟張群商量之後，再向總統建言。他表示，因為總統不提及此事，所以他不便主動說起出國之事。[19]次日，雷震又寫信給張群，說明陳誠表示會跟張群商量，再向總統進言。[20]十月五日雷震見到黃少谷，黃少谷表達支持他前往美國，[21]因此在十月六日雷震又去拜訪張群，張群將胡適寫給雷震的信，還給雷震，同時勸雷震要忍耐等候。雷震十分不高興，問張群此事究竟有何不准之理，為何不批准他的出境。張群很無奈的回答雷震，不合理的事情太多了，他實在沒有能力糾正。[22]

十月十一日，為了雷震赴美事，王世杰特別到雷震家中，轉告張群交代的事，包括他仍持續為雷震去美國一事而努力，希望雷震在蔣中正總統還沒有批准之前，要對外表示是因為中日文化經濟協會有事情，無法出國，留下將來轉圜的餘地，同時他也建議雷震讓胡適再寫信給他，並在信裡面提到這件事情。雷震跟王世杰說，已經有將胡適的信給了張群，王世杰回說意義不一樣，因為此信是胡適給雷震的信，應該讓胡適直接寫信給張群，這樣張群才能再直接向總統報告。[23]

十一月二十五日，雷震再到王世杰家中討論赴美事之後續，王世杰跟他說明，之前已經寫信給張群，表示他轉達的事情雷震會遵命處理，而當天黃伯度也告訴王世杰，胡適寄給張群的信已經到了，請雷震不要去催，張群會努力處理。[24]十一月二十九日王世杰又約雷震見面，跟他表示張群收到胡適的信，本來準備直接上簽呈，但由於上次蔣中正總統對於張群建議讓雷震出國之事，批示「婉告緩行」。因此，張群研判，這件事情要成功，必須要面告總統。[25]經過一個月之後，十二月二十九日王世杰又告訴雷震，張群在十二月二十八日曾經和他提到雷震出國事，由於《自由中國》不斷批評中國國民黨的施政，所以過程中持續發生問題。

一九五五年二月二日，雷震到外交部打聽消息，發現沒有新的結果，就再到王世杰家中，向他說明王紀五來信提到胡適將會再寫信給政府，要求同意雷震出國。當天晚上雷震再到郭驥家，請郭驥向陳副總統打聽究竟胡適有無來信。[26]二月四日雷震收到胡適的信，胡適表示已經又發信給張群，他保證雷震出國以後不會發表毀壞國家政府威信的事，同時他鄭重為雷震保證，希望張群向蔣總統報告。[27]次日，雷震再去見張群，將胡適的信以及美國大使館催雷震前往美國的信交給他閱覽，張群表示這一次還是交給他處理，不過他建議，如果萬一不成功，為長遠著想，請雷震不要再動用關係了。[28]二月十四日，雷震接獲通知，知道王世杰又去催張群協助，同時交代雷震以後可以直接去催黃伯度協助。[29]二月二十一日，王世杰找雷震談話，向他說明目前處理的狀況。他表示張群有面見蔣中正總統，認為是美國國務院接洽雷震赴美的，不讓雷震去美國，實在不妥當。蔣總統就問張群，胡適是否來信？張群就回答胡適的信已經來了，但因為蔣中正總統之前批暫緩出國，所以沒有再上簽，並表達胡適可能再寫信來，蔣中正總統則表示，等胡適再來信再說。而在二月十九日張群再針對雷震要出國的事情上簽呈，建議一定要准雷震出國，並交代秘書，如果總統批否，請向總統報告張群有話面呈。黃伯度認為，張群這樣極力的幫助，應該可以成功吧！[30]但是事情的發展卻非如此。

二月二十五日黃伯度向雷震表示，他說張群這次為雷震所做的擔保，是他過去從來沒有見過的，他實在不知道為何總統不批准，雷震還是拜託黃伯度請張群再向總統報告。[31]而三月二日、三月三日雷震連續收到胡適的信，要雷震找葉公超幫忙。因此三月三日雷震和葉公超通電話報告此事，葉公超則說此事他完全知道，他回台灣後已經向張群、王世杰和黃少谷說明過這件事的重要性，他也答應再過兩天一定向蔣中正總統報告此事。[32]

（二）蔣中正總統堅持不批准

由於雷震出國的狀況始終無法順利，因此三月十一日美國大使館的官員就表達藍欽大使對此非常的不高興，因為是國務院出面邀請雷震的，居然無法成行，他必須要對美國國務院交代。[33]三月十六日，由於收到Miss Whipple來信，希望雷震能再將出國計畫回覆她，雷震當天再帶Whipple之信去見葉公超。葉公超表示這件事情藍欽也跟他表達過意見，他說蔣中正總統仍然不批准。葉也告訴雷震，張群也有請他再努力一次，只是葉公超覺得可能沒有辦法。當天晚上在餐宴中，雷震見到王世杰，王世杰就把這一次胡適來信之後的狀況跟他說明：張群收到胡適的信之後即再度上簽，不久蔣中正總統又批「緩行出國」。等葉公超返台之後，張群再根據葉公超轉達胡適的意見，再上簽呈給蔣中正總統，希望准許雷震出國，但是蔣中正仍然不准。張群之所以把這件事情告訴王世杰，而沒有直接告訴雷震，主要是希望仍然有機會可以改變蔣中正總統的想法。[34]三月十七日晚上張群約雷震到他家，把他處理雷震出國事宜的經過告訴雷震，他表示雖然他努力，但是蔣中正總統不批，實在沒辦法。他也說到，因為蔣中正總統不信任雷震，無論如何不肯批准，同時還交代張群要寫信給胡適，不要再替雷震擔保。雷震對於事情的發展結果不高興，因此也對張群相對不客氣。他向張群表達蔣中正總統沒有權力拒絕他應邀訪美，同時對張群還是希望為中華民國政府的決策粉飾太平，相當不滿，並表示要寫公開信批評。[35]為了這件事情，三月二十日王世杰去見雷震，轉告他張群所言，葉公超已再次見過總統，蔣中正總統仍然不准，故認為這件事應該已經沒有辦法了，並建議雷震不要發表公開信批評蔣中正。[36]

三月二十九日，雷震去拜訪王世杰時，王世杰告訴他，希望張群能夠持續協助，而張群也正為難。同時，葉公超為此事直接請示行政院長俞鴻鈞，行政院也正式行文總統請示。此外，王世杰也向黃伯度建議葉公超和行政院長俞鴻鈞一起去見總統。[37]

四月八日雷震收到王紀五的信，告知三月二十九日胡適已經直接寫信到士林官邸給蔣中正總統。由於張群和葉公超碰巧都不在辦公室，雷震就將胡適來信之消息寫下留言，接著再去見王世杰，王世杰則建議雷震應該去見行政院長俞鴻鈞。他也表示會再和張群見面，希望張群能繼續幫忙。[38]次日，雷震又去拜訪張群，張群認為胡適既已直接寫信給總統，准不准是總統的事。同日，王世杰建議雷震應該去拜訪俞鴻鈞和黃少谷，請他們二位替雷震說話，因為張群和葉公超都已經碰了釘子，可能不願再講。當天下午雷震去見了黃少谷，黃少谷答應幫他說話。[39]而四月十日雷震去拜訪行政院長俞鴻鈞，俞鴻鈞也答應雷震會向總統建言，並表示實在沒有不許雷震出國的理由。[40]

四月十八日，王世杰約雷震吃飯，順便告訴他胡適寫給蔣中正總統信的內容。針對蔣中正總統要他不要為雷震擔保的事，胡適表示「他之所以擔保是為國家」，美國邀請雷震，「而政府不放，對外太說不過去」。而且「發護照是外交部科長之事，總統何以要管這些小事」。此信送到士林官邸之後，根據程序「送到總統府摘由」，再由總統秘書長張群閱覽。張群還特別交代主辦人員，「讓總統自看，不可讀聽」。[41]五月六日，雷震拜訪王世杰，王世杰表示看到蔣中正總統回覆給胡適的信，信中提及雷震出國的事情不必急，等胡適返國後再「商定」。[42]

六月中，雷震收到大使館二等秘書Ewing來信，認為雷震已經「不可能」去美國了。一九五五年六月二十二日雷震終於日記中寫下「我已不能去美」。[43]

當年透過出入境的管制限制國人出國，並不只是雷震一人而已，但是雷震的案例卻是相當特殊的。當時中華民國政府亟需美國支持，因此就如杭立武等雷震朋友們的認知，認為蔣中正總統縱然不滿雷震，根據常理終究會批准他赴美。但是雷震透過總統府秘書長張群、外交部長葉公超，也探詢副總統陳誠和行政院長俞鴻鈞的意見，他們全都贊成雷震應該出國，而且為了此事張群不只一次向蔣中正總統建言，並透過胡適持續來信，希望能夠打動蔣中正總統。不僅如此，美國官方也去函外交部、內政部等相關單位，包括美國大使藍欽都表達對此事的不滿，不知如何對國務院交代。縱使如此，蔣中正仍然吃了秤砣鐵了心，根據他的意志不同意雷震出國。在某種意義上，這也正凸顯了蔣中正總統個人對雷震不滿或是不放心他出國的強度。

二、從教育系統打壓到孫元錦事件[44]

雷震與國民黨當局關係惡化的過程中，《自由中國》在學校的傳播也遭到打壓。有學校以省教育廳行政命令為由，由校方負責保管《自由中國》雜誌，不開放閱讀。六月八日雷震收到一封台南農業職校讀者投書，稱該校將《自由中國》列為言論不正確雜誌，由教務處保管，不放在閱覽室內。[45]在接獲讀者投書反應後，《自由中國》發表社論抗議，強調刊物是依法取得政府核准發行，每期依法檢送主管機關備查，校方無權宣告「言論不正確」來查禁。[46]這次事件雖經教育廳劉先雲廳長道歉了事，[47]但隨後雷震又收到訊息，相繼有台中女中、高雄女中亦發現相同的情形。其中台中女中的情形更明顯看出上級介入，是「督學至台中女中，嚴厲申斥校長不應將《自由中國》陳閱」。[48]雷震為了避免事情擴大，僅將此事知會教育廳便作罷。[49]此事雖然平靜下來，但已顯示出了對言論自由的箝制力量已自軍中延伸至教育場域的部分學校。另外，教育廳的道歉舉動則顯示了在此時期政府的部分成員，在《自由中國》與黨、政方面關係尚未完全公開破裂的情況下，仍有意的要維持表面上與《自由中國》的和諧。而《自由中國》的言論，也有某種程度的壓抑。如一九五五年八月二十日，孫立人事件爆發，有關單位至《自由中國》關切，希望不要寫相關社論。[50]雷震與友人餐敘時，友人則表示對孫立人案不寫社論是不應該的，雷震對此感到痛苦萬分。[51]

縱使如此，一九五五年九月仍因為雜誌討論的內容，發生《自由中國》被迫改版事件。當年七月，發生台北紡織廠經理孫元錦自殺一事。孫元錦之所以自殺，與保安司令部保安處台北經濟組濫用職權逼迫有關。[52]一九五五年九月十六日第十三卷第六期《自由中國》，針對此事發表兩篇文章，一篇是代表社方立場的社論〈從孫元錦之死想到的幾個問題〉，另一篇是王大鈞所寫的〈關於孫元錦之死〉。[53]情治單位掌握《自由中國》的內容後，雜誌出刊前的九月十五日上午，先是國安局副局長陳大慶（湯恩伯舊部）以私人名義來電關切，接著國民大會秘書長洪蘭友連打三通電話約雷震到家中談談，隨後台北市警察局長劉國憲又奉保安司令部政治部主任王超凡之命，派督察長及四分局警員來社，要編輯去與他們談話，不久劉局長也親自來到自由中國社。[54]

雷震抵達洪寓後，發現還有立法委員周兆棠、楊管北兩人在場，他們都和雷震有些交情，三人表示是受保安司令部和情報局所托，一同向雷震懇求將刊有孫元錦相關文章及遺囑照片的這一期《自由中國》改版重新發行：[55]

老兄要明白，這一期發出後，老總（指蔣中正）知道了一定要大發其怒。老總一生是「護短」的，他雖然覺得特務不該害人，但他確是以特務來治國的，一方面雖然要處分特務，斥責特務機關，但另一方面一定認為你不應發表，使國家及政府和他個人大失面子，所以他心中一定痛恨你乃至自由中國社，恐怕你們將來還是要吃虧的。……保安司令部這個機關是不好惹的，沒有一個人不實切，除了國民黨當權派之外。一般人都說「保安司令部」是太上皇，除了老總和經國外，是權力最大的機關！今天你們刊出了「孫元錦之死」的文章，特務逼死人的證據確鑿，他們是會屈膝的，不過，過了一天他們會借個機會來打擊你們，甚至會把你們整垮的，可能把你們抓起來關著，他們報復的機會多著呢！……老實說，中國今天只有歌功頌德的自由，而沒有言論自由，只有迫害的自由，沒有批評的自由！……我們三人一致懇求老兄高抬貴手，將這一期《自由中國》不要發行。但是不能停刊一期，如停刊一期必使社會增加誤會，你們仍要照常發行，但須改版發行，將孫元錦之死的一些文章抽出來，另行改編後再發行，遲了一兩天沒有關係。我們是受人之托，保安司令部和情報局都有人來懇託我們向老兄說情……其實你們也是發不出去的。

洪蘭友之意，即使自由中國社不肯妥協，雜誌仍難以順利發售，恐面臨「郵局被扣、報攤送檢，則今後工作更為困難」，與其如此，倒不如賣個交情。[56]雷震聽完這一席話感到十分為難，答應回到自由中國社後馬上召集編輯委員會討論此事。[57]雷震回到自由中國社，劉國憲局長還在，他再提及王超凡主任請《自由中國》這一期要緩發，且要先送警察分局審閱，方可發行。[58]

在雷震開編輯委員會討論時，台灣省保安司令部政治部主任王超凡、國防部情報局組長劉瑞符也相繼來到雜誌社進行遊說。[59]王超凡謂事關保安司令部的名譽，一再要求改版將「孫元錦自殺」相關文章刪去後重新發行，一面又責備特務李基光糊塗，表示保安司令部一定嚴辦。雷震以言論自由為由不允改版，王超凡允出改版費用，雷震亦加以拒絕，王超凡見雷震態度堅決，竟屈膝向雷震下跪，《自由中國》如不改版，他恐將受到處分。[60]

原先傾向拒絕改版的雷震與幾位編輯委員，見保安司令部和情報局人員接連來到，明瞭不改版的下場可能是「抓人坐牢」，態度都緩和了下來。[61]最後，編委會決定「只有改版」一途，但改版的費用則由雜誌社自行負擔，「不要保安司令部負擔，免得混水摸魚，而大鬧黑帳，只拿出一萬元，他們就報銷兩萬元乃至更多更多了」，[62]並對王超凡提出三項條件：「一、將不能發出者，送政府長官；二、李基光要速辦、公開，以平民憤；三、下不為例，下次如果再來，本社寧可停刊。」[63]

由於遲了兩日，九月十八日《自由中國》重新發行這一期的「第二版」，僅用一處小方塊刊登「本刊重要啟事」：「本刊本期（第十三卷第六期）原應於九月十六日出版，茲因故延後兩日，改於今日（十八日）發行，敬請讀者鑒諒」，未提及任何延遲出版的原因。[64]原先兩篇有關孫元錦文章均被抽換掉，該期三篇社論剩下兩篇，另以傅正所寫〈國家主義與世界主義

（上）〉一文填補版面，原先封底的〈給讀者的報告〉也做了相對應的修改。[65]不過，改版之前警界通知各分局轉知各書攤，該期《自由中國》送到後須經各派出所審核才可發售，此一命令未及時取消，結果《自由中國》改版重新發行之後，各書攤怕惹麻煩而不敢收，雷震即電警局抗議，並對警局下此禁令的法律依據提出質疑。[66]

雷震將《自由中國》此次遭遇，分別向張群、黃少谷、國民黨第四組、新聞局等詳細報告，亦寫信向胡適抱怨：「今後辦刊物真是困難萬分，盼　先生多寫文章予以精神上之支持。」[67]

孫元錦事件引發的風波，雖然在《自由中國》妥協改版後告一段落，但事件的過程，則標示了《自由中國》與國民黨當局互動關係的轉折。在此之前，國民黨當局不曾干預《自由中國》的出刊，期間雖有停刊、法辦等威脅，但未有出刊前即要求更改內容的實際行動。此次被迫改版，雖有發行受阻的壓力，但互動過程中多為人情，強制的意味不太大，然而，在此之後對《自由中國》的干預已成為檯面上的實際行動。

1 本節有關雷震訪美受阻事件，係根據筆者所撰《雷震與一九五〇年代台灣政治發展——轉型正義的視角》，第三章第二節〈雷震的行動遭到限制問題：以美新處邀請訪美事件為例〉改寫而成。

2 雷震，一九五四年三月十四日日記，《雷震全集35：第一個十年（五）》，頁二四四。

3 胡虛一，〈胡適致雷震密件〉，收入李敖主編，《李敖千秋評論》，冊八四（1988.12.5），頁二四八。

4 雷震，一九五四年八月二十一日日記，《雷震全集35：第一個十年（五）》，頁三一九～三二〇。

5 雷震，一九五四年八月三十一日日記，《雷震全集35：第一個十年（五）》，頁三二四。

6 雷震，一九五五年一月四日日記，《雷震全集38：第一個十年（六）》，頁五～六。

7 雷震，一九五四年九月一日日記，《雷震全集35：第一個十年（五）》，頁三二五。

8 雷震，一九五四年九月四日日記，《雷震全集35：第一個十年（五）》，頁三二七。

9 雷震，一九五四年九月六日日記，《雷震全集35：第一個十年（五）》，頁三二八。

10 雷震，一九五四年九月十日日記，《雷震全集35：第一個十年（五）》，頁三三〇。

11 雷震，一九五四年九月十三日日記，《雷震全集35：第一個十年（五）》，頁三三二。

12 雷震，一九五四年九月十一日日記，《雷震全集35：第一個十年（五）》，頁三三〇～三三一。

13 雷震，一九五四年九月十三日日記，《雷震全集35：第一個十年（五）》，頁三三一～三三二。

14 雷震，一九五四年九月十五日日記，《雷震全集35：第一個十年（五）》，頁三三二～三三三。

15 雷震，一九五四年九月十六日日記，《雷震全集35：第一個十年（五）》，頁三三三。

16 雷震，一九五四年九月二十八日日記，《雷震全集35：第一個十年（五）》，頁三三八。

17 雷震，一九五四年九月二十九日日記，《雷震全集35：第一個十年（五）》，頁三三八～三三九。

18 胡虛一，〈胡適致雷震密件〉，收入李敖主編，《李敖千秋評論》，冊八四（1988.12.5），頁二五〇～二五一；雷震，一九五四年九月三十日日記，《雷震全集35：第一個十年（五）》，頁三三九。

19 雷震，一九五四年十月一日日記，《雷震全集35：第一個十年（五）》，頁三四〇。

20 雷震，一九五四年十月二日日記，《雷震全集35：第一個十年（五）》，頁三四〇～三四一。

21 雷震，一九五四年十月五日日記，《雷震全集35：第一個十年（五）》，頁三四二～三四三。

22 雷震，一九五四年十月六日日記，《雷震全集35：第一個十年（五）》，頁三四三～三四四。

23 雷震，一九五四年十月十一日日記，《雷震全集35：第一個十年（五）》，頁三四五～三四六。

24 雷震，一九五四年十一月二十五日日記，《雷震全集35：第一個十年（五）》，頁三六六。

25 雷震，一九五四年十一月二十九日日記，《雷震全集35：第一個十年（五）》，頁三六八～三六九。

26 雷震，一九五五年二月二日日記，《雷震全集38：第一個十年（六）》，頁二五～二六。

27 雷震，一九五五年二月四日日記，《雷震全集38：第一個十年（六）》，頁二七～二八。

28 雷震，一九五五年二月五日日記，《雷震全集38：第一個十年（六）》，頁二八～二九。

29 雷震，一九五五年二月十四日日記，《雷震全集38：第一個十年（六）》，頁三四。

30 雷震，一九五五年二月二十一日日記，《雷震全集38：第一個十年（六）》，頁四〇。

31 雷震，一九五五年二月二十五日日記，《雷震全集38：第一個十年（六）》，頁四三。

32 雷震，一九五五年三月三日日記，《雷震全集38：第一個十年（六）》，頁四五。

33 雷震，一九五五年三月十一日日記，《雷震全集38：第一個十年（六）》，頁四九～五〇。

34 雷震，一九五五年三月十六日日記，《雷震全集38：第一個十年（六）》，頁五二～五三。

35 雷震，一九五五年三月十八日日記，《雷震全集38：第一個十年（六）》，頁五四～五六。

36 雷震，一九五五年三月二十日日記，《雷震全集38：第一個十年（六）》，頁五七。

37 雷震，一九五五年三月二十九日日記，《雷震全集38：第一個十年（六）》，頁六一～六二。

38 雷震，一九五五年四月八日日記，《雷震全集38：第一個十年（六）》，頁六七～六八。

39 雷震，一九五五年四月九日日記，《雷震全集38：第一個十年（六）》，頁六八～六九。

40 雷震，一九五五年四月十日日記，《雷震全集38：第一個十年（六）》，頁六九～七〇。

41 雷震，一九五五年四月十八日日記，《雷震全集38：第一個十年（六）》，頁七四。

42 雷震，一九五五年五月六日日記，《雷震全集38：第一個十年（六）》，頁八四～八五。

43 雷震，一九五五年六月二十二日日記，《雷震全集38：第一個十年（六）》，頁一〇四。

44 有關孫元錦事件與《自由中國》被迫改版內容，主要參考薛化元，《《自由中國》與民主憲政：一九五〇年代台灣思想史的一個考察》，頁一三〇～一三一；薛化元，《雷震與一九五〇年代台灣政治發展——轉型正義的視角》，頁一二七～一二八。

45 雷震，一九五五年六月八日日記，《雷震全集38：第一個十年（六）》，頁九七。

46 社論，〈抗議與申訴〉，《自由中國》，第十二卷第十二期（1955.6.16），頁六。

47 雷震，一九五五年六月十七日日記，《雷震全集38：第一個十年（六）》，頁一〇二。

48 雷震，一九五五年七月八日日記，《雷震全集38：第一個十年（六）》，頁一一〇。

49 雷震，一九五五年七月八日日記，《雷震全集38：第一個十年（六）》，頁一一〇。

50 雷震，一九五五年八月二十四日日記，《雷震全集38：第一個十年（六）》，頁一二〇。

51 雷震，一九五五年八月二十七日日記：「吳開先約餐，賓客有吳鑄人、劉百閔、胡健中、蕭錚、徐恩曾、程滄波、成舍我等。蕭又謂《自由中國》已辦得如《中央日報》，他們認為對孫立人事不寫社論是不應該。我內心十分苦痛，食之已覺無味。」雷震，一九五五年八月二十七日日記，《雷震全集38：第一個十年（六）》，頁一三六。

52 雷震，一九五五年七月二十七日日記，《雷震全集38：第一個十年（六）》，頁一一九～一二〇。

53 王大鈞，〈關於孫元錦之死〉，《自由中國》，第十三卷第六期（1955.9.16），頁二〇～二二。社論，〈從孫元錦之死想到的幾個問題〉，《自由中國》，第十三卷第六期（1955.9.16），頁四～五。

54 雷震，一九五五年九月十五日日記，《雷震全集38：第一個十年（六）》，頁一四六～一四八。

55 雷震原著，薛化元、楊秀菁主編，《雷震的歷史辯駁》（台北：財團法人自由思想學術基金會，二〇一六），頁九五～九八。

56 〈雷震致胡適〉（一九五五年九月十九日），收入萬麗鵑編註，潘光哲校閱，《萬山不許一溪奔：胡適雷震來往書信選集》，頁七九～八〇。

57 雷震原著，薛化元、楊秀菁主編，《雷震的歷史辯駁》，頁九八～九九。

58 雷震，一九五五年九月十五日日記，《雷震全集38：第一個十年（六）》，頁一四六～一四八。

59 雷震，一九五五年九月十五日日記，《雷震全集38：第一個十年（六）》，頁一四六～一四八；雷震原著，薛化元、楊秀菁主編，《雷震的歷史辯駁》，頁九九～一〇一。

60 雷震，〈警總特務的無法無天〉，《雷震全集12：雷案回憶（二）》，頁二〇二～二〇三。

61 雷震原著，薛化元、楊秀菁主編，《雷震的歷史辯駁》，頁九九～一〇二。

62 雷震原著，薛化元、楊秀菁主編，《雷震的歷史辯駁》，頁一〇二。根據雷震日記的記載，該期改版費用，使《自由中國》雜誌社損失五千餘元。見雷震，一九五五年十月十二日日記，《雷震全集38：第一個十年（六）》，頁一六一。

63 雷震，一九五五年九月十五日日記，《雷震全集38：第一個十年（六）》，頁一四六～一四八。

64 〈本刊重要啟事〉，《自由中國》，第十三卷第六期（1955.9.18），頁三。

65 雷震原著，薛化元、楊秀菁主編，《雷震的歷史辯駁》，頁一〇二～一〇三；傅正，〈國家主義與世界主義（上）〉，《自由中國》，第十三卷第六期（1955.9.18），頁一一～一四；〈給讀者的報告〉，《自由中國》，第十三卷第六期（1955.9.18），頁三二。

66 〈雷震致胡適〉（一九五五年九月十九日），收入萬麗鵑編註，潘光哲校閱，《萬山不許一溪奔：胡適雷震來往書信選集》，頁八三。

67 〈雷震致胡適〉（一九五五年九月十九日），收入萬麗鵑編註，潘光哲校閱，《萬山不許一溪奔：胡適雷震來往書信選集》，頁八二。

第四節

「祝壽專號」事件

一、「祝壽專號」的推出

《自由中國》雜誌內容受到讀者歡迎，其中再版次數最多的，當屬一九五六年十月三十一日發行的「祝壽專號」。

一九五六年十月《自由中國》出版第十五卷第九期「祝壽專號」，內容為自由派人士向蔣總統建言之總集。發刊後「祝壽專號」大為暢銷，但是，國民黨當局對建言的內容的不滿，竟透過黨、團、軍刊物圍攻《自由中國》。[1]對此，雷震發表〈我們的態度〉，說明雜誌是「對人無成見，對事有是非」，但仍未阻止其他刊物如《國魂雜誌》、《幼獅》、《革命思想》等對《自由中國》的圍剿，稱其為「思想走私」、「共匪統戰工作的鋪路」。[2]

「祝壽專號」的編輯發想，與蔣中正總統鼓勵建言有關。一九五六年十月，蔣中正總統「七十華誕」即將到來，蔣總統乃透過新聞局轉告全台各報章雜誌，提示六點，希望各界針對此六點踴躍提出建言：

（一）建立台灣為實現三民主義模範省的各種應興應革的要政急務。

（二）增進台灣四大建設（經濟、政治、社會、文化）與革除舊有官僚政客習氣之具體意見。

（三）推行戰時生活，革除奢侈浪費等不良風習，造成蓬勃活潑的民族復興基地之應有措施。

（四）團結海內外反共救國意志，增強反攻復國戰力，不尚空談，務求實效的具體辦法。

（五）貫澈反共抗俄之具體實施計畫與行動的準則。

（六）除以上五點外，並盼對中正個人平日言行與生活，以及個性等各種缺點，作具體的指點與規正。[3]

至於自由中國社原本計畫趁蔣中正總統壽辰寫一篇社論，陳述社方的國是意見。而在看到蔣總統鼓勵建言的函告後，雷震認為「今總統有此號召，更可就其所提出者分別講話，以達到知無不言、言無不盡的言責」，蔣勻田便提議出一專號，而夏道平亦有此意。[4]自由中國社乃於十月十八日開會討論次期刊物事宜，與會者除了編輯委員之外，雷震也邀請關心國是問題的朋友參與。與會者有王師曾、蔣勻田、程滄波、陳芷町、成舍我、陶百川、徐道鄰、毛子水、夏道平、黃中、王世憲、陳啓天等人，會中有人批評「蔣總統這一下詔求言，完全是君主作為，其態度是不對的」，亦有人認為「大家可趁此機會，率直表示對國家當前意見」，最後決定由每個人分別執筆。[5]十九日，雷震親自到東海大學拜訪在此任教的徐復觀，向他邀稿一篇。[6]

「祝壽專號」出刊前，據蔣勻田轉述，陶希聖說蔣總統當天公開六點求言意見之後，張群等幕僚認為「總統不應驟然說這些話，恐有不良反響，應先和他們談談」，使得總統大為生氣，蔣總統乃說：「國家已搞到這樣，你們都不負責任」，如果先經過張群他們商量，一定不會支持他公開求言的作法。難道還要蔣中正總統「為他們保住位置不成麼？」雷震聽到相關訊息後，認為蔣總統「其言甚憤，究不悉是何用意」。[7]

《自由中國》第十五卷第九期「祝壽專號」，有別於正常的一日出刊日，特地提前到十月三十一日，配合蔣中正總統生日推出，[8]封面上的目錄印上大大的紅色字句「恭祝總統七秩華誕」。這期蔣總統「壽人不如壽國」之意的專號連同社論總計有十六篇文章。[9]負責《自由中國》雜誌印刷工作的精華印書館，如期於十月三十日即將「祝壽專號」印刷完畢，卻也同時向自由中國社要求終結多年來的合作關係，只願意印到年底。雷震猜想，精華印書館在此次印刷過程中恐怕遭受了麻煩。[10]

根據刊末〈給讀者的報告〉總結該期十五篇文章的內容，主要關於以下七點訴求：

一、確立民主政治的制度；
二、扶植有力的反對黨；
三、有效地保障言論自由；
四、實行軍隊國家化；
五、保障司法獨立；
六、教育正常化；
七、從速召開反共救國會議。[11]

首篇為社論〈壽總統蔣公〉，《自由中國》社方呼籲以法治代替人治，確立制度的權威，在選拔繼任人選、確立責任內閣制、軍隊國家化等問題，皆應納入法的規範中，才是長治久安之計。[12]由於十六篇文章都是抒陳國是意見，性質接近，除社論外，是按照作者姓名筆劃來排列順序，是《自由中國》編排上的一次特例。該期刊出的文章依次為：

社論，〈壽總統蔣公〉
毛子水，〈試談文化的建設和反共的理論以壽蔣總統〉
王師曾，〈政治建設的根本問題〉
胡適，〈述艾森豪總統的兩個故事給蔣總統祝壽〉
徐復觀，〈我所了解的蔣總統的一面〉

徐道鄰，〈民主、法治與制度〉
夏道平，〈請從今天起有效地保障言論自由〉
翁之鏞，〈現行經濟機構怎可不再改革？〉
張士棻，〈祝望造成一個現代化的民主憲政國家〉
陳啓天，〈改革政治、團結人心〉
陶百川，〈貫徹法治壽世慰親〉
雷震，〈謹獻對於國防制度之意見〉
劉博崑，〈清議與干戈〉
蔣匀田，〈忠誠的反應〉
魏正明，〈民主政治的基本精神——合法的反對〉
羅大年，〈建立自由教育必須剔除的兩大弊害〉

《自由中國》「祝壽專號」推出後廣受讀者好評，出版後的第三天，雷震日記就記載「本刊此次多印千餘份，現已售罄，嘉義、宜蘭各地要本刊，決定再版一次」，[13]後來此一專號再版多次，有九次、十一次、十三次不同的說法。根據傅正事後指出「最後名義上為再版九次，實際上多達十三次」，指出記錄差異的可能原因。[14]《自由中國》如此受到歡迎的言論，非但沒有被當局所採納，事後更被國民黨政府視為「毒素思想」，[15]進而發動黨、政、軍媒體全面圍剿，至此，《自由中國》與國民黨政府間的關係正式破裂。[16]

二、國民黨當局的回應與攻擊

原本《自由中國》自創刊起，至第十五卷第十二期（一九五六年十二月十六日出刊），每期出刊時均在《中央日報》登廣告，創刊之始每期登報兩到三天，後因經費困難改登一天。而一九五七年一月一日出刊的第十六卷第一期，原訂當日刊登在《中央日報》的出刊廣告，卻未刊登，雷震派人去該報詢問，該報廣告課表示，因為「祝壽專號」多次再刷，「觸了國民黨中央黨部之怒，壓迫他們不准登我們的廣告，今日將原廣告發還」，連帶也不予刊登由青年黨朱文伯等人辦的《民主潮》的廣告。[17]

國民黨當局要求機關報《中央日報》不刊登《自由中國》廣告尚屬「溫和」手段，更為激烈的「文攻」也在「祝壽專號」出刊不久即展開。國民黨黨報《中華日報》，及《軍友報》、《青年戰士報》、《國魂》、《幼獅》等軍方及救國團的報刊雜誌，都加入「圍剿」《自由中國》的行列。十二月二十二日軍友社舉行的座談會更指《自由中國》破壞士氣與民心，而對《自由中國》的批判圍剿是為了「揭穿為統戰工作鋪路的個人自由主義者的陰謀」。[18]

「祝壽專號」中，有一篇文章舉例引發聯想，而產生爭議，即立法委員劉博崑所寫的〈清議與干戈〉。該文以清末慈禧太后長期專政導致滿清帝國毀滅為例，說明輿論對統治者的重要性，甫刊出時雷震周遭的友人即多不贊同，[19]十二月更遭黨報《中華日報》針對。曹聖芬專指該文「以慈禧太后來影射我們總統，以滿清即將亡國的政權來影射我們自由中國政府」，甚至還鼓動群眾「給這些文氓一點教訓」。[20]一九五七年一月十六日，《自由中國》刊登一篇署名范度才（成舍我的筆名）的讀者投書〈中華日報鼓吹暴動！〉來做回應。[21]成舍我批評《中華日報》對「祝壽專號」的短評是鼓吹民眾暴力砸報館、揍主筆，期許《自由中國》勿屈服於暴力恫嚇。[22]而〈清議與干戈〉作者劉博崑本人，感受到壓力，原本寫了一篇文章希望在《自由中國》發表，想澄清〈清議與干戈〉非為「祝壽專號」所寫，不是要譏諷時政。劉博崑寫道：「我當時根本沒有想到我這篇還債的文字會與祝壽連在一起……至於這篇文章何以發表於祝壽專號裡，我想貴社自己會提出解答。」[23]雷震對於劉博崑這樣的態度則不以為然：「明明是諷刺，又何必賴掉！吾人立於社會，只問良心安不安，不能畏懼權威，不然民主自由真無前途了。」[24]

《自由中國》遭遇前述各種報刊圍剿，實際上是國民黨當局的部分行動而已。一九五六年十二月，中國國民黨的軍中特種黨部（化名「周國光」）發出一份標註「極機密」的「特種指示」（特字第九九號），標題為「向毒素思想總攻擊」，要「策動全體黨員有計劃的展開行動」。[25]全文開宗明義即說：

有一種叫作《自由中國》的刊物，最近企圖不良，別有用心，假借民主自由的招牌，發出反對主義、反對政府、反對本黨的歪曲濫調，以達到顛倒是非、淆亂聽聞，遂行其某種政治野心的不正當目的。[26]

雷震透過某位中國國民黨籍的監察委員，取得了這份極機密文件，正是官方指示對《自由中國》發動攻擊的明確證據。[27]該份指示中也預告特種黨部正在編寫《向毒素思想總攻擊》的小冊子，未來應「發動全體同志」研讀討論，並配合軍方報刊《青年戰士報》及《國魂》，相互呼應。[28]

一九五七年一月，這本原本是軍中特種黨部文件的《向毒素思想總攻擊》小冊子，擴大發行對象，廣發國民黨各級黨部、情治、軍事機關和部隊、各地民眾服務站等，文長二萬三千多字，分發達十萬冊之多。[29]全文即是針對《自由中國》的「祝壽專號」各篇文章逐一分析，並加以批判，教導針對此類言論如何進行「防禦」與「攻擊」。[30]

《向毒素思想總攻擊》指出，《自由中國》打著自由民主的招牌，直接或間接受到「匪諜」的唆使，到處散播「毒素思想」，瓦解民心士氣，附和十多年前「共匪的老調」，是配合共匪對台的「政治攻勢」，造成「國際的幻想與錯覺」，以遂行其「蠶食」台灣的陰謀。《自由中國》所散播的「個人自由主義思想」，目的在於使九百萬軍民反共抗俄的信心動搖，思想混亂，便利匪諜造謠中傷進行活動，呼籲所有國人對於這些毒素思想，「必須一舉予以廓清，絕不能再讓其危害反共抗俄大業」，透過這本小冊子，先瞭解敵人思想的來龍去脈及其陰謀後，以種種方法予以思想攻擊與戰鬥，以思想動員的方式來「撲滅這個毒素思想」。[31]

《向毒素思想總攻擊》稱：「毒素思想最近竟乘著為　領袖祝壽，響應六項求言號召而大發其荒謬的言論」，與先前「公然叛國」的吳國楨「散播的思想毒素是一脈相承」，「名為自由主義，實際卻是共匪的幫兇」，並且將《自由中國》的「祝壽專號」言論「荒謬絕倫」之處，歸納為以下幾類：[32]

一、主張「言論自由」：夏道平的〈請從今天起有效地保障言論自由〉稱「我們沒有『不虞恐懼的自由』」。《向毒素思想總攻擊》則反擊：「只要你站在反共或非共的立場，不論發表任何言論，政府向不加干涉」，因此這句話是不對的。[33]

二、主張「軍隊國家化」：社論〈壽總統蔣公〉、雷震的〈謹獻對於國防制度之意見〉、蔣勻田的〈忠誠的反應〉等文章，要求取消軍隊中的國民黨黨部，取消效忠領袖的宣誓，並廢除相關標語。這些訴求遭指為「抗戰勝利時共匪的言論」，《向毒素思想總攻擊》強調軍隊宣誓效忠領袖及三民主義是天經地義、神聖不容推翻。[34]

三、主張建立「自由教育」：羅大年的〈建立自由教育必須剔除的兩大弊害〉呼籲取消青年反共救國團，廢除研讀總理遺教、總統訓詞、總裁言論、三民主義。《向毒素思想總攻擊》則宣稱，反共救國團切合青年興趣，各校支隊由大多數同學自動要求成立；研讀國父遺教暨總統訓詞也是天經地義，符合憲法規定及國家需要，「如果有反對研讀　國父遺教暨　總統訓詞的，亦就是中華民國大逆不道的叛民，人人得鳴鼓而攻之，把他當做國民的公敵！」[35]

四、批評總統個人：胡適〈述艾森豪總統的兩個故事給蔣總統祝壽〉要總統做一個「無智、無能、無為」的元首；徐復觀〈我所了解的蔣總統的一面〉「譏諷總裁常要求客觀的東西從屬於自己」。《向毒素思想總攻擊》強調反共抗俄的大業必須由「有所作為」、「聰明智慧高」、「全國軍民信仰服從」的總裁領導革命，嚴正指責胡適等人之言論「攻擊革命　領袖，分化群眾的力量」，「其幕後是否有匪諜指使亦難揣測」。[36]

《向毒素思想總攻擊》的小冊子發出後，《自由中國》不得不透過自家刊物提出五篇的答辯文章做為回應。[37]由此可見，自「祝壽專號」出刊後，《自由中國》對國民黨當局（特別是蔣經國主導的軍中黨務、政戰系統）而言，已成為「散播毒素思想」的敵人，國民黨當局公開反對《自由中國》主張的自由民主，對《自由中國》不斷地扣上共匪帽子，可視為壓制《自由中國》的一種行動。[38]

在「向毒素思想總攻擊」風波後，《自由中國》面臨更公開的打壓，不僅是在販售、訂閱方面受到干預，國民黨政府更進一步干擾承製《自由中國》刊物的印刷廠，阻礙其發行。情治人員對承包印刷《自由中國》的印刷廠進行干涉，到廠檢查稿子、照相、調查，對印刷廠造成壓力，導致《自由中國》必須多次更換印刷廠，背後代表的正是國民黨當局所施加的壓力越來越大。[39]

三、友人的關心與緩頰

「祝壽專號」出版後，雷震即感受到國民黨當局不滿的意向。因此，雷震隨即撰寫〈我們的態度〉一文，刊登在一九五六年十一月十六日出版的《自由中國》（第十五卷第十期）回應。[40]而在該期正式出刊之前，十一月十三日雷震寫信給胡適表示，透過〈我們的態度〉一文應可看出自由中國社「是在慄慄危懼的心情之下工作的」。[41]該篇文章回顧刊物發行滿七年，正邁入第八年的歷程，自由中國社的辦刊態度是「對人無成見，對事有是非」，雷震深信「一國政治和社會之有無進步，端視一國之有無健全輿論以為斷」，《自由中國》本著忠誠為國之心，善盡輿論所應盡之責任。自由中國社經常收到讀者讚譽該刊為「言人之所不敢言者」，雷震一方面感到欣慰，同時也非常難過，因為如果是真正民主自由的國家，評論者當不必懼怕觸犯當權者的忌諱。雷震指出，台灣的言論和新聞尺度，在整個亞洲地區來說是相對狹窄，政府對於言論和新聞之管制，實是百害而無一利。《自由中國》堅決認為，言論自由是民主政治的基本，徹底實現民主政治才可能抵抗共產主義，進而達成反攻復國的目的。[42]

就在感受到國民黨當局不滿的氛圍中，一九五六年十一月十六日，雷震辭去中日文化協會幹事長。[43]此舉使他和國民黨高層的朋友，又減少了一個交集。

在「祝壽專號」引發和國民黨當局的衝突後，雷震的朋友們紛紛勸告他要小心。與蔣經國為舊識，且熟悉情治單位的王新衡，更特別提醒雷震當心蔣經國「可能不擇手段」。[44]王世杰則是勸雷震「謹慎，在不失掉自己立場之下要慎重，以免自己被毀」，[45]後來甚至害怕有人要謀害雷震。[46]

雖然雷震已經發表過〈我們的態度〉來澄清刊物立場，不過，後續來自國民黨當局各方面的攻擊不斷，因此，一九五七年一月十六日《自由中國》以社論〈我們的答辯〉，再次強調「祝壽專號」是響應總統的六點號召，而刊物向來反對的是執政者採行共產黨的方法，反對的是共產黨的本質。[47]但二月初，軍方刊物《國魂》仍以全冊篇幅攻擊《自由中國》。[48]

由於衝突愈演愈烈，雷震的朋友許孝炎嘗試出面緩頰，雷震也願意做出讓步，以求化解衝突，但是成效有限。許孝炎出面要求雷震「一、不批評總統個人，至總統所主持之事仍可批評……。二、不批評國民黨。三、態度溫緩。」[49]雷震則堅持不能同意第二點，而提出妥協的「批評時語氣客氣些」方案。同時，雷震在提出妥協方案時強調「對方可以批評，但不能加帽子，如對方說我們是匪，我則一齊取銷」。[50]為了遵守這個協調的約定，雷震決定不刊登一篇左舜生批評蔣中正總統個人的文章，[51]不過，相對地，政治作戰部門卻並未嚴守約定，仍在媒體上將《自由中國》與「共匪」類比，故而雷震對此甚為不滿。[52]三月十一日雷震到許孝炎家討論這個問題，當天監委馬慶瑞及陶百川也都在，陶百川認為《自由中國》所遭受到的攻擊「全是共黨一套手法」，馬慶瑞則表示要為《自由中國》與總政治部進行調停。[53]

1 任育德，《雷震與台灣民主憲政的發展》，頁一六〇。

2 文德，〈雷震．胡適．中國民主黨〉，《雷震全集1：雷震與我（一）》，頁九。

3 〈婉辭各方發起祝壽舉動　總統重申謙冲至意　提示問題廣徵眾議〉，《中央日報》，一九五六年十月十七日，第一版。

4 雷震，一九五六年十月十七日日記，《雷震全集38：第一個十年（六）》，頁三二三。

5 雷震，一九五六年十月十八日日記，《雷震全集38：第一個十年（六）》，頁三二三～三二四。

6 雷震，一九五六年十月十九日日記，《雷震全集38：第一個十年（六）》，頁三二四～三二五。

7 雷震，一九五六年十月二十九日日記，《雷震全集38：第一個十年（六）》，頁三二五～三二六。

8 雷震，一九五六年十月十七日日記，《雷震全集38：第一個十年（六）》，頁三二三。

9 《自由中國》，第十五卷第九期（1956.10.31）。薛化元，《雷震與一九五〇年代台灣政治發展——轉型正義的視角》，頁一二九。

10 雷震，一九五六年十月二十八日、三十日日記，《雷震全集38：第一個十年（六）》，頁三二五、三二六。

11 〈給讀者的報告〉，《自由中國》，第十五卷第九期（1956.10.31），頁三五。

12 社論，〈壽總統蔣公〉，《自由中國》，第十五卷第九期（1956.10.31），頁三～四。

13 雷震，一九五六年十一月二日日記，《雷震全集38：第一個十年（六）》，頁三二八。

14 薛化元，《《自由中國》與民主憲政：一九五〇年代台灣思想史的一個考察》，頁一三七。關於「祝壽專號」再版次數的說法，可以參考：雷震記：「這一期再版有十一次之多」，雷震，〈胡適公開抗議臺灣沒有言論自由〉，《雷震全集11：雷案回憶（一）》，頁一〇七；傅正記：「該期因轟動一時，而不斷再版，最後名義上為再版九次，實際上多達十三次」，收入傅正主編，《雷震全集30：雷震秘藏書信選》，頁三二九。

15 雷震，《雷震全集11：雷案回憶（一）》，頁一〇七～一四五。

16 薛化元，《《自由中國》與民主憲政：一九五〇年代台灣思想史的一個考察》，頁一三七～一三八；薛化元，《雷震與一九五〇年代台灣政治發展——轉型正義的視角》，頁一二九～一三〇。

17 雷震，一九五七年一月一日日記，《雷震全集39：第一個十年（七）》，頁三～四。雷震指出，《自由中國》之所以還要在平日多做「虛偽」宣傳的「黨報」《中央日報》上刊載廣告，是因為公家機關、民眾團體、軍事機關和部隊都必須訂閱該報，為了要更廣為宣傳該刊宗旨（我們要向全國國民宣傳自由與民主的真實價值，並且要督促政府（各級的政府），切實改革政治經濟，努力建立自由民主的社會），讓更多讀者有機會知悉《自由中國》各期的內容（廣告上詳載各期文章題名），進而產生閱讀的興趣，因此，即便在「台灣的老百姓都不大願意閱讀『黨報』」的情況下，該刊仍要在《中央日報》上刊登廣告。雷震原著，薛化元、楊秀菁主編，《雷震的歷史辯駁》，頁八六～八八。〈給讀者的報告〉，《自由中國》，第十六卷第二期（1957.1.16），頁三四。早在一九五五年間，時任《中央日報》社長的阮毅成就曾告知雷震，中央黨部要他不要刊登《自由中國》的廣告，但他沒有同意。見雷震，一九五五年三月五日日記，《雷震全集38：第一個十年（六）》，頁四七。

18 雷震，一九五七年一月三日日記，《雷震全集39：第一個十年（七）》，頁四～五。當天日記記載：今日天氣甚暖，晨八時半到自由中國社，楊浚明來，將軍方及青年團罵我們的刊物給他看。這些刊物主要是說「揭穿為統戰工作鋪路的個人自由主義者的陰謀」，這不僅是加帽子，但有謀害之意。相關報刊包括《軍友報》（已二次）、《青年戰士報》（已二次）、《國魂》、《幼獅》及《中華日報》。而《中華日報》竟鼓勵暴動，我們接到許多信對《中華日報》不滿，說堂堂黨報不鼓勵人動口而鼓勵人動手，悲哉！本次黨政軍報刊圍剿《自由中國》的情形，另可見雷震一月二十八日、二月七日、二月十六日、二月十九日日記。雷震，一月二十八日日記：「《國魂》一四〇期，整冊是罵《自由中國》的，本來以文章互相批評是好現象，惟該期內中許多無聊的，而且誣衊人，說我走私、捧坤角，打麻將，關於走私一事，這次文章一定要聲明。其實台灣特務甚多，如果我真走了私，他們早已把我關起來了，《國魂》、《軍友報》、《革命思想》、《中興評論》，甚至內幕新聞之《自由亞洲》亦加入戰團來攻擊我們了。」二月七日日記：「今日約徐佛觀、王世憲、蔣勻田諸先生至寓中吃新年酒。大家談到目前時局，深感悲觀，近來黨方、軍方和團方刊物均對我們圍攻，尤以軍方為甚，這一期的《國魂》，全冊均是攻擊我們的，無一篇例外也。這樣下去，使人疑心他們是反民主反自由的作風。」二月十六日日記：「看到二月十四日《天文臺》上有《自由陣線》的廣告，有〈自由中國的言論自由〉、〈自由中國反攻《自由中國》〉、〈圍剿《自由中國》〉三篇，其內容則不詳也。」二月十九日日記：「下午三時看眼睛，據林醫生說，我的眼睛這三個月已惡化一倍，我想因軍方黨方團方刊物圍攻《自由中國》，我心神不寧，晚間睡得不好，所以眼睛惡化也。」見雷震，一九五七年一月二十八日、二月七日、二月十六日、二月十九日日記，《雷震全集39：第一個十年（七）》，頁二一～二三、二六～二七、三〇～三三。參見薛化元，《雷震與一九五〇年代台灣政治發展——轉型正義的視角》，頁一三〇～一三一。

19 雷震，一九五六年十一月六日日記，《雷震全集38：第一個十年（六）》，頁三三〇。

20 雷震，一九五六年十二月二十六日日記，《雷震全集38：第一個十年（六）》，頁三五三～三五四；范度才（成舍我），〈中華日報鼓吹暴動！〉，《自由中國》，第十六卷第二期（1957.1.16），頁三二。

21 「立法委員也是老報人成舍我，以『范度才』筆名所寫的投書，題目是〈《中華日報》鼓吹暴動〉。……成委員用了『反奴才』諧音的『范度才』筆名。」見傅正注釋，雷震一九五七年一月十二日日記，《雷震全集39：第一個十年（七）》，頁一一～一二。

22 范度才（成舍我），〈中華日報鼓吹暴動！〉，《自由中國》，第十六卷第二期（1957.1.16），頁三二、二一。

23 劉博崑，〈文債與文責，〈清議與干戈〉原委——劉博崑致雷震〉，收入傅正主編，《雷震全集30：雷震秘藏書信選》，頁三三五～三三七。

24 雷震，一九五七年一月二十八日日記，《雷震全集39：第一個十年（七）》，頁二一～二三。

25 薛化元，《雷震與一九五〇年代台灣政治發展——轉型正義的視角》，頁一三二～一三三。

26 雷震原著，薛化元、楊秀菁主編，《雷震的歷史辯駁》，頁八三。

27 雷震原著，薛化元、楊秀菁主編，《雷震的歷史辯駁》，頁八五。

28 此為特種指示第八點內容。雷震原著，薛化元、楊秀菁主編，《雷震的歷史辯駁》，頁八四。薛化元，《雷震與一九五〇年代台灣政治發展——轉型正義的視角》，頁一三二～一三三。

29 雷震原著，薛化元、楊秀菁主編，《雷震的歷史辯駁》，頁八八。雷震，《雷震回憶錄——我的母親續篇》，頁一〇六～一一一。

30 雷震原著，薛化元、楊秀菁主編，《雷震的歷史辯駁》，頁八九。雷震，《雷震回憶錄——我的母親續篇》，頁一一二～一一三。

31 雷震原著，薛化元、楊秀菁主編，《雷震的歷史辯駁》，頁七八～七九；相關內容的整理參見薛化元，《雷震與一九五〇年代台灣政治發展——轉型正義的視角》，頁一三五～一三七。

32 雷震原著，薛化元、楊秀菁主編，《雷震的歷史辯駁》，頁四九～五二。

33 雷震原著，薛化元、楊秀菁主編，《雷震的歷史辯駁》，頁五一、五五～五六。

34 雷震原著，薛化元、楊秀菁主編，《雷震的歷史辯駁》，頁五一、五七～六四。

35 雷震原著，薛化元、楊秀菁主編，《雷震的歷史辯駁》，頁五一、六四～六八。

36 雷震原著，薛化元、楊秀菁主編，《雷震的歷史辯駁》，頁五一～五二、六八～七一。

37 雷震原著，薛化元、楊秀菁主編，《雷震的歷史辯駁》，頁九二、一〇七～一六〇。五篇文章篇名如下〈社論：我們的答辯〉（一九五七年一月十六日）、〈社論：對構陷與誣衊的抗議——從個人自由與國家自由說起〉（本文為雷震所寫，一九五七年二月十六日）、〈社論：懷疑與希望〉（一九五七年三月十六日）、〈創刊《自由中國》的意旨——為建立反共理智的信念〉（本文為雷震所寫，一九五七年三月十六日）、〈社論：怎樣挽救當前的危局〉（一九五七年六月十六日）。薛化元，《雷震與一九五〇年代台灣政治發展——轉型正義的視角》，頁一三五～一三七。

38 薛化元，《《自由中國》與民主憲政：一九五〇年代台灣思想史的一個考察》，頁一四〇。

39 薛化元，《《自由中國》與民主憲政：一九五〇年代台灣思想史的一個考察》，頁一四一。關於更換印刷廠的問題，可再參考傅正主編，《雷震全集30：雷震秘藏書信選》，頁三三九～三四五、三七九、四〇三～四〇九；馬之驌，《雷震與蔣介石》，頁二三九～二五五；雷震，《雷震回憶錄——我的母親續篇》，頁一〇一～一〇二。薛化元，《雷震與一九五〇年代台灣政治發展——轉型正義的視角》，頁一三八。

40 雷震，〈我們的態度〉，《自由中國》，第十五卷第十期（1956.11.16），頁六～九。

41 〈雷震致胡適〉（一九五六年十一月十三日），收入萬麗鵑編註，潘光哲校閱，《萬山不許一溪奔：胡適雷震來往書信選集》，頁一〇七。

42 雷震，〈我們的態度〉，《自由中國》，第十五卷第十期（1956.11.16），頁六～九。

43 雷震，一九五六年十一月十六日日記，《雷震全集38：第一個十年（六）》，頁三三五。

44 雷震，一九五七年一月五日日記，《雷震全集39：第一個十年（七）》，頁七。

45 雷震，一九五七年二月十四日日記，《雷震全集39：第一個十年（七）》，頁二九。

46 雷震，一九五七年三月七日日記，《雷震全集39：第一個十年（七）》，頁四五。

47 社論，〈我們的答辯〉，《自由中國》，第十六卷第二期（1957.1.16），頁四～五。

48 任育德，《雷震與台灣民主憲政的發展》，頁一六二；雷震，一九五七年二月七日日記，《雷震全集39：第一個十年（七）》，頁二六。

49 雷震，一九五七年二月十八日日記，《雷震全集39：第一個十年（七）》，頁三二。

50 雷震，一九五七年二月十八日日記，《雷震全集39：第一個十年（七）》，頁三二。

51 雷震，一九五七年三月七日日記，《雷震全集39：第一個十年（七）》，頁四五。

52 雷震，一九五七年三月十一日日記，《雷震全集39：第一個十年（七）》，頁四七。三月二日之《軍友報》說「《自由中國》的謬論及行徑完全是大陸時期共匪的翻版」，是為違反約定的例證。

53 雷震，一九五七年三月十一日日記，《雷震全集39：第一個十年（七）》，頁四七～四八。

第五節

「今日的問題」系列

一、「今日的問題」登場

一九五七年八月一日《自由中國》第十七卷第三期，開始刊載「今日的問題」系列社論，對當時台灣的政經問題發表整體論述。由於對現實政策的建言與批評，引發國民黨當局不滿，雷震與《自由中國》的處境也越發艱難。「今日的問題」系列社論可說是代表雷震主導的《自由中國》，對當時台灣改革與發展方向的全面性構思。

一九五四年十二月簽訂「中美共同防禦條約」，一般認為要求中華民國政府不得在無美國同意下反攻大陸，[1]這表示反攻大陸時間將有所延宕，可能使得部分政治有力者焦躁不安，反美情緒逐漸高漲。而一九五五年的孫立人案、一九五七年的劉自然事件，均顯現國民黨當局當時對美國的排拒態度。「五二四劉自然事件」發生後，雷震與眾人商討專文內容，最終選擇對美國與中華民國政府均予譴責。六月中，《自由中國》以社論形式發表〈怎樣挽救當前的危局？〉，要求國民黨退居普通政黨，黨務和政務要截然分開；[2]該文係由雷震執筆，經多人修改始完成。[3]

在這樣的背景下，《自由中國》開始更積極的對當前問題做更進一步的探討。[4]一九五七年七月一日《自由中國》第十七卷第一期，刊登社論〈今日的司法！〉批評審判缺乏獨立的精神，司法已成政治工具，[5]引起時任司法行政部部長谷鳳祥向雷震抗議，但雷震當下舉出數件沒有犯罪卻遭監禁的例子相詢，使谷啞口無言。〈今日的司法！〉刊出之後，戴杜衡於《自由中國》編委會上提議撰寫一系列社論，談反攻大陸、兩個中國、台灣人與內地人、公教人員待遇等現實問題。[6]雷震、戴杜衡、殷海光、夏道平、黃中等編輯委員討論過後，將總題目定名為「今日的問題」，擬「對當前大問題作更進一步來檢討」。[7]換言之，〈今日的司法！〉可以說是「今日的問題」系列社論的先聲。

一九五七年八月一日《自由中國》第十七卷第三期，開始刊載「今日的問題」系列，首篇〈是什麼，就說什麼（代緒論）〉係由殷海光執筆，[8]他寫道：「我們所處的時代，正是需要說真話的時代，然而今日我們偏偏最不能說真話。」該文指出，當時台灣社會在反共的藉口下，成為「一個被嚴格控制的社會」，而《自由中國》推出「今日的問題」系列，將以「是什麼，就說什麼」做為立言基準，提出一般避諱不談的現實問題，並嘗試解答。[9]

「今日的問題」系列社論，全面討論國事，包括反攻大陸問題，軍事、財政、經濟、中央政制、司法、新聞、反對黨等議題，自一九五七年八月一日第十七卷第三期至一九五九年三月

表：《自由中國》「今日的問題」系列社論

作者	篇名	卷期	頁數
社論（殷海光）	「今日的問題」（一）：是什麼，就說什麼（代緒論）	第17卷第3期（1957年8月1日）	頁3-4
社論（殷海光）	「今日的問題」（二）：反攻大陸問題	第17卷第3期（1957年8月1日）	頁5-7
社論（夏道平）	「今日的問題」（三）：我們的軍事	第17卷第4期（1957年8月16日）	頁3-4
社論	「今日的問題」（四）：我們的財政	第17卷第5期（1957年9月5日）	頁3-5
社論	「今日的問題」（五）：我們的經濟	第17卷第6期（1957年9月16日）	頁3-7
社論	「今日的問題」（六）：美援運用問題	第17卷第7期（1957年10月1日）	頁3-5
社論	「今日的問題」（七）：小地盤、大機構	第17卷第8期（1957年10月16日）	頁3-4
社論	「今日的問題」（八）：我們的中央政制	第17卷第9期（1957年11月1日）	頁3-5
社論	「今日的問題」（九）：我們的地方政制	第17卷第10期（1957年11月16日）	頁3-5
社論（雷震）	「今日的問題」（十）：今天的立法院	第17卷第11期（1957年12月1日）	頁3-7
社論	「今日的問題」（十一）：我們的新聞自由	第17卷第12期（1957年12月16日）	頁3-6
社論（傅正）	「今日的問題」（十二）：青年反共救國團問題	第18卷第1期（1958年1月1日）	頁5-7
社論（殷海光）	「今日的問題」（十三）：我們的教育	第18卷第2期（1958年1月16日）	頁3-4
社論（殷海光）	「今日的問題」（十四）：近年的政治心理與作風	第18卷第3期（1958年2月1日）	頁3-6
社論（雷震）	「今日的問題」（十五）：反對黨問題	第18卷第4期（1958年2月16日）	頁3-4

一日第十八卷第四期陸續刊載十五篇文章，依序為〈是什麼，就說什麼（代緒論）〉、〈反攻大陸問題〉、〈我們的軍事〉、〈我們的財政〉、〈我們的經濟〉、〈美援運用問題〉、〈小地盤、大機構〉、〈我們的中央政制〉、〈我們的地方政制〉、〈今天的立法院〉、〈我們的新聞自由〉、〈青年反共救國團問題〉、〈我們的教育〉、〈近年的政治心理與作風〉、〈反對黨問題〉。

「今日的問題」系列社論的主張，固為蔣中正領導的國民黨當局所不喜，其中該系列所提出第一個問題：反攻大陸問題，[10]尤其為國民黨當局一九六〇年對雷震秋後算帳的原因之一。

二、反攻無望論

一九五七年八月《自由中國》發表殷海光執筆社論〈今日的問題（二）：反攻大陸問題〉，開頭即表明：

> 反攻大陸問題是大家最關切的第一個問題。這個問題是《自由中國》一切問題的基本關鍵。這個問題不談清楚，別的任何問題都得不到根本的解決。可是，我們相信，這個問題卻是大家最感茫然的問題。[11]

文中指出，政府假想反攻大陸的時機是等待「未來的世界射擊戰爭」爆發時動手，但他評估國際情勢之後，認為這樣的戰爭型態在若干年內發生的可能性並不高。然而，政府數年來在台灣的措施都是以「馬上就要回大陸」做為基本假定，這樣的假想太不實際。該篇社論對政府提出建議，「實事求是，持久健進，實質反共」，政府應該要讓國民了解客觀的事實，培養持久的心理基礎。[12]

我們知道以「馬上就要回大陸」這一假想為根據的種種作法是有顯著弊害的。而「馬上就要回大陸」這一假想又是頗為渺茫。一個國家的一切作法都是建立在這樣一個渺茫的假想之上，這是太不穩健了。一群人在這樣一個渺茫的假想之上活動，那裡會「生死以之」，全力以赴？[13]

實事求是，持久健進，實質反共。

這是我們的基本原則。我們之所以提出這個原則，係因我們不願為了講虛面子而把國事放在大話連篇的沙灘上，而願面對客觀實現把國事放在說老實話的基礎上。同時，我們之反共，不是為了政權的形式問題，而是由於從思想到生活方式，在實質上根本與共黨不同。[14]

不料，這篇社論發表後，不少雷震的朋友表達反對的意見。王新衡、陳中襄等友人陸續向雷震反應該文不妥，[15]成舍我則認為應以言論逼政府反攻。[16]官方也再度發動刊物「圍剿」，

《民族晚報》牛哥漫畫用澆冷水為題諷刺《自由中國》，《中央日報》說《自由中國》是「放棄反攻大陸念頭，承認兩個中國」，《聯合報》、《自立晚報》，也認為該文是失敗主義。[17]雷震也聽聞在當時「反攻大陸」言論高張下，民間對該篇社論亦不同情，至於官方更是大力的對《自由中國》進行攻擊。[18]

其中，《聯合報》八月八日的「黑白集」專欄，將《自由中國》的〈今日的問題（二）：反攻大陸問題〉文章稱作是「反攻無望論」。[19]「反攻無望論」這個名詞，是由《聯合報》這篇文章發明的，並非原本的標題，後來卻以訛傳訛，變成該篇社論的代稱。[20]據《自由中國》編委之一的宋文明回憶，殷海光文章的本意為：「要反共抗俄，就得要做一點踏踏實實的有益於反共的事情，進行改革統集反共的力量，假如不這樣做，一天到晚唱反共的口號是沒希望的」，而這也是《自由中國》編輯群都同意的寫法。「『反攻無望論』，是別人加的」。[21]《聯合報》的「黑白集」專欄，後來在雷震案爆發之後，亦於一九六〇年十一月一日承認：

> 「反攻無望論」這個名詞，是民國四十六年八月間由本集所杜撰的……這種意見上的商榷，文字上的辯證，充其量不過是一場「論爭」而已。但事隔三年，「反攻無望論」此一名詞，竟被引用為構成文字獄的因素之一，實非當初料想所能及，殊使人不能不引為莫大的遺憾。[22]

而一九五七年八月當時，在國民黨宣傳會報上，張厲生提出〈反攻大陸問題〉一文影響民心與士氣，要求對《自由中國》予以停刊處分，必要時可捉人。主席蔣中正聽後頗為生氣，經過黃少谷疏解，說明《自由中國》之言論是以反對黨之姿態出現，如果對《自由中國》採取行動，輕則增加他們銷路，重則增加他們的地位，蔣中正遂未繼續討論此事。[23]

由於外界反應很大，下一期八月十六日出刊的《自由中國》「今日的問題」系列談〈我們的軍事〉，開頭先為前期社論做說明：

> 我們提醒大家不要被「馬上就可反攻大陸」的心理所誤，而要培養持久的心理基礎，實事求是，實質反共。這樣一個結論，並不意味著放棄反攻。相反地我們是要把反攻的含義，從狹義的軍事反攻，擴充到廣義的政治反攻；把口頭叫囂的反攻，轉移到沉著準備的反攻。[24]

不過，〈反攻大陸問題〉的爭議仍持續延燒，八月二十日殷海光寫了一篇答覆的文章，[25]然而排版完成後，雷震卻發現「海光所寫對反攻大陸之解釋，現已排好，完全不能用，須送給大家看看」。[26]黃中說「這是在語言上玩花耍，非與人討論之文字」，夏道平亦不贊同殷海光的稿子，認為「這不是辯論，而是在洩憤」。[27]這篇文章後來先由戴杜衡進行修正，並經過編委會兩個小時討論，雷震與黃中將稿子整理完成。[28]《自由中國》第十七卷第五期發表了這篇

〈關於「反攻大陸問題」的問題〉來回應爭議，重新申明先前社論的主張及自由中國社立場，絕非否定反攻這一目標，而是希望培養面對長期鬥爭的心理基礎，在文化、政治、經濟等層面上從事真正補益於反共抗俄的努力，而非去追逐「世界射擊戰爭」的渺茫幻影。[29]

至此，事件表面上乍看似乎暫時平息，然而一九六〇年九月四日「雷案」爆發之後，國民黨發給台北市各報新聞記者一本小冊子，標題為〈《自由中國》半月刊違法言論摘要〉，其中便收錄了〈反攻大陸問題〉一文，指稱該文倡導反攻無望。[30]

三、〈小地盤、大機構〉、〈我們的地方政制〉

當時國會無法全面改選，又處於動員戡亂時期及戒嚴令下，如何在當時既有體制下，根據中華民國憲法的相關規定，在台灣推動自由民主，是雷震和《自由中國》努力思考的問題。在「今日的問題」系列社論中，對此也有所論述。〈小地盤、大機構〉這篇社論，是他們在不挑戰萬年國會和非常體制，提出的改革主張。由於中華民國憲法有關地方自治的規定，並沒有受到「動員戡亂時期臨時條款」或是「戒嚴法」的限制，而《自由中國》的構想也是由地方自治切入的。[31]

由於張君勱主草的「中華民國憲法」在地方自治並非採「單一國」體制，而是以加拿大憲政體制為藍本，進一步提供了既有體制內推動民主政治的可能。〈小地盤、大機構〉為題的社論中，《自由中國》便表示：「中央政府所實際統治的省份只有一個，而其行政部門不僅仍保持大陸時期統轄三十五個省、十二個直轄市的規模，而且還有增加，這顯然過於龐大。」[32]文中更以一九五〇年蔣中正總統「復行視事」之際，即有意縮減中央行政機構的規模，而未能實行，實在是「失策」。[33]中央政府的機構過於龐雜，且與台灣省政府職權重疊性相當高的情況下，《自由中國》認為憲法中規定「中央立法並執行之，或交由省縣執行之」等事項應交由地方辦理，中央政府不必再設機構管理。[34]因此，《自由中國》主張簡化中央政府的行政部門為內政部、外交部、國防部、司法行政部、財政經濟部五部。以矯正「小地盤、大機構」的現象。這篇社論指出：[35]

為矯正「小地盤、大機構」這一不合理現象，我們主張在下列五大前提下先從中央政府的行政部門簡化起。……在這五個大前提下，行政院的組織可簡化為下列五部。即：一、內政部；二、外交部；三、國防部；四、司法行政部；五、財政經濟部。原有的教育部，裁撤。……於內政部設一教育司辦理之。交通部裁撤，其業務於財政經濟部內設一交通司辦理之。財政部與經濟部合併為一個部。直屬行政院的主計處合併進來，設立主計局。

單單如此，只是將中央權力下放到地方，如要進一步強化其民主意涵，則必須搭配依法（憲法）落實地方自治。其後，在一九五七年十一月十六日出刊的《自由中國》，登載的社論

〈我們的地方政制〉對此有深入的討論。「立法院迅速制定省縣自治通則，召開省民代表大會，產生省自治法，實行省長民選」。[36]而後在省級民意機關方面，則以為應「提高省議會職權，……使得以依照省自治法代表省民，行使省自治範圍以內的完全立法權力，……同時使省政府確實能對之負責」。[37]至於在省政府侵奪縣市政府自治權的部分，在這篇社論中認為透過「各縣市制定縣市自治法，……把自治範圍內事項與上級委辦事項明確分別，省府命令祇應涉及後者而不容侵蝕前者的領域」。[38]而在縣市自治的民意機關職權的改善方面，《自由中國》則表示應「加強縣市議會的權力，使縣市政府在自治事項範圍內確實能對之負責」。[39]最後針對嚴重的黨治問題，《自由中國》則提出呼籲：「政黨祇應從事選舉活動，不容其直接或間接的干擾控制地方政務」。[40]

從《自由中國》前述的主張來看，由於機構的縮減，中央政府原有的許多職權勢必交由地方政府執行，如此則台灣省政府權限原本遭中央政府侵奪的狀況，不僅得到改善，反而省政府在整個行政體系的權限和重要性將因此大增。加上台灣省的省長及省議會之產生及自治權限又回歸中華民國憲法的設計，在中央民意代表未全面改選的歷史條件下，由人民直選產生的省級政府將具有最直接的民意基礎。如此，雷震和《自由中國》的中央民意代表的改選雖然持較保守的態度，但是透過依憲法實施的地方自治及中央行政機構的縮減，卻使得具有民意基礎的地方自治機關擁有較多的權限，這也可以視為他們面對非常體制下體制內改革的重要主張。

在近代民主憲政體制下，權力分立制衡是「近代意義下憲法」不可或缺的要件。由於透過民主選舉，執政黨可以同時掌握行政權和立法權，因此民主憲政的運作，反對黨扮演的監督、制衡角色相當重要。而在一九五〇年代，國民黨一黨獨大，在中央不必改選的萬年國會中，國民黨掌握絕對多數，在地方選舉又一手掌控，要突破此一局面，朝向自由民主發展，反對黨的重要性不言可喻。一九五八年二月十六日，《自由中國》「今日的問題」系列社論也以「反對黨問題」為總結，認為「反對黨是解決一切問題關鍵之所在」。[41]

四、「今日的問題」系列後的延伸言論問題

如前所述，「今日的問題」系列社論從〈反攻大陸問題〉就引發國民黨當局的不滿。而後國民黨當局又將後來一九五八年三月十六日《自由中國》刊登宋文明所撰的社論〈中國人看美國的遠東政策——對美遠東使節的臺北會議提幾點坦率建議〉，與〈反攻大陸問題〉做連結，同為一九六〇年雷案爆發後雷震為匪宣傳的罪證之一，而罪名是所謂「主張美國干涉我國內政」。[42]

這篇社論的緣起，是一九五八年三月十四日至十七日間美國駐遠東區各地外交使節齊聚台北，由國務卿杜勒斯及主管遠東事務的助卿勞勃森主持一場為期四日的會議。《自由中國》編委會決定趁此機會發表一篇社論，表達該社認為美國必須支持民主自由政府、發揚民主自由的思想之意見，[43]由宋文明撰寫，[44]題為〈中國人看美國的遠東政策——對美遠東使節的臺北會議

提幾點坦率建議〉，刊登於三月十六日發行的《自由中國》第十八卷第六期。[45]該社論主要批評美國標榜不干涉各國內政的態度，在遠東地區支持違背自由民主原則的政府，無視各地政府一黨專政、軍人獨裁、侵害人權與干涉司法獨立等現象。文章中認為，美國這種不干涉的態度，「不祇不切實際，而且亦是行不通的」，「為了共同的利益要求某一個國家須在某些方採何政策，必須堅持某項基本原則之類的干涉，實際上正是實踐美國這一地區外交政策的必需步驟」，[46]並呼籲美國應以各受援國內部政治民主與經濟合理化為目標：

假若美國今改換一個方式，把這種經濟援助的重心不專放在各國的政府，一而也放在各國的人民，或嚴格規定凡接受美援者，必須遵受「應為遵守」國內言論自由，保障人權，一切案件公開審判，經濟政策須符合平民大眾利益，及司法獨立等為前提條件，那我們相信東南亞各國沒有一國的人民會反對這種干涉。[47]

這篇社論刊出後引發爭議，《聯合報》的「黑白集」專欄指其為「不正常輿論」，表示：「要求外國以援助為條件，對中國內政作原則上的干涉。我們認為這種不擇手段的改革哲學，將導致相反的惡果，不應見諸正常的輿論。」[48]

據宋文明解釋，這篇社論是針對泰國政府鎮壓學生的問題而寫，希望美國注意這種情況，並應該有必要的干預，不料文章卻被官方扭曲為是《自由中國》要求美國來干預台灣的內政。

《自由中國》編委會成員「一致認為內容無問題」，但有幾處「用了全稱肯定」，應該要寫「含蓄點」，[49] 雷震身邊友人如王新衡、沈雲龍等也都支持這樣的主張。[50] 胡適則感到這樣的文章不好寫，美國政府最怕被人指責干涉內政，而目前在反共階段，對現政府還是要支持。[51] 雷震個人認為，美國遠東政策「雖然阻止了共黨，也培植了獨裁者」，需要批評。[52]

另一方面，台灣省政府機關報的《台灣新生報》社長王民，向美國大使館要求發表不贊成該篇社論之意見，參事歐思本（David L. Osborn）則答稱「既不表示贊成，亦不表示反對」。[53] 歐思本私下對雷震說：「今日台灣政府根本沒有全面實行民主政治，自難怪人家批評了。」雷震認為，國民黨政府如此作為，也正是在請求外人干涉。[54]

一九五八年三月二十七日，雷震聽聞陶希聖、張厲生希望政府封閉自由中國社，不過蔣中正總統沒有接受這個建議。雷震聽聞的事情經過是：[55]

> 緣《中央日報》社論有謂《自由中國》顛覆政府，胡健中不以為然，乃將此四字刪去，十八日宣傳會報陶起立發言，謂本刊顛覆政府，張厲生接著火上加油，總統聞之十分震怒。次日國民黨中常會，總統謂《自由中國》該社論可能未寫好，他不覺得有什麼，但無顛覆政府，如採行動必須有證據，不可一味栽誣，結果此事遂廢。各方所言不一致，綜合起來，大致如此，姑記之以待證實。

此外，《自由中國》長期以來主張應該促進朝野合作，在一九五八年後，由於外在情勢的變化，《自由中國》又關注此一課題。當「八二三砲戰」發生後，鑑於外在的危機，海內外輿論對於陳誠第一任行政院長任內曾經推動未成的反共救國會議，又抱持著期待的態度。[56]一九五八年十月，中華民國政府由總統蔣中正與美國政府國務卿杜勒斯簽署聯合公報（蔣杜聯合公報），確認金、馬兩島與台灣的防衛密切相關，否認將憑藉武力反攻大陸。[57]對此發展，雷震認為「杜勒斯來台壓迫我方放棄使用武力反攻大陸，故堅持了一日未決定。杜勒斯原定二十三日上午離台，結果延到下午。政府以阿Q方式，提出了用『三民主義』作政治上之反攻，完全是遮羞之語」。[58]民主人士從一九五〇年代初期，就期待召開反共救國會議，《自由中國》也持贊成的態度。因此，就發表社論〈呼籲從速召開反共救國會議——並請蔣總統釋疑〉。[59]問題在於蔣中正總統對於召開反共救國會議，共商國是，在某種意味上也是朝野循體制外政治協商，討論政策方向，並不樂見。而《自由中國》不僅主張召開，還要「蔣總統釋疑」，引起國民黨高層不滿。

〈呼籲從速召開反共救國會議——並請蔣總統釋疑〉社論發表後，同年十一月十五日，許孝炎奉派找雷震談話：[60]

他提出本刊三文，即「反攻無望論」、「美國干涉內政論」及「從速召開反共救國會議——並請蔣總統釋疑」之文，對國民黨及蔣先生不利，尤其第三文傷害了蔣先生，使蔣先生不能混，全盤揭穿……等等。希望我們緩和些。我說已緩和，他希望更緩和。國民黨本給了他四點，即不評蔣先生，不評既定國策，不評憲法，不評國民黨。他知我不能接受，均未提出。我也說了很多話，並把三十九年該報每日只出二百份之事提了一提，請他自己想想。他是在如何苦熬中度過的。我又把胡先生在舊金山的話提了一提，最後結論是國民黨如不改革，縱把《自由中國》停刊和槍斃雷震，於國事無補。他們要能改革，我們可緩和，否則無法緩和。我們一切批評是為國家，我們既無取而代之的可能。又許孝炎說「批評國民黨客氣些」、「批評憲法要慎重」，何以批評憲法要慎重？最不能使我了解也。

許孝炎找雷震談話，一方面表達國民黨當局對《自由中國》言論不滿之處，一方面也期待《自由中國》可以降低對國民黨當局批判的強度。雷震在對話中固然為《自由中國》的言論立場辯護，不過，面對國民黨當局藉著對文章內容的施壓，為了雜誌的生存，雷震也做了部分的妥協。縱使如此，國民黨當局反對成立新的反對黨，以及蔣中正朝向總統三連任的方向前進，都使雷震和國民黨當局的關係持續惡化，這將在後續章節討論。

1 本約為防禦性質，且明定的範圍在台灣、澎湖，就條約意旨而言，美方無意以武力協助「反攻大陸」。在現實上，沒有美國海、空軍的協助，中華民國政府欠缺具規模的「兩棲」作戰「反攻大陸」的能力。

2 范泓，《民主的銅像：雷震傳》，頁二四三。

3 雷震，一九五七年六月十二日日記，《雷震全集39：第一個十年（七）》，頁一一五。

4 薛化元，《《自由中國》與民主憲政》，頁一四二～一四三。

5 社論，〈今日的司法！〉，《自由中國》，第十七卷第一期（1957.7.1），頁三～五。

6 雷震，一九五七年七月四日日記，《雷震全集39：第一個十年（七）》，頁一二四～一二五。

7 雷震，一九五七年七月九日日記，《雷震全集39：第一個十年（七）》，頁一二八～一二九。

8 雷震，一九五七年七月二十五日日記，《雷震全集39：第一個十年（七）》，頁一三五～一三六。

9 社論，〈「今日的問題」（一）：是什麼，就說什麼（代緒論）〉，《自由中國》，第十七卷第三期（1957.8.1），頁三～四。

10 社論（殷海光），〈反攻大陸問題〉，《自由中國》，第十七卷第三期（1957.8.1），頁五～七。

11 社論（殷海光），〈反攻大陸問題〉，《自由中國》，第十七卷第三期（1957.8.1），頁五。

12 社論（殷海光），〈反攻大陸問題〉，《自由中國》，第十七卷第三期（1957.8.1），頁七。

13 社論（殷海光），〈反攻大陸問題〉，《自由中國》，第十七卷第三期（1957.8.1），頁七。

14 社論（殷海光），〈反攻大陸問題〉，《自由中國》，第十七卷第三期（1957.8.1），頁七。

15 雷震，一九五七年八月十二日、十八日日記，《雷震全集39：第一個十年（七）》，頁一四五、一四九。

16 雷震，一九五七年八月二十日日記，《雷震全集39：第一個十年（七）》，頁一五〇。

17 雷震，一九五七年八月十二日日記，《雷震全集39：第一個十年（七）》，頁一四五。

18 雷震，一九五七年八月二十七日日記，《雷震全集39：第一個十年（七）》，頁一五三。

19 〈黑白集　紙上談兵〉，《聯合報》，一九五七年八月八日，第三版。

20 傅正，〈對殷海光先生的一段懷念〉，收入林正弘編，《殷海光紀念集》（台北：桂冠圖書，一九九〇），頁二七九。

21 薛化元、潘光哲訪談，郭雲萍記錄，〈宋文明先生訪談記錄〉（未刊稿），訪談時間：一九九九年四月三十日，訪談地點：華華大飯店。

22 〈黑白集　反攻有望論〉，《聯合報》，一九六〇年十一月一日，第三版；金恆煒，《面對獨裁：胡適與殷海光的兩種態度》（台北：允晨文化，二〇一七），頁二一八～二二〇。

23 雷震，一九五七年八月十三日日記，《雷震全集39：第一個十年（七）》，頁一四五～一四六。

24 社論，〈我們的軍事〉，《自由中國》，第十七卷第四期（1957.8.16），頁三。

25 雷震，一九五七年八月二十日日記，《雷震全集39：第一個十年（七）》，頁一五〇～一五一。

26 雷震，一九五七年八月二十三日日記，《雷震全集39：第一個十年（七）》，頁一五二。

27 雷震，一九五七年八月二十四日日記，《雷震全集39：第一個十年（七）》，頁一五二。

28 雷震，一九五七年八月二十五日日記，《雷震全集39：第一個十年（七）》，頁一五三。

29 社論，〈關於「反攻大陸問題」的問題〉，《自由中國》，第十七卷第五期（1957.9.5），頁六～八。

30 見傅正注：「所謂『反攻無望論』，是一九五七年八月一日刊出的〈反攻大陸問題〉。……上述第一篇是出於殷海光手筆，曾經引起所謂反攻無望論的軒然大波，而且成為一九六〇年雷案爆發後雷先生所謂為匪宣傳的罪證之一，而罪名是所謂「倡導反攻『無望』」。」雷震，一九五八年十一月十五日日記，《雷震全集39：第一個十年（七）》，頁三九八～四〇〇。

31 以下討論，參看薛化元，〈《自由中國》地方自治主張的歷史考察〉，收入《東亞近代思想與社會：李永熾教授六秩華誕祝壽論文集》（台北：月旦，一九九九）。

32 社論，〈小地盤、大機構〉，《自由中國》，第十七卷第八期（1957.10.16），頁三。

33 《自由中國》表示：「民國三十九年蔣總統復行視事的時候，曾有把行政院縮減為四個部（內政、外交、國防、財政四部）的擬議。這個擬議未見實行，實在是一失策。」社論，〈小地盤、大機構〉，《自由中國》，第十七卷第八期，頁三。

34 在這篇社論中，《自由中國》表示：「從法制的觀點來看，憲法第十章對於中央與地方的權限，作列舉式的規定。其中第一百零七條為『中央立法並執行之』的事項，第一百零八條為『中央立法並執行之，或交由省縣執行之』的事項。其餘兩條所列舉的事項，則為『省或縣立法並執行之』。在一百零七條那種硬性規定由『中央立法並執行之』的事項當中，我們可以看出除外交、國防、司法以外，其他的一些事項彼此的關係非常密切，可以說都是屬於公共經濟範圍。此外還有一點也許為一般人所未注意的。即教育制度並不在第一百零七條硬性規定『由中央立法並執行之』的事項之列，而是一百零八條當中。即是說，教育制度由中央立法，但不必由中央執行。所以在播遷中的中央政府，教育部的設立，更不必要。」社論，〈小地盤、大機構〉，《自由中國》，第十七卷第八期，頁三。

35 社論，〈小地盤、大機構〉，《自由中國》，第十七卷第八期（1957.10.16），頁四。

36 社論，〈我們的地方政制〉，《自由中國》，第十七卷第十期（1957.11.16），頁四。

37 社論，〈我們的地方政制〉，《自由中國》，第十七卷第十期，頁四。

38 社論，〈我們的地方政制〉，《自由中國》，第十七卷第十期，頁四。

39 社論，〈我們的地方政制〉，《自由中國》，第十七卷第十期，頁四。

40 社論，〈我們的地方政制〉，《自由中國》，第十七卷第十期，頁四。

41 雷震，〈今日的問題（十五）：反對黨問題〉，《自由中國》，第十八卷第四期（1958.2.16），頁三。

42 見傅正注：「所謂『美國干涉內政論』，是一九五八年三月十六日刊出的〈中國人看美國的遠東政策——對美遠東使節的臺北會議提幾點坦率建議〉。……上述第二篇是出於宋文明手筆，也曾經引起所謂干涉論風波，而且也成為一九六〇年雷案爆發後雷先生所謂為匪宣傳的罪證之一，而罪名是所謂『主張美國干涉我國內政』。」傅正注釋，雷震，一九五八年十一月十五日日記，《雷震全集39：第一個十年（七）》，頁三九八～四〇〇。

43 雷震，一九五八年三月五日日記，《雷震全集39：第一個十年（七）》，頁二四〇～二四一。

44 傅正注釋，雷震，一九五八年十一月十五日日記，《雷震全集39：第一個十年（七）》，頁三九八～四〇〇。

45 社論，〈中國人看美國的遠東政策——對美遠東使節的臺北會議提幾點坦率建議〉，《自由中國》，第十八卷第六期（1958.3.16），頁三～五。

46 社論，〈中國人看美國的遠東政策——對美遠東使節的臺北會議提幾點坦率建議〉，《自由中國》，第十八卷第六期（1958.3.16），頁五。

47 社論，〈中國人看美國的遠東政策——對美遠東使節的臺北會議提幾點坦率建議〉，《自由中國》，第十八卷第六期（1958.3.16），頁五。

48〈黑白集　改革與外援〉，《聯合報》，一九五八年三月十九日，第三版。

49 薛化元、潘光哲訪談，郭雲萍記錄，〈宋文明先生訪談記錄〉（未刊稿），訪談時間：一九九九年四月三十日，訪談地點：華華大飯店。

50 雷震，一九五八年三月二十日日記，《雷震全集39：第一個十年（七）》，頁二五〇～二五一。

51 雷震，一九五八年三月二十一日日記，《雷震全集39：第一個十年（七）》，頁二五一～二五二。

52 雷震，一九五八年四月九日日記，《雷震全集39：第一個十年（七）》，頁二六二～二六三。

53 雷震，一九五八年五月三十一日日記，《雷震全集39：第一個十年（七）》，頁二九九～三〇〇。

54 雷震，一九五八年三月二十八日日記，《雷震全集39：第一個十年（七）》，頁二五六～二五七。

55 據傅正在雷震三月二十七日日記注釋補充，此事即是因第十八卷第六期的兩篇社論〈究竟誰在給共匪利用？〉及〈中國人看美國的遠東政策〉而起。雷震，一九五八年三月二十七日日記，《雷震全集39：第一個十年（七）》，頁二五四～二五六。

56 社論，〈認清當前形勢，展開自新運動——向大陸做政治進軍！〉，《自由中國》，第十九卷第八期（1958.10.16），頁三～六；社論，〈呼籲從速召開反共救國會議——並請蔣總統釋疑〉，第十九卷第九期（1958.11.5），頁三～五。

57 李永熾監修，薛化元主編，台灣史料編纂小組編輯，《台灣歷史年表：終戰篇Ⅰ（1945-1965）》，頁二九八。

58 雷震，一九五八年十月二十四日日記，《雷震全集39：第一個十年（七）》，頁三八八。

59 社論，〈呼籲從速召開反共救國會議——並請蔣總統釋疑〉，第十九卷第九期（1958.11.5），頁三～五。

60 雷震，一九五八年十一月十五日日記，《雷震全集39：第一個十年（七）》，頁三九八～四〇〇。

第六節

出版法修訂與「軍人與狗」事件

一、「出版法」的修訂與田雨專案的萌芽

一九五八年四月，胡適就任中央研究院院長。[1]而胡適四月九日與雷震見面長談時，「對《自由中國》年來奮鬥，十分稱讚」，還說「將來台北要給雷儆寰樹個銅像，今日台灣有點言論自由，是雷某奮鬥出來的」。[2]五月二十七日，胡適在自由中國社餐會上，公開主張由知識分子來組織一個在野黨，[3]也因此促使《自由中國》於六月發表社論〈積極展開新黨運動〉，唱和胡適組織在野黨言論並大聲鼓吹組織新黨。[4]胡適對《自由中國》創刊以來言論的肯定，以及期待台灣可以組成新的反對黨，正好也是《自由中國》與國民黨當局對立、衝突的關鍵因素。

但是，就在胡適肯定《自由中國》爭取言論自由的努力不久，一九五八年六月二十日立法院通過「出版法修正案」。[5]為此，《自由中國》在社論〈國民黨當局應負的責任和我們應有

的努力〉中指出：「出版法修正案」通過，使出版品不待法院的審判，行政官署可直接逕行予以處分。《自由中國》批評這是立法史上「最可恥的一頁」，鼓勵大家努力爭取言論自由。[6]就台灣言論自由的發展而言，「出版法修正案」的通過，呈現了國民黨當局在法制上對言論自由進一步的打壓。

對《自由中國》而言，一九五二年中華民國政府所公布的「出版法」，大致上仍符合新聞自由的基本原則，不過，同年十一月二十九日，內政部以行政命令公布「出版法施行細則」，卻破壞了原先「出版法」中符合新聞自由原則的部分。其中尤為嚴重者，如施行細則第二十七條，以節約用紙為由，禁止或為難不受官方控制的新報、新雜誌出版；第十九條第二項，行政機關得無限制延長禁止出版品發行之期限，即變相的封閉報刊，撤銷登記。新辦報刊不許登記，既有報刊又有被永久停刊之風險，變相使得新聞業於發行前先自我審查。[7]

此後數年間有不少要求廢止「出版法施行細則」的呼聲，一九五七年《自由中國》曾以〈我們的新聞自由〉[8]一文指出問題。不料，一九五八年三月二十八日行政院向立法院提出「出版法」修正草案，企圖更進一步將違法的行政命令變為合法，引起台灣民營各報更強烈的反對。[9]四月十九日，立法院三委員會聯席會審查「出版法」修正案，多數主張公開審議。[10]次日，台北市通訊事業協會舉行全體會員座談會，討論「出版法」修正案。決議：一、發表聲明，呼籲政府從立法院撤回此案；二、建議全國各報社、通訊社、廣播電台、雜誌社等聯合舉行代表會議，共商對策。[11]雷震對於「出版法」修正案，也覺得是政府自找麻煩。[12]民間報業的反彈聲浪並沒有使蔣中正總統打消既定政策，相對地，他對於政策未得到支持甚為憤怒，批評反對的輿論：「這是對付黃色新聞和顛覆政府的報紙的，他們何必這樣起勁，簡直不明事理」，「民主自由是共產黨的東西」。[13]

為了維護言論自由，《自由中國》接連數期刊登探討出版法修正案的文章，五月一日出版的第十八卷第九期，發表社論〈出版法修正案仍以撤回為妥〉，[14] 五月十六日的第十八卷第十期，續刊一篇由夏道平執筆[15]的社論〈出版法事件的綜合觀〉，[16] 及程滄波以筆名舒霖[17]發表的〈出版法修正草案程序之爭〉[18] 等文章。六月十六日第十八卷第十二期，傅正所執筆的社論〈國民黨當局還不懸崖勒馬？〉，直率的批評更是「讓大家看了感到心驚」。[19]

在此期間，面對國民黨當局透過黨政運作，決定以秘密會議審查爭議甚大的「出版法」修正案，立法院內部也有一些立法委員為保障言論自由發聲，報業工會也繼續表態反對「出版法」修正案。一九五八年五月二日，一六一位立法委員連署提出，復議「出版法」修正草案應改開公開會議審議案，不過國民黨當局則拒絕改變政策，透過國民黨中央動員表決，復議案功敗垂成。[20] 五月四日，台北市報業公會為籲請廢止出版法或作合理修改，上書立法院請願，請願書中並將出版法與憲法抵觸部分加以列舉。[21]

國民黨中央面對一波波反對、批評的言論和行動，既有政策仍然完全沒有鬆動。根據雷震收到成舍我轉達的訊息，蔣中正總統認為：「國際局勢好，快要反攻了」，可是，「民主自由把中國搞垮了」。至於修改「出版法」，「是他的意思」。對蔣中正領導的國民黨當局而言，

「不是同志就是敵人，不是信徒就是叛徒。」[22]此外，蔣中正表示：修正案如不通過，是「黨員不聽話」，立法委員「如包華國、胡秋原等侮辱行政院長，即等於侮辱他」。在蔣中正的意志下，國民黨中央決議：「限立法院本會期內將出版法修正案照原案通過」。[23]立法院對於台北報業工會所提的請願書，也不予審查。[24]雷震的朋友擔心政府進一步限制言論自由的舉措，將使外界對《自由中國》印象更壞。[25]

「出版法」修正案三讀通過後，雷震約集程滄波、端木愷、夏濤聲、王世憲、陶百川、成舍我、胡秋原諸人吃飯，大家紛紛勸《自由中國》的言論要小心，不可再發表類似「反攻無望論」的文章，對於國民黨當局的政策或青年救國團的批評，「不要用全稱」來「完全抹殺」。[26]六月二十三日雷震約陶百川見面時，陶百川更直接向雷震表示，出版法是對付《自由中國》的。[27]一個月後，七月二十二日雷震拜訪陶百川時，陶百川又告訴雷震，他七月十六日在「評議會讀了二本小冊子，一為時代考驗，內有對《自由中國》一段」，批評《自由中國》「是共黨同路人」，並使「民心士氣」受損。陶百川認為國民黨當局「可能對《自由中國》採取三個步驟：一、安撫；二、自己改革；三、依出版法第四十條第一款停刊十個月或一年」。[28]

由於《自由中國》對台灣言論自由有重要的象徵意義，雷震的外國友人當時多認為，《自由中國》雜誌非常受到外國人及外國通訊社注意，如遭停刊或封閉，對政府反而不利，[29]判斷國民黨當局不會根據修正過的「出版法」對《自由中國》下手。

不過，陶百川的說法並非杞人憂天，警備總部總司令黃杰於一九五八年十月三十一日呈報給行政院長陳誠的簽呈中，針對《自由中國》雜誌批評政府的言論提出指控，除了計畫依「懲治叛亂條例」將雷震逮捕外，並請行政院內政部依「出版法」規定核定《自由中國》停止發行，待案件判決確定再予撤銷登記。簽呈中指出：

以雷震為社長兼主任編輯委員之自由中國半月刊歷年來假借自由民主，遂行詆譭元首，打擊本黨，蓄意叛亂，顛覆政府之惡毒宣傳與陰謀活動。[30]……擬即依懲治叛亂條例第七條戡亂時期檢來［肅］匪諜條例第六條之規定，由本部將雷震依法逮捕究辦。……對自由中國半月刊即依修正出版法第四十條第一項第三款第二項第三項之規定，請鈞院飭內政部立即核定定期停止其發行，并扣押其出版品（俟將來案件判決確定再予撤銷登記）。[31]

雖然陳誠沒有採納黃杰的意見對雷震和《自由中國》下手，不過蔣中正總統／總裁在一九五九年一月二十日主持宣傳會談時，即指示《自由中國》的「思想毒素」不能「任其蔓延」，應該蒐集相關資料，「選擇時間，採取行動」，並要求警備總部和總政治部針對雷震的資料進行處理。[32]同月，警備總部已成立「田雨專案」，[33]進一步鎖定雷震和《自由中國》，伺機進行進一步的打壓。

另一方面，無力透過輿論阻擋「出版法」修正案通過的《自由中國》，則在一九五九年一月十六日的第二十卷第二期，刊登〈出版法條文摘要〉做為一種抗議：「在此項出版法未廢止之前，本刊決將上項條款繼續刊登，一方面用以自我警惕，一方面讓世人知道我們的出版自由，受到怎樣的限制。」[34]

「出版法」修正案的通過，明白表示國民黨政府將可對主張民主自由的自由派刊物及言論，施予合於法律形式的壓制。面對政府通過牴觸民主自由原則的法律，過去單純要求守法、行政不要干涉司法，已不再能成為雷震等自由派人士的有效訴求了。[35]

二、陳懷琪事件與〈容忍與自由〉

（一）從輿論到司法的發展

就在前述蔣中正指示情治單位蒐集、整理雷震相關資料，以便「選擇時間，採取行動」，警備總部成立「田雨專案」前後，《自由中國》因為刊登讀者投書，引發衝擊雜誌社的陳懷琪事件。

一九五九年一月十六日出刊的《自由中國》第二十卷第二期刊登署名「陳懷琪」的讀者投書〈革命軍人為何要以「狗」自居？〉，批評軍中的政治教育，進而引發陳懷琪事件。[36]此一事件之所以發生，除了這篇投書內容觸動國民黨當局的神經外，也與後續現役的陳懷琪聲稱此一投書並非其本人所寫有密切關係。

該投書批評國軍的三民主義講習班，教官不管是上什麼課程，總要先把《自由中國》亂罵一頓，對先前發表「反攻無望」的論調及「破壞領袖」的「荒謬言論」痛加駁斥，「好像今年的三民主義講習班就是專為了要駁斥《自由中國》的『毒素思想』而才開辦的」，班裡的訓導主任還說：「現在我們革命軍人也要以領袖的『走狗』自居。如果有人攻擊我們的領袖，我們就毫不客氣的咬他一口。」[37]

這期《自由中國》出刊後，來自軍情單位及要求澄清不是作者的當事人陳懷琪，分別找上《自由中國》。國家安全局與國防部總政治部請警備總部要查明投書者的身分及動機，抑或是該刊揑造之事實。[38]警備總部則在稍早就來函自由中國社指該期的〈革命軍人為何要以「狗」自居？〉及另一篇署名「老兵」的〈軍人也贊成反對黨〉[39]，「有煽惑軍人怠忽職守的嫌疑，可能是匪諜」，要求自由中國社告知這兩名投書人的真實姓名與住址，[40]自由中國社為保護投書人拒絕告知，並反駁警備總部的指控。[41]在警備總部發函之後，姓名為陳懷琪的陸軍中校課長，除了在一月三十日到自由中國社說明他沒有寫這篇投書外，還寫了「更正函」，要求刊登在下一期《自由中國》。[42]自由中國社沒有接受陳懷琪中校刊登「更正函」的要求，而在二月十六日出刊的《自由中國》第二十卷第四期的〈給讀者的報告〉中，簡短說明同姓同名的爭議：[43]

現職陸軍工兵基地勤務處製造廠中校行政課長陳懷琪來函，以本刊第二十卷第二期所刊〈革命軍人為何要以「狗」自居？〉之陳懷琪，雖與其同姓同名，但並非一人，特此聲明。

雷震之所以不願刊登更正函，與他對投書真偽的判斷有關，因為他求證後認為這篇投書就是陳懷琪中校寫的。雷震針對投書和「更正函」在日記記載：「我們對過筆跡，兩者完全一樣」。[44]傅正在回憶時，還進一步說明：自由中國社曾將陳懷琪原投書和更正函送請美軍某單位鑑定，經核對結果，儘管其中有故意改換筆跡之處，仍可推斷是出於一人之手，但美軍單位深恐引起不必要困擾，不願出證明。自由中國社則將兩者照相製版，準備到最後不得已時提出，為社方的處理方式辯護。[45]事後，也有人來找雷震，說他有證據指出投書確實是陳懷琪中校寫的。[46]

不過，這樣的處理方式，陳懷琪中校並不滿意。二月十六日雜誌剛出刊，他立刻到自由中國社表達抗議。當時由編輯傅正出面接待，傅正向他表示，聲明重點是兩個陳懷琪並非同一人，至於其他內容與此聲明無關，毋須刊登他寫的「更正函」。[47]陳懷琪不接受傅正的說明，進而先透過大眾傳播媒體，抨擊《自由中國》刊登文章的內容以及後續的處理方式。他為了此事，在二月十八日、十九日的《中央日報》、《台灣新生報》、《聯合報》及《青年戰士報》上連續兩天刊登「陳懷琪警告自由中國雜誌啟事」廣告，抨擊《自由中國》所發表〈革命軍人為何要以「狗」自居?〉一文,「揑造事實,分化團結,用污衊革命軍人之手段,以阿譽貴雜誌之地位」。陳懷琪主張根據當時軍方制度,現役軍官絕無同名同姓之可能,而且《自由中國》投書者之學經歷又與他本人一致,因此他指控《自由中國》刊載假冒他姓名的讀者投書一事,已違反「出版法」、刑法偽造文書罪,並表示將「訴請法院保護」。[48]黨營和軍方的媒體,跟進宣傳陳懷琪批評《自由中國》的言論。《中央日報》先派記者採訪陳懷琪本人,二月十九日將此事做成一則報導,報導中不僅將陳懷琪的啟事原文再刊一遍,也全文發表陳懷琪原本要求《自由中國》刊登的「更正函」。[49]隔天,官營的軍中廣播電台及復興電台又根據陳懷琪的談話廣播一番。[50]由於陳仗甚大,雷震友人認為陳懷琪背後應該有人支持,雷震則懷疑是警備總部,[51]因為這樣的大手筆,「以一個中校之收入可以做到麼?這顯然有人在背後操縱」。[52]十九日當日,雷震與夏道平、戴杜衡、殷海光等人開會,討論後續如何應對,決定由夏道平起草一份聲明書,經律師端木愷審閱沒問題後,送《聯合報》、《中央日報》和《公論報》發表。[53]這篇《自由中國》啟事,除重申該刊已盡到代為聲明的義務外,更質疑陳懷琪啟事中稱投書者之學經歷與他本人一致的說法。因為《自由中國》刊登該則投書時,並未提及投書者之學經歷,不知道陳懷琪的說法根據為何?並表示必要時,《自由中國》會將一切直接間接的文件公布,由各界評斷。[54]

《公論報》及《聯合報》都在隔日(二十日)就刊出這份聲明,[55]但《中央日報》在十九日以「時間已晚」為由不收稿,[56]二十日雷震又三度到《中央日報》瞭解狀況,該報稱需開會討論，直到二十一日下午才決定刊登，[57]並於二十二日刊出。然而，二十二日同天的《中央日報》也刊載記者採訪陳懷琪逐點駁斥《自由中國》啟事的報導。[58]從時序來看，《中央日報》沒有立即刊登《自由中國》啟事，應該是刻意要讓啟事與陳懷琪駁斥的採訪於同一日見報。[59]

在陳懷琪及黨、軍、官方媒體的攻擊後，臺灣省政府新聞處二月二十三日以新一字第六七三號函通知自由中國社，囑在「發行人」欄裡登出「自然人」的名字，因此該期雜誌末尾的發行人欄寫明為「雷震」。[60]《自由中國》則於三月一日出版的第二十卷第五期的一篇社論中，針對這起事件的來龍去脈做了詳細說明，並向陳懷琪提出呼籲，希望事情不要再擴大。[61]

隨後，陳懷琪到臺北地方法院控告《自由中國》半月刊發行人雷震「偽造文書」、「毀謗名譽」及「懲治叛亂條例」第七條「有利於叛徒之宣傳」等三項罪名，[62]三月二日雷震接到傳票，[63]隔日（三日）起多次到臺北地方法院檢察處應訊。[64]據雷震回憶，三日當天前去法院檢察庭應訊時，門口已有一百多位學生等候，為他聲援；此外，除自由中國社職員外，還有《自立晚報》社長李玉階和青年黨領袖立法委員夏濤聲、詩人周棄子諸人表達支持。李、夏二人還攜帶公司、機關圖章，以備必要時給雷震作保之用，但檢察庭並未要求交保。[65]雷震首次應訊結束後，胡適稱讚雷震出席法庭應訊之舉是最文明的。胡適又告訴雷震，他推測可能是副總統兼行政院長陳誠阻止此事惡化。[66]當時胡適、成舍我、楊毓滋、陳啓天等友人均認為，這場官司對雷震和自由中國社損失不大，但是此一官司對政府造成的後果則相當嚴重。[67]三月二十三日地方法院檢察處又送來一張傳票，囑雷震二十五日出庭應訊，這次陳懷琪和他的訓育主任陸伯琨一起出現，陸告雷震「偽造文書」來誹謗他。[68]

（二）雷震的應對與友人的協助

在初次應訊之後，雷震也意識到自己由於此一訴訟，可能將失去自由，進而影響《自由中國》的後續運作。為此，雷震三月七日找殷海光、夏道平、戴杜衡三人商量，萬一他失去自由，刊物之後應如何辦理？戴杜衡態度比較消極，回應應該「要請胡先生多負責任」。雷震以為「我萬一失去自由，社會必對本刊同情，你們三人可一樣支持下去」，戴杜衡卻主張屆時應暫時退卻，他的態度使雷震不能理解。[69]

對於陳懷琪事件，胡適認為國民黨當局不該打此官司，成舍我勸胡適出面協助解決此事，胡適則回憶當初《自由中國》的發起人是時任政務委員的王世杰，認為王世杰應該出來協助處理。[70]此外，胡適在雷震請託下，已經著手用委婉的方式撰寫支持《自由中國》的文章。另一方面除了雷震本人，他的朋友或是支持《自由中國》者，也分別透過他們的人脈，希望化解國民黨當局藉此事件對雷震和《自由中國》造成的壓力。

蔣中正總統猜想胡適等人可能對雷震伸出援手，在三月十日於會報上公開說：「王雪艇［王世杰］與胡適之叫人家不要干涉司法，他們也不要干涉司法才好。」雷震聽到成舍我轉述後，認為「果真都不干涉司法，陳懷琪事件當然不會發生的」。[71]

三月十九日上午，陳啓天和總統府秘書長張群討論此一事件，張群先表示「他們抓到一個證據」，「已到法院，則依法解決」。不過，陳啓天再追問「檢察官後面是否有人，陳懷琪後面是否有人」時，張群則未回應。最後，張群答應向黃少谷和陳誠說情，但不打算直接和蔣中正總統提及此事。[72]

三月二十一日，雷震為了陳懷琪事件分別去找時任行政院副院長的王雲五和阮毅成。王雲五對雷震過去批評的「黨部干涉司法」，表示認同之意。王雲五打算之後再與行政院長陳誠商量，並「與（黃）少谷全力研討解決方法」，王雲五更認為「今雷案關係不下於孫案」。[73]而阮毅成則轉告雷震，陶希聖對雷震的不滿。陶希聖批評雷震過去曾散發指控他為漢奸之傳單，又指稱陳懷琪的投書是雷震根據陳懷琪後來那封更正函描寫的，所以字跡相同。雷震對陶希聖這兩項誣陷的說法，憤怒不已。[74]

三月二十四日莫德惠來拜訪雷震，告知陳懷琪事件透過陳誠的管道已經不通，必須另外有人向蔣中正總統疏通，才能化解。[75]三月二十五日雷震第二次赴地檢處應訊後，成舍我認為情勢相當險峻，建議雷震辭去《自由中國》發行人，將相關事務交由夏道平多負責，而且雷震本人應考慮出國避風頭，以緩和陳懷琪事件引發的訴訟。[76]而胡適則認為解決陳懷琪事件的最後關鍵還是蔣中正總統，曾經多次說要靠禱告，希望常識讓蔣中正清醒一下。[77]為了請胡適多採取實際的聲援行動，三月二十七日胡秋原、端木愷拜訪胡適，要求胡適出面幫忙處理陳懷琪事件，據理力爭，他們認為這起事件表面上是整雷震，實際上是打胡適，如雷震坐牢，胡適將無法再做中研院院長。胡適與胡秋原、端木愷商量之後，決定請王雲五幫忙。而胡適迅速採取行動，當天晚上就前往拜訪王雲五。[78]

四月二日陳啓天約雷震談話，陳啓天告訴雷震，他已經找陶希聖、谷鳳翔、陳建中等人談過，谷鳳翔不敢出面為雷震說話，陶希聖則認定過去發放傳單指他為漢奸是雷震所為，因此陶希聖對雷震「恨甚」。陶希聖又說，政府不敢和雷震進行談判，因為怕雷震不但不肯接受政府意見，甚至還會公開發表。[79]

就此而言，陶希聖對於雷震的痛恨，比較真實反應了他的態度。相對的，谷鳳翔「不敢出面」的說法，則和雷震的認知差距甚大。雷震認為，除了軍方總政治部、警備總部之外，司法行政部部長谷鳳翔也介入其中。由於《自由中國》自一九五八年年底至一九五九年年初，曾發表多篇文章大力抨擊谷鳳翔及首席檢察官延憲諒「奉命不上訴」事件，[80]所以谷鳳翔便趁這次機會從中搗亂，進行報復。[81]

至於陳懷琪事件在一九五九年得以暫且告一段落，主要還是胡適的協助。特別是胡適發表在《自由中國》的兩篇文章〈容忍與自由〉及〈胡適之先生給本社編輯委員會一封信〉，是胡適判斷情勢對雷震和《自由中國》「不容樂觀」，希望藉《自由中國》刊登文章表達立場，以化解來自國民黨當局的壓力。

雷震從一九五八年底開始，已曾多次致函胡適催討這篇以「容忍」為標題開頭的文稿。[82]而胡適此前可能已經注意到強人威權體制的氛圍下，《自由中國》的言論面對到的問題。根據金恆煒研究考證，胡適這篇文章醞釀許久，最早或可追溯到一九五七年，胡適並曾於一九五八年間對胡頌平表示：「其實容忍就是自由：沒有容忍，就沒有自由。」[83]

一九五九年一月陳懷琪事件發生後，二月九日雷震給胡適的信中，更強調胡適發表文章有「支持」作用。[84]胡適二月十九日給雷震的覆信仍未交出這篇文章，但就陳懷琪事件，胡適不客氣地指責自由中國社自始便對讀者投書的處理失當：[85]

陳懷琪的原信就是不應該登出的……於用真姓名的投書人當然是很不利的，於《自由中國》半月刊當然也是很不利的……登出此信是大錯。登出全文更是大錯。用那樣的標題更是大錯……何況此種投書大有可疑，你們何以竟如此深信而不懷疑？……我勸你立刻找最高明的律師，把一切資料請他研究，準備吃官司，準備封報館。

胡適雖然寫信批評《自由中國》處理的方式，不過，他基本上還是支持雷震和《自由中國》的。胡適在雷震第一次到地檢處應訊後，亦有所行動，他一方面請王雲五出來調停，一方面給《自由中國》寫了一封譴責的信。[86]這一封致《自由中國》編輯委員會的信，落款顯示是胡適三月五日寫成。三月十二日胡適〈容忍與自由〉一文也終於寫成，送到雷震手中。[87]胡適寫信是希望《自由中國》刊登，透過被譴責以及文章處理方式的具體改變，包括讀者投書應用真姓名、真地址，最好不用不記名的「社論」，也要停止刊登容易被看作尖刻輕薄的「短評」，[88]爭取國民黨當局不再透過陳懷琪事件強力壓制雷震和《自由中國》。由於涉及編輯方針影響雜誌的風格，雷震沒有決定馬上刊登這封信。相對地，〈容忍與自由〉雖然完全沒有提及陳懷琪事件，但陳啓天認為胡適該文是「用自責口吻為《自由中國》講話」。[89]而金恆煒晚近的研究也指出，胡適該文引用康乃爾大學史學老師伯爾（Prof. George Lincoln Burr）的格言，卻「把宗教的寬容，挪用在政治的『容忍』上，目的是避禍」。[90]因此，雷震收到〈容忍與自由〉這篇文稿後，隨即將之刊載於三月十六日《自由中國》第二十卷第六期。[91]而在《自由中國》該期社方〈給讀者的報告〉中，除了對胡適提供文章表達感激，也依胡適文意做了自我反省：[92]

「我不會錯的」心理是一切不容忍的根苗。沒有容忍，就沒有自由。所以胡先生特別強調容忍之可貴。這一提示，固然給那般自以為是而迫害異己的權勢中人以教益，同時也是我們爭取自由的朋友們所應珍視的。[93]

不過，胡適寫給《自由中國》的那封譴責信未被發表，他認為雷震和《自由中國》的回應仍然不夠。三月二十六日下午，胡適至自由中國社談了一個多小時，堅持要求將他寫的信刪改之後發表。[94]三月二十七日胡適去見王雲五，請他協助《自由中國》排解因陳懷琪事件造成的困擾，應該也提及刊登他寫給《自由中國》那封信的重要性。隔天二十八日，王雲五請雷震來談，再次傳達胡適要求發表這封信。雷震認為此事不好自行做主，先與胡適通電話，電話中胡適仍堅持刊登該信，雷震遂邀夏道平同去胡適處當面商量信件內容。[95]胡適之所以堅持信件要立即發表，是為有利於王雲五為雷震《自由中國》向當局講話，胡並再三勸雷震容忍：「個人榮辱事小，國家前途事大，要多多忍耐，不要把中華民國在聯合國的席次搞垮了！」[96]夏道平回憶胡適當時的狀態：「胡適一向自稱是『不可救藥的樂觀主義者』。可是到了晚年，他卻再也樂觀不下去了。」[97]

二十八日晚間雷震與胡適一起拜訪王雲五，胡適和王雲五兩人又力勸雷震發表該信，雷震終於答允。[98]該信經胡適刪改，由雷震帶至工廠發排。不過，宋英對此信並不贊成，她告訴雷震「寧可坐牢，亦不應發表」。[99]三十日雷震訪殷海光與戴杜衡說明此事，請求他們對發表該信的諒解。[100]

歷經前述的轉折，《自由中國》先後刊出胡適的〈容忍與自由〉與〈給本社編輯委員會一封信〉兩篇文章，「構成一體兩面的作用」。[101]陳懷琪事件就在《自由中國》刊登胡適那封〈給本社編輯委員會一封信〉，表示「我們應該檢討自己的編輯方法的是否完善」後，算是向國民黨政府妥協而暫告一段落，王雲五也寫信，請蔣中正不予追究。[102]王雲五是於二十九日下午致函總統府秘書長張群，信中「強調投鼠忌器之旨，請轉陳總統，宥其既往，勵其未來」。[103]三十日王雲五列席軍事會議，張群及陳誠亦有出席。張群對於王雲五前一天的來信「甚表贊同」，便與王雲五同向陳誠「疏通」。陳誠起初「對該刊甚表嫌惡」，王雲五則告訴陳誠，胡適已去函編委會，該函「措詞公正，責備尤嚴，該刊若為刊布，顯然有悔過之意」。[104]三十一日王雲五並將胡適該函送交陳誠院長，陳誠「即席細閱」，並與張群稍作討論。事後，張群告訴王雲五，陳誠的態度好轉，「可望設法緩和該案」。[105]

在刊登〈胡適之先生給本社編輯委員會一封信〉後，《自由中國》雜誌針對雜誌的內容也做了調整，自一九五九年五月一日起取消短評，[106]社論仍照台灣通例不署名，儘管事實上困難甚多，讀者投書盡力照胡適意見調整。[107]之後臺北地方法院檢察處就未再傳訊雷震，最後檢察官也未起訴雷震，[108]整個事件告一段落。然而，這篇〈革命軍人為何要以「狗」自居？〉投書，日後卻又在雷震被捕後，成為起訴書、判決書中的「罪證」之一。[109]

（三）胡適文章刊登的餘波

另一方面，《自由中國》內部對於胡適文章的態度，以及處理方向，則仍有爭議。針對〈胡適之先生給本社編輯委員會一封信〉，四月三日《自由中國》社論委員會上，宋文明仍表示不贊成發表，認為代價太大。[110]多年以後，傅正為雷震這段時期的日記做注解時，指出：[111]

很顯然，胡先生是希望採自責的低姿態來化解這件訟案。但我這個一手負責處理「讀者投書」包括陳懷琪投書在內的編者，而且又是一手負責撰「短評」稿的編者，當時也是寧可我去坐牢乃至殺頭，也無法完全同意胡先生的看法。但胡先生的好意我們不能不承認，尤其胡先生的意見我們不能不尊重。所以，在蔣經國政工幫一手導演的「陳懷琪讀者投書

> 案」，在當時的環境下雖然不得不用發表這種道歉式的信表示屈服，但我當時內心的無限痛苦和高度憤慨，到現在註到這段日記時，雖然已超過三十年，我還是記憶猶新。特別是使我對蔣經國政工幫，乃至警備總部這種非法的黑單位的卑鄙、無恥、下流，永生難忘。

圍繞著胡適這篇〈容忍與自由〉，《自由中國》展開了一連串的文字討論。一九五九年四月一日出刊的《自由中國》第二十卷第七期，刊登來自毛子水、殷海光的討論。[112]毛子水讚揚胡適的主張，認為「我們不能因國家而損害國民的自由。但若國家敗壞，則國民的生存且成問題，何況自由！這是爭自由的人所不可不知道的」。[113]戴杜衡對此曾向雷震表達不滿，認為毛子水「是責備我們」。[114]而殷海光的評論，基本上對胡適持恭維的態度，不過文末仍提出了基本角度的差異：[115]

> 自古至今，容忍的總是老百姓，被容忍的總是統治者。所以，我們依據經驗事實，認為適之先生要提倡容忍的話，還得多多向這類人士說法。我們認為胡先生不應以這個社會對你底「無神的思想」容忍為滿足，而應以使千千萬萬人不因任何「思想問題」而遭監禁甚至殺害為己任。

同年十一月二十日的《自由中國》十週年紀念會上，胡適再以「容忍與自由」為題，進行一小時的演講。[116]演講內容經記錄整理後，刊登在第二十一卷第十一期《自由中國》，其中，胡適對殷海光「讀後」意見做出了回應，胡適認為握筆桿寫文章的人「也有一點權，也有一點勢」，「我們絕對不可以濫用我們的權力」。[117]金恆煒指出，殷海光雖然沒有再公開回應胡適，但「內心著實不快」，殷認同黃展驥對胡適的批評：「他把『有影響』同『有權勢』混為一談。這一關鍵一錯，底下跟著全錯。」[118]青年黨的朱文伯也在《民主潮》中發表文章，批評胡適〈容忍與自由〉文章，朱文伯還曾當面質問胡適：「是不是現在胡適之的言論自由也沒有了？」[119]

陳懷琪事件引發的司法訴訟，讓雷震強烈感受到自己的人身自由受到威脅，以及國民黨當局可能透過司法迫使《自由中國》無法繼續刊行，這也是一九五九年雷震主導《自由中國》言論做出一定退讓的關鍵因素。對雷震而言，這不是單純理論、是非而已，更是在國民黨當局強人威權體制籠罩下，《自由中國》如何存續的問題。

另一方面，縱使在動員戡亂時期及戒嚴令的限制下，仍然期待在台灣儘量落實民主憲政，繼續「民主反共」的路線，實現《自由中國》的宗旨，這是雷震辦《自由中國》的目的。因此，前述的退讓是一回事，繼續期待或是推動台灣的反對黨運動，以及反對國民黨當局違憲（包含「動員戡亂時期臨時條款」在內的憲法）的作為，依然是雷震和《自由中國》所堅持的基本言論主張。就此而言，一旦蔣中正總統企圖違憲三連任，則雙方的衝突不僅難以避免，而且勢必加劇。

1 李永熾監修，薛化元主編，台灣史料編纂小組編輯，《台灣歷史年表：終戰篇I（1945-1965）》，頁二八七。

2 雷震，一九五八年四月九日日記，《雷震全集39：第一個十年（七）》，頁二六二。

3 文德，〈雷震．胡適．中國民主黨〉，《雷震全集1：雷震與我（一）》，頁一一。

4 李永熾監修，薛化元主編，台灣史料編纂小組編輯，《台灣歷史年表：終戰篇I（1945-1965）》，頁二八八；文德，〈雷震．胡適．中國民主黨〉，《雷震全集1：雷震與我（一）》，頁一一。

5 〈出版法修正案　立院三讀通過　該案經縝密審議完成立法程序〉，《中央日報》，一九五八年六月二十一日，第一版。

6 社論，〈國民黨當局應負的責任和我們應有的努力〉，《自由中國》，第十九卷第一期（1958.7.1），頁三～五。

7 社論，〈出版法修正案仍以撤回為妥〉，《自由中國》，第十八卷第九期（1958.5.1），頁五。

8 社論，〈我們的新聞自由〉，《自由中國》，第十七卷第十二期（1957.12.16），頁三。

9 雷震，一九五八年四月十一日日記，《雷震全集39：第一個十年（七）》，頁二六三～二六四。

10 《公論報》，一九五八年四月二十日，第一版。

11 《台灣新生報》，一九五八年四月二十一日，第三版。

12 雷震，一九五八年四月十一日日記，《雷震全集39：第一個十年（七）》，頁二六三～二六四。

13 雷震，一九五八年四月二十二日日記，《雷震全集39：第一個十年（七）》，頁二七三～二七四。

14 社論，〈出版法修正案仍以撤回為妥〉，《自由中國》，第十八卷第九期（1958.5.1），頁五～六。

15 雷震，一九五八年五月三日日記，《雷震全集39：第一個十年（七）》，頁二八一。

16 社論，〈出版法事件的綜合觀〉，《自由中國》，第十八卷第十期（1958.5.16），頁五～六。

17 雷震，一九五八年五月十日日記，《雷震全集39：第一個十年（七）》，頁二八五。

18 舒霖（程滄波），〈出版法修正草案程序之爭〉，《自由中國》，第十八卷第十期（1958.5.16），頁一五～一六。

19 雷震，一九五八年六月十七日日記，《雷震全集39：第一個十年（七）》，頁三一一～三一二。

20 《公論報》，一九五八年五月三日，第一版。

21 〈對修正出版法問題　北市報業公會　向立法院請願〉，《中央日報》，一九五八年五月五日，第三版。

22 雷震，一九五八年五月二十一日日記，《雷震全集39：第一個十年（七）》，頁二九一～二九二。

23 雷震，一九五八年五月二十四日日記，《雷震全集39：第一個十年（七）》，頁二九三～二九五。

24 雷震，一九五八年六月十二日日記，《雷震全集39：第一個十年（七）》，頁三〇六～三〇八。

25 雷震，一九五八年六月十二日日記，《雷震全集39：第一個十年（七）》，頁三〇六～三〇八。

26 雷震，一九五八年六月二十日日記，《雷震全集39：第一個十年（七）》，頁三一三～三一四。

27 雷震，一九五八年六月二十三日日記，《雷震全集39：第一個十年（七）》，頁三一六～三一七。

28 雷震，一九五八年七月二十二日日記，《雷震全集39：第一個十年（七）》，頁三三七～三三八。

29 雷震，一九五八年五月九日、六月二十四日日記，《雷震全集39：第一個十年（七）》，頁二八四～二八五、三一七～三一八。

30 案名：「對雷震及自由中國半月刊調查研究案」（臺灣警備總司令部，黃杰，一九五八年十月三十一日），檔案管理局，檔號：A202000000A=0047=275.11=1=virtual001=virtual001=0017。收入陳世宏、張世瑛、許瑞浩、薛月順編，《雷震案史料彙編：國防部檔案選輯》（台北縣：國史館，二〇〇二），頁一三。

31 案名：「對雷震及自由中國半月刊調查研究案」（臺灣警備總司令部呈報行政院雷震蓄意叛亂顛覆政府擬依法究辦，一九五八年十月三十一日），一九五八年十月三十一日，檔案管理局，檔號：A202000000A=0047=275.11=1=virtual001=virtual001=0022。收入陳世宏、張世瑛、許瑞浩、薛月順編，《雷震案史料彙編：國防部檔案選輯》，頁一八。

32 黃杰，一九五九年一月二十日，陳世宏、張世瑛、許瑞浩、薛月順編輯，《雷震案史料彙編：黃杰警總日記選輯》（台北縣：國史館，二〇〇三），頁一一。

33 「（48）判田字第〇〇一號臺灣警備總司令部軍法處公務處理通知單」，國家發展委員會檔案管理局國史館檔案，「對雷震及自由中國半月刊調查研究案」，檔號：A202000000A=0047=275.11=1=virtual001=virtual001=0052-54。

34 〈出版法條文摘要〉，《自由中國》，第二十卷第二期（1959.1.16），頁三〇。

35 薛化元，《《自由中國》與民主憲政：一九五〇年代台灣思想史的一個考察》，頁一五二～一五四。

36 有關此一事件的始末，主要係以筆者的《雷震與一九五〇年代台灣政治發展——轉型正義的視角》頁一四〇～一四四增補而成。

范泓，《民主的銅像：雷震傳》，頁二五二。

37 陳懷琪，〈革命軍人為何要以「狗」自居？〉，《自由中國》，第二十卷第二期（1959.1.16），頁三〇。

38 陳世宏、張世瑛、許瑞浩、薛月順編，《雷震案史料彙編：黃杰警總日記選輯》，頁一二。

39 老兵，〈軍人也贊成反對黨〉，《自由中國》，第二十卷第二期（1959.1.16），頁二一。

40 傅正，一九五九年一月二十七日日記，收入潘光哲編，《傅正《自由中國》時期日記選編》（台北：中央研究院近代史研究所，二〇一一），頁一六九～一七〇。

41 雷震，一九五九年二月二十一日日記，《雷震全集40：第一個十年（八）》，頁三二～三三。

42 雷震，一九五九年一月三十一日日記，《雷震全集40：第一個十年（八）》，頁一八～一九。

43 〈給讀者的報告〉，《自由中國》，第二十卷第四期（1959.2.16），頁三二。

44 雷震，一九五九年一月三十一日日記，《雷震全集40：第一個十年（八）》，頁一八～一九。

45 傅正補注，雷震，《雷震全集11：雷案回憶（一）》，頁二〇四。

46 此人名為吳彥傑，於四月九日、十四日主動二度到自由中國社找雷震談話，說他的姪子吳福兮是陸軍總司令供應司令部組長，在軍中與陳懷琪熟識，陳懷琪曾向吳福兮坦承原投書是他本人寫的，政治部也曉得，而強迫陳懷琪說謊控告雷震。雷震，一九五九年四月九日、十四日日記，《雷震全集40：第一個十年（八）》，頁六五～六六、六八。

47 雷震，一九五九年二月十六日日記，《雷震全集40：第一個十年

（八）》，頁二七～二八。

48〈陳懷琪警告自由中國雜誌啟事〉，《中央日報》，一九五九年二月十八日，第四版；一九五九年二月十九日，第一版。

49〈冒用名義刊登投書　虛構事實損人令譽　陳懷琪警告自由中國社　決循法律途徑提出控告〉，《中央日報》，一九五九年二月十九日，第四版。

50 傅正補注，雷震，《雷震全集11：雷案回憶（一）》，頁二〇四。

51 雷震，一九五九年二月十九日日記，《雷震全集40：第一個十年（八）》，頁二九。

52 雷震，一九五九年二月二十一日日記，《雷震全集40：第一個十年（八）》，頁三二。

53 雷震，一九五九年二月十九日日記，《雷震全集40：第一個十年（八）》，頁二九～三〇。

54〈自由中國社啟事〉，《中央日報》，一九五九年二月二十二日，第一版。

55 雷震，一九五九年二月二十日日記，《雷震全集40：第一個十年（八）》，頁三一。

56 雷震，一九五九年二月十九日、二十日日記，《雷震全集40：第一個十年（八）》，頁二九～三一。

57 雷震，一九五九年二月二十一日日記，《雷震全集40：第一個十年（八）》，頁三一～三二。

58〈陳懷琪昨天談話　再駁自由中國社〉，《中央日報》，一九五九年二月二十二日，第四版。

59 根據傅正對雷震回憶錄的「補注」，除了《中央日報》之外，其他國民黨及官方媒體如《中華日報》、《台灣新生報》也登載了類似的報導。雷震，《雷震全集11：雷案回憶（一）》，頁二〇八。

60 雷震，〈國民黨早以陳懷琪為迫害雷震工具〉，《雷震全集11：雷案回憶（一）》，頁六六；〈給讀者的報告〉，《自由中國》，第二十卷第五期（1959.3.1），頁三二。

61 社論，〈關於陳懷琪投書事件的簡報〉，《自由中國》，第二十卷第五期（1959.3.1），頁八～九。

62 雷震，〈國民黨早以陳懷琪為迫害雷震工具〉，《雷震全集11：雷案回憶（一）》，頁六六～六七。

63 雷震，一九五九年三月二日日記，《雷震全集40：第一個十年（八）》，頁三九～四二。

64 雷震，一九五九年三月三日、三月二十五日、四月三十日日記，《雷震全集40：第一個十年（八）》，頁四二～四三、五五～五六、七八；〈台北地檢處　昨傳訊雷震　偵查經過拒絕透露〉，《中央日報》，一九五九年三月四日，第四版；〈地檢處昨傳訊　雷震與陳懷琪　另一告訴人陸伯琨也於昨日到庭應訊〉，《中央日報》，一九五九年三月二十六日，第四版。〈台北地檢處　昨傳訊雷震　內容拒加透露〉，《中央日報》，一九五九年五月一日，第四版。

65 雷震，〈國民黨早以陳懷琪為迫害雷震工具〉，《雷震全集11：雷案回憶（一）》，頁六八。

66 雷震，一九五九年三月五日日記，《雷震全集40：第一個十年（八）》，頁四三。

67 雷震，一九五九年三月五、六、七、十六、十九日日記，《雷震全集40：第一個十年（八）》，頁四三～四五、五〇～五二。

68 雷震，〈國民黨早以陳懷琪為迫害雷震工具〉，《雷震全集11：雷案回憶（一）》，頁六九；雷震，一九五九年三月二十五日日記，《雷震全集40：第一個十年（八）》，頁五五～五六。

69 雷震，一九五九年三月七日日記，《雷震全集40：第一個十年（八）》，頁四四～四五。

70 雷震，一九五九年三月七日日記，《雷震全集40：第一個十年（八）》，頁四四～四五。

71 雷震，一九五九年三月十六日日記，《雷震全集40：第一個十年（八）》，頁五〇～五一。

72 雷震，一九五九年三月十九日日記，《雷震全集40：第一個十年（八）》，頁五二。

73 雷震，一九五九年三月二十一日日記，《雷震全集40：第一個十年（八）》，頁五三；王壽南編，《王雲五先生年譜初稿》第三冊，頁一〇二二。

74 雷震，一九五九年三月二十一日日記，《雷震全集40：第一個十年（八）》，頁五三。

75 雷震，一九五九年三月二十四日日記，《雷震全集40：第一個十年（八）》，頁五四～五五。他建議的人選是張道藩和于斌。不過張道藩雖然表示同情，卻因病推辭。

76 雷震，一九五九年三月二十六日日記，《雷震全集40：第一個十年（八）》，頁五六～五七。

77 「希望老頭子靠著神靈啟示頭腦清醒些」、「胡先生對此事件，他說不信神，而贊成我們禱告，希望常識把老人清醒一下」、「胡先生又問及陳懷琪事件，他說胡適主義在禱告，希望常識使他們清醒過來」。見雷震，一九五九年三月二十六日、四月二日、四月二十七日日記，《雷震全集40：第一個十年（八）》，頁五六～五七、六二、七六～七七。

78 雷震，一九五九年三月二十八日日記，《雷震全集40：第一個十年（八）》，頁五八～五九。

79 雷震，一九五九年四月二日日記，《雷震全集40：第一個十年（八）》，頁六二。

80 社論，〈如此司法——「奉命不上訴」〉，《自由中國》，第十九卷第十期（1958.11.16），頁三～四；史濟人，〈「奉命不上訴」案的新論證〉，《自由中國》，第十九卷第十一期（1958.12.1），頁三一；社論，〈三論谷鳳翔對「奉命不上訴」案應負的法律責任〉，《自由中國》，第十九卷第十二期（1958.12.16），頁七～八；短評，〈（五）谷鳳翔何時撤職查辦？〉，《自由中國》，第二十卷第一期（1959.1.1），頁四二；社論，〈「奉命不上訴」案為何「不予起訴」？〉，《自由中國》，第二十卷第二期（1959.1.16），頁五～七。

81 三月初李玉階見到臺北地檢處首席蔣邦樑談論陳懷琪事件後轉告雷震，雷震獲悉總政治部主任蔣堅忍和司法行政部長谷鳳翔是此一事件的重要主事者，參見雷震，一九五九年三月九日日記，《雷震全集40：第一個十年（八）》，頁四六；夏道平也說「陳懷琪事件發展不好，因谷鳳翔搗亂甚力」，見雷震，一九五九年四月十七日日記，《雷震全集40：第一個十年（八）》，頁七〇。

82 雷震，〈雷震致胡適〉（一九五八年十二月二十六日）、〈雷震致胡適〉（一九五九年一月三十一日），收入萬麗鵑編註，潘光哲校閱，《萬山不許一溪奔：胡適雷震來往書信選集》，頁一四六、一五四～一五五。

83 金恆煒，《面對獨裁：胡適與殷海光的兩種態度》，頁五五二～五五八；胡適，〈胡適致雷震〉（一九五七年八月二十九日），收入萬麗鵑編註，潘光哲校閱，《萬山不許一溪奔：胡適雷震來往書信選集》，頁一一八。

84 雷震，〈雷震致胡適〉（一九五九年二月九日），收入萬麗鵑編註，潘光哲校閱，《萬山不許一溪奔：胡適雷震來往書信選集》，頁一六〇。

85 胡適，〈胡適致雷震〉（一九五九年二月十九日），收入萬麗鵑編註，潘光哲校閱，《萬山不許一溪奔：胡適雷震來往書信選集》，頁一六二～一六三。

86 雷震，〈國民黨早以陳懷琪為迫害雷震工具〉，《雷震全集11：雷案回憶（一）》，頁七二。

87 雷震，一九五九年三月十二日日記，《雷震全集40：第一個十年（八）》，頁四八。

88 胡適，〈胡適之先生給本社編輯委員會一封信〉，《自由中國》，第二十卷第七期（1959.4.1），頁一三。

89 金恆煒，《面對獨裁：胡適與殷海光的兩種態度》，頁五〇九；雷震，一九五九年三月十七日日記，《雷震全集40：第一個十年（八）》，頁五一。

90 金恆煒，《面對獨裁：胡適與殷海光的兩種態度》，頁五六五。

91 胡適，〈容忍與自由〉，《自由中國》，第二十卷第六期（1959.3.16），頁七～八。

92 金恆煒，《面對獨裁：胡適與殷海光的兩種態度》，頁五一〇；雷震，〈雷震致胡適〉（一九五九年三月七日），收入萬麗鵑編註，潘光哲校閱，《萬山不許一溪奔：胡適雷震來往書信選集》，頁一六七。

93 〈給讀者的報告〉，《自由中國》，第二十卷第六期（1959.3.16），頁三二。

94 雷震，一九五九年三月二十六日日記，《雷震全集40：第一個十年（八）》，頁五六～五七。

95 雷震，一九五九年三月二十八日日記，《雷震全集40：第一個十年（八）》，頁五八～五九；王壽南編，《王雲五先生年譜初稿》第三冊，頁一〇二四。

96 雷震，〈國民黨早以陳懷琪為迫害雷震工具〉，《雷震全集11：雷案回憶（一）》，頁七三～七四。

97 夏道平，〈《胡適國難時期日記》讀後感〉，收入何卓恩、夏明編選，《夏道平文集》（中國長春出版社，二〇一三），頁二四一，轉引自金恆煒，《面對獨裁：胡適與殷海光的兩種態度》，頁五四七。

98 王壽南編，《王雲五先生年譜初稿》第三冊，頁一〇二四。

99 雷震，一九五九年三月二十八日日記，《雷震全集40：第一個十年（八）》，頁五八。

100 雷震，一九五九年三月三十日日記，《雷震全集40：第一個十年（八）》，頁六〇。

101 金恆煒，《面對獨裁：胡適與殷海光的兩種態度》，頁五〇九。

102 「因為胡先生一定要這一期發表，俾王雲五便於向當局講話，這等於自由中國社屈膝了。王雲五就寫了一封信給蔣總統，請他寬大為懷，不予追究。」參見雷震，〈國民黨早以陳懷琪為迫害雷震工具〉，《雷震全集11：雷案回憶（一）》，頁七四。

103 王壽南編，《王雲五先生年譜初稿》第三冊，頁一〇二五。

104 王壽南編，《王雲五先生年譜初稿》第三冊，頁一〇二五。

105 王壽南編，《王雲五先生年譜初稿》第三冊，頁一〇二六。

106 據傅正憶述，「短評」欄是出於傅正的建議，而從一九五八年十月一日的第十九卷第七期開始，大部分由傅正執筆。一九五九年二月一日〈谷鳳翔逍遙法外〉短評就曾被胡適批評「刺激人心」。「短評」欄停止後，讀者的反應相當強烈，連帶銷路也受到影響。見傅正補注，雷震，《雷震全集11：雷案回憶（一）》，頁二〇八～二〇九。

107 雷震，一九五九年四月十一日日記，《雷震全集40：第一個十年（八）》，頁六六。

108 薛化元，《《自由中國》與民主憲政：一九五〇年代台灣思想史的一個考察》，頁一五七～一五八；雷震，《雷震回憶錄——我的母親續篇》，頁六六～七四；雷震，〈國民黨早以陳懷琪為迫害雷震工具〉，《雷震全集11：雷案回憶（一）》，頁七四。

109 「雷君明知為匪諜而不告密檢舉處有期徒刑七年褫奪公權五年，另其他刑則，執行有期徒刑十年褫奪公權七年」（一九六〇年十月八日）、「雷君等人因叛亂案件經初審判決將雷君部份送請覆判，本部判決：原判決關於雷君部份核准」（一九六〇年十一月二十三日），〈雷震等案〉，《國防部軍務局檔案》，檔案管理局藏，檔號：B3750187701/0044/1571/10601023/192/002,003。陳世宏、張世瑛、許瑞浩、薛月順編，《雷震案史料彙編：國防部檔案選輯》，頁二八三～二八八。

110 雷震，一九五九年四月三日日記，《雷震全集40：第一個十年（八）》，頁六三。

111 傅正注釋，雷震，一九五九年三月二十八日日記，《雷震全集40：第一個十年（八）》，頁五八～五九。

112 金恆煒，《面對獨裁：胡適與殷海光的兩種態度》，頁五一二～五一三。

113 毛子水，〈「容忍與自由」書後〉，《自由中國》，第二十卷第七期（1959.4.1），頁一四。

114 雷震，一九五九年三月二十七日日記，《雷震全集40：第一個十年（八）》，頁五七。

115 殷海光，〈胡適論「容忍與自由」讀後〉，《自由中國》，第二十卷第七期（1959.4.1），頁一六。

116 雷震，一九五九年十一月二十日日記，《雷震全集40：第一個十年（八）》，頁一九五。

117 胡適，〈「容忍與自由」——《自由中國》十週年紀念會上講詞〉，《自由中國》，第二十一卷第十一期（1959.12.1），頁七～八。

118 金恆煒，《面對獨裁：胡適與殷海光的兩種態度》，頁五四一～五四二。

119 金恆煒，《面對獨裁：胡適與殷海光的兩種態度》，頁五四五。

反對總統三連任[1]

一、違憲的三連任

反對蔣中正總統違憲三連任，以及籌組新政黨，是《自由中國》從一九五八年起關注的重點，而組黨與反對三連任應該便是促使國民黨政府決心處理《自由中國》與雷震的關鍵因素。[2]一九五八年四、五月間，距蔣中正總統第二任期任滿的兩年前，與雷震相熟的朋友們早就開始和他討論蔣中正總統是否會三連任的問題。[3]一九五八年十一月，胡適告訴雷震，雖然蔣中正總統「說他不修改憲法做第三任」，但王世杰對此抱持懷疑的態度，認為經各方勸駕後，蔣中正會在最後「黃袍加身」。胡適認為如果真的如王世杰所預測，這樣的狀況比直接修憲三連任還壞。[4]

蔣中正總統於一九五八年十二月二十三日在光復大陸設計委員會上表現出反對修改憲法的態度，[5]《自由中國》則在一九五九年一月以社論回應。在這篇〈欣幸中的疑慮——關於蔣總統反對修憲的聲明〉社論中，「對蔣總統維護憲法的熱忱，表示最高的敬意」；[6]另一方面，黨營、官營的媒體對蔣中正總統前述的宣示幾乎沒有反應，中央社所發布的消息中也未提到總統三任的問題，部分國民大會代表仍積極主張修憲。[7]對此，《自由中國》這篇社論認為：「由此種種，顯得連任問題，並沒有因蔣總統的不修憲聲明而完全成為過去」。[8]文中也指出：如果國民黨內的修憲論者仍然轉彎抹角地進行修憲運動，人們就會懷疑蔣中正總統不修憲的表示祇是一種姿態，更認為如果不經由修憲，蔣中正總統三連任的話，將是明白的違憲之舉。[9]

不過，《自由中國》的社論發表後，並沒有看到國民黨當局有力人士的澄清，反而出現更多疑慮。一九五九年一月四日，蔣經國在《中央日報》發表的文章中，大談特談海明威的《老人與海》，對老人有許多的讚美，[10]因此引發這老人所隱喻的或許就是蔣中正總統的想法。一月十五日《聯合報》上又刊登了大法官史尚寬的〈目前憲法是否有修改之可能與必要之商榷〉一文，文中主張「在此動員戡亂反共抗俄時期，復國在望，尤有賴于蔣總統之領導，故非修改憲法不可」。[11]正值蔣中正總統究竟會不會三連任，或是要如何三連任受到各方關注之際，這些言論引起許多揣測。對此，二月十六日《自由中國》刊出由方望思撰寫的〈請看香港發出的臺灣政治颱風警報〉，[12]此文指出蔣中正總統發表了前述反對修憲的聲明後，香港的輿論界，不僅《真報》、《新生晚報》、《星島日報》抱持肯定的態度，連一向被國民黨當局看做眼中釘的《自由陣線》，也以〈蔣介石先生放棄再任總統〉為題的社論中「贊揚蔣總統的『明智』」。不過如同前篇《自由中國》社論的疑慮，方望思也注意到，台北的官報和黨報對蔣中正總統不修憲形同自動放棄三任總統的表示，一致地保持了高度的緘默。[13]而前述國民大會代表年會中，既有修改憲法的提案，也有主張不修改憲法而使蔣中正總統繼續連任的臨時動議。[14]如是，遂使得有人懷疑蔣中正總統的反對修憲，是「以退為進」，他「是否將貫澈初衷，仍有待于事實的證明」。加上蔣經國和史尚寬的文章，更引起了各方的揣測，據方望思的文意來理解，各方所揣測的應當就是到底蔣中正是不是要修憲三連任的問題。[15]

在部分輿論關心國民黨當局真正態度的氛圍下，蔣中正總統不僅沒有進一步釐清疑慮，反而在一九五九年五月十八日，出席國民黨第八屆中央委員會第二次全體會議上，提出了：只要不使敵人感到稱心、不使大陸億萬同胞感到失望、不使海內外軍民感到惶恐，「而反共復國重任的完成，有了妥善安排，他絕不為個人的出處考慮」。[16]換言之，在特定條件之下，沒有完全排除三連任的可能性。在蔣中正總統如此的表示後，胡適、蔣勻田等人仍相信蔣中正總統不會三連任。[17]但是，雷震則對此感到憂心，《自由中國》沒有立即有所回應，是因為此時正面臨著找印刷廠的困難，所以不敢即時批評。[18]而在印刷廠確定後，六月十六日出刊的《自由中國》立即發表了一篇社論〈蔣總統不會作錯了決定吧？〉。[19]這篇社論開宗明義表示「『修憲』與『做第三任』，實際上只是一回事的兩種說法」，更指出《自由中國》本來「是希望蔣總統能更進一步對於大家的疑慮再作澄清」，但蔣總統最近的發言，「並不是澄清大家的疑慮；相反地，而是加深大家的疑慮」。[20]這篇社論並表示，依據憲法規定，沒有一個不修憲而可以連任的道理，文中指出：「違憲毀憲以圖把持權位，那是北洋軍閥所幹的把戲。以北洋軍閥為革命對象，而又經常強調法治的蔣總統，總該不會做出這樣的事來。何況蔣總統迄今還能夠用以號召反共的唯一有力的憑藉，就是這一部憲法。如果連這部憲法都可丟掉不管而連任下去，我們真不知道蔣總統將憑什麼而能安於其位？」最後則呼籲：「希望蔣總統千萬不要以為官方報刊揣摩意旨所寫的東西，真可領導輿論；千萬不要以為天天親耳聽到的那些阿諛取寵的言詞，真的代表民意。」[21]

透過這篇文章的論述，已可約略看到當時在蔣中正總統明言不修憲後，各界仍然一味鼓動修憲或勸他三連任。[22]對此，蔣中正總統不僅沒有表明不三連任，也沒有希望各方停止類似行動的表示。而國民黨當局在這一段時間內，不僅讓與蔣中正總統意見相牴觸，主張變更憲政體制以勸進的言論可以到處散播，而反對總統三連任、反對修憲言論的海外雜誌在此時進入台灣卻動輒遭到查扣。兩相比較，已可略窺強人威權體制之下，強人的意向透過官方限制報刊的表現及對象之梗概。

由於蔣中正總統可能三連任的政治訊息越來越強，《自由中國》的文章以古諷今的方式，將批評的對象直接指向蔣總統。一九五九年七月《自由中國》第二十一卷第一期，刊登顧達德的〈籌安會的醜劇〉一文，即是一例。文章中點明：當籌安會開始鼓吹變更國體時，有人詢問袁世凱應否加以干涉，袁的答覆即是模稜兩可的。而當肅政廳呈請取締籌安會時，袁也只輕描淡寫的「飭令內政部對該會言論行動酌定範圍」而已。最後，當了解袁世凱的真正意向後，「全國紛紛勸進」，而袁世凱則半推半就。經過一番「做工」以後，才終於不再扭捏，下令接受帝位。文中並抨擊「袁世凱最不可原恕的地方，是他自己要做皇帝，還要強姦民意，製造推戴」。除了直接的諷示和批評以外，作者更刻意引當年梁啟超的文章，指出：

自國體問題發生以來，所謂討論者，皆袁氏自討自論；所謂贊成者，皆袁氏自贊自成；所謂請願者，皆袁氏自請自願；所謂表決者，皆袁氏自表自決；所謂推戴者，皆袁氏自推自戴。舉凡國內國外明眼人，其誰不知者。……質而言之，此次皇帝之出產，不外右手挾白刃、左手持金錢，嘯聚國中最下賤無恥之少數人，如演傀儡戲者然。[23]

總結而言，此文藉著梁啟超對於袁世凱及勸進行動的批評，暗喻了對台灣政治現象的意見。

如前所述，《自由中國》在此時刊登討論袁世凱的文章，並非無的放矢。蔣中正總統雖然已經表示不會修憲，但是修憲之說卻不絕於耳，而且公然在國民大會成為行動。面對要求約束國民黨員這些違反黨總裁聲明的言論，蔣中正總裁與國民黨當局不理不睬。對於推動連任運動所主張的修憲、修改臨時條款等等，蔣中正總統及官方則任其發展，沒有任何澄清的表示。相對地，反對三連任的香港雜誌，不是遭到查扣，便是遭到禁止內銷。前文的反諷，可能是要說明，凡此種種都足以讓全國人民「恍然大悟」，彼此心照不宣，知道蔣中正真正意向是怎麼一回事了。

由於事情並沒有轉機，《自由中國》第二十一卷第三期又登載了看雲樓主的〈曹丕怎樣在群臣勸進下稱帝的？〉。這篇文章不僅論述曹丕如何裝腔作勢，如何使用種種方法顯得自己就帝位為「民意所迫」，更在文中再引袁世凱之例，諷刺袁世凱是如何裝腔作勢，在口頭上說著反對變更國體，而讓自己之變更國體顯得是「應天心而順民意」。[24]凡此種種，均可視為《自由中國》對蔣中正總統不願主動表態尋求三連任，而以民間之連任運動造成「民意所迫」假象的一種抵制。文章刊登後，引起王世杰的擔憂，透過夏道平向雷震示警：擔心國民黨當局可能如同在中國大陸暗殺楊杏佛一般，暗殺雷震。[25]

不過，雷震在壓力下仍堅持言論的方向。《自由中國》對三連任行動的批評，隨著越來越接近國民大會召開時間也日益頻繁。在一九五九年十一月發刊之十週年紀念特刊，唐德剛的〈羅斯福總統究不敢毀憲〉文中，即隱約地指出「在一個憲政和法治有基礎的國家之內，不但憲法條文未經合法手續不得擅動；縱使在條文的死角裡能找出變通辦法，如果這辦法違反憲政的基本精神，也是絕對在禁止之列的」。[26]相對應現實的政治行動，這應是針對連任運動者嘗試找出變通辦法來讓蔣中正總統三任所提出的批評。

二、修改臨時條款

在這一段時間內，有些政治人物為了勸進，提出種種方法試圖在符合蔣中正總統聲明不修憲的前提下，使總統三連任有合乎合法性的途徑可循。例如：有人主張「臨時條款不是憲法本身，增加臨時條款不算是修改憲法」。[27]國大代表兼大法官史尚寬及國大代表張知本則明白主張「亟應增訂臨時條款，俾總統之被選連任，不受憲法第四十七條之限制」。[28]對這些嘗試將臨時條款與憲法分離，而以增加或修改臨時條款方式來化解蔣中正總統三連任合法性問題的方法，《自由中國》的社論〈好一個舞文弄法的謬論——所謂「修改臨時條款並不是修改憲法本身」〉直斥為舞文弄法的謬論，並指出：「就實質的意義講，臨時條款，實構成憲法的一部分。因此，增加臨時條款，或修改臨時條款，也即是修改憲法。」[29]而這篇一九五九年七月六日刊出的社論，對主張增加或修改臨時條款非修憲的人士產生相當大的刺激。據說國民黨黨部憲法研究小組因此曾對於前述的主張表示：「決定已不適用，改為決議，即在戡亂期間，憲法第四十七條〔即總統僅能連選連任一次的條文〕停止適用」，[30]希望嘗試用決議的方式來讓蔣中正總統三連任。問題是，以國大決議的方式來排除憲法規定的適用，其合法性更加缺乏。[31]因此，要克服蔣中正總統三連任的制度障礙，終究必須要以修憲或修改臨時條款的方式，才有可能。

根據中華民國憲法第一百七十四條規定，修憲的程序有兩種：一、由國民大會代表總額五分之一之提議，三分之二之出席，及出席代表四分之三之決議，得修改之。二、由立法院立法委員四分之一之提議，四分之三之出席，及出席委員四分之三之決議，擬定憲法修正案，提請國民大會複決。此項憲法修正案，應於國民大會開會前半年公告之。而國民大會召集的時間根據第二十九條規定：國民大會於每屆總統任滿前九十日集會，由總統召集之。由於蔣中正總統在一九五四年五月二十日就任第二任總統，國民大會應該在一九六〇年二月二十日召集。

因此，傅正在一九五九年九月一日出刊的《自由中國》第二十一卷第五期，登載名為〈修憲已沒有「合法途徑」了！〉的文章。他認為修改憲法所必須的法定人數及期限，不論是國民大會或立法院都已不可能。而不論是增加（修改）臨時條款或由國民大會作成臨時決議，實質上都是修憲，都必須依循著憲法第一百七十四條之規定進行。而這修憲的道路又因出席國民大會的代表人數不足修憲所需的門檻，而採取國民大會複決的方式，雖然出席國民大會代表總額可以降低，但立法院提出憲法修正案也無法在國民大會召開前半年公布，已經是死路一條。[32]

雖然當時海內外自由派人士中響起一片反對蔣中正總統三連任之聲，但至一九五九年十二月時，態勢已愈來愈明顯，官方亦愈來愈明白地對一切反對蔣中正總統三連任者抹黑、戴帽子，指控他們「不是和共匪有勾結，就是共匪同路人」。[33]胡適亦覺悟到「看樣子，蔣先生是準備做定了」。[34]不過，縱使執政者有意以修訂臨時條款的方式，來解決三連任必須面對的合法性問題，修訂臨時條款所需要的國大代表出席人數問題，在當時仍是難以克服的難題。

換言之，國民黨當局傾向由國民大會修改臨時條款，首先須克服的便是所謂代表總額問題。因為此時人在台灣，或是可以來台開會的國民大會代表，遠低於修憲必須具備的總額三分之二的人數。對此，有關單位首先提出以宣告在海外或中國大陸的國代的死亡來解決。這樣的主張立即受到《自由中國》抨擊，指出這種「死亡宣告」的說法，無論從法律範圍上分析，或是從法定要件上推論，都不能成立，大法官會議也無權另作其他「法外」的解釋。若是國民黨當局以宣告不能出席國民大會代表死亡的方式，來降低代表總額，則必須負起「毀憲」和「破壞法統」的責任。[35]

之後，國民黨當局可能也覺得「宣告死亡」方式有瑕疵，改以行政院及國民大會秘書處向司法院提出對國民大會代表總額之釋憲聲請。[36]而大法官會議也於一九六〇年二月十二日通過第八十五號解釋：「憲法所稱國民大會代表總額，在當前情形，應以依法選出，而能應召集會之國民大會代表人數，為計算標準」，[37]以此方法解決了所謂的國大代表人數不足以修憲的問題。對此，《自由中國》則批評大法官為仰承「國民黨御旨」，成為「御用」的大法官，並呼籲：「除掉輿論界給予這批大法官道義的制裁，以及歷史家予『御用大法官』以最後的裁判外，監察院對於此種違法行為，實在該依法提出彈劾了。」[38]除此之外，《自由中國》也登載海外民社黨、青年黨領袖及民主人士領銜的聲明〈我們對毀憲策動者的警告〉，表現《自由中國》呼應以香港為主的「第三勢力」領導人反對國民黨當局破壞憲法對總統連任限制的態度。[39]

雖然《自由中國》強力表達反對的態度，在二月十二日大法官會議解釋後，國民黨當局仍取得了形式上進行修正臨時條款的「合法性」。[40]二月十七日國民黨中央常務委員會便通過了國大代表黨團所提之「修正動員戡亂時期臨時條款以鞏固國家領導中心案」。[41]二月二十日國民大會揭幕後，[42]二月二十九日國民大會因修憲案應採無記名投票抑或記名投票發生爭執。[43]三月三日，蔣中正總統又表示將讓國大代表自無給職調整至與立法委員的待遇相等。[44]三月十一日，國民大會通過讓總統連任次數無限制之臨時條款修正案。[45]次日，國民黨中央臨時全會推選蔣中正、陳誠為總統、副總統候選人。[46]三月十八日及十九日，國民大會分別公告蔣、陳為第三任總統、副總統候選人，[47]三月二十一日及二十二日，蔣、陳分別當選總統、副總統。[48]

對於國民黨當局前述這些政治行動，《自由中國》曾分別著文加以批評。如一九五〇年三月十六日出刊的第二十二卷第六期的社論〈怎樣才使國大的紛爭平息了的！〉，便對蔣中正總統提高國大代表待遇一事加以批評。[49]對於大法官對總額的解釋除了前述之社論外，更在同一期刊登龍在天的〈異哉！所謂國大代表總額問題！〉一文，指出大法官會議作如此解釋的原因乃是為了能夠找到修憲的合法性，但卻不知這已犯了重大錯誤。[50]此外，對修改臨時條款是否採用無記名投票進行，亦以社論〈論無記名投票——進步的民主制度〉加以討論，指出在一個一黨絕對控制下的議會裡，用無記名投票表決議案，可以使投票人免於任何威脅；[51]更指出官方一直宣傳「擁護總統連任」，「修改臨時條款」是全國一致的要求，若真是如此，那麼無記名投票與記名投票又有什麼分別呢？而如果執政黨不敢放心採用無記名投票方式，不知在此種投票方式下執政黨的方案是否能獲致多數代表的支持，那顯然所謂的「擁護總統連任」、「修改臨時條款」是「全國一致的要求」這種言論就大成問題了。[52]

但在《自由中國》及其他海內外人士的批評反對下，蔣中正總統仍然在修改臨時條款以後三連任。《自由中國》在反對蔣中正總統三連任一事是從未遲疑過的，但是沒有政治實力的抗議或護憲，充其量也不過發發言而已。當有讀者對《自由中國》提出批評：「你們怎麼說，不過是像搔癢而已，能發生什麼作用？」《自由中國》的回答是，他們知道說了未必有用，而且還可能惹來麻煩，闖下言禍，但身為言論界的一分子，卻有責任需要根據事實、真理、良知而發言，故不忍也不得不說。[53]言下的無奈，躍然紙上。

整體而言，面對總統三連任問題，《自由中國》發表多達四十二篇文章，從政治、憲法、法律等各種層面論述其反對的立場與依據。[54]然而，國民黨當局透過司法院大法官會議的解釋，大幅度降低對「國民大會代表總額」認定，使出席國民大會的代表人數達到修憲程序所需的法定人數，再透過修改臨時條款而不動憲法本文（即所謂的「不修憲」），解決了憲法限制只能連任一次的障礙，蔣中正總統也順利完成三連任，以後且繼續連任直到過世。而《自由中國》反對蔣中正總統三連任的態度，也是那段時間情治單位關注的重點，如由包含國家安全局、警備總部、情報局、中國國民黨中央第一組、中央第六組等所組成的「騰輝專案」，任務之一即是確保蔣中正總統能順利三連任，而從「騰輝專案協調聯繫會報」的會議記錄中可以看到，雷震等反對三連任的人都被列為情報蒐集的重點對象，寄往《自由中國》的文稿，有關「軍中者予以檢扣，一般者拍照放行」、「最應注意者為雷震之陰謀」。[55]而日後與雷震同樣被捕的《自由中國》編輯傅正，被判感化三年，罪證就是他發表的兩篇關於反對蔣中正三連任總統的文章。[56]

1 本小節主要根據筆者兩篇研究成果，薛化元，《《自由中國》與民主憲政：一九五〇年代台灣思想史的一個考察》第六章以及薛化元，《雷震與一九五〇年代台灣政治發展——轉型正義的視角》第三章第一節增補改寫而成。

2 薛化元，《《自由中國》與民主憲政：一九五〇年代台灣思想史的一個考察》，頁二九九。

3 雷震朋友與雷震討論蔣三連任事，可參見雷震，一九五八年四月十五日日記，《雷震全集39：第一個十年（七）》，頁二六七，記載洪蘭友說胡適回國任中央研究院院長為蔣所利用，為三連任鋪路；以及雷震，一九五八年五月二十四日日記，《雷震全集39：第一個十年（七）》，頁二九四，其中記「大家談到反對黨一事，有謂須在二年以後再談，屆時蔣總統是否連任可以明白」。

4 雷震，一九五八年十一月十七日日記，《雷震全集39：第一個十年（七）》，頁四〇一。

5 〈光復大陸設計委會揭幕禮中　總統昭示反攻計劃　主義為主武力為從　光復大陸須重建人民精神與物質的生活　憲法為反攻的武器本黨與政府反對修改〉，《中央日報》，一九五八年十二月二十四日，第一版。

6 社論，〈欣幸中的疑慮——關於蔣總統反對修憲的聲明〉，《自由中國》，第二十卷第一期（1959.1.1），頁七。

7 國大代表朱煥彪等二十四人提修改憲法案被列為國代年會第一討論議案，大會並決定交「國大幹事會研究」，參見〈國代昨向年會建議　修改現行憲法　有人提議攷慮　總統連任問題　全案決交由幹事會研究〉，《聯合報》，一九五八年十二月二十六日，第三版。

8 社論，〈欣幸中的疑慮——關於蔣總統反對修憲的聲明〉，《自由中國》，第二十卷第一期（1959.1.1），頁七。

9 社論，〈欣幸中的疑慮——關於蔣總統反對修憲的聲明〉，《自由中國》，第二十卷第一期（1959.1.1），頁七。原文為「如果國民黨的修憲論者仍然轉彎抹角的在進行其修憲運動，人們就會懷疑到蔣總統不修憲的表示祇是一種姿態，一種做作……再則，如果不經由修憲也居然可以達到連任，那更是成了明明白白的違憲」。

10 蔣經國，〈我們是為勝利而生的！——寫給英勇的克難英雄和政士們〉，《中央日報》，一九五九年一月四日，第二版。

11 史尚寬，〈目前憲法是否有修改之可能與必要之商榷〉，《聯合報》，一九五九年一月十五日，第一、三版。方望思文章中誤植為一月十四日之《聯合報》。

12 方望思，〈請看香港發出的臺灣政治颱風警報〉，《自由中國》，第二十卷第四期（1959.2.16），頁一九。

13 方望思，〈請看香港發出的臺灣政治颱風警報〉，《自由中國》，第二十卷第四期（1959.2.16），頁一九。原文為「來自台北的官報和黨報，對于蔣總統自動放棄三任總統的大事，卻不予贊揚，反而一致保持了高度的緘默。同時，又看到十二月二十五日召開的國大年會中，既有修改憲法的正式提案，且有不修改憲法而使蔣總統繼續連任的臨時動議。」

14 李永熾監修，薛化元主編，《台灣歷史年表：終戰篇Ⅰ（1945-1965）》，頁三二四；〈國代年會決邀專家研究　修訂憲法臨時條款　擁戴　總統連選連任　並通過組團慰問支援重建國軍　國代年會昨日圓滿閉幕〉，《中央日報》，一九五九年十二月二十七日，第一版。

15 方望思，〈請看香港發出的臺灣政治颱風警報〉，《自由中國》，第二十卷第四期（1959.2.16），頁一九。

16 〈總統堅決反對修憲惟對反共復國重任表示絕不推諉〉，《聯合報》，一九五九年五月二十日，第一版。

17 雷震，一九五九年二月二十六日日記，《雷震全集40：第一個十年（八）》，頁三六。胡適對雷震表示「蔣先生不會做三任，勸我們［雷震等人］多用鼓勵方式」。甚至當蔣介石總統在五月十八日於草山發表「他有責任把他們［幾十萬軍人］帶回去」蔣勻田仍認蔣介石總統「乃是保持其威權起見而故意這樣說的」，而非真有連任之企圖，而胡適亦同意蔣勻田之解釋，參見雷震，一九五九年五月十九日日記，《雷震全集40：第一個十年（八）》，頁九一、九二。

18 雷震，一九五九年五月二十九日日記，《雷震全集40：第一個十年（八）》，頁九九。

19 社論，〈蔣總統不會作錯了決定吧？〉，《自由中國》，第二十卷第十二期（1959.6.16），頁三～四。

20 社論，〈蔣總統不會作錯了決定吧？〉，《自由中國》，第二十卷第十二期（1959.6.16），頁三。

21 社論，〈蔣總統不會作錯了決定吧？〉，《自由中國》，第二十卷第十二期（1959.6.16），頁四。

22 《中央日報》一九五九年十二月二十四日即報導，有數個學校或團體上電，請蔣介石總統繼續領導。參見〈學校暨團體通電　請總統繼續領導〉，《中央日報》，一九五九年十二月二十四日，第五版。

23 顧達德，〈籌安會的醜劇〉，《自由中國》，第二十一卷第一期（1958.7.1），頁九。原文中的此段文字乃引自梁啟超所著〈袁世凱偽造民意密電書後〉。

24 看雲樓主，〈曹丕怎樣在群臣勸進下稱帝的？〉，《自由中國》，第二十一卷第三期（1959.8.1），頁一九～二〇。

25 雷震，一九五九年八月十二日日記，《雷震全集40：第一個十年（八）》，頁一四三。在此前後，雷震也收到不少可能會暗殺他的訊息，雷震女兒雷美琳的同學曾聽某海軍中尉說「他們過去要用吉普車把我［雷震］撞死」，見雷震，一九五九年三月二十九日日記，《雷震全集40：第一個十年（八）》，頁六〇；陳敦甫太太來告，警備總司令部某高級人員告訴她「台灣要不把雷某去掉，他們——指當局——不能抬頭。他們擬叫已經決定處決而執行的犯人咬我［雷震］一口，又恐搞得不好，又想設法把我搞掉。不管怎樣，搞了再說，橫直我的敵人太多。」見雷震，一九五九年十月二十六日日記，《雷震全集40：第一個十年（八）》，頁一八一；方治對人說：「我［雷震］之批評政府，是把頭拿到手上玩，其言謂我隨時可被殺頭也。」見雷震，一九五九年十二月十八日日記，《雷震全集40：第一個十年（八）》，頁二〇八。這些例子足以證明當時雷震之處境艱難危險。

26 唐德剛，〈羅斯福總統究不敢毀憲〉，《自由中國》，第二十一卷第十期（1959.11.16），頁二四。

27 此乃陶希聖於一九五九年七月三日在高雄《台灣新生報》社茶會中所發表的言論，請見《中央日報》一九五九年七月四日，《青年戰士報》一九五九年七月四日。

28 此乃張知本於一九五九年六月十七日、十八日在《聯合報》發表〈修改憲法問題〉一文中，所提出的說法。張知本，〈修改憲法問題（上）〉，《聯合報》，一九五九年六月十七日，第二版；張知本，〈修改憲法問題（下）〉，《聯合報》，一九五九年六月十八日，第三版。

29 社論，〈好一個舞文弄法的謬論——所謂「修改臨時條款並不是修改憲法本身」〉，《自由中國》，第二十一卷第二期（1959.7.16），頁五。由於臨時條款乃修憲機關依修憲所需特殊決議所制定之客觀上與憲法典有別之單行特別法，抑且有實質上「侵犯」憲法典內憲法條文效力之事實，因此臨時條款之判定是一種「不變動憲法典之憲法修改」，與形式之憲法「破棄」（Verfassungsdurchbrechung im formellen Sinne）相當。參見許宗力，〈動員戡亂時期臨時條款之法律問題〉，收入許宗力，《法與國家權力》（台北：月旦，一九九二），頁四〇五～四〇六。故所謂「修改臨時條款並非修改憲法」之論，實有掩耳盜鈴之嫌。

30 雷震，一九五九年七月十八日日記，《雷震全集40：第一個十年(八)》，頁一三三。

31 做為憲法機關的國民大會，雖有修憲權，在法理上仍必須面對修憲限制的原理，修憲猶有限制，就學理而言，以決議的方式「凍結」憲法的適用，問題就更大了。

32 傅正，〈修憲已沒有「合法途徑」了！〉，《自由中國》，第二十一卷第五期（1959.9.1），頁一三～一四。

33 雷震，一九五九年十二月二十一日日記，《雷震全集40：第一個十年(八)》，頁二一〇。

34 雷震，一九五九年十二月二十六日日記，《雷震全集40：第一個十年(八)》，頁二一三。

35 社論，〈「死亡宣告」可以適用於國大代表嗎？〉，《自由中國》，第二十二卷第一期（1960.1.1），頁八。原文為「關於『死之宣告』之說，無論從法律範圍上分析，或是從法定要件上推論，都不能成立。換言之，對於陷身大陸或流亡海外的國大代表，縱然都有十年以上，我們已無法查知他們的行蹤，也不能引用民法上的『死亡宣告』來處理。至於大法官會議，自然也無權另作其他『法外』的解釋。因此，憲法第一百七十四條第一款所稱『國民大會代表總額』，仍然應該是三〇四五人。」「現在，國民黨如果硬要利用那種似是而非、強詞奪理的說法，來打破國民大會修改憲法或臨時條款人數的困難，自當首先負起『毀憲』和『破壞法統』的責任。」

36 社論，〈豈容「御用」大法官濫用解釋權？〉，《自由中國》，第二十二卷第五期（1960.3.1），頁四～六；左舜生、張君勱、張發奎、李璜等，〈我們對毀憲策動者的警告〉，《自由中國》，第二十二卷第五期（1960.3.1），頁六。

37 《中央日報》，一九六〇年二月十三日；《台灣新生報》，一九六〇年二月十三日；《公論報》，一九六〇年二月十三日。司法院大法官會議釋字第八五號解釋，請見陶百川、王澤鑑、葛克昌、劉宗榮編纂，《最新綜合六法全書》，頁一八八九。憲法解釋有其界限，以下情形即屬超出憲法解釋之界限：一、憲法解釋結果將導致憲法不再具拘束力，二、憲法解釋超越規範文字之合理解釋範圍。而釋字第八五號解釋有無超出規範文字之合理解釋範圍，非無疑義。林紀東認為，此號解釋係以法學上情事變更原則為基礎，參見林紀東，《中華民國憲法逐條釋義》，冊四（台北：三民書局，一九八四），頁三八三。惟在憲法解釋上適用「情事變更原則」，應持謹慎而嚴格之態度，以免損及憲法威嚴，而有「憲法為政治服務」之虞。

38 社論，〈豈容「御用」大法官濫用解釋權？〉，《自由中國》，第二十二卷第五期（1960.3.1），頁六。

39 左舜生、張君勱、張發奎、李璜等，〈我們對毀憲策動者的警告〉，《自由中國》，第二十二卷第五期（1960.3.1），頁六。

40 由於具備形式上的合法性，便多少化解了體制上修憲程序運作上的障礙。因此，一九六〇年二月十三日《中央日報》社論〈國大代表的總額〉對於此一問題便指出：「司法院大法官會議能於第一屆國民大會第三次會議開會前夕，就國民大會代表總額【按：文中之前說憲法並未規定】計算標準，作一明確的解釋，不但可以澄清有關這一問題的疑慮，並且可以使第一屆國民大會第三次會議，依法繼續行使職權。凡是真正愛護民主憲政或尊重憲法體制的人，一定都不會再有任何疑文或異議的了。」參見社論，〈國大代表的總額〉，《中央日報》，一九六〇年二月十三日，第二版。

41 李永熾監修，薛化元主編，《台灣歷史年表：終戰篇I（1945-1965）》，頁三二八；《中央日報》，一九六〇年二月十八日。

42 李永熾監修，薛化元主編，《台灣歷史年表：終戰篇I（1945-1965）》，頁三二八；《中央日報》，一九六〇年二月二十日；《公論報》，一九六〇年二月十九日。

43 《中央日報》，一九六〇年三月一日；社論，〈論無記名投票——

進步的民主制度〉，《自由中國》，第二十二卷第六期（1960.3.16），頁四。

44 李永熾監修，薛化元主編，《台灣歷史年表：終戰篇 I（1945-1965）》，頁三三〇；*China Post*，一九六〇年三月四日；《中央日報》，一九六〇年三月五日；《公論報》一九六〇年三月四日。

45 李永熾監修，薛化元主編，《台灣歷史年表：終戰篇 I（1945-1965）》，頁三三〇；《中央日報》，一九六〇年三月十二日；《台灣新生報》，一九六〇年三月十二日。

46 李永熾監修，薛化元主編，《台灣歷史年表：終戰篇 I（1945-1965）》，頁三三〇；《中央日報》，一九六〇年三月十三日；《公論報》，一九六〇年三月十三日。

47 李永熾監修，薛化元主編，《台灣歷史年表：終戰篇 I（1945-1965）》，頁三三〇；《中央日報》，一九六〇年三月十八日、三月十九日；《公論報》，一九六〇年三月十八日、十九日。

48 李永熾監修，薛化元主編，《台灣歷史年表：終戰篇 I（1945-1965）》，頁三三二；《中央日報》，一九六〇年三月二十二日、二十三日；《台灣新生報》，一九六〇年三月二十二日、二十三日。

49 社論，〈怎樣才使國大的紛爭平息了的！〉，《自由中國》，第二十二卷第六期（1960.3.16），頁三～四。

50 龍在天，〈異哉！所謂國大代表總額問題！〉，《自由中國》，第二十二卷第六期（1960.3.16），頁一七。原文為「完全為了適應事實，為了使這個殘缺不全的國民大會能夠『合法』行使憲法上所賦予的修憲職權，其不知大法官本身已經犯了重大錯誤：一、不是解釋法令疑義，而是變更法律意義以遷就事實；二、將『代表總額』與『現存代表人數』混為一談；三、變更了憲法第二十六條的規定。」

51 社論，〈論無記名投票——進步的民主制度〉，《自由中國》，第二十二卷第六期（1960.3.16），頁四。原文為「在一個一黨絕對控制下的議會裡，用無記名投票表決議案，很明顯的有兩種好處。一、它至少和記名投票一樣的能使投票人自由的表達意志。二、它比記名投票能使投票人免於任何威脅，那怕是微小的威脅。」

52 社論，〈論無記名投票——進步的民主制度〉，《自由中國》，第二十二卷第六期（1960.3.16），頁四。原文為「國民黨一直在宣傳『擁護總統連任』、『修改臨時條款』是『全國一致的要求』。既是全國一致的要求，那麼無記名投票與記名投票又有什麼分別呢？……如果國民黨當權分子認為這之間有分別，並不敢放心無記名投票是否能獲致多數代表的支持，那顯然他們所說的『擁護總統連任』、『修改臨時條款』是『全國一致的要求』就大成問題了。」

53 〈給讀者的報告〉，《自由中國》，第二十二卷第七期（1960.4.1），頁三二。原文為「政治局面弄到今天這種地步，我們非但深知道說了未必有用，而且還可能惹來麻煩，甚至闖下言禍；但我們身為言論界的一分子，卻有根據事實、真理、良知而坦坦白白說話的責任，故不忍不說，也不得不說。」

54 薛化元，《《自由中國》與民主憲政：一九五〇年代台灣思想史的一個考察》，頁四一三。

55 參考黃杰，一九六〇年三月九日、十日、十六日、十九日日記，收入陳世宏、張世瑛、許瑞浩、薛月順編，《雷震案史料彙編：黃杰警總日記選輯》，頁三七～四五。

56 兩篇文章為〈護憲乎？毀憲乎？——望國大代表作明智的抉擇〉及〈豈容「御用」大法官濫用解釋權？〉；蘇瑞鏘，《超越黨籍、省籍與國籍：傅正與戰後台灣民主運動》，頁一三五～一三九。

第八節

組黨活動致禍

一、反對黨主張的發展與落實[1]

如何促進民主憲政的落實，是雷震一生政治活動的重點項目。他主導的《自由中國》做為一九五〇年代台灣政治史上自由主義的代表刊物，他本人也是戰後台灣自由主義思想發展的關鍵人物之一。而雷震在一九五〇年代透過《自由中國》和他本人的作為，鼓吹、參與反對黨的組成，不僅是因為在民主憲政或是自由主義的政治架構下，都需要反對黨的存在，另一方面，則是因應現實政治的需求，特別是選舉考量所產生的。

以近代民主憲政的要件而言，權力分立制衡是不可或缺的。十九世紀的自由主義者穆勒（J. S. Mill）在其對國家制度的論述中，則明白指出：在一切人類事務中，就是為其本身保持生氣和效率，也需要相對勢力的存在。[2]在此一思考脈絡中，政治層面存有反對黨，自有其不容忽視的意義。現實政治中相對於執政黨的反對黨的存在，在有選舉以後本已有其必要，而隨著國家性質的改變與民主政治的發展，更日趨重要。而就民主憲政的發展而言，反對黨的主張與落實也是重要的面向。

不過，多元民主的發展，也有不同的面向。道爾（Robert Dahl）在《多元政治》（*Polyarchy*）一書中，更提出衡量包含這兩個不同面向發展在內的理論，來說明政治體制往多元主義民主發展的問題：其一是往所謂「競爭性寡頭政治」（competitive oligrachies）發展的自由化歷程，其次則是往「包容性霸道政權」（inclusive hegemonies）開展所必須具備的參與選舉（公職）的權利。其中特別值得注意的是前者著重在包括地方自治在內「國家次級組織」（subnational organizations）具有競爭性，而後者則是在國家層次上具有競爭性。而二者同時充分落實，即是多元主義民主體制的實踐。[3]就台灣而言，在國會全面改選之前，反對黨主張與落實是屬於前者。

早在《自由中國》創刊初期，就注意到反對黨課題。一九五〇年四月一日以及一九五一年二月一日出刊的《自由中國》就刊載雷震的〈反對黨之自由及如何確保〉，文中除引述陳獨秀特別強調的「反對黨派之自由」，並將反對黨的存立寄託在「要靠政府黨的承認與容忍」之上。[4]這也是其後雷震和《自由中國》對反對黨主張的基本訴求，要到一九五七年以後才逐漸轉變。

一九五四年三月，《自由中國》才以社論的形式進一步提出反對黨的主張。文中表示在野的黨派在短期間內雖不必能取代執政黨的地位，但可以使執政黨有所警惕，而不敢在施政上稍有疏怠。同時更指出在民主國家中，執政黨是無法持續在議會中或選舉中安穩的掌握絕對多數，而民主政治的基本精神，即依存在於此種政黨的自由競爭，以及人民的自由抉擇之上。[5]不過訴求的重點還是希望國民黨當局採納，而思考自我投入反對黨組織的實踐性。[6]

因此，一九五四年蔣中正連任總統後，《自由中國》則在社論建議他「培植有力的反對黨」。[7]而在雷震的〈我們五年來工作的重點〉中，雷震代表《自由中國》指出當時台灣雖然有民社黨及青年黨，但實際上卻沒有制衡執政的國民黨的力量，無法發揮反對黨的作用。因而期待能產生有力的反對黨，至於組織的方式可以由國民黨分化而成，或是由既有在野黨聯合組織，或以新的黨派出現。同時也希望國民黨不僅容忍，還要加意培植反對黨。[8]或許注意到雷震和《自由中國》呼籲應該有可以牽制、制衡國民黨的反對黨，一九五五年初，張厲生明白告知《自由中國》的相關人士，中華民國與國民黨是一而二，二而一的，只允許有「友黨」，不准有反對黨。[9]

不過，雷震既然認知民主政治必須有反對黨的存在，加上國民黨當局逐漸緊縮的言論尺度，反而在機緣配合下，希望主動促成有力反對黨的成立。一九五五年十一月，由於張群要求雷震調停青年黨內的紛爭，[10]前述轉變的外在條件已浮出檯面。雷震希望「青年黨自己團結，然後民社黨亦可團結，再來一個大團結」，使國家能有強大的反對黨，進而走上政黨政治之路。[11]《自由中國》的社論，也指出做為反對黨的政黨必須應付「來自過分壯大的執政黨之政治壓力」，文中並批評民、青兩黨內部分裂的現象，希望民、青兩黨能團結圖強，發揮反對黨的功能。[12]但是，隨著青年黨內部分裂派系的團結失敗，雷震的主觀願望乃告落空。

也正是意識到有力反對黨的重要性，團結青年黨的努力失敗後，原本沒有完全放棄的對執政者的期望，仍再一次成為《自由中國》反對黨訴求的焦點。將近一年後在「祝壽專號」提到反對黨的多篇文章中，無論是社論或是由在野人士執筆的相關文章，主要的論旨仍希望執政黨能「扶植有力的反對黨」。[13]

問題是，國民黨當局根本不希望，甚至是反對有力反對黨的出現，因此，雷震和《自由中國》的主張與期待根本就不可能實現。而一九五七年《自由中國》也開始出現與前述反對黨主張方向不同的論述。二月牟力非所寫的〈略論反對黨問題的癥結〉提出不同的立論，他認為反對黨若是仰賴蔣中正總統領導的國民黨當局的扶植，「本身並無力量，也不產生力量」，[14]如此，反對黨的前途實在令人不敢樂觀。因此，他認為：「在野黨之欲求作為健全的反對黨，首須摒棄『求助』觀念，從健全自身以獲得廣大民眾的支持為始」。[15]至於《自由中國》最早主張將反對黨與地方選舉密切結合的，則是傅正。一九五七年他檢討地方選舉時，指出：國民黨的競選技巧與手段已愈來愈高明，在野黨及無黨無派人士，「實在該面對現實政治環境，進行大團結；而如何化除歧見、結成一個強大的反對黨組織，似乎尤有必要」。[16]

另一方面，自第十六卷第七期，《自由中國》開始刊載朱伴耘的〈反對黨！反對黨！反對黨！〉及其後續的〈再論反對黨〉、〈三論反對黨〉，以迄在《自由中國》最後一期的〈七論反對黨〉等文，不斷的鼓吹成立新黨。[17]透過朱伴耘文章所呈現的反對黨，是一個以民社黨及青年黨為主幹，聯合其他與國民黨意見不同的人士組成的反對黨，而反對黨的角色則已不再只是扮演諍友的角色，而是志在「取在朝黨地位而代之」的反對黨。[18]

在具體的行動上，雷震則在一九五七年更積極地遊說胡適應該出面領導反對黨。一九五七年八月二十九日胡適給雷震的信中正式表達了拒絕的意思。[19]雷震在九月十二日收到胡適這封信，「說他不能領導反對黨」。[20]也瞭解胡適「沒有自信他可以領導一個反對黨，勸我們根據此地現有之材料從速組織起來，不要靠他，以免失望」。[21]不過，雷震仍鍥而不捨寫信回覆胡適，除了表示「希望他對新黨，一如他對《自由中國》之關係，只負名義上之領導，實際工作由我們來做」之外，還列舉了請胡適擔任反對黨領袖的八大理由：[22]

一、他贊成中國要有反對黨。
二、他為四十年來民主自由思想的領導人。
三、民青兩黨之合不攏來，因領導人問題。
四、國民黨自由分子與無黨派之自由分子需他出來領導。
五、新反對黨要以台灣為重心，台灣人認他為鄉親。
六、對外關係上，尤其對美關係上。
七、影響大陸人心。
八、當權者怕［胡］出來。上面這些理由都是當權者所畏懼的理由。

雷震的想法在某種程度而言，有其一貫性，如同一九四九年一樣，認為「除胡先生出來外，不會有團結國民黨以外之力量」，[23]不同的只是團結的目標從「自由中國運動」轉而成為反對黨。

一九五八年二月，《自由中國》透過第十八卷第四期的社論〈「今日的問題」（十五）：反對黨問題〉，明白揭示：反對黨是「解決一切問題關鍵之所在」。[24]並認為：反對黨之成立條件實已成熟，而新黨之所以遲遲未出現，乃是由於知識分子仍不肯出面。「祇是希望人家做，而自己不做」，認為只要大家「去此『心中之賊』，國事就大有可為」。文中同時對於反對黨的輪廓亦加以說明，指明反對黨「在初期，……它可以包含獨立分子和現在兩個在野黨派的黨員，它甚至也可以包含執政黨的黨員，而聽任各參加者保留原來的黨籍」。[25]

雷震和《自由中國》對反對黨運動的主張，體現在他和朋友們對現實政治的態度上。一九五七年地方選舉過後，為檢討選舉所開的檢討會上，台籍菁英決定組織關於自治法規的研究委員會，[26]並在次年夏天正式向政府申請登記。不過政府卻延不批復此一申請，而整個籌組工作還遭到「嚇阻與破壞」。[27]而雷震在這個研究會申請時，雖然認為這是「反對黨之先聲」，不過他也認為此組織「地方色彩太重」，擔憂「將來可能流血」，[28]而將此一方向排除在《自由中國》反對黨的思考脈絡之外，對台灣本土政治菁英的組黨努力並不熱衷。胡適要雷震看一看台籍政治人物楊基振起草的反對黨章程時，雷震便強調「不可有地方主義」，也認定「必須內地人和台灣人合起來搞，以免有偏差」。[29]這並不是雷震個人的認知而已，胡秋原也對雷震表示說，「胡［適］先生不搞，雷某［雷震］一定要搞。雷某不搞，台灣人一定要搞。胡先生和雷某搞，總比台灣人搞為佳。」[30]凡此種種均可見包含雷震的這群來自中國大陸的自由派心目中推動的反對黨，縱使提出要「內地人和台灣人」合起來搞，也不是以地方選舉為核心的政黨。就某種意義而言，在此一時刻至少雷震對一個單純以地方選舉為核心的政黨是頗具戒心的。因為實際參與地方選舉的，主要正是台灣本土的政治人物，而來自中國大陸主張自由民主的政治菁英，縱然投入此一舞台，囿於語言、地緣、人脈等主客觀的條件，難以成為選舉舞台主要的力量，如此一來，反對黨勢必由本土菁英主導，這與雷震當時反對黨的思考有相當的距離。

在一九六〇年蔣中正總統三連任前夕，雷震問胡適應如何面對未來政治局勢的發展時，胡適雖表明不願加入反對黨，卻又向他表示「只有民青兩黨和國民黨民主派和台灣人合組反對黨」。[31]日後雷震積極參與新黨的籌組或許與此也有關。就在當年地方選舉前夕，雷震便著手撰寫〈我們為什麼迫切需要一個強有力的反對黨〉，[32]他主張在第四屆地方選舉之後，趕快的組織一個強有力的反對黨來推動民主政治，更呼籲相信民主政治的人，一起集合起來組織一個強有力的反對黨，為下屆選舉做準備，才能辦成名符其實的地方自治。此時雷震對反對黨的組成，也有大幅度的修正，主張「除了包括無黨無派的人士之外，也可能包括國民黨籍及民青兩黨篤信自由民主之人士」。並強調反對黨的「功用」，「就是要用選舉的方式以求獲取政權為目的」。[33]

發展至此，雷震及《自由中國》對反對黨的看法，與前已大有不同，此時他們所主張的反對黨已經以地方選舉做為黨的核心，黨的組成也是以無黨無派的台籍人士為核心，而民青兩黨及國民黨內人士則只是「可能」包括在內。

二、積極投入新黨運動

成立新黨的主張在一九六〇年五月十八日針對選舉結果所召開的檢討會中，大抵成為與會者的共識。會後並決定「另組新的強大反對黨問題，由座談會與民青兩黨協商進行」。[34]這個決議便揭開了稍後中國民主黨籌備的序幕。由於新的反對黨組成，是以本土菁英做為核心，因此對於新黨的推動，雷震便意識到如何「使大陸來的人不生恐懼」是當時工作的重點。這也顯示：由於反對黨的組成、性質與過去雷震及《自由中國》的主張已有相當不同，台灣本土菁英主導的地方選舉已成為反對黨發展的現實政治選擇，使得原本許多支持雷震，或與其關係不錯的大陸人對新黨的籌組是有所疑懼的。[35]但是，胡適對此一反對黨的籌組甚為興奮，並謂「不和台灣人在一起」，則「新黨不會有力量」。[36]胡適的這種支持態度，確實鼓舞了積極參與新黨的人士，而對雷震的態度也有所影響。[37]

除了胡適的態度之外，雷震及《自由中國》之所以積極投入新黨運動，也有其現實層面的考量。因為受到選舉及當時國際情勢（主要指一九六〇年韓國民主運動迫使李承晚總統下台）的衝擊，[38]雷震認為，縱使他們不參加組黨的工作，台灣本土的政治人物仍會自動組織，在此狀況下，他認為來自中國大陸主張自由民主人士參加組黨，則「可以防止惡化」。[39]從另一個角度來看，國際情勢同時也鼓舞了雷震的朋友們。[40]雖然雷震及《自由中國》一開始並未主動促成此一以地方選舉為核心的新黨運動，不過他投入組黨工作以後，由於雷震主導的《自由中國》已經成為當時台灣民主運動的精神象徵，所以他在新黨運動中成為核心的靈魂人物。而雷震也打算「盡畢生餘力以勗成」新黨。[41]

而雷震這種參與新黨籌組工作的態度也反映在《自由中國》上，一九六〇年七月起，《自由中國》不但刊登了殷海光的〈我對於在野黨的基本建議〉、[42]楊金虎的〈我們衷心的期待的反對黨〉、[43]傅添榮的〈論組黨與反共復國的契機〉[44]等文，均對新黨提出不同的建議。雷震也撰文駁斥對黨報官報所指稱政黨的承認問題及「共匪支持新黨」的說法。[45]至此，《自由中國》已儼然成為新黨運動的機關刊物。但是，隨著雷震於九月四日被捕，[46]《自由中國》亦旋遭停刊，新黨運動在一片風聲鶴唳下於一九六一年一月第五屆縣市議員選舉後便銷聲匿跡了。[47]中國民主黨雖然胎死腹中，但在組黨理念則有突破性的意義。雷震等人既然已經支持以地方選舉為核心的政黨，則新的反對黨不但可能在既有權力結構下重組、分流，而能在國會發揮一定監督、制衡執政黨的功能，在地方選舉的層次更能與執政黨有實質競爭的能力，這也意味著它已經將「競爭性寡頭政治」理論的可能性，發揮至極致。

◆反對黨課題的相關人士互動數量的分析

雷震在一九五〇年到一九六〇年之間，對於反對黨問題著墨許多，而且一九五七年以後更是持續投入，特別是一九六〇年，籌組反對黨前後更是行動最密集的階段。為了探討雷震與反對黨問題人士的關係，先針對《雷震日記》記載反對黨的問題時提到的人，做天數（篇數）的統計，再配合過去研究上的瞭解進行分析。

首先就整個時期進行統計（參見表一），其次則是針對一九五七年到一九六〇年進行統計（參見表二），最後則是針對一九六〇年進行統計（參見表三）。透過雷震、反對黨與相關人士的計量分析，呈現雷震反對黨主張的發展方向。

根據前述的統計資料，從《雷震日記》記載與反對黨相關的內容來考察，可以發現提到胡適的天數有一三四天，也是數量最多的。由於雷震是一九五〇年代台灣組黨運動的重要鼓吹者，特別是一九六〇年中國民主黨籌組工作，雷震更有舉足輕重的分量。[48]因此，胡適在雷震一九五〇年代反對黨組成的思考中，確有其重要性。而在一九五〇年代組織反對黨的主張在一九五七年到一九六〇年是實際落實的主要時間，胡適在《雷震日記》相關篇數中也是最多的。不過，在投入中國民主黨組黨的一九六〇年，提到胡適天數有二十九天已經落在與雷震共同擔任發言人李萬居三十三天、高玉樹三十九天之後（參見表三），就數量而言，顯示在雷震參與中國民主黨組黨行動上，與胡適的互動次數，較李萬居、高玉樹少。

表一：1950-1960《雷震日記》中與「反對黨」相關人士的篇（天）數統計

	1950	1951	1952	1953	1954	1955	1956	1957	1958	1959	1960	總計
胡適	13	3	6	3	7	3	3	22	29	16	29	134
夏濤聲	0	0	0	5	6	4	5	7	16	9	50	102
蔣勻田	7	2	3	6	3	3	8	12	5	6	23	78
成舍我	1	1	0	0	1	2	5	10	19	10	19	68
王世憲	0	0	0	0	0	0	3	10	20	9	18	60
王世杰	15	2	0	6	5	2	3	5	7	5	4	54
李萬居	0	0	0	0	1	0	3	2	4	9	33	52
齊世英	0	1	2	0	1	2	1	3	9	3	25	47
高玉樹	0	0	0	0	1	0	0	3	1	2	39	46
吳三連	0	0	3	0	0	0	0	2	6	6	23	40
郭雨新	0	0	0	0	0	0	1	1	6	3	27	38
端木愷	1	2	4	0	1	0	1	5	8	6	9	37
夏道平	2	2	0	1	1	0	1	4	6	5	13	35
陳啓天	2	0	1	6	3	4	1	4	1	7	3	32
謝漢儒	0	0	0	0	0	0	0	0	0	1	24	25
戴杜衡	1	1	1	0	2	0	1	2	5	4	8	25
程滄波	1	1	3	0	2	1	0	3	11	2	1	25
胡秋原	0	0	0	2	1	1	0	3	10	5	1	23
傅正	0	0	0	0	0	0	0	0	2	0	19	21
楊毓滋	0	0	0	0	1	0	0	0	0	1	17	19
劉博崑	0	0	0	0	0	0	1	2	5	3	5	16
楊金虎	0	0	0	0	0	0	0	2	0	0	13	15

表三：1960《雷震日記》中與「反對黨」相關人士的篇（天）數統計

夏濤聲	50
高玉樹	39
李萬居	33
胡適	29
郭雨新	27
齊世英	25
謝漢儒	24
蔣勻田	23
吳三連	23
傅正	19
成舍我	19
王世憲	18
楊毓滋	17
夏道平	13
楊金虎	13
端木愷	9
戴杜衡	8
劉博崑	5
王世杰	4
陳啓天	3
程滄波	1
胡秋原	1

表二：1957-1960《雷震日記》中與反對黨」相關人士的篇（天）數統計

	1957	1958	1959	1960	總計
胡適	22	29	16	29	96
夏濤聲	7	16	9	50	82
成舍我	10	19	10	19	58
王世憲	10	20	9	18	57
李萬居	2	4	9	33	48
蔣勻田	12	5	6	23	46
高玉樹	3	1	2	39	45
齊世英	3	9	3	25	40
吳三連	2	6	6	23	37
郭雨新	1	6	3	27	37
端木愷	5	8	6	9	28
夏道平	4	6	5	13	28
謝漢儒	0	0	1	24	25
王世杰	5	7	5	4	21
傅正	0	2	0	19	21
戴杜衡	2	5	4	8	19
胡秋原	3	10	5	1	19
楊毓滋	0	0	1	17	18
程滄波	3	11	2	1	17
陳啓天	4	1	7	3	15
劉博崑	2	5	3	5	15
楊金虎	2	0	0	13	15

根據表一，出現三十五天（篇）以上的依序是胡適、夏濤聲、蔣勻田、成舍我、王世憲、王世杰、李萬居、齊世英、高玉樹、吳三連、郭雨新、端木愷、夏道平等人。而在雷震不僅言論鼓吹，也試圖較積極促成反對黨籌組的一九五七年以後；根據表二，出現二十五天（篇）以上的依序是胡適、夏濤聲、成舍我、王世憲、李萬居、蔣勻田、高玉樹、齊世英、吳三連、郭雨新、端木愷、夏道平、謝漢儒。至於根據表三，一九六〇年二十天（篇）以上的有夏濤聲、高玉樹、李萬居、胡適、郭雨新、齊世英、謝漢儒、蔣勻田、吳三連。

從三份統計來看，人的變動不大，但是順序的變化則可以看出雷震在反對黨主張的發展。和目前研究的成果對照，一九五七年無論是台籍菁英或是雷震在反對黨籌組上都是重大轉折。台籍菁英由於對地方選舉不公，無法與國民黨籍候選人公平競爭，而積極朝向結社／組黨的方向發展。而雷震和他主導的《自由中國》在一九五七年以前雖然也注意到反對黨的重要性，但是著眼點都在期待國民黨容忍、支持，而反對黨也主要是既有政治勢力的重組與分流。一九五七年開始，《自由中國》的文章開始注意到將籌組反對黨建立在國民黨當局容忍、扶植的問題，以及反對黨與台籍菁英、地方選舉合流的可能，雖然還不是主流，卻指出了後來發展的方向。而雷震此時還不能接受由台籍菁英主導的反對黨發展方向，積極推動由胡適領導的反對黨。要到一九六〇年，雷震面對蔣中正總統修改「臨時條款」三連任，以及韓國等外在情勢的發展，才改弦易轍轉而支持由台籍菁英主導，並以地方選舉為重心之一的反對黨籌組方向。雷震扮演台籍菁英與外省籍菁英在反對黨課題上的橋樑，並成為中國民主黨籌組的領導人之一。

因此，一九五七年以後對反對黨態度消極的王世杰出現的天數（篇數）明顯下降，而始終拒絕領導反對黨的胡適，在一九六〇年實際推動組黨時，重要性也降低。反之，台籍菁英出現的天數（篇數）次數排名，則在一九五七年以後逐漸往前，特別是一九六〇年高玉樹、李萬居、郭雨新乃至最後選擇不再參加組黨行動的吳三連，都居於重要位置。

1 本節有關反對黨的部分，是根據筆者過去的研究成果增補、修正而成。主要參見薛化元，〈台灣自由主義發展的歷史考察（1949-60）：以反對黨問題為中心〉，《思與言》，第三十四卷第三期（1996.9），頁二四一~二八六；薛化元，〈一九五〇年代雷震日記中的反對黨與胡適〉，《東亞觀念史集刊》，一五（2018.12），頁四五~八二。

2 J. S. Mill, Representative Government, in R. M. Hutchins et al., *Great Book of the Western World* (Chicago: Encyclopedia Britannica, Inc., 1952), p. 365. 中譯參見穆勒（J. S. Mill）著，郭志嵩譯，《論自由及論代議政治》（台北：協志工業叢書出版公司，一九七四），頁一七六。

3 參見R. Dahl, *Polyarchy* (New Haven: Yale University Press, 1971), pp. 6-13；中譯參見道爾（R. Dahl）著，張明貴譯，《多元政治：參與和反對》（台北：唐山，一九八九），頁六~一二。筆者在與若林正丈教授討論《自由中國》在戰後台灣歷史脈絡的意義時，若林建議以道爾的觀點進行分析，謹此致謝。

4 雷震，〈反對黨之自由及如何確保〉，《自由中國》，第二卷第七期（1950.4.1），頁一五。此處正文論述的乃是雷震提出當時成立反對黨的要件，當然他也清楚地意識到如果只靠國民黨的承認與包容，反對黨的作用將十分有限。

5 社論，〈行憲與民主〉，《自由中國》，第十卷第六期（1954.3.16），頁三。

6 以批判理論（critical theory）而言，理論本身的實踐性質便是其構成的要件。可參見J. Habermas, *Theory and Practice* (Boston: Beacon Press, 1974) 一書的討論。對此時《自由中國》的主張而言，則不具備此批判理論的自我實踐性質。

7 社論，〈敬以諍言慶祝蔣總統當選連任〉，《自由中國》，第十卷第七期（1954.4.1），頁四。

8 雷震，〈我們五年來工作的重點〉，《自由中國》，第十一卷第十期（1954.11.16），頁八。

9 雷震，一九五五年一月十日日記，《雷震全集38：第一個十年（六）》，頁一一。

10 雷震，一九五五年十一月四日日記，《雷震全集38：第一個十年（六）》，頁一六八。

11 雷震，一九五五年十一月二十九日日記，《雷震全集38：第一個十年（六）》，頁一七八～一七九。

12 社論，〈對民青兩黨的期望〉，《自由中國》，第十三卷第十一期（1955.12.1），頁四。

13 〈給讀者的報告〉，《自由中國》，第十五卷第九期（1956.10.31），頁三五。

14 牟力非，〈略論反對黨問題的癥結〉，《自由中國》，第十六卷第三期（1957.2.1），頁一一。

15 牟力非，〈略論反對黨問題的癥結〉，《自由中國》，第十六卷第三期（1957.2.1），頁一一。

16 傅正，〈對本屆地方選舉的探討〉，《自由中國》，第十六卷第九期（1957.5.1），頁一三。

17 朱伴耘於《自由中國》中討論反對黨的文章，除〈反對黨！反對黨！反對黨！〉一篇於第十六卷第七期（1957.4.1）刊出外，接續共有七篇，分別為〈再論反對黨〉，第十七卷第六期（1957.9.16），頁八～一〇；〈三論反對黨〉，第十八卷第四期（1958.2.16），頁一〇～一三；〈四論反對黨〉，第十八卷第九期（1958.5.1），頁九～一四；〈五論反對黨〉，第十九卷第五期（1958.9.1），頁八～一二；〈六論反對黨〉，第二十卷第十期（1959.5.16），頁八～一二；〈七論反對黨——代結論〉，第二十三卷第五期（1960.9.1），頁七～一〇。

18 朱伴耘，〈反對黨！反對黨！反對黨！〉，《自由中國》，第十六卷第七期（1957.4.1），頁八。

19 雷震，一九五七年九月十二日日記，《雷震全集39：第一個十年（七）》，頁一六一。

20 雷震：一九五七年九月十二日日記，《雷震全集39：第一個十年（七）》，頁一六一。

21 雷震：一九五七年九月十三日日記，《雷震全集39：第一個十年（七）》，頁一六二。

22 雷震：一九五七年九月十九日日記，《雷震全集39：第一個十年（七）》，頁一六四～一六五。

23 胡適致雷震函，〈從未夢想自己出來組織任何政黨〉（一九五七年八月二十九日），收入傅正主編，《雷震全集30：雷震秘藏書信選》，頁三五九～三六二；另見雷震，一九五七年十月二十八日日記，《雷震全集39：第一個十年（七）》，頁一八二。

24 社論，〈今日的問題（十五）：反對黨問題〉，《自由中國》，第十八卷第四期（1958.2.16），頁三。

25 社論，〈今日的問題（十五）：反對黨問題〉，《自由中國》，第十八卷第四期（1958.2.16），頁四。

26 雷震，一九五七年五月十八日日記，《雷震全集39：第一個十年（七）》，頁九五。

27 朱文伯，〈理論與事實——漫談人權保障問題〉，《自由中國》，第十九卷第十一期（1958.12.1），頁一八～一九；李筱峰，《台灣民主運動四十年》（台北：自立晚報社，一九八七），頁七二。

28 雷震，一九五八年八月二日日記，《雷震全集39：第一個十年（七）》，頁三四六。

29 雷震，一九五八年五月三十日日記，《雷震全集39：第一個十年（七）》，頁二九九。

30 雷震，一九五八年七月四日日記，《雷震全集39：第一個十年（七）》，頁三二四。

31 雷震，一九六〇年三月十六日日記，《雷震全集39：第一個十年（七）》，頁二七〇。

32 雷震，一九六〇年四月十八日日記，《雷震全集40：第一個十年（八）》，頁二九二；此文發表在《自由中國》，第二十二卷第十期（1960.5.16），頁七～一〇。

33 雷震，〈我們為什麼迫切需要一個強有力的反對黨〉，《自由中國》，第二十二卷第十期（1960.5.16），頁九。

34 〈在野黨及無黨無派人士舉行本屆地方選舉檢討會紀錄摘要〉，《自由中國》，第二十二卷第十一期（1960.6.1），頁二四；李筱峰，《台灣民主運動四十年》，頁七五；鄭牧心，《台灣議會政治四十年》（台北：自立晚報社，一九八七），頁一八二～一八三。

35 如劉博崑認為「台灣人起來了，不好辦，將來很難受，他[劉]是不參加的」，見雷震，一九六〇年六月六日日記，《雷震全集40：第一個十年（八）》，頁三二三。另如王新衡反對雷震和台籍人士「搞在一起」，見雷震，一九六〇年八月十日日記，《雷震全集40：第一個十年（八）》，頁三六七。

36 雷震，一九六〇年五月二十五日日記，《雷震全集40：第一個十年（八）》，頁三一五。胡適的態度基本上是強調組黨必須考慮台灣本土政治菁英的重要性，另一方面在「雷震案」爆發後，他則主張籌組的中國民主黨不可以成為台灣人的黨。胡適，一九六〇年十月二十六日日記，《胡適的日記手稿本》，冊一八。

37 雷震，一九六〇年六月八日日記，《雷震全集40：第一個十年（八）》，頁三二五。

38 關於韓國民主運動導致從一九四八年大韓民國憲法公布以來即擔任總統，並不斷以各種方法尋求連任的李承晚下台的經過，參見李永熾監修，薛化元主編，《台灣歷史年表：終戰篇I（1945-1965）》，頁六三、一六五、三三三、三三五。

39 雷震，一九六〇年五月十九日日記，《雷震全集40：第一個十年（八）》，頁三一一。

40 雷震，一九六〇年四月二十九日、三十日日記，《雷震全集40：第一個十年（八）》，頁二九八。在此可見夏道平、殷海光、胡適的態度。

41 雷震，一九六〇年六月八日日記，《雷震全集40：第一個十年（八）》，頁三二五。

42 殷海光，〈我對於在野黨的基本建議〉，《自由中國》，第二十三卷第二期（1960.7.16），頁七～一三。

43 楊金虎，〈我們衷心的期待的反對黨〉，《自由中國》，第二十三卷第三期（1960.8.1），頁一二～四。

44 傅添榮，〈論組黨與反共復國的契機〉，《自由中國》，第二十三卷第五期（1960.9.1），頁一一～一二。

45 雷震，〈駁斥黨報官報的謬論和誣衊〉，《自由中國》，第二十三卷第四期（1960.8.16），頁七一九。

46 李永熾監修，薛化元主編，《台灣歷史年表：終戰篇I（1945-1965）》，頁三四一；《中央日報》一九六〇年九月五日；《公論報》一九六〇年九月五日。

47 雷震被捕後，參加新黨籌組的來自中國大陸的政治人物，對於籌備新黨的決策權可能由本地台籍政治人物主導，便又有所戒心，這也是新黨未能繼續籌備，乃至正式成立的一個原因。齊邦媛訪問，李孝悌記錄，〈紀念民主的播種者齊世英先生——康寧祥先生訪問記〉，收入沈雲龍、林泉、林忠勝訪問，林忠勝記錄，《齊世英先生訪問紀錄》（台北：中研院近史所，一九九〇），頁三五四～三五五。從另一個角度來看，台灣本土政治菁英在「雷震案」發生以後的組黨會議上，似乎也沒有強力的行動主張，則是組黨不成的另一個原因。這可以由一九六六年七月七日、八日舉行的「跨世紀台灣民主問題學術研討會」中，《自由中國》相關人士的發言看出端倪。另外，以《自由中國》來說，新黨運動的失敗，魏誠認為有一個原因是：對於推動民主運動的社會條件缺乏認識與分析。在《自由中國》的五百篇社論中，關心勞工和農民的議題，各只有一篇，「足可證明這批知識分子承襲了大陸時代的性格，只注重上層政治結構的改革，忽略下層社會、經濟結構的經營。」見魏誠，《自由中國半月刊內容演變與政治主張》，頁一二七。

48 有關雷震參與、鼓吹反對黨行動內涵的改變及其意義，參見薛化元，〈台灣自由主義思想發展的歷史考察（一九四九～六〇）：以反對黨問題為中心〉，《思與言》，第三十四卷第三期（1996.9），頁二四一～二八六。

第四章

後《自由中國》時期

第一節

雷震案爆發及官方處理

一、蔣中正的態度

雷震在一九六〇年九月四日被捕，失去自由，《自由中國》也在不久後停刊，結束了一九五〇年代台灣多少擁有的言論自由的象徵。雷震被捕與《自由中國》批判國民黨當局的言論有密切關係，而他投身中國民主黨的籌組，則是觸動雷震案爆發的導火線。

從檔案來看，雷震被捕是由蔣中正總統主導。因此，本節準備先從蔣中正總統相關的資料，來看國民黨當局準備處理雷震的經過。

一九五七年開始，蔣中正總統與幕僚討論處理《自由中國》（而沒有直接點名雷震）。一九五七年三月一日，蔣中正「對經兒為《自由中國》半月刊問題加以訓示」。[1]而一九五七年八月十二日蔣中正「與陶希聖談『反動雜誌』處置辦法」，由於中國大陸「共匪正在圍剿鳴放運動」，認為並非處理時機，對於「處理《自由中國》雜誌『破壞國策之罪』案，決議將慎重其事」。[2]

一九五八年一月三十一日，蔣中正檢視當月台灣的狀況，認為「台灣人心浮盪、風習澆薄、社會不安之象日增，最應注重如何使之設法消弭」，而將《自由中國》列為「反對組織」，認為應加以處理。同時，他也認為縣市長選舉「高玉樹等一派之反政府言行甚於共匪之所為，毫無忌憚，應予處置」。[3]不過，當一九五八年三月十八日陶希聖、張厲生在宣傳會報指控《自由中國》企圖「顛覆政府」，建議加以封閉，[4]蔣中正閱讀〈中國人看美國的遠東政策〉社論後，在十九日國民黨中常會中表示「就其內容而言，尚不可以認為此文即是該刊企圖顛覆政府之證明」，並要求「黨報社論，凡涉及政治性者，必須力求內容見解之正確」，免得「容易受人辯駁」。[5]縱使如此，他對於美國亞洲協會購買雜誌，則認定是美國以金錢扶持「反動刊物《自由中國》」，「應加禁止」。[6]在這之後，亞洲協會受到「中國政府一再抗議」的壓力，同年六月於與自由中國社更新的合約中增訂：「準備金自一九五九年七月開始將減少三分之一，同時逐年減少三分之一，直至減完為止。」而雷震沒看清楚便簽約了。亞洲協會補助金額的大幅減少，使《自由中國》的財務問題更為嚴重。[7]

而蔣中正對雷震、齊世英等人在政府扶助的團體擔任職務也十分在意，如一九五八年五月二十一日他本已經至中央黨部準備主持中常會，聽說「救濟總會選出雷震、齊世英等為理事」，對理事長谷正綱處理此事十分不滿，不僅透過「辭修（陳誠）、（張）厲生對其警告」，更「因憤激不已，乃未主持常會而回」。[8]而在「出版法修正案」完成立法程序後，他更記下應該處理的事項，「胡適、雷震與民營報紙《自由中國》半月刊之處理方針」，明列其中。[9]一九五九年一月十九日，蔣中正主持宣傳會談時，「對反動報刊應取之方針，詳加指示」。認為「《公論報》容納共諜，須予注意；《自由中國》言論偏激，違反國策，自不能任其存在，其思想毒素尤不能任其蔓延」。[10]

一九六〇年地方選舉之後，蔣中正對於如何處理雷震更趨積極。特別是一九六〇年七月，幾乎態勢已定。七月十一日蔣中正「與國民黨秘書長唐縱等人研究《自由中國》半月刊問題與選舉訟案」，十八日召見唐縱、張群等人會商的主題更直接記載「自由中國與雷震叛徒處置」的法律問題。二十日蔣中正繼續召集幕僚商討《自由中國》刊物與雷震及主編傅正等人處置問題，記下：「對於《自由中國》的反動刊物欲有所處置，否則台省基地與人民將為其煽動生亂矣。」而呂芳上根據蔣中正七月中下旬的日記及相關資料，在《蔣中正先生年譜長編》一九六〇年七月二十三日記下：《自由中國》在一九六〇年多次以蔣中正連任總統為題，予以批評，加上該刊社長雷震對地方選舉舞弊不滿，結合黨外人士成立「地方選舉改進座談會」，展開籌組新黨行動，更引起黨政當局注意。[11]當週蔣中正自記的「反省錄」，其中第六點即為：「《自由中國》半月刊，雷逆（震）反動挑撥台民與政府惡劣關係，如不速即處置，即將噬臍莫及，不能不作最後決心矣。」[12]

七月二十五日蔣中正與幕僚研究要如何處置《自由中國》雜誌（雷震），次日則思考逮捕雷震之後，要如何警告和雷震一起籌組中國民主黨的李萬居和高玉樹，必須在其所謂「守法與愛國」的基礎，又不可以「煽動民心」等條件下，才得以享有民主自由。[13]之後在蔣中正記載處理雷震和《自由中國》原則時，基本上朝向批評雷震和《自由中國》的言論，「假借民主自由的共產鋪路者之手」，或是行徑與一九四七、一九四八年民主同盟的作法相類。[14]既強化蔣自己的信心，也同時思考對外宣傳的正當性。比較值得注意的是，一九六〇年七月三十日蔣中正在思考處置雷震和《自由中國》之時，也強烈表現對副總統兼行政院長陳誠的不滿。當天蔣中正「約總統府秘書長張群、國民黨秘書長唐縱及宣傳工作指導委員會主任陶希聖商談雷震與《自由中國》問題時，亦談及陳誠」，蔣中正認為陳誠的效忠度有問題，也不滿意陳誠的驕縱作為，甚至記下了「行政院與《自由中國》兩個問題之處置，應有輕重先後之分，不可不重加考慮」。[15]

一九六〇年八月十三日，蔣中正要求情治單位防範雷震、傅正偷渡，並準備八月底再確認逮捕雷震等人的時機。蔣中正指示對雷震及傅正之行動應切實注意。黃杰當即報告：「對本案應予逮捕之對象，已分組加以監視，一切均請放心。」[16]

十五日再約見黃杰，探詢「田雨專案」的進展，也再提及必須注意傅正對外往來的狀況。[17]雖然已經決定逮捕的對象，但是蔣中正總統對於逮捕的順序，也不是沒有猶疑。八月二十日蔣總統又指示黃杰：「下星期即擬採取行動，究竟應先逮捕雷震，抑應先逮捕傅正？或能從傅正之供詞中獲得較多之資料亦未可知。倘先逮捕傅正，雷震必然於其所辦刊物甚或煽惑其他反動報紙刊物對政府大肆攻擊，自屬意料中事，如何應付此一可能局勢，均應詳加研討。或則雷震與傅正同時逮捕，亦屬可行之一案，盼從速研議具報。」[18]其後才決定同時逮捕，而且實際逮捕的時間也延後了幾天。

八月二十七日蔣中正又約見警備總司令黃杰，探詢「田雨專案」準備的情形。[19]並且記下自己「以寬容與不得已的態度」，思考對《自由中國》問題之處理方針。[20]不僅二十七日，八月二十九日蔣中正也進一步設想《自由中國》與雷震問題必須處置之原因。他在日記中記下：「一、守法為國民之天職。二、亂法違紀為社會之公敵。三、台省不僅為反共抗俄基地，而且為國脈民命所繫一線之生機。四、不應效尤在大陸淪陷前匪共工具的口號行動，以致大陸人民至今浩劫而無法自援之覆轍。五、挑撥政府與人民之隔閡，造成省區同胞之惡感。六、以流血叛亂之鼓動民眾，再造『二二八事變』為目的的陰謀，如再不處治，將為匪共製造其和平解放台灣之良機。」[21]在某種程度上，蔣中正設想逮捕雷震後，可能會在國內外引發救援的壓力，才一再思考此一問題。八月三十日「決定對《自由中國》雷震、傅正等人之處置時間」後，[22]三十一日蔣中正繼續研究逮捕雷震之後續應注意要點，又在日記記下了：「一、雷逆逮捕後，胡適如出而[面]干涉，或其在公開反對政府，實應有所準備：甲、置之不理；乙、間接警告其不宜返國。二、對美間接通知其逮捕雷原因，以免誤會。三、談話公告應先譯英文。四、何時談話為宜，以何種方式亦考慮：甲、紀念周訓詞方式；乙、對中央記者談話方式。」九月一日又進一步記載：「所謂反對黨之活動與進行，乃以美國與胡適為其招搖號召之標誌。」[23]

九月二日蔣中正約見總統府秘書長張群、警備總司令黃杰、國民黨秘書長唐縱等人研討逮捕雷震的手續。會中叮囑唐縱和黃杰先向兼行政院長陳誠報告，並在日記中記下：「聞辭修（陳誠）必欲其行政院負責承辦，余乃允之。」[24]不過，實際上在會議中蔣中正則指示：「一、本案不必由行政院負責；二、本案行動後，唐秘書長可分別告知李萬居、高玉樹等，此次行動係處理《自由中國》半月刊之舊案，與反對黨毫無關連，同時可請副總統電告胡適加以說明。」並下令即由警備總部執行，「執行後正式報告行政院」。[25]

逮捕雷震等人的前一天，九月三日十一時四十分蔣中正總統召見黃杰，「垂詢田雨專案擬予逮捕之四人，除雷震、傅正外，另兩人馬之驌、劉子英，係何種身分？」黃杰答：「馬係自由中國雜誌社之經理，係涉嫌分子，在本部存記有案者。劉子英亦係涉嫌分子，係雷震保證入境，在國史館工作，國民大會召集期間，劉子英曾被介紹至秘書處工作，經本部發覺其別有企圖，硬性規定該劉子英必須離開秘書處者。馬、劉兩員就逮後，交由本部保安處處理。」蔣總統指示：「本案即依擬定之行動計畫執行，時間為九月四日上午三時開始行動。」[26]而為執行「田雨專案」，警總軍法處須簽發拘票三張，其中一張為逮捕傅正，另兩張為逮捕雷震之用（因宋英、向筠各別居住，故雷震居處有兩處），同時簽發搜索票五張，以便於拘捕雷震、傅正時，對其住宅及自由中國雜誌社進行搜查。[27]

整體而言，從一九五八年九月情治單位就開始分析《自由中國》文章內容，研擬處分雷震的可能方案，大體上也正值《自由中國》反對蔣中正三連任總統與進入組織新黨的時期。分析的文章則從第十七卷第一期（一九五七年七月一日）開始，第一篇被認定「言論違法」的文章則是第十七卷第三期（一九五七年八月一日）刊登的社論〈反攻大陸問題〉。最晚到一九五九年一月（當時也發生了陳懷琪事件），警備總部已在執行一個「田雨」專案，[28]「田雨」即雷震的「雷」字拆解而來，很明顯是針對雷震的專案。而一九六〇年四月以後，蔣中正日記開始密切關心處理雷震事件，則是當年反對黨運動開始積極籌組之時。此一部分主要透過蔣中正的日記呈現他思考如何處理雷震和《自由中國》的歷程，可以和過去筆者根據官方檔案記載的討論做對照，補充過去研究的不足。

二、雷震被捕與看守所生活

（一）「涉嫌叛亂」被捕

一九六〇年九月四日，那天是星期日，上午宋英要去買菜，出門時看到家門外有三個人巡視，又返回家裡告訴雷震，但雷震說：「不要緊，隨他們去吧！」宋英於是如常的出門去。好一段時間以來，雷震常常發現自己遭人跟蹤，但他問心無愧，自認從未做過違背良心、有損國家利益的事情。[29]

雷震在書房閱讀《自由中國》半月刊的稿件，聽見外頭有人大喊：「雷先生，新店家中發火燒了！」雷震心中有些驚慌，匆匆開門，連皮包都來不及帶。不料大門一開，一群過去跟蹤過雷震的特務蜂擁而上，雷震在門口錯愕之際，眼前站了一人，手持「盒子砲」木殼槍對準了雷震，要求雷震立即跟他走，卻未說明理由。雷震問：「這是幹什麼？捉人總不能憑你口說吧！」那人始從口袋中掏出一張署名黃杰，臺灣警備總司令部的逮捕狀，罪名是「涉嫌叛亂」。[30]

而宋英人在菜市場挑菜，盤算著今日該煮些什麼雷震愛吃的菜餚。買好菜，剛出菜市場，一位鄰居很驚慌地告訴宋英：「你家周圍好多人，好像非常緊張的樣子。」宋英聽後趕緊往家的方向走，又碰到一位太太，拉住她說：「你不能回去，很危險。」宋英不知如何是好，便先到鄰居家坐一會兒，穩定心情。[31]

面對上門逮捕的特務，雷震對他們說：「我太太上街買菜去了，馬上就要回來，家中無人看門，等她回來再走，要不了多少功夫！」特務堅持不肯。雷震又提議：「隔了一家的陳訪先先生，也是監察委員，讓我去告訴他一聲，不然太太回來後，不知我到哪裡去了！」但特務仍是不肯。[32]

就在這個時候，宋英回來了。宋英看見住家的巷子周圍站滿治安人員，雷震在家門口被很多人包圍著。雷震被特務帶走之際，偷塞了一張紙條給宋英，上頭簡單寫著：「警備總部以我有叛亂罪嫌，黃杰下令逮捕我去了。」宋英讀後心亂如麻，茫然地坐在家中客廳。此時，又有好幾名情治人員進入屋內搜索，分頭檢查東西，最後包了幾十大包的書籍文件離開，其中也包括雷震故友羅鴻詔的哲學書籍。[33]

雷震被特務帶上一台「專門捉人」的改裝汽車，車型為「Station Wagon」。雷震從後面上車，車裡一片漆黑，他的左右兩邊都有坐人，特務約有五、六人之多，與前座駕駛用隔板隔開。汽車行駛間，忽有一人來按雷震的脈搏，雷震猜想可能是要確認他受驚後血壓是否正常。後來雷震聽說這人是警備總部的「醫生頭子」，一個姓鄭的台灣本地人。[34]

雷震認為，特務前來拘提他時，謊報失火引誘他開門的行為相當下流，還不依法出示拘票，是遭雷震抗議之後才肯掏出來，而且拘票上頭也未依「軍事審判法」第九九條規定載明「應解送之處所」，雷震完全不知道自己上車將被載往何處。雷震晚年憶及此事，認為國民黨政府的官吏如此無法無天，正是台灣人鬧獨立的原因之一。[35]

車停後，雷震被帶下車，他不知道自己身在何處，只是跟著特務走。有一名獄吏將他所攜帶的物品全部搜去檢查，這當中有兩張美國人的名片後來沒有歸還。獄吏接著要求雷震將西裝褲左後口袋的東西掏出來檢查，因雷震患有神經痛，左手向後彎會痛，掏口袋的動作慢了些，獄卒見狀，以為雷震不肯配合，忽將他的左手往後一拉，痛得他眼淚直流。[36]

檢查完畢後，雷震接著被要求彎腰走「狗洞式」的邊門進入看守所，但雷震表示不願鑽狗洞，於是獄卒只好打開大門，讓雷震從大門走進去。[37]

走進看守所後，獄卒以清潔衛生為由，要求雷震脫光衣服，檢查肛門。雷震的衣服都被拿走，但獄方提供的褲子不合雷震的尺寸，又不提供褲帶，雷震只好用手提著褲子，相當狼狽。[38]

遭到羈押的雷震，起初不知自己究竟被拘禁在何處。大約過了三週，某天清晨他走出監房在院中散步透氣時，發現周圍有大量煤煙，但台北市內禁止燃燒生煤，雷震詢問張福慶所長這是怎麼一回事，張所長說：「看守所的四周有軍法局、陸軍總部等等軍事機關，他們不遵守政府法令，仍在燃燒生煤。這裡空氣很壞，大家鼻孔裡成天都是黑的。」雷震順勢問他：「我現在在什麼地方？」張所長說：「這是青島東路。」雷震才知道自己是被關在青島東路三號臺灣警備總司令部看守所。[39]

（二）看守所的日子

雷震曾被告知，他在看守所是「受著優待」。在看守所內有一排「病房」，[40]共十一間，雷震住第三號病房。雷震回憶，當時第七號病房住著前基隆市議長蔡火炮和另一名受刑人，第四、五號病房則各住兩名女性受刑人，其中有一人還帶著兩個男孩。而在這排病房的對面，為「大監房」，住有許多已判決的受刑人和未判決的嫌疑犯，包括傅正也是住在那裡。[41]

雷震入住這間被稱為「病房」的牢房時，房內已經有一個人在，他的名字叫洪國式。根據看守所所長張福慶說，「洪國式是一名老教授」，是特別被派來陪伴雷震的。雷震住進看守所一週後才開始與洪國式攀談。洪國式是東北人，過去在重慶大學修習數學，肄業，在重慶時曾加入共產黨，經共產黨派來台灣，但到台後並未工作，卻在一個案子中受到牽連，遭到保安司令部的逮捕，被送至台北縣土城的「生產教育試驗所」洗腦，數年之後，洪國式被轉派負責教育其他洗腦人員，一直無法恢復自由。洪國式說，他這次是因為作了一首詩，遭政工人員檢舉，所以被送到看守所進行偵查，洪國式並抄寫他的詩作給雷震看。[42]雷震認為洪國式很有書生氣。[43]

經宋英向張福慶所長請求，所方准許雷震天天洗澡，三、五天理一次髮。[44]雷震在看守所期間，沐浴、庭院納涼等活動，張所長都請洪國式陪同。雷震家人送來一副撲克牌，也由洪國式教了他許多玩法。洪國式見雷震每晚要服安眠藥，便一再勸雷震戒掉。[45]雷震晚年撰寫回憶錄時，提到洪國式這個人，寫道：「我很懷念在我關在『御特』警備總部八十天當中，他給了我許多安慰，解除了不少寂寞。」[46]

在雷震受審之前的幾次訊問中，曾被問到最後一次和邵力子見面的時間，雷震老實回答：「民國三十八年一月二十一日我離開南京之時，邵力子曾來我家吃飯，他勸我不要離開南京。」後來雷震將這段問答告訴洪國式，洪國式即責怪雷震不應多話：「最好說是記不起來了，這批御用法官最喜歡捕風捉影的來栽誣人家。」[47]雷震認為洪國式很關心他，也愛護他。雷震總是將家裡送來的菜餚和水果與洪國式分享。[48]然而，洪國式事實上是警總保安處特地安排與雷震同住的「臥底」，警備總部欲透過洪國式接近雷震，刺探案情。[49]

洪國式是一名臥底，雷震一九六一年六月時在軍人監獄中才初次得知，他不禁感嘆「畫龍畫虎難畫骨，知人知面不知心」，但心中也還抱持著一定程度的懷疑，難以完全相信這個傳聞。[50]

根據警備總司令黃杰的工作日記，洪國式臥底期間，每隔一段時間就會向警總回報他與雷震的談話內容。例如，關於雷震是否對劉子英所謂「匪諜行為」知情不報，[51]洪國式的報告中提到：雷震知悉劉子英是「負有任務來台者」，而當時雷震僅告訴劉子英「你不能做」，也相信劉子英不會做，因此沒有提出檢舉。[52]除此之外，從洪國式的報告內容，可以看到雷震在法院正式判決之前，對自己的案件一直抱有希望，期待透過胡適、張群等有力友人乃至於美國政府的影響力來挽回，至少減低刑期，或可仿孫立人在家中軟禁的形式。[53]

雷震直到出獄之後，進一步聽聞洪國式的下場：「警總是派他來套取我的口供，要他想法子誣陷我是共產黨員」，但洪國式「未曾實行此一惡毒計畫，警總認其太不忠實，曾將他送到火燒島管訓，最後虐待而死」。雷震認為「洪國式是一個有品德和良心的人，始終沒有咬我一口，反而同情我而痛恨國民黨」。對洪國式仍十分感念。[54]

---

1 「蔣中正日記」（未刊本），一九五七年三月一日。轉引自呂芳上，《蔣中正先生年譜長編》第十冊（台北縣：國史館，二〇一五），頁六七〇。

2 「蔣中正日記」（未刊本），一九五七年八月十三日。轉引自呂芳上，《蔣中正先生年譜長編》第十冊，頁七三六。

3 「蔣中正日記」（未刊本），一九五八年一月三十一日。轉引自呂芳上，《蔣中正先生年譜長編》第十一冊，頁一〇～一一。

4 據傅正在雷震三月二十七日日記注釋補充，此事即因第十八卷第六期的兩篇社論〈究竟誰在給共匪利用？〉及〈中國人看美國的遠東政策〉而起。雷震，一九五八年三月二十七日日記，《雷震全集39：第一個十年（七）》，頁二五四～二五六。

5 「中國國民黨第八屆中央委員會常務委員會第三十六次會議紀錄」（一九五八年三月十九日），《會議記錄》，黨史館藏，館藏號：會8.3/36。轉引自呂芳上，《蔣中正先生年譜長編》第十一冊，頁二八。

6 「蔣中正日記」（未刊本），一九五八年四月三日、四日。轉引自呂芳上，《蔣中正先生年譜長編》第十一冊，頁三四。

7 馬之驌，《雷震與蔣介石》，頁一二二；雷震，一九五八年六月二十日、十月二十八日日記，《雷震全集39：第一個十年（七）》，頁一一三～一一四、三九〇；一九五九年七月二十日日記，《雷震全集40：第一個十年（八）》，頁一三三～一三四。

8 「蔣中正日記」（未刊本），一九五八年五月二十一日。《陳誠先生日記》，第二冊，頁八七八。轉引自呂芳上，《蔣中正先生年譜長編》第十一冊，頁五五。

9 蔣中正日記」（未刊本），一九五八年六月二十一日、二十二日。轉引自呂芳上，《蔣中正先生年譜長編》第十一冊，頁六九。

10 「蔣中正日記」（未刊本），一九五九年一月十九日；陳世宏、張世瑛、許瑞浩、薛月順編，《雷震案史料彙編：黃杰警總日記選輯》，頁一一。轉引自呂芳上，《蔣中正先生年譜長編》第十一冊，頁一五九。

11 「蔣中正日記」（未刊本），一九六〇年七月十一日、十八日、二十日、二十三日。轉引自呂芳上，《蔣中正先生年譜長編》第十一冊，頁三五〇～三五一。

12 「蔣中正日記」（未刊本），一九六〇年七月二十三日。轉引自呂芳上，《蔣中正先生年譜長編》第十一冊，頁三五一。

13 警告內容包括：「甲、民主自由之基礎在守法與愛國。乙、不得煽動民心，擾亂社會秩序。丙、不得違紀亂法、造謠惑眾、動搖反共基地。丁、不得抄襲匪共故技，破壞政府復國反共措施法令，不挑撥全體同胞團結精神情感，效尤共匪假借民主，實行顛覆政府之故技，而為匪共侵台鋪路」，其他皆可依「民主精神尊重其一切自由權利」。「蔣中正日記」（未刊本），一九六〇年七月二十五日、二十六日。轉引自呂芳上，《蔣中正先生年譜長編》第十一冊，頁三五二。

14 「蔣中正日記」（未刊本），一九六〇年八月二十七日。轉引自呂芳上，《蔣中正先生年譜長編》第十一冊，頁三六三。

15 「蔣中正日記」（未刊本），一九六〇年七月三十日。轉引自呂芳上，《蔣中正先生年譜長編》第十一冊，頁三五二。

16 黃杰，一九六〇年八月十三日日記，收入陳世宏、張世瑛、許瑞浩、薛月順編，《雷震案史料彙編：黃杰警總日記選輯》，頁八二；呂芳上，《蔣中正先生年譜長編》第十一冊，頁三五八。

17 陳世宏、張世瑛、許瑞浩、薛月順編，《雷震案史料彙編：黃杰警總日記選輯》，頁八二。轉引自呂芳上，《蔣中正先生年譜長編》第十一冊，頁三五八。

18 黃杰，一九六〇年八月二十日日記，收入陳世宏、張世瑛、許瑞浩、薛月順編，《雷震案史料彙編：黃杰警總日記選輯》，頁九一。

19 陳世宏、張世瑛、許瑞浩、薛月順編，《雷震案史料彙編：黃杰警總日記選輯》，頁九二、九三。轉引自呂芳上，《蔣中正先生年譜長編》第十一冊，頁三六二。

20 「蔣中正日記」（未刊本），一九六〇年八月二十七日。轉引自呂芳上，《蔣中正先生年譜長編》第十一冊，頁三六二～三六三。

21 「蔣中正日記」（未刊本），一九六〇年八月二十九日。轉引自呂芳上，《蔣中正先生年譜長編》第十一冊，頁三六三。

22 「蔣中正日記」（未刊本），一九六〇年八月三十日。轉引自呂芳上，《蔣中正先生年譜長編》第十一冊，頁三六四。

23 「蔣中正日記」（未刊本），一九六〇年八月三十一日、九月一日。轉引自呂芳上，《蔣中正先生年譜長編》第十一冊，頁三六四。

24 「蔣中正日記」（未刊本），一九六〇年九月二日。《陳誠先生日記》，第二冊，頁一二五八。轉引自呂芳上，《蔣中正先生年譜長編編》第十一冊，頁三六五。

25 陳世宏、張世瑛、許瑞浩、薛月順編，《雷震案史料彙編：黃杰警總日記選輯》，頁九八～九九。轉引自呂芳上，《蔣中正先生年譜長編》第十一冊，頁三六五。

26 黃杰，一九六〇年九月三日日記，收入《雷震案史料彙編：黃杰警總日記選輯》，頁一〇〇。

27 黃杰，一九六〇年九月三日日記，收入《雷震案史料彙編：黃杰警總日記選輯》，頁一〇三。

28 「（48）判田字第〇〇一號臺灣警備總司令部軍法處公務處理通知單」，國家發展委員會檔案管理局國史館檔案，檔案號：A202000000A=0047=275.11=1=virtual001=virtual001=0052-54。

29 〈雷夫人談雷震〉，原載於一九六〇年九月十二日《公論報》，收入傅正主編，《雷震全集3：雷案始末（一）》，頁一一八、一二〇。

30 雷震，〈當我被捕的時候〉，原載於一九八八年五月十八日《自立晚報》，收入傅正主編，《雷震全集3：雷案始末（一）》，頁二二九。

31 〈雷夫人談雷震〉，原載於一九六〇年九月十二日《公論報》，收入傅正主編，《雷震全集3：雷案始末（一）》，頁一一八。

32 雷震，〈當我被捕的時候〉，原載於一九八八年五月十八日《自立晚報》，收入傅正主編，《雷震全集3：雷案始末（一）》，頁二八～二九。

33 〈雷夫人談雷震〉，原載於一九六〇年九月十二日《公論報》，收入傅正主編，《雷震全集3：雷案始末（一）》，頁一一八～一一九。

34 雷震，〈當我被捕的時候〉，原載於一九八八年五月十八日《自立晚報》，收入傅正主編，《雷震全集3：雷案始末（一）》，頁二九～三〇。

35 雷震，〈當我被捕的時候〉，原載於一九八八年五月十八日《自立晚報》，收入傅正主編，《雷震全集3：雷案始末（一）》，頁三一～三四；「軍事審判法」（一九五六年十二月二十四日修正公布），司法院法學資料檢索系統，網址：https://law.judicial.gov.tw/FLAW/hisdata.aspx?lsid=FL005607&ldate=19561224&lser=001&ot=in，瀏覽日期：二〇二〇年八月六日。

36 雷震，〈當我被捕的時候〉，原載於一九八八年五月十八日《自立晚報》，收入傅正主編，《雷震全集3：雷案始末（一）》，頁三〇。

37 雷震，〈當我被捕的時候〉，原載於一九八八年五月十八日《自立晚報》，收入傅正主編，《雷震全集3：雷案始末（一）》，頁三〇。

38 雷震，〈當我被捕的時候〉，原載於一九八八年五月十八日《自立晚報》，收入傅正主編，《雷震全集3：雷案始末（一）》，頁三〇～三一。

39 雷震，〈當我被捕的時候〉，原載於一九八八年五月十八日《自立晚報》，收入傅正主編，《雷震全集3：雷案始末（一）》，頁三一。

40 政治受難者陳新吉係於一九六四年進入軍法處看守所，他的回憶錄中提到，看守所內「所謂『病房』是特別押房的代稱，專門收押有名望的人或女性難友。」見陳新吉，《馬鞍藤的春天：白色恐怖受難者陳新吉回憶錄》（新北市：國家人權博物館籌備處，二〇一三），頁一〇五。

41 雷震，《雷震回憶錄之新黨運動黑皮書》，頁二三二。

42 雷震，《雷震回憶錄之新黨運動黑皮書》，頁二三二。

43 雷震，一九六一年六月二日日記，《雷震全集36：獄中十年

（二）》，頁一四三。

44 雷震，一九六一年四月四日、五日、六日日記，《雷震全集36：獄中十年（二）》，頁九〇～九二。

45 雷震，《雷震回憶錄之新黨運動黑皮書》，頁二三三。

46 雷震，《雷震回憶錄之新黨運動黑皮書》，頁二三四。

47 雷震相信邵力子「並未為共產黨政府做過一點工作」，「邵力子之留在大陸是要為國民黨做一個『孤臣孽子』，為國民黨『保存一點元氣』，絕非如陶某所誣仍在共產黨政權下而給中國共產黨做統戰工作的」，見雷震，《雷震回憶錄之新黨運動黑皮書》，頁二四一。

48 雷震，《雷震回憶錄之新黨運動黑皮書》，頁二三三。

49 黃杰，一九六〇年十月五日日記，收入陳世宏、張世瑛、許瑞浩、薛月順編，《雷震案史料彙編：黃杰警總工作日記選輯》，頁一九二。

50 雷震，一九六一年六月二日日記，《雷震全集36：獄中十年（二）》，頁一四三。

51 〈劉子英寫自白書　承認匪諜行為　曾向雷震暴露身份　並請協助代覓工作以為掩護〉，《中央日報》，一九六〇年九月十日，第三版。

52 黃杰，一九六〇年十月五日日記，收入陳世宏、張世瑛、許瑞浩、薛月順編，《雷震案史料彙編：黃杰警總工作日記選輯》，頁一九二。

53 黃杰，一九六〇年十月五日日記，收入陳世宏、張世瑛、許瑞浩、薛月順編，《雷震案史料彙編：黃杰警總工作日記選輯》，頁二〇六。

54 雷震，《雷震回憶錄之新黨運動黑皮書》，頁二三四。傅正也有記述，關於「雷案發生之初便被安排跟雷先生同房而未做雷先生工作的洪國式」，「據我所聽到的：其本來是以所謂教官的身分安置在火燒島的政治犯管訓單位，也就是所謂新生訓導處，但行動並不自由，雖可到附近小街上去，必需有人陪伴監視。雷案發生時，即將他調到台北市青島東路三號警總軍法處看守所與雷先生同住一個所謂病房內，專做雷先生工作。據說，因為他不願無中生有、完全聽從特務擺布而誣陷雷先生，在雷先生定案後又送回火燒島，被特務將雙腳雙手砍斷後處死。」參見傅正注釋，雷震，一九六一年六月二日日記，《雷震全集36：獄中十年（二）》，頁一四四。

第二節

判決前後的救援行動

一、羈押期間家屬的救援

九月四日警備總司令部拘捕雷震等人的當天下午，國民黨當局由陶希聖、谷鳳翔、曹聖芬三人出面，發放一份《《自由中國》半月刊違法言論摘要》給台北市各報的新聞記者，定調《自由中國》雜誌已逾越「合法自由範圍」，影響國家社會之秩序，應依法制裁。[1]過了三天，又藉《中央日報》報導：「警總昨證實　劉子英是匪諜　雷震牽涉在內　傅正也涉嫌重大」。[2]

九月四日雷震被捕之後，宋英曾向蔣匀田求援，蔣匀田表示將訪行政院副院長王雲五，向他探詢實際情形後，再與陳啓天研究營救辦法。[3]當時宋英根據「提審法」要求將雷震移送司法機關審判。[4]臺灣警備總司令部固然直接以台灣在一九四九年五月二十日已經進入戒嚴，而雷震涉及的叛亂案件，根據「戒嚴法」自然可以由軍法機關審判而不適用「提審法」的相關規定。[5]不過有趣的是，總統府也針對此一事件表達了看法，而總統府所討論的「戒嚴令」卻和警備總司令部不同調，也就是它所討論的「戒嚴令」是在台灣納入中華民國全國「戒嚴令」並劃入接戰地域以後的狀態。蘇瑞鏘的研究發現，總統府秘書長張群宣稱：「卅九年（一九五〇）總統命令宣布台灣為接戰地區，實施戒嚴法，……均有其法律依據。」[6]而宋英日前聲請提審，遭台北地院駁回。宋英不服，乃於九月八日下午擬具抗告書向高等法院再提抗告。[7]高等法院的見解也和總統府的認識接近，駁回雷震夫人宋英要求提審雷震時亦指出：「台灣省之一併劃作接戰地域實施戒嚴，且經立法院會議追認有案。」[8]根據張群或是高等法院的見解，戰後長期實施的是，一九五〇年頒布將台灣劃歸接戰地域的「戒嚴令」。要求提審雷震雖然沒有成功，卻凸顯了國民黨當局對台灣戒嚴體制的內涵，並沒有深入掌握，甚至彼此矛盾的現象。

宋英有意召開中外記者會來說明雷案真相，但在整個台北市區竟難以借到一個場地，據說警備總部早已全面封鎖。宋英原本向監察院秘書長劉愷鍾商借監察院的交誼廳，劉愷鍾原本應允，但經報告國民黨中央黨部後，劉愷鍾立即轉變態度，告訴宋英：「交誼廳不能借給你用，同時你也不要再對外發表言論。」宋英聽了十分氣憤，說：「我是監察委員，對於國家任何事，我都可以有說話的權利，你怎麼能對我說這種話，你是不是奉命的？」劉愷鍾說：「那你知道就好了！」自那一天起，宋英在監察院院會，或各委員會中，都不再發言，以免自己和丈夫雷震遭遇不測。[9]

在雷震被捕的隔天，美國已有相關報導出來，住在美國的雷震之女雷德全隨即向美聯社記者發表談話，為父親伸冤。雷德全說父親並未試圖推翻政府，只是相信台灣應有一個反對黨而已。雷德全在美公開聲援父親的行動，遭到黨報《中央日報》及《中華日報》抨擊，稱其「竟在美國告洋狀」。[10]胡適曾勸雷德全當心，觸怒國民黨當局恐對雷震更加不利。[11]九月十一日起，雷德全又陸續在《紐約時報》發表多篇投書，為父抗議，但之後為宋英阻止，生怕引起當局過度反應。[12]

九月八日中午，宋英與胡適通電話，但是他們的通話內容遭到警總竊聽。宋英請求胡適幫忙救救雷震，她說雷震已絕食三天，雷震受劉子英案牽連「簡直是陷害」，胡適回答宋英「知道了」，並說已與雷德全在華盛頓見面談過。[13]

除此之外，宋英也以被害人家屬身分向監察院提出申訴，並於九月八日的記者會上請求輿論界多多支持。[14]

同天傍晚，宋英於《自由中國》雜誌社召開記者招待會，有多名中外記者參加，其中外籍記者均係高玉樹電話通知前來，記者會由宋英一人主持。宋英說剛與胡適通過越洋電話，已請他設法幫忙。[15]宋英又提到，雷震過去曾說：「一旦有一天我被捕，我會絕食。」而且雷震對近日送飲食到看守所的人吩咐：「不要送任何東西來，我祇要一個舒服的枕頭就行了。」她因而對雷震身體狀況相當擔憂。[16]

記者會進行途中，約下午五點半時，一封雷震新寫的信函由軍法處送達，宋英當即於記者們面前公開此信。[17]雷震這封信中寫道，他剛到看守所的最初三天未吃東西，僅有五日、六日兩天晚上吃了一點蘋果和木瓜，因此造成身體嚴重不適，經眾人相勸，已開始進食，身體狀況逐漸恢復，而「精神尚可克服一切」，請宋英勿掛念。[18]雷震的信還提到，因拘留環境到處燈火光亮，床板又太硬，每夜輾轉難眠，但是張所長允諾為雷震的牢室做紗門，雷震認為「殊可感也」。[19]

該信之公開發表，正為警總所樂見，黃杰及李立柏認為「此一狀況，無異代本部舉行一次記者座談會，使社會人士均明瞭雷震在看守所中，飲食正常，生活安靜」，無意中已達成先前張群之指示。[20]原先各報記者紛紛要求與雷震見面，但如今絕食傳聞已了結，記者的訪問請求即「失其必要性」，警備總部「仍依規定，在偵查期間，拒絕任何人之訪問」。[21]

另一方面，針對媒體不實的報導，九月十日宋英又召開記者會，對《中央日報》所載內容加以駁斥：「這些年來《自由中國》半月刊社祇有從台灣匯款至香港，絕未從香港匯款到台灣來。」[22]宋英並表示，過去警備總部審理類似的匪諜案件時，偵查期間不透露內容，然而這次卻打破以往慣例，先行公布「劉子英是匪諜，雷震牽涉在內」，使人不敢再為雷震說話，宋英要對此提出抗議。[23]宋英又指出，雷震被捕之初，警總發言人王超凡說「雷震涉嫌叛亂的主要內容，係《自由中國》雜誌的言論越軌」，隔了一兩天又宣布「雷震涉嫌匪諜案」，前後說法不一。[24]

宋英聲請提審遭台北地方法院駁回後，九月二十六日宋英再發表一篇〈我的抗議與呼籲〉於《聯合報》上，對於官方宣稱「雷震之被捕，與反對黨運動並無關係」表示質疑，最後呼籲

「軍事審判也應獨立」，相信只要軍法官能不受干涉，憑證據來認定事實，雷震是不會有罪的。[25]

二、起訴、審理與判刑過程的協助

雷震被逮捕後，認知到他被捕基本上是政治問題，九月六日午夜雷震寫信給宋英，告知「法律解決必判罪」，因此「要用政治解決」，而既然被捕，參加反對黨及繼續主持《自由中國》皆不可能，因此放棄這兩件工作，並要宋英「請張岳軍、王雲五、王雪艇三先生負責商洽」。[26]

問題是蔣中正既然決定逮捕雷震，就是要直接阻斷雷震的政治參與，他的態度不可能因此軟化。儘管如此，雷震在行政體系中的好友則仍試圖救援，或是盡量緩和雷震將遭到的處分。

雷震等人被捕之後，王雲五研究數日，寫成一份對雷案處理意見書致行政院長陳誠，他以避免「惹起國際誤解」為由，力主由行政院特准軍事機關將雷案移交普通法院審理。王雲五同時也將意見書副本送給總統府秘書長張群，旋即得到回覆，張群「對原則甚贊成，惟謂尚有某一問題待解決」；至於陳誠方面，則未有任何表示。[27]

王雲五的努力，得到張群的支持。九月二十一日黃杰在蔣中正的要求下，呈核一份擬好的「雷震等叛亂嫌疑案之分析附起訴書」，蔣總統並問「起訴後何時可以結案？」黃杰回答至少需時一個月。[28]蔣總統指示：

一、對各被告凡無充分證據之犯罪事實，不必提出審問，自己必須凡事都站穩腳跟，以免招致批評。

二、傅正既無附匪之事實，可不必起訴，但仍應依法「情節輕微，交付感化」，即不起訴，交付感化。

三、本案之處理，大體上可依分析報告之「乙案」處理。[29]

傍晚總統府秘書長張群電話問黃杰：「起訴書初稿我還沒有看過，就已呈總統核閱了嗎？」表示對此問題必須慎重，訂明日上午在中央黨部召集會議詳加商討。[30]九月二十二日蔣總統親自電話指示黃杰將起訴書初稿送給張群秘書長一份、陳誠副總統一份，因為蔣總統要與張群、陳誠研究此一問題。當天上午，張群召集有關雷震案件之討論會。張群提議雷案最好移交司法審判，以順應輿情，減少各方對政府之指摘。然而，其他與會者一致主張交由軍法審判，經一小時半時間，以各種理由說服張群秘書長同意雷震案由軍法審判。[31]九月二十二日傍晚，黃伯度代張群向谷鳳翔傳達張群對雷震起訴書之意見，認為「雷震被控各項罪名，最好能分開來判決，如果集中判決，則量刑過重，將予外界以不良之觀感。對於明知劉子英為匪諜而不檢舉一節，甚望引用檢舉匪諜條例第九條之規定（知情不報，判刑七年以下）而不必引用第二條第三項之處分(判刑十年以上,十五年以下)」。對於張群的意見,谷鳳翔表示:「此正為分歧分子所期望者,吾人對本案之起訴審訊以迄判刑,均係向第二條之目標發展,如突作更張,將招致失敗之危機,恐非　極峰所能接受,以是吾人無法改變立場。」黃伯度則回答:「岳公【張群】之意不過希望本案之判決能夠少招致批評,並非受人之託來說情。」[32]

九月二十三日蔣中正總統裁定照警備總部所擬的乙案起訴書:「雷震、劉子英處刑較重,馬之驌雖曾附匪,但來台後無為匪工作事實,處刑較輕。傅正則不予起訴,僅予以交付感化處分。如此,則有重有輕有不起訴,予世人以公正嚴明之印象。」又指示警備總部將起訴書譯成英文。[33]

而雷震收到起訴書後,「態度沉著,認為內容與其人格聲望無損」,[34]當即致函宋英,附上起訴書,囑宋英速聘端木愷或夏濤聲為辯護律師,同時請《自由中國》半月刊編委會寫辯護書一篇。[35]不過後來是由梁肅戎擔任雷震的辯護律師。[36]雷震此時還抱有相當程度的信心,認為「起訴書內容不足以定其罪,這場官司一定可以獲勝」。雷震既然認為「此事尚有挽回之望」,所以在申辯書中「自動留餘地,未曾謾罵」。原擬於申辯書中寫自己「被捕乃因反對黨」,與洪國式商量之後刪去,「改為係出於誤會而被捕」。[37]

決定由軍法審判之後,九月二十九日宣布雷震案定於十月三日上午開庭,距離九月二十七日凌晨雷震收到起訴書,只有短短的六天,宋英即公開批評準備時間太短,這所謂的「公開審判」已是名不符實。而且在起訴書提出之後,雷震在二十七日及二十九日又陸續接受三次的秘密審訊，沒有通知被告律師和家屬。[38]張群希望為雷震等人爭取較好的辯護條件，十月一日張群致電黃杰「查詢調查時間，是否可以依被告之請求，予以延長？傅正是否可以交保候傳？」，黃杰均回覆「不能照辦」。[39]

爭取失敗後，張群仍然鍥而不捨爭取雷震獲得輕判的可能。十月五日下午三時，張群秘書長召集各有關首長會商雷震的量刑問題，然而，除了張群外，其他與會諸人均主張引用懲治叛亂條例重判，谷鳳翔是如此，陶希聖也堅持判決書中必須表明雷震與邵力子、傅學文夫婦關係匪淺，汪道淵更認為雷震應處死刑。面對張群提出輕判雷震的意見，黃杰回應：「即使認為本部量刑過重，於宣判後，再由　總統宣布減刑，亦較從輕處刑為宜。」會議至六時二十五分始告結束。張群的意見最終未獲接受。[40]

十月八日，軍法宣判雷震以「知匪不報」、「為匪宣傳」兩罪名判刑十年，剝奪政治權利七年，劉子英判十二年，馬之驌判五年，傅正判感化三年。[41]當日上午蔣中正已召集副總統以下十八名黨、政、軍、特要員，為審判定調。[42]宋英於雷案宣判當天，曾於法庭外散發傳單，翌日又對記者發表意見。十月十日高玉樹、李萬居、郭雨新、夏濤聲等人又與宋英會商，對雷案之判決提出抗議，表示聲援。[43]

此外，過去在一九五七年《聯合報》「黑白集」專欄創造出「反攻無望論」一語的撰稿者鍾鼎文，也於雷案聲請覆判之際，一九六〇年十一月一日於「黑白集」再撰寫一篇〈反攻有望論〉來進行贖罪，希望國防部不要以「反攻無望論」為藉口來判罪。[44]

三、判決理由的檢視

過去的研究已經揭露了蔣中正總統的意志在處理雷震案的主導作用，在此僅打算以國民黨當局內部對於處理雷震的依據的看法，藉以呈現此一案件審判結果存在的不合理性。

雷案應當如何判決，警備總部先在總統蔣中正的指示下研擬甲、乙兩案，之後又根據副總統陳誠之意見，經與張群、谷鳳翔研究後擬出丙案。甲、乙、丙三種方案，各引用「懲治叛亂條例」的不同條文來加以定罪：[45]

甲案：以懲治叛亂條例第二條第三項預備以非法方法顛覆政府罪名，判處有期徒刑十年。違禁書籍十八冊沒收。

乙案：雷震明知劉子英為匪諜而不告密檢舉，依戡亂時期檢肅匪諜條例第九條處有期徒刑七年；以文字為有利於叛徒之宣傳，依懲治叛亂條例第七條處有期徒刑八年；定執行有期徒刑十年。違禁書籍十八冊沒收之。

丙案：雷震包庇叛徒，依懲治叛亂條例第四條第一項第七款，處有期徒刑十年，以文字為有利於叛徒之宣傳，依同條例第七條處有期徒刑七年；定執行有期徒刑十二年。全部財產除酌留家屬必需生活費外，沒收之。違禁書籍十八冊沒收之。

十月七日黃杰向蔣中正報告警備總部軍法官研究之結果。總結來說，如採「甲案」，「則判定雷震為一意圖顛覆政府之叛徒」；採「乙案」或「丙案」，則雷震本身均非叛徒。蔣中正聽取黃杰報告後，指示再交軍法處及張群研究。[46]

雷案預定宣判當日，十月八日上午十時半，軍法處處長周正向黃杰報告，據其分析指出，甲案罪名「稍嫌籠統」，乙案則「不但雷震已非叛亂犯，且有大興文字獄之嫌」。[47]

十月八日上午十一時，蔣中正總統在總統府內親自主持會議商討雷案，出席者包含府院高層十四人：副總統陳誠、總統府秘書長張群、中央委員會秘書長唐縱、中央政策委員會秘書長谷鳳翔、司法院長謝冠生、外交部長沈昌煥、司法行政部部長鄭彥棻、新聞局長沈錡、最高檢察署檢察長趙琛、國防部軍法覆判局局長汪道淵、臺灣警備總司令黃杰、軍法處處長周正及陶希聖等人，討論警備總部整理提出的「甲」「乙」「丙」三案。[48]

與會人員中，主張採「丙案」的人只有陳誠；謝冠生、趙琛、汪道淵主張採「乙案」；谷鳳翔、鄭彥棻及警總方面人員主張採「甲案」。[49]

根據警總的分析，「乙案」中雷震所犯之罪為「明知劉子英為匪諜而不告密檢舉」及「以文字為有利於叛徒之宣傳」，就「知匪不報」而言，證據只有劉子英的自白，「易為辯護律師乘隙指摘」；至於「有利於判徒宣傳」之文字，首先難以證明其犯意，其次則考慮到《自由中國》之言論「尚另有執筆之人，雷震不過為共犯」，殷海光、夏道平、宋文明等三人更已於報紙上公開聲明願負文責，「如只辦雷震一人未免失平」，但如果要擴大逮捕範圍，恐被譏為

「大興文字獄」。而且，警總自雷震案的起訴至調查辯論以來，「皆以預備顛覆政府罪為構想基礎」，「關於文字方面僅作概括之提示」，這部分恐採證不足。更何況，事到如今才追究《自由中國》數年前之言論，不但是「往事重提」，也「與以往宣傳先後矛盾」。警總並提醒，乙案「將來如欲撤銷《自由中國》半月刊之登記，必將發生爭執」。[50]而在刑度之輕重上，採用「甲案」可將雷震、劉子英「以非法之方法顛覆政府而著手實行罪」起訴，其法定本刑為唯一死刑，「大快人心」；相較之下，採用「乙案」則為「從輕發落」，「鎮壓作用不彰」，「難免不無姑息之感」。[51]

甲乙丙三案如何採擇，主要還是得看蔣中正總統的想法。蔣中正在會中對雷案判決提出了四項指示：

一、題目（按指判決主文而言）要平淡，須注意及一般人之心理。

二、雷之刑期不得少於十年。

三、《自由中國》半月刊一定要撤銷其登記。

四、覆判不能變更初審判決。[52]

同時，蔣中正有意「避免引用意圖顛覆罪之法條」。[53]基於以上考量，蔣中正詢問：「乙案能否撤銷登記？將來覆判不可變動有無把握？」覆判局局長汪道淵當即起立回答：「都可以辦到。」[54]

蔣中正最終裁決採用乙案，如此「既可判刑不少於十年，而撤銷登記及覆判均不致發生困難，則採乙案較為不致刺激社會上一般人之心理」。[55]

下午十七時，軍法處遵照蔣中正的指令，以「乙案」宣判，但判決書全文來不及擬就，乃先宣布主文及理由要旨。[56]

隔天十月九日，蔣中正日記記載：「上午聽報一小時餘，對於昨日雷案判決結果，美政府以此為內政問題，答記者說無所評論，其他影響不大。自覺毋枉毋縱，心安理得，禮拜如常。」[57]

四、聲請非常審判遭駁回

雷案前經國防部軍法覆判局覆判，確定仍維持初審原判，十二月三十日宋英將辯護律師梁肅戎所撰的聲請非常審判理由書狀，攜至新店安坑軍人監獄給雷震過目，三十一日向國防部軍法覆判局聲請非常審判。[58] 雷震對結果已有預感，「提出儘管提出，事實則不會生效也」。[59]

一九六一年一月初，蔣中正總統曾向黃杰關切雷震非常審判的處理情形，又質問：「雷震之妻宋英赴軍監探望雷震，每次均向記者發表消息，何以不加制止？」黃杰答稱先前已請唐縱轉告李萬居不可繼續刊登，蔣總統繼而不滿：「這種事何必告訴唐秘書長，直接通知軍監，不許其眷屬接見不就解決了嗎？」隨後黃杰與李立柏查明監獄行刑法規定，軍監依法必須准許家屬接見，除非犯人有違反監獄規定之情事，而軍監乃國防部軍法局所屬單位，警備總部無權直接命令軍監，只好由李立柏與副總長馬紀壯通話，轉達總統「兩次交代不許雷震眷屬至軍監探望雷震」的意思，「盼即召集軍法局范局長、軍監李典獄長等人商酌，如何使宋英於探望雷震之後，不再在報紙發表談話，以免招致總統之不愉快。」[60]李正漢典獄長奉令，「由保防官面告雷震，接見家屬，不得談論政治，本監早有規定，並希望囑咐家屬，不得在報端發表談話，否則違犯監規，即不予優待。」據李正漢典獄長的回報：「雷犯頗知利害，於最近接見家屬時，均囑今後不要談論政治問題，不要發表談話及與各報記者接觸，否則有違軍監規定，得不到優待。」[61]

十天後，國防部於一月十日駁回雷震所聲請非常上訴，認原判決並無違背法令之情形，其聲請為無理由。[62]

五、連署請求總統特赦

隨著覆判結果確定，一九六〇年十一月間開始出現請求總統特赦雷震的呼聲，[63]並於隔年一月十日國防部駁回非常上訴的聲請後，立即展開連署行動。[64]最後有四十六位社會名流參與連署，共同上書請求總統，念在雷震過去對國家與國民黨的功績，予以特赦。[65]四十六人依姓氏筆劃排列為：丁俊生、毛子水、文群、王漢生、朱文伯、朱有為、朱煥彪、成舍我、沈雲龍、沈剛伯、李公權、李濟、李不韙、周傑人、胡秋原、胡適、胡鈍俞、胡浦清、夏濤聲、郭登敖、徐復觀、孫亞夫、張希為、張九如、張定華、張佛泉、陳啓天、陳咸森、陳慶華、陳翰珍、陳訪先、曹啟文、費希平、程文熙、齊世英、解子清、葉時修、楊毓滋、蔣勻田、劉永濟、劉行之、鄭震宇、鄧翔宇、臧啟芳、藍文徵、羅貢華。這些人的身分跨越黨派，有國民黨、民社黨、青年黨以及無黨無派者，有國大代表、立監委員、教授學者，有些是雷震的多年老友，也有些人甚至與雷震不相識。至於一些與雷震相熟、共同籌組新黨的台籍菁英，原本也有打算另行上書總統請求赦免，所以未參與這波聯名上書。[66]

然而蔣總統態度絲毫不見軟化，他甚至認為此一請求特赦的連署行動是「與美國共黨同路人內外相應之行動也」。[67]一九六一年二月十四日，雷震第一次在獄中過除夕，他原本還夢想自己可以在過年前獲得蔣總統特赦。雖然宋英安慰他：「明年一定可以在一塊團聚啊！」雷震還是非常失落。[68]

蔣總統三月二十三日正式批示「不予特赦」，[69]其理由是「以往同類案件，從無赦免先例」。這實在讓雷震難以接受，他認為：「先例總有第一次是創例，如果這樣解釋，無先例不能特赦，則將總統之特赦權取消了。……想到這部憲法，讓他們這樣解釋，心中很難過。」[70]

六、各界對雷震的聲援

（一）外省籍自由派

・胡適的奔走

獲悉雷震被捕的消息，胡適即在美國接受記者採訪，為雷震發聲，他指此案極不尋常。胡適一方面避免公開評論雷震被捕與新黨運動的可能關係，另一方面強調雷震「是一位最愛國的人士，自然也是一位反共分子」，所以他不相信雷震涉嫌叛亂，並且呼籲雷震的案件應由普通法院進行審理，而不付諸軍事審判。[71] 胡適並於九月四日、八日兩度發電報給副總統陳誠，內稱：「逮捕雷震，壓迫新政黨之組成行動，是違憲的。」另致函行政院秘書長陳雪屏，力主公平司法審判之必要。[72] 蔣中正非常不滿胡適在美國公開發表的言論，他在日記中批評：「胡適挾外力以淩政府為榮，其與匪共挾俄寇以顛覆國家的心理，並無二致。」[73]

一九六〇年十月八日雷震的判決結果出爐，胡適感到相當失望。他認為，像雷震案如此重大的案件，竟只開一次庭便宣告終結、定於五天後宣判，太過粗糙的軍法審判過程，讓胡適覺得自己在國外「抬不起頭來見人」。[74]

胡適不太確定自己返台能否為雷震提供實質助益，所以他先搭機到日本，想多多探聽再做打算，必要時還可返回美國。國民黨派駐美國的特務發現後，立將胡適動身的消息急電通報國民黨中央黨部秘書長唐縱。國民黨方面擔心胡適回美國後將繼續發表對其政權不利的言論，於是命令駐日大使張厲生告訴胡適：「回台以後，向國民黨當局進言，雷震案就有轉機」，力促他回台。又派行政院秘書長陳雪屏去東京迎接胡適，陳雪屏又找毛子水同行。胡適終被說服，並以「Shyh Hwu」而非一般常見的「Hu Shih」之名訂購機票，低調返台。[75]能夠事先知道胡適返台消息的人並不多，當天至機場接機者僅有行政院秘書長陳雪屏、國民黨中央委員會秘書長唐縱、聯合國中國同志會理事長朱家驊、台大校長錢思亮、中央研究院歷史語言研究所所長李濟、考試委員楊亮功、雷震之妻宋英等人。[76]

胡適抵台當晚，深夜十一時許，在南港中研院院長官邸正式接見各報記者。[77]胡適認為「雷震判刑十年太重」，雷震幾十年來為國家做事，所辦的《自由中國》雜誌更是台灣言論自由的象徵，如果他可以出庭作證，他願為雷震作一「人格、品性上的證人」。[78]

十一月十八日上午，胡適到總統府面見蔣中正總統。雖然胡適原本和張群約定：「我見總統，不談雷案。」但當蔣中正問起國際形勢，胡適還是不得不指出雷案在海外引發的負面反響。蔣總統則說：「雷震背後有匪諜，政府不能不辦他。」[79]在會面結束前，胡適「打定主意，要加入一段話」。胡適先說明，他已當面勸告李萬居、高玉樹、郭雨新、王地、黃玉嬌等人暫緩成立新黨，不可與政府黨取敵對態度；最後，胡適對蔣總統說出他心中的一個希望：「十年前總統曾對我說，如果我組織一個政黨，他不反對，並且可以支持我。總統大概知道我不會組黨的。但他的雅量，我至今不忘記。我今天盼望的是：總統和國民黨的其他領袖能不能把那十年前對我的雅量分一點來對待今日要組織一個新黨的人？」[80]

胡適在會面結束返回住處後，收到費正清的來信，信中提到，美國新總統甘迺迪是一個真正的自由主義者，關心公民自由與新聞自由，這個新的政府將持續關注雷震案一類的事件；費正清不懂為什麼中國政府容許這個案子發生。胡適考慮了一會，決定將費正清質疑雷震案的來信原件交給張群。[81]

基於原本對張群的承諾，也可能希望對外低調，可以為雷震爭取比較好的審判結果，胡適事後受訪時對記者稱，當天與總統見面時沒有談及雷震。[82]

然而蔣總統早在十月八日商討雷案判決的會議上，明確指示「覆判不能變更初審判決」。[83]在與胡適面談後，蔣總統也無意理會「胡說」，仍堅持「雷（震）案覆判書已核定，決不能減刑」。[84]

十一月二十三日國防部對雷案提出覆判，除將馬之驌改判感化三年外，其餘被告均維持原判。[85]宋英於二十三日下午從《徵信新聞報》記者處獲知雷震被維持原判的消息，她當下表示「非常失望」與「難過」。宋英立即打電話向胡適報告，胡適說：「這真是一個出人意外的結果。」[86]胡適這些日子的努力，顯然沒有起到任何作用。面對記者詢問，胡適先無奈表示：「現在教我還有什麼話說。」又補充道：「我原來想，覆判過程中有著較長的時間，也許覆判的判決會有所改變，現在我只能說大失望，大失望。」[87]

後來，社會上常有人譴責胡適未盡全力救援雷案，雷震本人則不同意此種說法。雷震在出獄之後，透過胡適的秘書王志維轉交，親自讀過胡適這段期間的日記，所以他很清楚：「胡先生對我的事，已盡力了。」雷震還請胡學古替他影印多份日記複本，分送給一些誤會胡適的親友，為胡適說話。[88]他只可惜：「胡適的努力乃至海內外的共同呼籲，最後還是落空，我仍被亂判十年。」[89]

・民社黨、青年黨領袖及中央民意代表聲援雷震

雷案爆發後，民社黨副秘書長楊毓滋針對雷案發表談話，認為政府逮捕雷震「係政治問題，而不是法律問題」，且看國民黨陶希聖、曹聖芬、沈錡發放的小冊子，以多年前《自由中國》文章做為雷震的罪證，根本在摧殘憲法賦予人民言論自由。[90]《公論報》記者也分別採訪了青年黨的王師曾和胡國偉，王師曾表示雷案應公平、正當的循法律途徑解決，政府也應致力於促成朝野間的和諧與團結，才有利於國家前途。[91]胡國偉則強調以自己《新中國評論》刊物主編的身分，站在「輿論界」的角度，謹慎表示：「事有湊巧，本案發生，恰在新黨成立的前夕……我們本著愛護政府的心情，希望負責當局慎重處理此案。」[92]

旅美的民社黨主席張君勱，九月八日自舊金山致電蔣總統，指《自由中國》「三年前評論反攻大陸之不易」的一篇文字，純粹是政策討論，並無危害國家行動；假使逮捕雷震的真正原因是籌組新黨，「則結社自由，明載憲法，何得因此構罪」，希望蔣總統「遵照憲法，即釋儆寰，以慰人望」。[93]

張君勱九月十九日再致蔣總統第二封電文，更影射蔣總統為暴君如夏桀紂王，還請求蔣總統下野，讓位副總統陳誠。電文副本送李萬居，請他在《公論報》刊登。李萬居邀高玉樹、夏濤聲等人商談此事，高、夏二人極力主張發表，但《公論報》編輯部同仁認為不適合，副總編輯王振濤力勸李萬居無效，外文譯電組主任陳永凱看到內容後，打電話告訴李萬居「寧願受報社處分，亦不願譯作是項稿件」。據聞李萬居仍堅持必須發表，而黃杰得知後，電話致唐縱，請其設法勸阻。[94]後來《公論報》僅摘要發表一部分的內容。[95]

長居香港的外省籍民主派人士左舜生，也於雷案發生的數日內迅速為文批判國民黨政權逮捕雷震的行為，根本是想消滅《自由中國》和籌組中的「中國民主黨」，此為對中華民國民主憲政的空前威脅，也重創國家在海內外的形象。[96]

九月九日，左舜生、李璜、黃宇人、孫寶剛等青年黨員為主的香港民主人士，以「雷震朋友」的身分召開記者會，為雷震發聲。[97]十月五日更聯名致函聯合國人權委員會，指「中華民國政府當局此等迫害言論出版自由及蹂躪人權的不法行為，實為對聯合國人權宣言第三、第九、第十一及第十九條的公然蔑視」，呼籲國際間相關組織及時聲援雷震。[98]

至一九六一年，蔣中正有意以團結反共力量、反攻大陸為宗旨召開「陽明山會談」與「反共建國聯盟會議」時，居留海外的民社黨領袖張君勱、青年黨李璜、左舜生、劉子鵬等人，均以立即釋放雷震做為來台參加會議的條件，最後也都拒絕來台與會。[99]

民、青兩黨之外，在雷震被捕不久，與雷震交情不錯的立法委員成舍我及胡秋原，九月十三日發表共同書面意見聲援雷震。[100]國民黨籍立法委員費希平還對行政院長陳誠提出書面質詢，指出雷震案對言論自由的侵害，而費希平後來也為此受國民黨懲處，由蔣中正下令撤銷黨籍。[101]

九月十三日宋英舉辦中外記者招待會，發表〈營救我的丈夫雷震〉為題的書面談話，就雷震個人長期反共的經歷，否定他有掩護匪諜的可能性。[102]這篇文章是由殷海光、夏道平、戴杜衡、宋文明、金承藝、胡學古等人，會商數次的集體創作，主要由夏道平執筆，這也是《自由中國》撰稿人共同支援宋英營救雷震的行動之一。[103]

雷震被捕後，國民黨當局就散發《自由中國半月刊違法言論摘要》。九月二十六日警備總部軍事檢察官殷敬文正式起訴雷震、劉子英、馬之驌涉嫌叛亂，起訴書又指控《自由中國》高喊「反攻無望」，又「公然要求美國干涉內政」，且「偽造」陳懷琪投書「侮辱軍人，破壞軍譽，此其皆在軍事上為共匪作有利之宣傳」。[104]

殷海光、夏道平、宋文明長期擔任《自由中國》的編輯委員，對於他們長期參與發表的言論成為雷震被指控罪名的一部分，決定要採取行動，聲援雷震。在聲明發表之前的討論階段，殷海光、夏道平、宋文明等人是在殷海光家中會商。這篇聲明係出自殷海光手筆，只有一句和兩個字是由三人共同商量改動。[105]原本也曾想找胡適一起聯名，可以擴大聲勢和效果。不過，《違法言論摘要》小冊子內並沒有胡適的文章，且胡適當時人還在美國，殷海光等人希望聲明可以儘快在雷案開審之前公開發表，所以後來沒有找胡適。[106]宋文明和夏道平曾拜訪戴杜衡，戴杜衡當下也答應參與發表共同聲明，但隨即來電表示無法參加。[107]十月一日，這一篇共同聲明刊登於各報，表示「被指控的那些文字，除了讀者投書以外，大都是我們撰寫的」，三人願意承擔《自由中國》言論方面的法律責任，同時懇求讀者憑「理智，常識和良心」對《自由中國》言論作一公平的評判。[108]此後，殷海光還陸續寫了一些聲援雷震的文章。[109]

青年黨的朱文伯有一篇發表於《自由中國》的文章〈為中國地方自治研究會再說幾句話〉，[110]也被收錄在《自由中國半月刊違法言論摘要》小冊子，還被評點其「內容在煽動本省人背離政府」。朱文伯認為，政府如果在一九五八年時准許中國地方自治研究會成立，如果一九六〇年四月的地方選舉能由國、青、民三黨共同監察，則地方選舉座談會乃至新黨籌組運動就不會產生，雷案也就不會有了。[111]

（二）台籍菁英

雷震案發生，一般認為與組黨運動有關。而參與中國民主黨的台籍菁英也進行救援活動。九月十一日高玉樹、李萬居、夏濤聲、黃玉嬌等十一人，在《自由中國》雜誌社舉行召集人會議，由主席團主席李萬居主持，會中決定以「選舉改進座談會」名義上書政府，請求將雷案由軍法移交司法審理。[112]

李萬居、高玉樹身為「選舉改進座談會」的發言人之二（還有一位是雷震），他們在九月十二日發表聲明，自即日起成立「中國民主黨籌備委員會」，在雷震案的壓力下宣示組黨決心，並且抗議當局故意選在新黨成立前夕逮捕雷震及傅正，要求立即釋放這兩人，或至少交由一般司法審理。[113]

十二日上午，中國民主黨籌備委員會李萬居、高玉樹、夏濤聲、李賜卿、許世賢、謝漢儒、齊世英、楊毓滋、郭雨新、黃玉嬌、王地等十一人，一同前往青島東路軍法處看守所探訪雷震，卻遭以「偵訊期間不得接見訪客」為由拒絕，只好留下一張十一人簽名問候的卡片，及蘋果、鳳梨酥等食物，盼轉交雷震。[114]

據《公論報》指出，本省人士有要求新黨從速成立、請求政府釋放雷震的呼聲，甚至還有主張組成萬人請願團向政府請願，如政府不釋放雷震，請願團代表願為雷案坐牢。報導中也提到：「老百姓的看法，雷案完全是政治問題，不是法律問題。」[115]

李萬居和他主持的《公論報》強力聲援雷震，驚動了情治單位。警備總司令黃杰以電話連絡國民黨四組主任曹聖芬、秘書長唐縱等人，建議由行政主管部門以「違反出版法」警告《公論報》；[116]否則由黃杰準備發表一項極硬性之談話，說明戒嚴地區所不許可之事項，希望國人不可以身試法。[117]最後，是由台灣省省新聞處長王道正式提出警告，將依「出版法」來處分《公論報》。[118]

九月二十五日上午，中國民主黨籌備委員會在台北市郊區召開第一次籌備委員會召集人會議，由代理主席李萬居主持，高玉樹、夏濤聲、王地、郭雨新、許世賢、葉炳煌、蘇東啟、黃玉嬌等十餘人參加。[119]當天決議事項有四：[120]

一、新黨暫時不組織，俟胡適回國再說。如果胡適暫時不回來，再召集會議組織成立。
二、支援雷震訴訟費當場募得一萬餘元。
三、發動各報紙響應支援雷震，以求民眾也能響應支援。
四、今後一切活動，作何種態度問題，預定雙十節作擴大宣傳。並由郭雨新在省議會內提議，李賜卿在市議會提議，請求政府釋放雷震以作響應。

中國民主黨籌備委員會原擬聘請三名律師來為被控叛亂罪的雷震、傅正、馬之驌三人辯護，但徵詢過多位律師，均對應付雷案感到憂懼，最後是聘請到了具有立法委員身分的梁肅戎、李公權來擔任辯護律師。[121]但李公權在九月二十九日向國防部軍法局辦理登錄手續，同時向警備總部軍法處遞送雷案委任狀，並申請閱卷，後來卻被軍法局以「未完成登錄手續」為理由，不批准李公權出庭辯護的資格。[122]雷震認為，這是因為李公權為青年黨的立法委員，所以國民黨不欲他來為雷震辯護。[123]

十月八日雷案宣判之後，中國民主黨籌委會發言人李萬居、高玉樹第二次發表聲明，全文刊登於十月十八日的《公論報》，仍堅持認為雷震案是「政治事件」，而國民黨政府之目的，是要打擊新黨及《自由中國》雜誌，威嚇使外省人不敢與本省人進行政治上的合作。[124]雷震相當讚賞中國民主黨籌委會接連發表的這兩篇聲明，「使國民黨及領導人蔣中正的信譽掃地以盡」，只惋惜組黨行動到最後還是虎頭蛇尾告結。[125]

十月二十七日，李萬居、高玉樹、李源棧三人又前往軍法處看守所申請會見雷震，礙於接見人數規定，由李萬居、高玉樹二人輪流見雷震，李源棧則探視傅正。此為雷震被捕後，首次與李萬居、高玉樹的會面。[126]十一月三日，組黨人士之一的黃玉嬌前往看守所探訪雷震，亦獲軍法處允准，兩人晤談十餘分鐘，黃玉嬌向雷震表達慰問。[127]

除此之外，一九六一年三月十八日，同參加組黨的雲林縣議員蘇東啟，與議員廖郭鳳、呂春木等人在縣議會提出臨時動議案，請求總統特赦雷震。此案經大會通過，可以推測當時佔議會多數的國民黨議員也大多同情雷震。雲林縣議會於一九六一年三月二十五日上書總統府，然而終究沒有結果。[128]

七、監察院雷案調查小組

一九六〇年十月八日雷案初審判決後，青年黨籍陳翰珍、劉永濟、丁俊生、葉時修，民社黨籍李緞、劉行之等六名監察委員，十三日提出臨時動議，要求院會成立專案小組針對雷震案進行調查。最後推定陶百川、金越光、黃寶實、劉永濟、陳慶華五位委員組成專案調查小組，其中以陶百川為召集人。陶百川與雷震頗有私交，據警總說曾到看守所見雷震數次，並致贈食物。[129]

覆判結果出來後，十二月一日監院調查小組向警備總部商洽調查事宜，[130]要求：「一、調閱有關案卷及與承辦人接談。二、接見被告雷震、劉子英等。」[131]

一九六一年一月二十三日，黃杰將此事向蔣中正總統當面報告，蔣總統指示：「不許監察委員接見雷震，因雷震以叛亂罪判刑十年，係余以總統權核定者，該犯之能否被接見，必須得余之批准，始得為之。」[132]

二十五日上午，陶百川等五位監委抵達軍人監獄，先接見劉子英，之後要求接見雷震，卻遭獄方人員告知「奉上級指示，僅准接見劉子英，未奉到接見雷犯之指示」，陶百川當場表示「可嘆」。[133]

雖然整個調查過程中都見不到雷震本人，監察委員們仍於一九六一年三月做成調查報告，並宣告調查小組任務結束。[134]這份調查報告的第五項「調查意見」指出，承辦雷案的軍法人員「違法」和「失職」，可是第六項「處理建議」又說：「但念承辦人員或因懔於治安之重要，或因狃於積習之難返，不免操之過急，但用心則非無可原，故擬免予糾彈。」[135]雷震詳閱監院調查報告書，認為這兩點根本自相矛盾。[136]

直到出獄之後，雷震終於有機會質問陶百川，當初的「雷案調查報告何以前後如此矛盾而自失立場呢？」「這不明明是暴露了監察院的無能，而不能獨立行使職權嗎？」不料，同為監察委員的陶百川和宋英，異口同聲地說：「如果沒有這個『處理建議』的狐狸尾巴，這篇〈雷案調查小組報告〉，在監察院院會裡就根本通不過的。」因為監察委員絕大多數是國民黨員，不敢違抗黨部意旨來彈劾承辦雷案的軍法人員。但有了這第六項「處理建議」，雷案的判決不被推翻，調查報告才可以通過，至少能將國民黨及國防部和警備總部不依法審判雷案的罪惡公諸於世。[137]

---

1 雷震原著，薛化元、楊秀菁主編，《雷震的歷史辯駁》，頁一六三～一九〇。

2 《中央日報》，一九六〇年九月七日，第四版。

3 黃杰，一九六〇年九月四日、五日日記，收入陳世宏、張世瑛、許瑞浩、薛月順編，《雷震案史料彙編：黃杰警總工作日記選輯》，頁一〇六、一一一。

4 〈宋英聲請提審雷震案　臺北地院裁定駁回　認警總係依法逮捕雷震其聲請不合提審法規定〉，《中央日報》，一九六〇年九月七日，第四版；〈宋英昨日提出抗告〉，《聯合報》，一九六〇年九月九日，第二版。

5 〈非軍人叛亂案　警總有權處理〉，《聯合報》，一九六〇年九月八日，第二版。

6 陳世宏、張世瑛、許瑞浩、薛月順編，《雷震案史料彙編：黃杰警總日記選輯》，頁一二〇。轉引自蘇瑞鏘，〈處置案件的相關法制〉，《白色恐怖在臺灣：戰後臺灣政治案件之處置》（板橋：稻鄉，二〇一四），頁一三四。

7 黃杰，一九六〇年九月九日日記，收入陳世宏、張世瑛、許瑞浩、薛月順編，《雷震案史料彙編：黃杰警總工作日記選輯》，頁一二〇～一二一。

8 〈宋英聲請提審雷震　高院裁定駁回抗告　裁定書末批不得再抗告〉，《聯合報》，一九六〇年九月十八日，第三版；蘇瑞鏘，〈處置案件的相關法制〉，《白色恐怖在臺灣：戰後臺灣政治案件之處置》，頁一三四。

9 雷震，《雷震全集28：王雲五的筆墨官司（雷震特稿）》，頁三八〇、三八二。

10 雷震，《雷震全集11：雷案回憶（一）》，頁一五七；〈雷震之女雷瓊瑤　竟在美國告洋狀　企圖利用反華親共人士　已引起此間同情者反感〉，《中央日報》，一九六〇年九月十五日，第三版。

11 雷震，《雷震全集11：雷案回憶（一）》，頁一五八。

12 雷德全，《我的母親：宋英》，頁一七四～一七七；范泓，《民主的銅像：雷震傳》，頁三一六～三一七。

13 黃杰，一九六〇年九月八日日記，收入陳世宏、張世瑛、許瑞浩、薛月順編，《雷震案史料彙編：黃杰警總工作日記選輯》，頁一一七。

14 黃杰，一九六〇年九月八日日記，收入陳世宏、張世瑛、許瑞浩、薛月順編，《雷震案史料彙編：黃杰警總工作日記選輯》，頁一一九。

15 黃杰，一九六〇年九月八日日記，收入陳世宏、張世瑛、許瑞浩、薛月順編，《雷震案史料彙編：黃杰警總工作日記選輯》，頁一一九；〈宋英昨電胡適　要求主持正義　她對記者說：劉子英七年前已離「自由中國」〉,《聯合報》,一九六〇年九月九日,第二版。

16 〈宋英滿懷焦慮　擔心雷震絕食〉,《聯合報》,一九六〇年九月九日,第二版。

17 黃杰,一九六〇年九月八日日記,收入陳世宏、張世瑛、許瑞浩、薛月順編,《雷震案史料彙編:黃杰警總工作日記選輯》,頁一一九。

18 〈雷震致書家人　敘述生活近況　被捕之初三天未曾吃飯　雷妻宋英轉告記者〉,《聯合報》,一九六〇年九月九日,第二版。

19 〈拘所床板太硬　午夜輾轉難眠　軍方人員照料週到　雷震認為盛情可感〉,《聯合報》,一九六〇年九月九日,第二版。

20 黃杰,一九六〇年九月八日日記,收入陳世宏、張世瑛、許瑞浩、薛月順編,《雷震案史料彙編:黃杰警總工作日記選輯》,頁一一九。

21 黃杰,一九六〇年九月九日日記,收入陳世宏、張世瑛、許瑞浩、薛月順編,《雷震案史料彙編:黃杰警總工作日記選輯》,頁一二〇。

22 〈由港匯來鉅款　並非雷震戶頭　雷妻宋英昨加以說明　抗告案由高院處理中〉,《聯合報》,一九六〇年九月十一日,第二版。

23 〈宋英將向監院　提出書面申訴　對於雷震香港匯款等事　昨邀記者有所解釋〉,《徵信新聞報》,一九六〇年九月十一日,第二版。

24 〈雷夫人公開駁斥王超凡與黨報〉,原載於一九六〇年九月十一日《公論報》,收入傅正主編,《雷震全集3:雷案始末(一)》,頁一〇九~一一〇;范泓,《民主的銅像:雷震傳》,頁三一二。

25 宋英,〈我的抗議與呼籲　法院拒絕提審我的丈夫雷震後〉,《聯合報》,一九六〇年九月二十六日。就胡學古的印象,此文是由殷海光或夏道平其中一人執筆,法條內容則請教過端木愷和陶百川,參見胡虛一,〈讀「愛荷華憶雷震」書後〉,收入李敖編著,《雷震研究》,頁一六二。

26 黃杰,一九六〇年九月七日日記,收入陳世宏、張世瑛、許瑞浩、薛月順編,《雷震案史料彙編:黃杰警總工作日記選輯》,頁一一五。

27 王壽南編,《王雲五先生年譜初稿第三冊》(台北:臺灣商務印書館,一九八七),頁一一一一~一一一三。

28 黃杰,一九六〇年九月二十一日日記,收入陳世宏、張世瑛、許瑞浩、薛月順編,《雷震案史料彙編:黃杰警總工作日記選輯》,頁一五五。

29 黃杰,一九六〇年九月二十一日日記,收入陳世宏、張世瑛、許瑞浩、薛月順編,《雷震案史料彙編:黃杰警總工作日記選輯》,頁一五六。

30 黃杰,一九六〇年九月二十一日日記,收入陳世宏、張世瑛、許瑞浩、薛月順編,《雷震案史料彙編:黃杰警總工作日記選輯》,頁一五七。

31 黃杰,一九六〇年九月二十二日日記,收入陳世宏、張世瑛、許瑞浩、薛月順編,《雷震案史料彙編:黃杰警總工作日記選輯》,頁一五八。

32 黃杰,一九六〇年九月二十二日日記,收入陳世宏、張世瑛、許瑞浩、薛月順編,《雷震案史料彙編:黃杰警總工作日記選輯》,頁一五九。

33 黃杰,一九六〇年九月二十三日日記,收入陳世宏、張世瑛、許瑞浩、薛月順編,《雷震案史料彙編:黃杰警總工作日記選輯》,頁一六〇~一六一。

34 黃杰,一九六〇年十月九日日記,收入陳世宏、張世瑛、許瑞浩、薛月順編,《雷震案史料彙編:黃杰警總工作日記選輯》,頁二〇五。

35 黃杰，一九六〇年九月二十六日日記，收入陳世宏、張世瑛、許瑞浩、薛月順編，《雷震案史料彙編：黃杰警總工作日記選輯》，頁一七二。

36 雷震，《雷震全集6：雷案震驚海內外（雷案風波）》，頁二九二～二九三。

37 黃杰，一九六〇年十月五日日記，收入陳世宏、張世瑛、許瑞浩、薛月順編，《雷震案史料彙編：黃杰警總工作日記選輯》，頁二〇六。

38 〈宋英發表　書面談話　對公開審判　持懷疑態度〉，《徵信新聞報》，一九六〇年十月一日，第二版。

39 黃杰，一九六〇年十月一日日記，收入陳世宏、張世瑛、許瑞浩、薛月順編，《雷震案史料彙編：黃杰警總工作日記選輯》，頁一七八。

40 黃杰，一九六〇年十月五日日記，收入陳世宏、張世瑛、許瑞浩、薛月順編，《雷震案史料彙編：黃杰警總工作日記選輯》，頁一九三～一九四。

41 范泓，《民主的銅像：雷震傳》，頁二七一。

42 范泓，《民主的銅像：雷震傳》，頁三五九。

43 黃杰，一九六〇年十月十一日日記，收入陳世宏、張世瑛、許瑞浩、薛月順編，《雷震案史料彙編：黃杰警總工作日記選輯》，頁二〇八。

44 雷震，《雷震全集28：王雲五的筆墨官司（雷震特稿）》，頁四一三～四一四。鍾鼎文的妻子和向筠是親姊妹，所以鍾鼎文和雷震有姻親關係，見胡虛一，〈讀「愛荷華憶雷震」書後〉，收入李敖編著，《雷震研究》，頁二四一。

45 黃杰，一九六〇年十月七日日記，收入陳世宏、張世瑛、許瑞浩、薛月順編，《雷震案史料彙編：黃杰警總工作日記選輯》，頁一九七～一九九。

46 黃杰，一九六〇年十月七日日記，收入陳世宏、張世瑛、許瑞浩、薛月順編，《雷震案史料彙編：黃杰警總工作日記選輯》，頁一九八～二〇〇。

47 黃杰，一九六〇年十月八日日記，收入陳世宏、張世瑛、許瑞浩、薛月順編，《雷震案史料彙編：黃杰警總工作日記選輯》，頁二〇一。

48 黃杰，一九六〇年十月八日日記，收入陳世宏、張世瑛、許瑞浩、薛月順編，《雷震案史料彙編：黃杰警總工作日記選輯》，頁二〇一；薛化元，《雷震與一九五〇年代台灣政治發展——轉型正義的視角》，頁二二四～二二五。

49 黃杰，一九六〇年十月八日日記，收入陳世宏、張世瑛、許瑞浩、薛月順編，《雷震案史料彙編：黃杰警總工作日記選輯》，頁二〇一～二〇二。

50 黃杰，一九六〇年十月七日、八日日記，收入陳世宏、張世瑛、許瑞浩、薛月順編，《雷震案史料彙編：黃杰警總工作日記選輯》，頁一九九、二〇二。

51 〈臺灣警備總司令部針對雷震等叛亂嫌疑案之分析〉（一九六〇年十月），收入陳世宏、張世瑛、許瑞浩、薛月順編，《雷震案史料彙編：國防部檔案選輯》，頁三二九～三三〇。

52 黃杰，一九六〇年十月八日日記，收入陳世宏、張世瑛、許瑞浩、薛月順編，《雷震案史料彙編：黃杰警總工作日記選輯》，頁二〇二。

53 「蔣中正日記」（未刊本），一九六〇年十月八日。轉引自呂芳上，《蔣中正先生年譜長編》第十一冊，頁三八一。

54 〈蔣中正總統主持會議商討雷案〉（一九六〇年十月八日），收入陳世宏、張世瑛、許瑞浩、薛月順編，《雷震案史料彙編：國防部檔案選輯》，頁三三一。

55 黃杰，一九六〇年十月八日日記，收入陳世宏、張世瑛、許瑞浩、薛月順編，《雷震案史料彙編：黃杰警總工作日記選輯》，頁二〇二。

56 黃杰，一九六〇年十月八日日記，收入陳世宏、張世瑛、許瑞浩、薛月順編，《雷震案史料彙編：黃杰警總工作日記選輯》，頁二〇三。

57 「蔣中正日記」（未刊稿），一九六〇年十月九日。轉引自呂芳上，《蔣中正先生年譜長編》第十一冊，頁三八一。

58 〈對軍法覆判仍不甘服　雷震聲請非常審判〉，《聯合報》，一九六一年一月一日，第三版。

59 雷震，一九六一年一月一日日記，《雷震全集36：獄中十年（一）》，頁三～四。

60 黃杰，一九六一年一月四日日記，收入陳世宏、張世瑛、許瑞浩、薛月順編，《雷震案史料彙編：黃杰警總工作日記選輯》，頁二六八～二六九。

61 黃杰，一九六一年一月九日日記，收入陳世宏、張世瑛、許瑞浩、薛月順編，《雷震案史料彙編：黃杰警總工作日記選輯》，頁二六九。

62 雷震，一九六一年一月十日日記，《雷震全集36：獄中十年（一）》，頁一〇～一一；〈雷震聲請非常審判　國防部昨予駁回　雷案法律程序至此終結　傳若干人士準備請求總統特赦〉，《聯合報》，一九六一年一月十一日，第二版。

63 社論，〈呼籲　總統赦免雷震言論部分刑責〉，《聯合報》，一九六〇年十一月二十四日，第二版。

64 〈雷震聲請非常審判　國防部昨予駁回　雷案法律程序至此終結　傳若干人士準備請求總統特赦〉，《聯合報》，一九六一年一月十一日，第二版。

65 〈請赦免雷震　名流陳情書送達總統府〉，《聯合報》，一九六一年二月十日，第一版。

66 原載於《時與潮》，一九六一年四月二十四日，收入傅正主編，《雷震全集5：雷案始末（三）》，頁八四三～八四四。

67 呂芳上主編，《蔣中正先生年譜長編》第十一冊，頁四一〇～四一一。

68 雷震，一九六一年二月十四日日記，《雷震全集36：獄中十年（一）》，頁四八～四九。

69 〈呈丁俊生等四十六人聯名懇請特赦雷震之函件〉（一九六一年三月二十一日），〈雷震等案〉，檔案管理局藏，國防部軍法局檔案，檔號：B3750347701/0049/3132488/488/1/003。〈上書要求特赦雷震　未獲當局批准　認為判刑十年已屬從輕〉，《民聲日報》，一九六一年四月二十四日，第三版。

70 雷震，一九六一年四月二十三日日記，《雷震全集36：獄中十年（一）》，頁一〇六～一〇七。

71 美聯社華盛頓七日電，〈雷震涉嫌叛亂被捕　胡適表示意外　希望改由普通法院審理　何魯之盼政府公正處理〉，《聯合報》，一九六〇年九月九日，第一版。

72 胡適，一九六〇年十一月十八日日記，收入胡適，《胡適的日記手稿本》，冊十八（台北：遠流，一九九〇）；黃杰，一九六〇年九月六日日記，收入陳世宏、張世瑛、許瑞浩、薛月順編，《雷震案史料彙編：黃杰警總工作日記選輯》，頁一一四。

73 「蔣中正日記」（未刊稿），一九六〇年九月二十日，轉引自呂芳上，《蔣中正先生年譜長編》第十一冊，頁三七三。

74 胡適，一九六〇年十一月十八日日記，收入胡適，《胡適的日記手稿本》，冊十八。

75 雷震，《雷震全集28：與王雲五的筆墨官司（雷震特稿）》，頁三〇八～三一二；〈旅客名單上無名字　機場碰碰看碰著了〉，《徵信新聞報》，一九六〇年十月二十三日，第一版；〈毛子水東京之行〉，《徵信新聞報》，一九六〇年十一月三日，第一版。

76 〈胡氏下機後　匆匆返南港〉，《徵信新聞報》，一九六〇年十月二十三日，第一版。

77 雷震，《雷震全集28：與王雲五的筆墨官司（雷震特稿）》，頁三一二；〈雷案．自由中國．反對黨　夜訪胡適談三事〉，《徵信新聞報》，一九六〇年十月二十三日，第一版。

78 〈對於雷案判決　認為有欠公平　如被傳訊願為作證〉，《聯合報》，一九六〇年十月二十三日，第一版；〈胡適返國後談雷案　願到覆判局去作證「自由中國」繼續出版否未決定　否認任反對黨贊助委員　也不贊成用反對黨名義〉，《徵信新聞報》，一九六〇年十月二十三日，第一版。

79 胡適，一九六〇年十一月十八日日記，收入胡適，《胡適的日記手稿本》，冊十八。

80 胡適，一九六〇年十一月十八日日記，收入胡適，《胡適的日記手稿本》，冊十八。

81 胡適，一九六〇年十一月十八日日記，收入胡適，《胡適的日記手稿本》，冊十八。

82 彭麒，〈胡適「過五關」〉，《徵信新聞報》，一九六〇年十一月二十四日，第二版。

83 陳世宏、張世瑛、許瑞浩、薛月順編，《雷震案史料彙編：國防部檔案選輯》，頁三三一～三三二。

84 「蔣中正日記」（未刊本），一九六〇年十一月十九日，自記上星期反省錄，轉引自呂芳上，《蔣中正先生年譜長編》第十一冊，頁四〇一。

85 〈雷震仍處徒刑十年　劉子英維原判馬之驌改交付感化三年　傅中梅所提抗告經裁定駁回〉，《徵信新聞報》，一九六〇年十一月二十四日，第一版。

86 〈宋英聞判後　表示很難過　馬之驌妻亦感詫異〉，《徵信新聞報》，一九六〇年十一月二十四日，第二版。

87 彭麒，〈胡適「過五關」〉，《徵信新聞報》，一九六〇年十一月二十四日，第二版。

88 胡虛一，〈讀「愛荷華憶雷震」書後〉，收入李敖編著，《雷震研究》，頁一四五～一四六。

89 雷震，《雷震全集28：與王雲五的筆墨官司（雷震特稿）》，頁三一七～三一八。

90 〈民社黨楊毓滋的評論〉，原載於一九六〇年九月六日《公論報》，收入傅正主編，《雷震全集3：雷案始末（一）》，頁八三。

91 〈青年黨王師曾的評論〉，原載於一九六〇年九月六日《公論報》，收入傅正主編，《雷震全集3：雷案始末（一）》，頁八三～八四。

92 〈青年黨胡國偉的評論〉，原載於一九六〇年九月六日《公論報》，收入傅正主編，《雷震全集3：雷案始末（一）》，頁八四～八五。

93 黃杰，一九六〇年九月九日日記，收入陳世宏、張世瑛、許瑞浩、薛月順編，《雷震案史料彙編：黃杰警總工作日記選輯》，頁一一二。

94 黃杰，一九六〇年九月二十三日日記，收入陳世宏、張世瑛、許瑞浩、薛月順編，《雷震案史料彙編：黃杰警總工作日記選輯》，頁一六三～一六四。

95 〈雷案新聞高潮漸過去〉，《時與潮》，四〇（1960.9.26），頁五。

96 陳正茂，《台灣早期政黨史略（1900-1960）》（台北：秀威資訊，二〇〇九），頁二二三；左舜生，〈主張立即釋放雷震〉，《聯合評論週刊》，一〇七（1960.9.9），轉引自陳正茂編著，《左舜生年譜》（台北縣：國史館，一九九八），頁二五二。

97 雷震，《雷震全集6：雷案震驚海內外（雷案風波）》，頁二九七～二九九。

98 陳正茂，《台灣早期政黨史略（1900-1960）》，頁二二五。

99 〈左舜生與陽明山會談〉，《時與潮》，七〇（1961.5.1），頁七；陳正茂，《台灣早期政黨史略（1900-1960）》，頁二二五；李永熾監修，薛化元主編，《台灣歷史年表：終戰篇I（1945-1965）》，頁三六二、三六四。

100 〈立委成舍我胡秋原　對雷案發表意見〉，《聯合報》，一九六〇年九月十四日，第二版。

101 《立法院公報》，第二十六會期第一期，一九六〇年十月七日，頁四四～四五。對於費希平的質詢，行政院長陳誠僅強調雷震案仍在偵查階段，他不便多說，但又表示「事實勝於雄辯，等到起訴之後，大家可以瞭解，一切懷疑當可一掃而空」。又暗示雷震案是「共匪統戰之戰略戰術的運用」。雷震認為該篇質詢，「真把國民黨的心肝挖出來了」，並批評陳誠的答覆是「無聊無恥的畫蛇添足之語」。見雷震，《雷震全集6：雷案震驚海內外（雷案風波）》，頁九～一三。蔣中正批示時間為一九六一年三月十六日、五月二十四日。邵銘煌、薛化元主編，《蔣中正總裁批簽檔案目錄》（台北：國立政治大學歷史系、中國國民黨黨史館，二〇〇五），頁四二八、四三四～四三五。

102 宋英，〈營救我的丈夫雷震〉；〈宋英發表談話　對於密函之說表示困惑　認為雷案發展甚為微妙〉，《聯合報》，一九六〇年九月十四日，第二版。

103 胡虛一，〈讀「愛荷華憶雷震」書後〉，收入李敖編著，《雷震研究》，頁一六一。

104 〈雷震劉子英馬之驌叛亂嫌疑案件　警備總司令部起訴書全文〉，《聯合報》，一九六〇年九月二十七日，第三版。

105 夏道平，〈紀念殷海光先生〉，收入林正弘編，《殷海光紀念集》，頁二四一。

106 胡虛一，〈讀「愛荷華憶雷震」書後〉，收入李敖編著，《雷震研究》，頁一四七～一四八。

107 宋文明，〈雷公儆寰逝世十週年祭〉，收入傅正主編，《雷震全集1：雷震與我（一）》，頁八二。

108 殷海光、夏道平、宋文明，〈「自由中國」言論撰稿人共同聲明〉，《聯合報》，一九六〇年十月一日，第二版。

109 薛化元、簡明海訪談，〈胡學古先生訪談紀錄〉（未刊稿），訪談時間：二〇〇一年十月二十七日，訪談地點：胡宅。

110 朱文伯，〈為中國地方自治研究會再說幾句話〉，《自由中國》，第二十卷第二期（1959.1.16），頁九～一一。

111 〈殷海光等文責自負〉，《時與潮》，四六（1960.11.7），頁九。

112 這是憲兵司令尹俊將謝漢儒所言轉知黃杰。黃杰，一九六〇年九月十二日日記，收入陳世宏、張世瑛、許瑞浩、薛月順編，《雷震案史料彙編：黃杰警總工作日記選輯》，頁一二八。

113 〈籌組新黨人士發表聲明　要求當局釋放雷震　新黨籌備委員會昨天宣告成立　最近將召開全會商討組黨事宜〉，《聯合報》，一九六〇年九月十三日，第二版；黃杰，一九六〇年九月十二日日記，收入陳世宏、張世瑛、許瑞浩、薛月順編，《雷震案史料彙編：黃杰警總工作日記選輯》，頁一二九～一三〇。

114 〈雷案正在偵查階段　李萬居等探監　未能會見雷震〉，《聯合報》，一九六〇年九月十三日，第二十一版；收入傅正主編，《雷震全集3：雷案始末（一）》，頁一五九。

115 雷震，《雷震全集6：雷案震驚海內外（雷案風波）》，頁一一二～一一三。

116 黃杰，一九六〇年九月十三日日記，收入陳世宏、張世瑛、許瑞浩、薛月順編，《雷震案史料彙編：黃杰警總工作日記選輯》，頁一三三。

117 黃杰，一九六〇年九月十四日日記，收入陳世宏、張世瑛、許瑞浩、薛月順編，《雷震案史料彙編：黃杰警總工作日記選輯》，頁一三七。

118 黃杰，一九六〇年九月十五日日記，收入陳世宏、張世瑛、許瑞浩、薛月順編，《雷震案史料彙編：黃杰警總工作日記選輯》，頁一三八。

119 原載於一九六〇年九月二十六日《公論報》，收入傅正主編，《雷震全集3：雷案始末（一）》，頁一六五。

120 黃杰，一九六〇年九月二十六日日記，收入陳世宏、張世瑛、許瑞浩、薛月順編，《雷震案史料彙編：黃杰警總工作日記選輯》，頁一七〇。

121 雷震，《雷震全集6：雷案震驚海內外（雷案風波）》，頁二九二～二九三。

122 〈雷案今再開調查庭　梁肅戎昨晤雷震商答辯　李公權登錄迄尚未辦妥〉，《徵信新聞報》，一九六〇年十月一日，第二版。

123 雷震，《雷震全集28：與王雲五的筆墨官司（雷震特稿）》，頁二六七。

124 雷震，《雷震全集4：雷案始末（二）》，頁五二七～五三〇。

125 雷震，《雷震全集6：雷案震驚海內外（雷案風波）》，頁二九五。

126 〈胡適博士無暇　昨未探視雷震　李萬居高玉樹等探監〉，《聯合報》，一九六〇年十月二十八日，第二版。

127 〈黃玉嬌等　探訪雷震〉，《聯合報》，一九六〇年十一月四日，第二版。

128 雷震，《雷震全集28：與王雲五的筆墨官司（雷震特稿）》，頁三二九～三三二。

129 周正，〈關於監察院調查雷案之剖析（一九六〇年十一月三十日）〉，收入陳世宏、張世瑛、許瑞浩、薛月順編，《雷震案史料彙編：國防部檔案選輯》，頁三八〇～三八一。

130 〈臺灣警備總司令黃杰簽呈參謀總長彭孟緝報告監察院雷案調查小組來部洽談經過（一九六〇年十二月二日）〉，收入陳世宏、張世瑛、許瑞浩、薛月順編，《雷震案史料彙編：國防部檔案選輯》，頁三七一。

131 黃杰，一九六〇年十二月十三日日記，收入陳世宏、張世瑛、許瑞浩、薛月順編，《雷震案史料彙編：黃杰警總工作日記選輯》，頁二六〇～二六一。

132 陳世宏、張世瑛、許瑞浩、薛月順編，《雷震案史料彙編：黃杰警總工作日記選輯》，頁二七二。

133 陳世宏、張世瑛、許瑞浩、薛月順編，《雷震案史料彙編：黃杰警總工作日記選輯》，頁二七五～二七六。

134 〈對於雷案處理經過　監院調查結束　將提出糾正案〉，《聯合報》，一九六一年三月九日，第一版。

135 〈監察院雷案調查小組報告〉，《聯合報》，一九六一年三月十日，第二、三版；雷震，《雷震全集28：王雲五的筆墨官司（雷震特稿）》，頁三三四～三三五。

136 雷震，《雷震全集28：王雲五的筆墨官司（雷震特稿）》，頁三三四～三三五。

137 雷震，《雷震全集28：王雲五的筆墨官司（雷震特稿）》，頁三七七～三七八。

第三節

《自由中國》的命運與獄中歲月

一、《自由中國》停刊

一九六〇年九月起，隨著雷震、馬之驌、傅正被捕，《自由中國》社中稿件、帳冊等也被警總搜走，雜誌無法繼續出刊。[1]

《自由中國》是雷震最重要的事業，也是他理想的實踐。國民黨當局思考將雷震入罪時，也將如何使《自由中國》停刊納入考量。因此，雷震被捕後，《自由中國》同仁和宋英思考雜誌如何續辦或是否續辦時，失去自由的雷震希望雜誌可以繼續維持。

雷震被捕的隔天，宋英向記者表示：「《自由中國》半月刊，是否繼續出版，尚在考慮中。」[2]九月八日宋英召開記者會，又有記者問到《自由中國》半月刊下一期是否於十六日照常出版，宋英仍回答「還沒有決定，仍在考慮中」，接著說：「雷震過去在中央政府工作不只一天，來台後辦這個雜誌，對事不對人，朋友雖不一定都得罪完了，但彼此間感情上已有了距離，這使《自由中國》，甚至於我自己，都感到走投無路，所以只好去找胡適之先生主持正義。」[3]

宋英在九月十日的記者會上繼向各報記者報告，原本有意再版上一期（九月一日出刊）的《自由中國》，但是精華印書館竟以「版子拆掉」為由，拒絕印刷。宋英指精華印書館不顧合約，未經通知就擅自拆版的行為相當不應該。至於《自由中國》是否會發行新的一期，宋英坦承目前文稿來源有問題，而且近來自由中國社不但收不到稿件，連普通信件也收不到。在這樣的情形下，雜誌恐難以按期出版。[4]

雷震身為刊物的實際負責人，在被捕之後，除了希望自己能立即恢復自由之外，他最關切的就是《自由中國》半月刊，希望可以繼續出版下去，因為他認為這對國家是有好處的。被捕之初，雷震曾向偵訊他的桑振業檢察官詢問《自由中國》半月刊的情形，檢察官告訴他「並未禁止該刊出版」。[5]此時雷震尚不知道編輯傅正、經理馬之驌以及劉子英均於同日被捕，所以在獲准送出的信件中，一開始還囑咐宋英將稿件交傅正、聶華苓給印刷廠排印。[6]

原慣例出刊日的九月十六日前夕，被逮捕的雷震在寫給宋英的信裡明確表達「《自由中國》要繼續發行」。[7]據說，該期的稿件當時原已有一部分發給精華印刷廠排字，但其他部分都遭警備總部扣押，儘管宋英有意照雷震意思出版，卻是不可能的事。由於稿源困難，宋英原本也考慮過出版一期「雷案專號」，將海內外有關雷案的報導、評論乃至於官方文件等彙整刊行，然而印刷廠迫於壓力，難以配合。[8]

九月十一日蔣總統召集會議，會上陶希聖主委報告「自由中國半月刊仍將由雷震之妻籌備繼續發行，及台大教授殷海光不願再寫文章等情」。[9]

九月二十日蔣中正在國家安全局的國內安全工作會報上，對於「辦理雷案」做出表示：

辦理雷案，將引起若干壞的反應，乃屬意料中事，然仍決定作此措施，乃基於革命之需要，及本黨成敗之關鍵所致。本案實非雷震個人問題，因其所辦雜誌，製造社會不滿，煽動叛亂，如任其活動，能否在反攻前安定台灣，實一大問題，與其將來發生不良後果，不如目前即作處置。[10]

十月八日，蔣中正在總統府主持的集會上，更明確地下了指令，一定要撤銷《自由中國》半月刊的登記。[11]在政治環境如此的緊張氣氛下，社內其他成員無法承擔雷震的籌款重任，亦難有人願意提供財務支援。對於《自由中國》續辦或停刊，雜誌社內部意見不一，如毛子水主張不辦，更說服胡適不介入《自由中國》及雷案。[12]

胡適九月十七日在國外接受記者採訪時，曾說：「十一年來《自由中國》半月刊為代表中華民國新聞自由的標誌，誠懇希望這個標誌不致橫遭破壞。」[13]胡適一九六〇年十月二十二日晚間回到台灣，接受台灣記者採訪，關於《自由中國》復刊與否，胡適說：「我個人沒有意見，一切聽從編輯委員會的決定。」胡適當天向記者強調「此事應由該刊發行人及編輯委員會全體委員決定」，而他本人也是編委之一，他個人則認為「一個雜誌為了爭取言論自由而停刊，也不失為光榮的下場」；但如果決定要繼續出刊，應該仍在台北刊行，負起本國法律責任，如改在香港或美國出版則失卻它的意義。當時香港有兩批人有意使用《自由中國》的原封面，在香港進行出版，[14]已遭到胡適回絕。[15]

根據「出版法」規定，發行人雷震被判刑後，除非變更登記改由別人擔任發行人，否則雜誌無法繼續出版。[16]十一月三日上午雷震接見親友，雷震與宋英談及覆判理由書及《自由中國》依「出版法」規定三個月內必須復刊之問題，宋英說出刊待明日（十一月四日）下午可以決定，發行人要變更登記。[17]

十一月四日晚間，胡適在南港寓所約集宋英及《自由中國》半月刊編輯委員等相關人士十人，商談復刊問題。這是自雷震被捕後，兩個月來第一次的編輯委員會議。宋英表示，自由中國社將向警備總部請求發還被取去的訂戶名單及帳冊。而依據「出版法」規定，凡定期出版物發行人被處兩個月以上徒刑者，必須改組，或申請更換其發行人。宋英稱《自由中國》可能向內政部申請更換發行人，人選還不能公開，但她認為「此項申請之是否獲准，將可反映政府對《自由中國》復刊的態度」。胡適認為《自由中國》在台灣繼續存在對國家有所裨益，對復刊的計畫給予道義上的支持，但他事務繁忙，而且中央研究院院長的身分，依法不能擔任《自由中國》的發行人。當天會議上只有交換意見，未有確切結論，亦未決定何時繼續商談。[18]

一九六〇年十一月二十六日，軍法處長周正向黃杰報告，已函請內政部註銷雷震國大代表之資格，並吊銷其《自由中國》半月刊發行人之執照。[19]

在發行人問題上，當時可能的人選之中，胡適擔任中央研究院院長、宋英有監察委員身分，依法公務人員不能做報紙雜誌發行人。[20]根據齊世英說法，成舍我當時也有意願接辦《自由中國》雜誌，但他不方便問宋英。[21]後來曾一度決定由夏道平擔任發行人向主管官署申請變更登記，然而經過多番考慮，夏道平認為在當前的情況下，無法將《自由中國》辦得如同過去一樣的水準，還不如不要白費精力時間。[22]

宋英也曾考慮過辭掉監委身分，接任《自由中國》發行人。但考量到目前的處境，她認為自己還是保留監察委員的身分較為妥當。[23]宋英十二月八日寫給雷德全的信函中提及這個問題，她說：「政府既不許再辦，我又何必自投羅網？」而且宋英已經受到政府施壓，要求《自由中國》「自行」聲明不再續辦，最後不得不決定「自行」停刊。[24]

一九六〇年十二月二十日，《自由中國》半月刊在《公論報》上刊登停刊啟事。[25]但雷震仍希望《自由中國》能繼續出刊，他認為「《自由中國》停刊，於我們損失小，對政府損失大」。[26]雷震於一九六一年一月四日晚間寫一信給宋英，勸他們重行考慮《自由中國》事，「仍希望復刊，以督促政治上軌道，可請夏道平任發行人，並囑宋英與胡適去研究，不要怕困難」。[27]然而該信遭軍監直接退回，理由是「涉及政治」。[28]一九六一年一月六日，宋英於接見時告訴雷震：「胡先生主張停辦，毛子水亦然，所以停辦了。」雷震便也未再說下去。[29]三月十六日雷震在獄中看到報上刊載《自由中國》登記證註銷的消息，[30]《自由中國》正式走入歷史。

二、十年牢獄生活

（一）獄中的待遇

覆判確定後的隔天，十一月二十四日雷震被移送至新店安坑軍人監獄服刑。由於雷震具國大代表身分，在軍監可享將官待遇，他並未與其他犯人同住一般囚室；雷震所住的囚室，據說是由過去的辦公室改建而成。獄方怕雷震獨居太寂寞，還特別調派其他三名犯人住進與雷震囚室毗鄰的小房，一方面陪他聊天，一方面可幫他處理一些日常瑣事。雷震每天早晚可以在囚室附近散步一次，全程約為三公里；[31]不散步的時候，雷震則靠讀書或寫文章來排遣時間。[32]

雷震在獄中閱讀的書籍、報刊，必須通過軍監保防室的審查，而審查並無一定標準，純粹是保防室說了算。[33]例如《西遊記》「專談妖魔鬼怪」「荒誕不經」，不予放行；[34]胡適《我們必須選擇我們的方向》是自由中國社於一九四九年六月出版的反共書籍，因其內容對國民黨也有批評，遭保防室檢扣。[35]雷震在獄中為了打發時間，大量進行寫作，曾請家人送一部《社會問題辭典》供作參考，但這本工具書因「對於社會主義和社會問題解釋太多」，也未能通過審查。[36]

一般而言，軍人監獄每日只提供國民黨創辦的《中央日報》與國防部總政治部發行的《青年戰士報》讓受刑人閱讀。雷震特別獲准訂閱《聯合報》和《中國郵報》，不過每天的報紙都必須經過保防室檢查，通常下午才會送來給雷震，有時甚至直接整份扣留不送。[37]

除了審查書籍報刊，保防室也檢閱雷震的信件。依「監獄行刑法」規定，「如認為有妨害監獄紀律者，不許其發受。不許發受之書信，得廢棄之；其僅有部分妨害監獄紀律者，得令刪除後，再行發受。」[38]但是獄方檢閱信件，也和審查書籍同樣沒有一定的標準，雷震自認他有許多信件沒有「妨害監獄紀律」，卻都遭保防室無端檢扣。[39]雷震曾向董玉漢監獄官詢問檢扣信件的相關規範，董監獄官竟說雷震的情形「與人不同」。雷震懷疑獄方是受到上層指示，所以檢查他的信件特別嚴格。[40]軍監不當檢扣信件，造成雷震與外界溝通上的阻礙，較常見的情況是，沒能傳達到雷震請託家人送食物或日常用品的需求，引起生活上的困擾。[41]

除了與家屬的日常連絡，雷震也和外界友人保持一定程度的聯繫，時常收到他們贈送的書籍、物資或金錢，雷震總是相當感謝，只能透過書信向友人表達心意。[42]然而其中有好幾封信件，例如感謝王雲五替兒子雷德成支付醫藥費的謝函、[43]給聶華苓的弔唁信、[44]感謝毛子水贈書的謝函等，[45]均遭軍監檢扣，使得雷震的心意無法傳達。

一九六一年七月雷震第一次在牢裡過生日，適逢六十五歲大壽，家人送來豐盛的食物和鮮花。也收到來自朋友的祝壽訊息，夏濤聲透過紙條慰問：「天氣炎熱，善自珍衛！」夏道平送上茶葉兩瓶，祝雷震壽比南山。[46]胡適則題了一首詩，贈予雷震：[47]

萬山不許一溪奔，攔得溪聲日夜喧，到得前頭山腳盡，堂堂溪水出前村。

南宋大詩人楊萬里的桂源鋪絕句，我最愛讀，今寫給儆寰老弟，祝他的六十五歲生日。

適之　五十年七月

胡適和雷震是認識二十幾年的朋友，雷震對胡適一直以「前輩」視之，相當敬重。在雷震的心裡，胡適一直是《自由中國》精神上的發行人，而國民黨蔣中正修理雷震與《自由中國》，也等同於是修理胡適本人。雷震在軍監聽過許多人說：「雷震是代胡適之坐牢的」，他認為這句話有其道理，而胡適也正是基於這份責任感，所以盡力嘗試營救雷震。[48]雷震入獄後，胡適沒有實際探望過他，通常是間接透過雷震家屬遞送文字或照片。胡適曾託雷美琳、雷美莉傳話，表示：「他之所以不來看我（雷震），我心裡一定知道的。」[49]

兩人情誼深厚，雷震剛入獄時，常常寫信向胡適報告近況。[50]胡適得知雷震打算利用空閒時間撰寫回憶錄，相當高興他已能在獄中安心寫作，並鼓勵他盡量寫得白話。[51]之後胡適又託宋英，贈了八個字給雷震：「逆來順受，可以養生」。雷震看著胡適送的這八個字，便覺得心裡平靜許多。[52]

一九六二年二月二十四日胡適過世，雷震偶然從廣播中聽見這個噩耗，連日淚流不止。[53]宋英知道雷震心中哀痛，便趁接見時帶了各家報紙，包括《徵信新聞報》、《大華晚報》、《自由報》等報，上面刊有一些紀念胡適的文章，但保防官檢查後都不准通過。[54]

一九六三年宋英接受《時與潮》專訪，談雷震的獄中生活。記者問到：「是不是監獄方面對雷先生的『管束』比一般的在監人較嚴一些？」宋英急忙否認，她的回答相當客套：「正相反，監獄方面的人，從上到下，都對儆寰特別關照。儆寰之有今日這樣安靜的獄中生活，可說應該感謝監獄方面的賜予。」[55]

軍監也自稱他們對雷震是「開天闢地」的優待，可是雷震並不這麼覺得。[56]尤其在「接見」這件事情上，雷震和其他具有將級身分的受刑人相比，待遇就差了非常多。每次雷震接見家屬，談話都要進行錄音，而且有人在旁監視。[57]在雷震入監服刑一個月後，蔣中正總統更下令要求軍監制止宋英接見後向記者發表談話。軍監奉令後，由保防官面告雷震「接見家屬，不得談論政治」，並希望由雷震親自囑咐家屬「不得在報端發表談話，否則違犯監規，即不予優待」。[58]雷震在軍監受到的所謂「優待」，顯然是還包括了來自黨政高層（如蔣中正總統）的嚴密關注。至於其他與雷震同時期在監，真正備受禮遇的將級身分受刑人，如中將衣復恩與妻子接見經常超時，還無人監視；[59]中將魏大銘則妻子不必辦理接見手續即可直接進入軍監。[60]

雷震自覺待遇不比其他人，曾對其他犯人抱怨：「如果給我方便點，對各方都是有利的。」軍監得知後，則視雷震所言「乃以間接方式威脅本監」。[61]

稍前提到的《時與潮》，是雷震好友齊世英所辦的雜誌。該刊專訪宋英的同一期，也公開發表了雷震在獄中以「容忍與自由」為主題所作的自勵詩與詩跋，[62]次期開始又接連刊登徐復觀、夏濤聲、張閔生等人回應雷震的幾首詩作。[63]這些內容應該也受到了蔣中正的注意，他因而命令參謀總長彭孟緝調查「雷震在獄書寫詩詞情形」，彭孟緝於五月五日上呈報告。[64]結果《時與潮》自一七二期起被勒令停刊長達一年半，[65]軍監保防官亦被記過一次，雷震則被罰停止接見家屬，而未附停止次數。[66]

對身陷囹圄、失去自由的受刑人來說，與親友相見是彌足珍貴的時刻。原本雷震在獄中可以每週接見兩次，慣例於每週五、週二，分別由宋英、向筠兩房前來接見。[67]一九六三年五月三日（週五）是雷震受罰前最後一次見到家屬，[68]從五月七日（週二）起，雷震開始見不到他熟悉的家人，卻不清楚背後原因。[69]一個月後，聽董監獄官說：「此次事情係上面發動，監獄長愛莫能助」，雷震終於確知自己見不到家人，是因為《時與潮》所刊載之內容惹惱了政府，遭到政府停止接見。[70]董監獄官另又叮囑雷震「今後寫信回家不要多說話」，以便監獄長向上級請求，讓雷震早日恢復接見。[71]

與此同時，保防室審查雷震信件的標準也更為嚴苛，種種限制，皆對雷震的心理產生負面影響。[72]軍監的記錄報告也指出，雷震長期停止接見，精神情緒狀況不佳，「終日深鎖愁眉，沉默寡言，焦躁不安，現正處於焦慮愁苦不寧狀態中」。[73]雷震何時可以重新接見，並非監獄長可以做主。馬光漢監獄長似乎不止一次向上級請示恢復雷震的接見，[74]而他所發的公文，一路經過軍法局局長范魁書、參謀總長彭孟緝、總統府秘書長張群，最後於十月初上呈總統蔣中正，「每週接見家屬一次可否照准答覆核示」。[75]十月十五日，蔣總統諭：「准每月接見其家屬一次」。[76]雷震遭停止接見已五個多月，終於在十月十八日再次見到家人。[77]但依蔣中正的指示，雷震每個月只能接見一次，頻率尚未恢復到「監獄行刑法」基本保障的每週接見一次。

一個月後，一九六三年十一月十九日接見時，雷震告訴宋英，他「已受盡迫害，自明日起將絕食」。[78]由於書籍、文件屢遭獄方不當檢扣，雷震早就認為自己在獄中受到不公平的苛待，計畫絕食抗議，而且還洋洋灑灑寫了一篇〈正義歌〉表明心跡，打算同時寄給總統蔣中正、行政院長陳誠、行政院副院長王雲五、國防部長俞大維、監委陶百川、黃寶實、王文光、劉永濟、金越光五人、監獄長、袁科長、宋英等人。[79]宋英與軍監人員一聽到雷震要絕食，立即加以勸阻，雷震則當場向宋英下跪。[80]

隔天，雷震依照原定計畫，實行絕食。[81]雷震開列了停止絕食的條件，首先要求國民黨退出司法機關及軍隊，取消青年救國團及學校、鐵路、公路、產業、海員等黨部，與民眾服務站等變相的國民黨機構，退出霸佔政府的產業，取消軍中政治部以及主義、領袖、國家、責任、榮譽一類標語，取消造成領袖個人偶像崇拜的祝壽等措施，並要求釋放台北板橋集中營政治犯、解決報禁。在個人方面，則要求恢復《自由中國》半月刊的登記、不得因雷震案干擾中國民主黨活動、賠償雷震在獄期間一切精神物質損失等。[82]雷震這場絕食行動，經家人和獄方不斷勸說，於十一月二十五日正式復食。[83]

雷震入獄十年，時間久了，漸漸習慣牢獄生活，而能苦中作樂，轉念安慰自己。一九六五年時，雷震曾作好幾首打油詩自我解嘲，在獄中「起坐全憑愛好，食臥隨心所欲。寫作無人來干擾，讀書自由自在」；[84]「坐牢不算一回事，不殺頭阿彌陀佛」。[85]想想自己過去為了「國事、黨事、社事，成天奔波不停」，「栽誣坐牢之後，世事毋須煩心」。[86]

然而，雷震的牢獄生活當然不總是如此平靜。雷震一生追求民主法治，無法忍受不公不義、侵害人權的事情，自己雖已受著一定程度的「優待」，但每次見到有獄卒不合理苛待其他受刑人，雷震就忍不住跳出來為他們發聲，甚至還認真地翻開《六法全書》，將「監獄行刑法」的規定明白指給監獄官看。[87]

一九六五年九月，雷震因細故受到王忠坤班長無理的辱罵，心中憤慨。此事卻得不到獄方妥善處理，雷震又想起自己這些年來在接見、檢扣書報信件等方面遭到的種種不當對待，新仇加上舊恨，憤而決定再次絕食，並寫了一封長信，打算向時任國防部部長的蔣經國申訴。[88]雷震再度於十月三十一日開始絕食，還寫了一首〈絕食遺白〉詩貼在門口。[89]但在獄方的勸誘下，隔天晚間雷震就稍微吃了一點東西。十一月二日董監獄官又來哄雷震，表示軍監已將此案上報國防部，連雷震的〈絕食遺白〉都送去了，勸他忍耐。於是，雷震第二次的絕食行動到此告一段落。[90]

然而雷震所抗議的接見頻率及書信不當檢扣問題，在這之後沒有獲得太大的改善。報紙雖已不像過去每次都是整份扣掉，但凡保防室認為不妥的報導內容，會被剪掉或塗上油墨遮蓋。至於接見頻率，是後來又經過雷震多次抗議，才終於一九六八年七月恢復為法律基本保障的每週接見一次。[91]可是雷震每次接見僅限三十分鐘，不像其他將級受刑人幾乎不受時間限制。而在雷震向軍監抱怨時間限制的問題後，軍監的因應辦法竟是不讓其他受刑人與雷震同於週二或週五接見，以避開雷震的視線。[92]

（二）出獄之際受到迫害

漫長的十年牢獄歲月，雷震在胡秋原、徐復觀、蔣匀田、陳訪先、胡適、夏濤聲等多位友人的建議下，大量讀書、寫作來打發時間。[93]雷震在獄中撰寫個人的「回憶錄」，從幼年生活寫起，記述了日本留學、回中國任教和從政的歷程，也包括與胡適、國民黨及其他各黨派人士的往來。此外，雷震還撰寫了《新黨運動黑皮書》一書。[94]

然而在雷震即將刑滿出獄前夕，一九七〇年七月二十三日，保防室主任華新春前來檢查雷震獄中的書籍和稿件，並下令將所有完成或未完成的稿件通通搬走。接著又率人來到雷震居住的囚室，將室中所有已裝箱、未裝箱、撰寫中或不完整的稿件全部搬去檢查，完全不顧雷震的抗議。[95]

多年的心血結晶被全部奪走，對雷震造成重大打擊。雷震屢次強調不退還即不願出獄，[96]軍監於是多次「特許」雷震家屬在非接見日期前來，並延長接見時間，只求力勸雷震放棄稿件，配合軍監作法以準時出獄。[97]雷震的家人們傾向確保他可以如期出獄，宋英深知雷震固執的個性，她非常擔憂：「你這樣不講理，將來恐不得出去。」雷震則繼續堅持，並提到自己寫回憶錄的目的「主要是想讓子孫們知道我不是匪諜」。[98]另一方面，國防部又派軍事檢察官來監針對雷震稿件進行訊問，檢察官還指雷震是反攻無望論者、頌揚毛澤東。[99]政戰官鍾文秦之後又要求雷震，必須立下「誓書」，始能於十年刑期屆滿時獲釋，否則將延長徒刑以調查雷震思想問題，原因是雷震在回憶錄中對孫文和蔣中正進行詆毀。[100]但雷震認為簽立「誓書」的要求完全不合理，堅持拒絕。[101]

宋英為使雷震如期出獄，四處奔走，找來谷正綱進行勸說。谷正綱懇勸雷震體諒妻兒十年來所受的痛苦，遵照警備總部要求抄寫悔過誓書，其內容為：「保釋我出獄後，不能有任何不利於國家之言論與行動，亦不能與不利於國家之人士交往。」[102]老友谷正綱的勸說，加上妻子兒女等家人的親情攻勢，雷震終於勉強答應在不發還回憶錄情況下，抄寫「誓書」，以順利辦理出獄手續。[103]

八月二十八日王雲五、谷正綱、陳啓天與宋英同至軍監，[104]他們三人向雷震承諾：「（警總）對你出去，不會對你有何不方便。」[105]但是警總負責人卻拿來一份新的誓書，將原內容的「國家」改為「政府」二字。雷震對這個文字改動非常不滿，但在王雲五等人勸告下，雷震「遂照著寫了，而內心則十分難過，似乎要流淚了」。[106]誓書寫好後，王雲五、谷正綱、陳啓天等三人簽署為「見證人」。[107]雷震心中極為感慨：「這是什麼政府和政治？」[108]

八月三十一日軍監通知宋英去辦理各種出獄手續，[109]由雷震的女婿陳襄夫、侄女婿毛富寬二人具保。[110]雷震終究沒有拿回他嘔心瀝血寫的「回憶錄」及《新黨運動黑皮書》，於一九七〇年九月四日刑滿出獄。

1 黃杰，一九六〇年九月四日日記，收入陳世宏、張世瑛、許瑞浩、薛月順編，《雷震案史料彙編：黃杰警總工作日記選輯》，頁一〇五；雷震，一九六一年三月十六日日記，《雷震全集36：獄中十年（一）》，頁七五；任育德，《雷震與台灣民主憲政的發展》，頁二七六。

2 〈「自由中國」半月刊是否繼續出版 尚在攷慮之中 宋英昨曾赴監探視乃夫雷震〉，《聯合報》，一九六〇年九月六日，第二版。

3 〈宋英昨電胡適 要求主持正義〉，《聯合報》，一九六〇年九月八日，第二版。

4 〈宋英將向監院 提出書面申訴 對於雷震香港匯款等事 昨邀記者有所解釋〉，《徵信新聞報》，一九六〇年九月十一日，第二版；〈雷夫人無力抵制政府扼殺《自由中國》〉，原載於一九六〇年九月十一日《公論報》，收入傅正主編，《雷震全集3：雷案始末（一）》，頁一一六～一一七。

5 〈警總三度偵訊雷震 仍採談話方式 雷應訊時情緒穩定〉，《徵信新聞報》，一九六〇年九月十日，第二版。

6 〈拘所床板太硬 午夜輾轉難眠 軍方人員照料週到 雷震認為盛情可感〉，《聯合報》，一九六〇年九月九日，第二版；〈雷震發交軍監執行〉，《時與潮》，五〇（1960.12.5），頁四～五。

7 黃杰，一九六〇年九月十三日日記，收入陳世宏、張世瑛、許瑞浩、薛月順編，《雷震案史料彙編：黃杰警總工作日記選輯》，頁一三一。

8 〈雷震發交軍監執行〉，《時與潮》，五〇（1960.12.5），頁四～五。

9 黃杰，一九六〇年九月十一日日記，收入陳世宏、張世瑛、許瑞浩、薛月順編，《雷震案史料彙編：黃杰警總工作日記選輯》，頁一二四～一二五。

10 黃杰，一九六〇年九月二十日日記，收入陳世宏、張世瑛、許瑞浩、薛月順編，《雷震案史料彙編：黃杰警總工作日記選輯》，頁一五二。

11 「對雷震及自由中國半月刊調查研究案」，檔案管理局藏，國史館檔案，檔號：0047=275.11=1=virtual001=virtual001=0233-234；陳世宏、張世瑛、許瑞浩、薛月順編，《雷震案史料彙編：國防部檔案選輯》，頁三三一～三三二。

12 任育德，《雷震與台灣民主憲政的發展》，頁二七七。

13 〈雷案新聞高潮漸過去〉，《時與潮》，四〇（1960.9.26），頁五。

14 其一可能是香港《新生晚報》經理陳廷，原定十月十五日在香港「創刊」一份同名刊物。參見〈香港「自由中國」決定緩期出版 胡適致電商編輯內容 該刊登記人未盡同意〉，《聯合報》，一九六〇年十月十二日，第二版。

15 常勝君，〈雷案．自由中國．反對黨 夜訪胡適談三事〉，《徵信新聞報》，一九六〇年十月二十三日，第一版；〈對於雷案判決 認為有欠公平 如被傳訊願為作證〉，《聯合報》，一九六〇年十月二十三日，第一版；〈雷震發交軍監執行〉，《時與潮》，五〇（1960.12.5），頁五。

16 〈《自由中國》停刊退款〉，原載於《時與潮》一九六〇年十二月二十六日，收入傅正主編，《雷震全集5：雷案始末（三）》，頁七六五～七六六。

17 黃杰，一九六〇年十一月三日日記，收入陳世宏、張世瑛、許瑞浩、薛月順編，《雷震案史料彙編：黃杰警總工作日記選輯》，頁二三四。

18 〈商復刊問題 胡適不作馮婦 尚待繼續會商〉，《徵信新聞報》，一九六〇年十一月六日，第二版。

19 陳世宏、張世瑛、許瑞浩、薛月順編，《雷震案史料彙編：黃杰警總工作日記選輯》，頁二五六。

20 〈雷震發交軍監執行〉，《時與潮》，五〇（1960.12.5），頁五。

21 雷震，一九七三年六月一日日記，《雷震全集46：最後十年（二）》，頁九五。

22 〈雷震發交軍監執行〉，《時與潮》，五〇（1960.12.5），頁五。

23 〈雷震發交軍監執行〉，《時與潮》，五〇（1960.12.5），頁五。

24 宋英致雷德全函，一九六〇年十二月八日，收錄於中央研究院近代史研究所藏，雷傳信函檔，H.05籌組新黨與雷案發生後之營救信函。轉引自任育德，《雷震與台灣民主憲政的發展》，頁二七七～二七八。

25 〈《自由中國》社啟事〉，原載於一九六〇年十二月二十日《公論報》，收入傅正主編，《雷震全集5：雷案始末（三）》，頁七六四～七六五。〈「自由中國」停刊退款〉，《時與潮》，五三（1960.12.26）。

26 雷震，一九六一年一月四日日記，《雷震全集36：獄中十年（一）》，頁五～六。

27 黃杰，一九六一年一月九日日記，收入陳世宏、張世瑛、許瑞浩、薛月順編，《雷震案史料彙編：黃杰警總工作日記選輯》，頁二七〇。

28 雷震，一九六一年一月五日日記，《雷震全集36：獄中十年（一）》，頁六～七。

29 雷震，一九六一年一月六日日記，《雷震全集36：獄中十年（一）》，頁七～八。

30 雷震，一九六一年三月十六日日記，《雷震全集36：獄中十年（一）》，頁七五。

31 〈雷震獄中生活〉，《時與潮》，五一（1960.12.12），頁八。

32 雷震，一九六一年二月十六日日記，《雷震全集36：獄中十年（一）》，頁五〇。

33 保防官華新春曾告訴雷震：「過去審查書籍，並沒有訂立審查辦法！」見雷震，〈給洪破浪監獄長第一封抗議信〉，《雷震全集27：給蔣氏父子的建議與抗議》，頁二〇二。

34 雷震，一九六二年六月二十七日日記，《雷震全集37：獄中十年（二）》，頁一三二～一三三；一九六三年二月二十二日日記，《雷震全集41：獄中十年（三）》，頁三七～三八。

35 雷震，一九六二年三月三十一日日記，《雷震全集37：獄中十年（二）》，頁七三～七五。

36 雷震，一九六一年四月二十一日日記，《雷震全集36：獄中十年（一）》，頁一〇四～一〇五。

37 雷震，〈國民黨眼中容不得一粒砂子〉，《雷震全集11：雷案回憶（一）》，頁一四七～一四八。

38 「監獄行刑法」（一九五七年一月七日修正），司法院法學資料檢索系統，網址：https://law.judicial.gov.tw/FLAW/hisdata.aspx?lsid=FL010327&ldate=19570107&lser=001，瀏覽日期：二〇二〇年一月二十一日。

39 雷震，一九六一年六月五日日記，《雷震全集36：獄中十年（一）》，頁一四六～一四七。

40 雷震，一九六一年六月七日日記，《雷震全集36：獄中十年（一）》，頁一四八～一四九。

41 可參見雷震，一九六二年三月三十日日記，《雷震全集37：獄中十年（二）》，頁七三～七五；雷震，一九六二年六月一日日記，《雷震全集37：獄中十年（二）》，頁一一六～一一七。

42 軍監受刑人接見以親屬為限，非為親屬之求見者要事先提出申請，獲得國防部批准，「但『政治叛亂犯』的朋友，申請探監之手續麻煩和不易獲准，是可以想見得到的」，見胡虛一，〈讀「愛荷華憶雷震」書後〉，收入李敖編著，《雷震研究》，頁一四九。

43 雷震，一九六一年五月二十九日、六月二日日記，《雷震全集36：獄中十年（一）》，頁一三六～一三七、一四三～一四四。

44 雷震，一九六二年十一月二十三日日記，《雷震全集37：獄中十年（二）》，頁二二二。

45 雷震，一九六五年七月二日日記，《雷震全集42：獄中十年（四）》，頁二二八～二二九。

46 雷震，一九六一年七月七日日記，《雷震全集36：獄中十年（一）》，頁一七五～一七六。

47 雷震，一九六一年八月七日日記，《雷震全集36：獄中十年（一）》，頁一九九。

48 雷震，〈胡適與雷案〉，《雷震全集47：最後十年（三）》，頁一四一、一四四。

49 雷震，一九六一年一月三日日記，《雷震全集36：獄中十年（一）》，頁五。

50 參見傅正主編，《雷震全集30：雷震秘藏書信選》，頁四四三～四六六。收錄一九六一年至一九六二年二月雷震寫給胡適的十三封信，且從信的內容可以推知，雷震在獄中寫過給胡適的信還遠不只這些。

51 胡適，〈贊成在獄安心寫回憶，並儘量寫得「白」——胡適致雷震〉（一九六一年一月十六日），收入傅正主編，《雷震全集30：雷震秘藏書信選》，頁四四一；雷震，一九六一年一月二十一日日記，《雷震全集36：獄中十年（一）》，頁二二～二三。

52 雷震，一九六一年三月二十四日日記，《雷震全集36：獄中十年（一）》，頁八一～八二。

53 雷震，一九六二年二月二十四日、三月二日日記，《雷震全集37：獄中十年（二）》，頁四二～四四、五〇～五一。

54 雷震，一九六二年三月十六日日記，《雷震全集37：獄中十年（二）》，頁五九～六〇。

55 〈訪監委宋英女士　問雷震獄中生活〉，《時與潮》，一六六（1963.4.1），頁四。

56 雷震寫道：「我想我這個案子，也是『開天闢地』的案子」。雷震，一九六一年六月十日、十六日日記，《雷震全集36：獄中十年（一）》，頁一五一～一五三、一五七～一五八。

57 〈雷震獄中生活〉，《時與潮》，五一（1960.12.12），頁八。

58 黃杰，一九六一年一月九日日記，收入陳世宏、張世瑛、許瑞浩、薛月順編，《雷震案史料彙編：黃杰警總日記選輯》，頁二六九。

59 雷震，一九六八年二月二十六日日記，《雷震全集41：獄中十年（三）》，頁二二四。

60 雷震，一九六九年六月二十四日日記，《雷震全集44：獄中十年（六）》，頁九四～九五。

61 黃杰，一九六一年一月九日日記，收入陳世宏、張世瑛、許瑞浩、薛月順編，《雷震案史料彙編：黃杰警總日記選輯》，頁二七〇。

62 雷震，〈雷震獄中自勵詩（附跋）〉，《時與潮》，一六六（1963.4.1），頁二、五。

63 徐復觀，〈讀雷震獄中詩感賦〉，《時與潮》，一六七（1963.4.8），頁二；夏濤聲，〈和復觀兄讀儆寰（雷震）獄中詩感賦〉，《時與潮》，一六九（1963.4.22），頁九；張閔生，〈復觀先生屬和讀儆寰獄中詩感賦〉，《時與潮》，一六九（1963.4.22），頁九。

64 〈收發文簿（23）〉，《蔣中正總統文物》，國史館藏，典藏號：002-110602-00023-005。

65 邱家宜，〈齊世英與逆勢而為的《時與潮》雜誌（1959-1967）〉，《新聞學研究》，一二三（2015.4），頁一〇～一一。

66 雷震，〈國民黨連軍監也不放過〉，《雷震全集12：雷案回憶（二）》，頁四〇三。

67 胡虛一，〈讀「愛荷華憶雷震」書後〉，收入李敖編著，《雷震研究》，頁一四九。

68 雷震，一九六三年五月三日日記，《雷震全集41：獄中十年（三）》，頁七五。

69 雷震，一九六三年五月七日、六月七日日記，《雷震全集41：獄中十年（三）》，頁七六～七七、九四。

70 雷震，一九六三年六月十三日日記，《雷震全集41：獄中十年（三）》，頁九七。

71 雷震，一九六三年七月十三日日記，《雷震全集41：獄中十年（三）》，頁一一四～一一五。

72 雷震，一九六三年六月二十四日日記，《雷震全集41：獄中十年（三）》，頁一〇三～一〇四。

73 〈彭孟緝呈岳公秘書長賜鑒雷震停止接見後情形及其特抄妻宋英來函〉，一九六三年九月二十日，檔案管理局藏，檔號：B3750347701=0049=3132488=488=1=005=0006。

74 〈彭孟緝呈岳公秘書長賜鑒雷震停止接見後情形及其特抄妻宋英來函〉，一九六三年九月二十日，檔案管理局藏，檔號：B3750347701=0049=3132488=488=1=005=0019。

75 〈彭孟緝呈岳公秘書長賜鑒雷震停止接見後情形及其特抄妻宋英來函〉，一九六三年九月二十日，檔案管理局藏，檔號：B3750347701=0049=3132488=488=1=005=0026。

76 〈收發文簿（23）〉，《蔣中正總統文物》，國史館藏，典藏號：002-110602-00023-010。

77 雷震，一九六三年十月十八日日記，《雷震全集41：獄中十年（三）》，頁一六二。

78 雷震，一九六三年十一月十九日日記，《雷震全集41：獄中十年（三）》，頁一七五～一七六；〈彭孟緝呈岳公秘書長雷震十一月十九日接見家屬情形說話筆錄及雷震同月在監情形抄同原件〉，一九六三年十一月二十二日，檔案管理局藏，檔號：B3750347701=0049=3132488=488=1=005=0031、0032。

79 雷震，一九六三年二月十五日、六月十八日日記，《雷震全集41：獄中十年（三）》，頁三三～三四、一〇〇。

80 〈彭孟緝呈岳公秘書長雷震十一月十九日接見家屬情形說話筆錄及雷震同月在監情形抄同原件〉，一九六三年十一月二十二日，檔案管理局藏，檔號：B3750347701=0049=3132488=488=1=005=0031、0032。

81 雷震，一九六三年十一月二十日日記，《雷震全集41：獄中十年（三）》，頁一七六～一七七。

82 〈彭孟緝呈岳公秘書長雷震十一月十九日接見家屬情形說話筆錄及雷震同月在監情形抄同原件〉，一九六三年十一月二十二日，檔案管理局藏，檔號：B3750347701=0049=3132488=488=1=005=0034、0035。

83 雷震，一九六三年十一月二十五日日記，《雷震全集41：獄中十年（三）》，頁一八〇～一八一。

84 雷震，一九六五年六月二十二日日記，《雷震全集42：獄中十年（四）》，頁一一五～一一七。

85 雷震，一九六五年六月二十五日日記，《雷震全集42：獄中十年（四）》，頁一二〇～一二一。

86 雷震，一九六五年六月三十日日記，《雷震全集42：獄中十年（四）》，頁一二六。

87 可參見雷震，一九六八年十一月一日日記，《雷震全集43：獄中十年（五）》，頁三三八。

88 雷震，一九六五年九月二十七日、二十八日、十月一日日記，《雷震全集42：獄中十年（四）》，頁一八三～一八七。

89 雷震，一九六五年十月三十一日日記，《雷震全集42：獄中十年（四）》，頁二〇七～二〇八。

90 雷震，一九六五年十一月二日日記，《雷震全集42：獄中十年（四）》，頁二〇九～二一〇。

91 雷震，〈國民黨連軍監也不放過〉，《雷震全集12：雷案回憶（二）》，頁四〇四。

92 雷震，一九六八年三月六日日記，《雷震全集43：獄中十年（五）》，頁二二九～二三〇。

93 雷震，〈給洪破浪監獄長第一封抗議信〉，《雷震全集27：給蔣氏父子的建議與抗議》，頁二一〇；雷震，一九六一年一月十四日日記，《雷震全集36：獄中十年（一）》，頁一五～一七。

94 雷震，〈給洪破浪監獄長第一封抗議信〉，《雷震全集27：給蔣氏父子的建議與抗議》，頁二一一～二一三。

95 雷震，一九七〇年七月二十三日日記（出獄後追記），《雷震全集44：獄中十年（六）》，頁二七三～二七四；雷震，〈給洪破浪監獄長第一封抗議信〉，《雷震全集27：給蔣氏父子的建議與抗議》，頁一七八～一八〇。

96 傅正，〈雷震刑期屆滿幾乎不能出獄的風波〉，收入傅正主編，《雷震全集5：雷案始末（三）》，頁八五九。雷震，〈給洪破浪監獄長第二封抗議信〉，《雷震全集27：給蔣氏父子的建議與抗議》，頁二二二。

97 雷震，一九七〇年八月十四日、十五日日記（出獄後追記），《雷震全集44：獄中十年（六）》，頁二七六～二七七；雷震，〈警總更改「誓書」內容的卑劣手法〉，《雷震全集12：雷案回憶（二）》，頁二七三。

98 〈國防部台灣軍人監獄受刑人接見監聽紀錄報告表〉，一九七〇年八月十四日，檔案管理局藏，檔號：0049=275.11=2=virtual004=virtual001=0007。

99 雷震，一九七〇年八月二十一日日記（出獄後追記），《雷震全集44：獄中十年（六）》，頁二七八；雷震，〈給洪破浪監獄長第二封抗議信〉，《雷震全集27：給蔣氏父子的建議與抗議》，頁二二四～二二五、二二七～二二八。

100 雷震，〈國民黨在出獄前的迫害與無賴〉，《雷震全集12：雷案回憶（二）》，頁二七三；〈國防部台灣軍人監獄受刑人接見監聽紀錄報告表〉，一九七〇年八月二十七日，檔案管理局藏，檔號：0049=275.11=2=virtual004=virtual001=0021。

101 雷震，〈國民黨在出獄前的迫害與無賴〉，《雷震全集12：雷案回憶（二）》，頁二六七。

102 雷震，一九七〇年八月二十七日日記（出獄後追記），《雷震全集44：獄中十年（六）》，頁二七九。谷正綱帶來的誓書底稿字跡影像收錄於雷震，〈警總更改「誓書」內容的卑劣手法〉，《雷震全集12：雷案回憶（二）》，頁二七三。

103 雷震，一九七〇年八月二十七日日記（出獄後追記），《雷震全集44：獄中十年（六）》，頁二七九。

104 雷震，一九七〇年八月二十八日日記（出獄後追記），《雷震全集44：獄中十年（六）》，頁二八〇～二八一；雷震，〈警總更改「誓書」內容的卑劣手法〉，《雷震全集12：雷案回憶（二）》，頁二七四。

105 〈國防部台灣軍人監獄受刑人接見監聽紀錄報告表〉，一九七〇年八月二十八日，檔案管理局藏，檔號：0049=275.11=2=virtual004

=virtual001=0061。

106 雷震，〈警總更改「誓書」內容的卑劣手法〉，《雷震全集12：雷案回憶（二）》，頁二六八～二六九。雷震，一九七〇年八月二十八日日記（出獄後追記），《雷震全集44：獄中十年（六）》，頁二八〇～二八一。

107 傅正，〈雷公在民國五十九年出獄前保釋紀要〉，收入傅正主編，《雷震全集44：獄中十年（六）》，頁二八二～二八三；雷震出獄前所寫的誓書底稿字跡影像收錄於雷震，〈警總更改「誓書」內容的卑劣手法〉，《雷震全集12：雷案回憶（二）》，頁二七五。

108 〈國防部台灣軍人監獄受刑人接見監聽紀錄報告表〉，一九七〇年八月二十八日，檔案管理局藏，檔號：0049=275.11=2=virtual004=virtual001=0061。

109 傅正，〈雷公在民國五十九年出獄前保釋紀要〉，收入傅正主編，《雷震全集44：獄中十年（六）》，頁二八三。

110 保結書抄件收錄於〈雷震刑期屆滿幾乎不能出獄的風波〉，《雷震全集5：雷案始末（三）》，頁八六二～八六三。

第四節

國家認同的突破與憲政構思

一、國家認同的轉折

雷震做為戰後台灣自由主義的代表人物之一，在其思想的發展過程中，也與近代許多自由主義思想者類似，面對國家認同與自由主義可能存在的矛盾問題。雷震從創辦《自由中國》開始，在一九五〇年代原本堅持「一個中國」的國家定位，隨著外在國際情勢的改變，而有所變化；在《自由中國》晚期，特別是在一九六〇年開始必須面對「兩個中國」局勢的發展；及至一九七〇年出獄後，進而在「兩個中國」架構下，處理國家認同問題。[1]

對雷震而言，在一九五〇年代初期固然期待「反攻大陸」，但同時還認為要採取民主反共，因此在台灣進行民主改革，形成憲政經驗的訴求之一，是「反攻大陸」以後可將前述經驗或是實踐結果做為在中國落實民主憲政的重要基礎。雖然堅持「一個中國」的立場，雷震及《自由中國》也認識到現實上武力反攻已越來越不可能。因此，在一九五七年年中，《自由中國》已經用社論來檢討「反攻大陸」的問題，而主張採取「實事求是，持久健進，實質反共」的政策。就此而言，《自由中國》雖然並沒有放棄「一個中國」的立場，但是，短時間內既然不能「反攻大陸」，則對以「反攻大陸」為由犧牲自由人權的政策取向，更難加以接受。[2]換言之，《自由中國》現實上已經揚棄短時間內「反攻大陸」的想法，而朝向在一定時間內維持台灣海峽兩岸對峙的架構下，更積極地推動台灣民主政治的方向發展。

一九五八年杜勒斯國務卿與蔣中正發表「蔣杜聯合公報」，使得反攻大陸在武力的主動性明白地成為不可能。公報中明言：「中華民國政府認為，恢復大陸人民之自由乃其神聖使命，美國相信此一使命的基礎，建立在中國人民之人心，而達成此一使命之主要途徑，為實行孫中山先生之三民主義，而非憑藉武力。」[3]雖然，當時外交部長黃少谷曾經補充，如果在中國大陸爆發類似匈牙利布達佩斯式的革命時，則政府並沒有放棄以「武力反攻大陸」。[4]然而對雷震及《自由中國》而言，黃少谷的補充說明並非證明政府未放棄武力反攻，而是證實了政府已經「放棄軍事反攻大陸」的「主動」權，只「保留響應大陸革命」的用武權而已。政府政策既已明朗化，《自由中國》所謂的「反攻無望論」也正式成形。在《自由中國》社論中明白對能否「反攻大陸」的問題，認為「只好保持一個也許較為遙遠的希望」，期待「有一天世界局勢會改變」。[5]

就此而言，雷震和《自由中國》依然主張在反攻大陸短時期間不可能的狀況下，更應該積極在台灣落實民主改革。而隨著美國政策的改變，包括之前先是在日內瓦，後來在華沙持續舉行的大使級會談，包括美國參議院外交委員會通過的「康隆報告」，都使得雷震和《自由中國》對於美國可能轉而承認中華人民共和國抱持一定程度的警覺。

一九五九年十一月美國參議院外交委員會發表著名的「康隆報告」，提出承認中華人民共和國，以及處理「台灣共和國」的承認與聯合國席次問題。[6]《自由中國》才開始正視其「一個中國」國家定位立場在現實國際政治受到的挑戰。

由於美國當時是國際舞台上支持中華民國政府「一個中國」政策的主要力量，美國態度的可能改變，對《自由中國》的「一個中國」立場，造成根柢上的衝擊。「康隆報告」公開後，《自由中國》立即以社論〈解決中國問題必須以民意為依歸〉重新加以檢討。[7]在這篇社論中，明白表示：主張台灣為中國一部分的理由，「只有在美國不承認共匪的前提下才是有效的」，一旦美國的政策改變，「台灣所屬問題也隨之變質」。[8]在此狀況之下，雷震及《自由中國》認為台灣是中國一部分的論述，必須在美國不承認中華人民共和國的前提下才成立。同時，既然清楚中華民國政府現實上無法統治整個中國，又不願意承認中華人民共和國統治中國大陸的正當性，《自由中國》主張在聯合國嚴密而有效的監督下，「在整個中國舉行真正自由選舉」，來決定中國的前途。[9]這樣的言論固然企求以民意來建構解決中國前途問題的正當性，只是這樣的主張如果要落實，實際上正是質疑了中華民國政府做為中國唯一合法政府的「一個中國」政策。不僅如此，雷震和《自由中國》由於意識到中華人民共和國可能變成中國合法的代表，因而使台灣的歸屬問題變成他們關注的一個重點。

隨著國際局勢的發展，雷震及《自由中國》更為認真的思考所謂「兩個中國」的主張。因此，鮑爾斯（Chester Bowles，後來出任美國副國務卿）在一九六〇年四月出版的 *Foreign Affairs* 發表 "The China Problem Reconsidered" 一文以後，[10]《自由中國》便商請蔣勻田翻譯，主動地加以引介。[11]從蔣勻田的譯文中，可以清楚發現鮑爾斯在「北京政府雖仍困難重重，然已穩定握有中國大陸」，以及「住在台灣八百萬台灣人與二百萬大陸人應有權利要求安全，獨立存在，和發展文化，翹然於共產勢力圈之外」的前提下，主張以「獨立的中台國（An Independent Sino-Formosan Nation）」來解決台灣海峽兩岸的定位問題。而具體的實際作為，則是主張金門、馬祖的中立化。[12]至此，《自由中國》雖然沒有明白表示自己的立場，但是完整介紹主張「兩個中國」的文章，在台灣當時已是異數，又未同時為文加以批判，《自由中國》似乎逐漸試圖走出原有「一個中國」的架構，並面對國際上「兩個中國」的主張。但由於《自由中國》旋即因為「雷震案」的爆發而停刊，因此雷震對於「兩個中國」思考的進一步發展，是在一九七〇年出獄之後。

二、「兩個中國」主張與〈救亡圖存獻議〉提出

（一）「兩個中國」主張的確立

雷震在一九七〇年出獄後，當年聯合國大會支持中華人民共和國政府代表中國的國家越來越多，超過支持中華民國政府的會員國數。認知到國際情勢的發展不利於「一個中國」架構下中華民國政府的存立，一九七一年舊曆年拜年時，他即與朋友討論所謂「烏克蘭方案」（蘇聯一國三席模式），而對方案的內容有所瞭解。[13]其後也留意到尼克森的公開談話，認為這是美國支持「兩個中國」的主張。[14]

雷震在一九七一年七月接受《華盛頓郵報》記者哈立遜（Harrison）和翻譯魏益民的訪問時，對於國家定位有了更清楚的說明。其中，雷震針對台灣的問題提出三點看法：（1）「主張兩個中國」；（2）「請美國人不要再鼓吹台灣獨立」；（3）反對「一個中國兩個政府」的「烏克蘭方案」。[15]

就其主張的整體內容來看，雷震認為台灣海峽兩岸的定位，應是「兩個中國兩個政府」。而他反對「烏克蘭方案」，就國際法而言，並不只是反對所謂的「一國兩府」而已，也是指涉在聯合國問題上，反對採取類似前蘇聯「一國兩席」方式，安排台灣與中華人民共和國關係的主張。[16]此後，雷震並積極與朋友討論台灣未來國家定位問題。[17]而當監察院國民黨方面的負責人之一酆景福警告雷震夫人宋英，表示雷震不應主張「兩個中國」時，雷震直接要宋英向酆景福表明，他認為若不改革，「恐怕將來希求兩個中國而不可得」。[18]而齊世英將其赴日與佐藤榮作首相的會談結果告知雷震，表示佐藤主張「一個中國，兩個政府」時，促使雷震進一步思考此一主張的意義。他並面告齊世英，日本（或國際上）主張的一個中國是指中華人民共和國，而齊氏認為中華民國可以自行表述（不接受）時，雷震則不以為然。[19]換言之，最晚在此時雷震已將「一個中國」等於中華人民共和國，做為其思考未來國家定位的重要基礎。

至於雷震具體起草立基於「兩個中國」，積極在台灣落實民主政治的〈救亡圖存獻議〉，與一九七一年十月聯合國通過二七五八號決議案，由中華人民共和國取代中華民國在聯合國的中國代表權，有密切的關係。[20]雷震在二七五八號決議案通過後，檢討了中華民國政府究竟代表誰？也從國際法立論，探討中華民國政府的「一個中國」政策最終失敗的原因。

雷震首先指出：「國民黨政權逃來台灣以後，蔣家父子居然只知加強統治，建立蔣家小王朝，在政治上有計畫的反民主、反自由、反法治，在早已不能代表全中國以後，竟也不能代表全台灣。」進而指出：「在國際法上，有關政府的承認，雖然有事實說與法律說之分，但事實上有效統治這個國家的土地與人民，畢竟為絕大多數國家所採用。還是由於國際政治兩大陣容特別是美俄兩大強權的對立，美國的苦苦維持，國民黨政權才能一年又一年的勉強保住聯合國席位。」而在蔣中正總統不能積極因應之下，無法避免在聯合國問題上失敗收場。[21]

（二）〈救亡圖存獻議〉的起草及發展

至於雷震起草〈救亡圖存獻議〉的經過，以及國民黨當局初步的回應，可以透過他日記的記載具體呈現。

一九七一年十二月十三日，雷震在日記中記載他要撰寫「一個條陳」給國民黨當局，當時名稱雖未確認，但是包括主要的論述和結構都已經初步成形。他記載的內容要點為：「對於現在局勢，我擬寫一個條陳給當局，其要點為改制以自保，國號改為『中華台灣民主國』，希望蔣介石不要再選總統、國民黨不要一黨專政、變為普通政黨、開放報禁、軍隊減少三分之一、取消省級、整飭特務機關等等十條，前面加一緒論。」[22]

〈救亡圖存獻議〉的內容、架構基本上是代表雷震的看法，不過成稿的過程還是有朋友討論、協助。傅正自述，十二月底那段期間，他每天抽空到雷震家裡，協助將〈救亡圖存獻議〉整理完稿，幫忙注意文章架構和條理，偶爾也做一點內容上的修改。由傅正整理完稿，雷震重抄後影印送出。[23]整個完整的內容在一九七一年十二月二十四日已經大致完成，當天下午雷震去拜訪夏道平，請他協助整理〈救亡圖存獻議〉的文稿。[24]

而在一九七二年元旦的日記上，雷震記載了他撰寫的緣由，為何將建議交給蔣中正、張群、嚴家淦、黃少谷、蔣經國五個人，以及他不準備公開發表的初衷。由於中華民國政府失去聯合國代表權，雷震認為：「國家已瀕於危急存亡之秋，我決定給當權者一函，包括蔣介石、張群、嚴家淦、黃少谷、蔣經國五人。外面傳言係張、嚴、黃、蔣四人對國家大事，集體領導，大事由蔣經國報告蔣介石決定後行之，小事他們四人決定後即予施行，所以我給他們五人一信，原件給蔣介石，那四人用複印。」[25]

雷震自述，他是因為「天下興亡，匹夫有責」、「國事安排，人人有責」，而撰寫〈救亡圖存獻議〉。並表明：「我和國民黨雖不能共安樂，卻要共患難，有福雖不能同享，遇禍卻須同當。」並說明一人所思，一人所寫，寫好後自己去複印店看匠人一張一張印好，未給任何人看，當然也不發表。

日記中也清楚描述了〈救亡圖存獻議〉十章的內容：[26]

第一、從速宣布成立「中華台灣民主國」，以求自保自全，並安撫台灣人，開創一個新局面。按我的總意見，是「變法以圖存，改制以自保」也。

第二、請蔣總統任滿引退。

第三、國民黨應放棄事實上的「一黨專政」，實行真正的民主政治。

第四、減少軍費支出，健全軍事制度。

第五、徹底實行法治，保障人民自由權利。

第六、治安機關應徹底改變作風，並嚴加整飭工作人員，以免擾民、誣民、害民，而損害國家的聲譽。

第七、政府應廢止創辦新報的禁令，以求證明我們是真正民主自由國家，並以促成政治的全面革新。

第八、政府應簡化機構，實行全面節約，杜絕一切人力、物力、財力的浪費，全部用於經濟建設。

第九、廢除「省級」制度，以求行政組織能配合目前的現實環境。

第十、大赦政治犯，以冀收攬人心，增強團結。

後面還有一個結論。

初稿完成後，一九七二年初碰巧徐復觀自香港來台，一月四日雷震和齊世英、徐復觀、成舍我聚餐。席間徐復觀提出：「中共最怕台灣獨立，因為中華民國他認為應由他繼承。如台灣獨立，他雖不願，卻不便阻止，更不能干涉。」雷震認為徐復觀「這個說法，正與我的〈救亡圖存獻議〉第一點相同」。[27]換言之，「中華台灣民主國」的構想是雷震「兩個中國」架構下的「台灣獨立」主張。

由於雷震請朋友幫他看稿，包括朋友的建議在內，修改了不少。因此，一月六日、七日兩天，雷震用了不少時間謄抄〈救亡圖存獻議〉。其中包括：「齊世英閱過初稿後，認為雷案外國批評蔣介石不好的話應該去掉，因此修改了。」[28]一九七二年一月七日下午，雷震才將〈救亡圖存獻議〉一文整理完成。[29]隔天一月八日上午，雷震將〈救亡圖存獻議〉「送到景美東山複印店去複印，共印六份，每份一百零八頁」。送稿件複印時，情治人員進行跟蹤，並站在影印店門外守候。由於印量不小，影印店怕機器過熱，十一點多告訴雷震必須休息一小時再印。雷震就將稿件帶回家，下午再送去繼續印，印好回到家已經快六點。至於影印的費用，影印店回答情治人員，一張要收五元。不過店家向雷震實收每張二元，共計一二九六元，當時這也是一筆不小的費用。由於雷震人在影印店現場，因此情治人員不便直接確認影印的內容。當天晚上九時，警備總部保安處單組長打電話給宋英，問雷震印什麼東西，宋英答覆說是給總統的文件。單組長要求知道內容，但是宋英也沒看過全稿，只能回覆「不知其詳」。單組長只好表示，第二天再打電話探詢。[30]

一月九日早上宋英主動打電話給警備總部保安處的吳彰炯處長，說明〈救亡圖存獻議〉的內容大要，不過沒有提及中華台灣民主國。同時表示，雷震有寫信給收到〈救亡圖存獻議〉的每個人，「聲明本件決不發表，雷震亦不參加任何活動」。吳彰炯還問〈救亡圖存獻議〉的頁數，宋英告訴他是一百零八頁。不久，單組長又打電話來，問宋英既然是送給蔣中正、張群、嚴家淦、黃少谷、蔣經國五個人，為什麼影印了六份，除送出的五份外，加上原稿還有兩份。雷震認為警備總部查這件事，「可謂查得認真」。[31]

完成影印後，一月十日上午雷震找程積寬一起將〈救亡圖存獻議〉五份親自送到行政院和總統府。他們先送行政院，送交給副總統兼行政院長嚴家淦、行政院副院長蔣經國。再送總統府收發室，送交給蔣中正總統和張群秘書長。由於「國家安全會議」亦設在總統府，再由收發人員送上去，收發人員拿收據給雷震時，還告訴他說黃秘書長收到後，就翻看內容。[32]雷震認為，這件〈救亡圖存獻議〉至少黃少谷看過，那便不致完全白費精神。[33]

（三）〈救亡圖存獻議〉內容的意義

雷震提出的〈救亡圖存獻議〉，基本上有對內、對外兩個重要面向。對外是建立一個獨立於中華人民共和國之外的「中華台灣民主國」，對內則是制定新憲法，進行民主改革，落實民主憲政。換言之，雷震主張透過國民總意志的行使，行使制憲權，制定新憲法，成立新國家。以求對外抗拒中華人民共和國的併吞野心，對內落實自由民主。

・「兩個中國」的論述

雷震要求改國號為「中華台灣民主國」（The Democratic State of China-Taiwan），[34]並認為以台灣地區「一千四百萬人民」成立一個國家，「乃是天經地義、正大光明的」，如果能「實行民主政治，保障人權而又有言論自由」，各個民主國家將會承認，並與我國建交。[35]他要求執政者放棄背離傳統政治學國家三要素（土地、人民、主權）的「神話」，政府不再主張代表中國大陸主權。[36]除了改國號之外，雷震同時也要求同步組織制憲會議，「制定『中華台灣民主國』憲法」。[37]

對雷震而言，固然此時仍表示希望第三次世界大戰爆發，「大陸光復」，但是，他同時也認為這在一定時間內，根本不可能。[38]換言之，這只是他內心中希望在長久的未來以後，台灣海峽兩岸仍能成為一個政治體。這樣的主張依據國際法，是適用於任何各個主權國家之間的合併行為的。而他之所以「主張迅速成立『中華台灣民主國』」，是「為了保全台灣」，使中華人民共和國「不能再事要求吞併」。至於能做此一主張，則是因為台灣的土地，此時有「一千五百萬人口，當然具備了『獨立國』的條件」。[39]值得注意的是，此時雷震已清楚表達台灣地區建立「獨立國」的態度，故而他甚至反對台灣與中國大陸之間存在類似早年「大英國協」的關係，不贊成以「自治領」（dominion）的方式，來定位雙方。[40]問題是：雷震在此前後，也一再強調自己是反對「台灣獨立」的，那麼他的「兩個中國」與「台灣獨立」的差異又是什麼呢？

處理此一問題，基本上必須從他整個的思想脈絡來理解。雷震到了〈救亡圖存獻議〉階段，確實也曾一再表示他絕對反對「台灣獨立」，不過，他也曾說明此一反對「說得更明一點」，是「不贊成所謂的『台灣共和國』」。[41]而且，他在討論「台獨」時，也常常和相對於「大陸人」的「台灣人」搞「獨立運動」一起討論。[42]因此，雷震主張把「台灣」放入國號之中，有一個重要的考量，即是藉此「使台灣人覺得自己是主人而不再搞分離運動，俾台獨歸於消滅」；[43]並「可以杜絕台灣人搞『台灣共和國』的運動」。[44]

就此而言，雷震在思考上將「台灣人」與「大陸人」加以區分，而認為他所反對的「台灣獨立」＝「台灣共和國」是「台灣人」所推動的獨立運動。在他內心中認為，如此一來「大陸人」將會被排除在外。[45]所以，雷震在另一方面才可以同時主張另一種「台灣獨立」，說「今日在台灣的有『遠見』的大陸人士，包括民意代表在內，有很多人贊成『台灣獨立』的」。而且有資深立法委員表示，當時立法委員「在內心贊成台灣獨立的有百分之五十」。而所謂的「台灣獨立，是對『共匪』獨立，並不是對『中華民國』獨立，因為有許多國家已公開承認『台灣是中華人民共和國』的領土，而不是中華民國的領土」。[46]

整體而言，雷震基於一個中國即是中華人民共和國的認知，深恐台灣在國際社會失去中國代表權的中華民國統治下，將使中華人民共和國取得領有台灣的合法性依據。就國際法而言，也就是中華人民共和國依國家繼承之原則，要求領有台灣。為了避免此一生存的危機，雷震便以獨立於中華人民共和國之外的台灣（中華台灣民主國），做為維持台灣主權國家地位的方策。值得注意的是，雷震此一主張在現實上不僅明白揚棄了中華民國式「一個中國」，更將台灣與中華民國切開，而以中華人民共和國與中華台灣民主國兩個主權國家構成他「兩個中國」主張的具體內容。至於中華民國，他則寄望於將來，表示：「中華民國憲法」暫停適用（Suspension），等到將來回到大陸後，再行恢復。

．建立中華台灣民主國與制定新憲法

雷震針對成立獨立於中華人民共和國之外新的主權國家，分別就①程序與制定新憲法的關係，②中央統治機構的構想，③地方制度與自治，以上三點來進行說明。

①制定新憲法與程序

首先，在成立中華台灣民主國的程序上，雷震指出：

> （一）為表示係全體人民的意志起見，由現在的國民大會、立法院、監察院、台灣省議會、台北市議會聯合宣布成立「中華台灣民主國」，同時宣布原來的「中華民國

憲法」暫停適用（Suspension），等到將來回到大陸後，再行恢復。

（二）推舉臨時總統一人，至依新憲法產生之總統時為止。臨時總統以蔣總統擔任為最適宜，俾能借重他的聲望，來完成這件鞏固復興基地的大事。

（三）同時宣布立刻組織制憲會議，制定「中華台灣民主國」憲法，最好稱為「臨時約法」。制憲會議須十天內完成工作。

（四）約法會議的人選，可由左列方式產生之：

（1）原國民大會互選國大代表十人。

（2）原立法院互選立法委員十人。

（3）原監察院互選監察委員五人。

（4）原台灣省議會互選省議員五人。

（5）原台北市議會互選市議員五人。

（6）以上各項選舉，均用通信選舉之。

（7）由臨時總統遴選國內社會賢達三十人，國外華僑和留學生二十人，均須包括黨派代表。

（8）制憲會議人數不得超過一百人，以八十人為最佳。[47]

就制憲會議代表的組成而言，其中民意機構互選產生的：資深中央民意代表有二十五人，台灣地方民意代表有二十人。遴選產生的國內有三十人（社會賢達），海外有二十人（華僑和留學生）。就出身而言，形式上台灣內部的有五十人（民意代表加社會賢達），來自中國大陸及海外的代表有四十五人（資深中央民意代表和海外代表）。不過，在新國會的組成結構上，台灣的民意則佔主流，在廢除國民大會，由監察委員和立法委員以類似總統選舉人團的方式選舉總統、副總統。

關於雷震在第二點提及的，由蔣中正擔任臨時總統一事，雷震也特別在〈獻議〉中強調其觀點與建言。雷震認為，蔣中正應在任滿後引退，除可擔任臨時總統外，不可再競選總統。[48] 雷震之所以提出此般見解，主要還是考量到蔣中正在國民黨中的權威，可做為國家轉型之際的推手，而且也認為蔣中正在引退後，還是可以以「個人聲望」從旁輔佐新任的總統；藉此，則能樹立「和平移交政權」的楷模，使政權漸趨穩定。然而雷震並未提及總統連任限制做為希望蔣中正不再出任總統的理由，而是以「老退壯進」為由，冀求蔣中正主動放棄再次出任總統職位，同時雷震強調要由國民黨內年富力強者來接棒，「肥水不落外人田」，如此還是由國民黨掌握政權。任用新人而務使開創新氣象，同時也因新人當政，輿論忠言較能無所顧慮、竭盡而言。[49]

②中央「統治機構」的構想及代表結構

雷震面對一九五〇年代以降強人體制的發展，行政院幾乎沒有對抗總統意志的空間，加上自國防會議非法成立以來（當然包括以後的國家安全會議），原有政治體制已經朝向總統明顯擴權的方向發展，影響原本憲政體制設計的精神，使得他對總統權限採取愈加保守的態度，甚至以「英日型」的虛君立憲體制來解釋中華民國憲法體制中總統與行政院長的權限。

因應前述的思考的改變，雷震提出的國家統治機構構想如下：

（1）為減少國家的權力機構，避免政治糾紛起見【按：權力機構多了，容易製造政治糾紛】，民意機關只要監察院、立法院，使監察院成為上議院（參議院），立法院成為下議院（眾議院），行政院只對立法院負責，可仿照日本憲法的精神。

（2）總統由海內外人民直接選舉，或由監察院、立法院合組聯席會議選舉之，所以不要除選舉總統、副總統外而無事可做的國民大會。總統任期為六年，實行內閣制。

（3）監察委員總數約為一百二十人至一百五十人，任期為六年，每三年改選二分之一，以左列比例分配之：

（甲）台灣地區包括金、馬在內，每縣選出五人，每市選出二人。

（乙）台北市選出十人。

（丙）海外華僑地區，包括留學生在內，選出二十人至三十人，海外地區可酌［用］遴選辦法，其名額不得超過選舉名額。

（4）立法委員總數為二百四十人至三百人，任期為三年，由台灣地區，包括金、馬在內，及海外自由地區的華僑和留學生依人口比率選舉之，國內名額佔百分之七十，國外地區佔百分之三十，海外地區可酌用遴選辦法，其比例不得超過其選舉名額。[50]

關於選舉的細節，雷震則強調要重視海外華僑與留學生，要團結華僑與留學生以抵抗中共的統戰，並且藉由兩者的參與，來壓低台灣人的比重。[51]同時，對於現任國民大會代表、立法委員、台灣省議員、台北市議員，在成立「中華台灣民主國」的過渡期間，應給予退休金六十萬至八十萬元；倘若其中有再當選為監察委員、立法委員、台北市議員者，必須要退還退休金給政府，僅領取民意代表的薪水。[52]

③地方制度與自治

原本在一九五〇年代，在動員戡亂體制及「萬年國會」的政治結構下，雷震設想的國家體制，是反對「小地盤大政府」，儘量縮小中央政府的權限，而將權力下放到有民選省長和議會的台灣省。此時，既然準備以台灣為中心建構憲政藍圖，在避免中央與地方權限嚴重疊床架屋的情況下，雷震的主張也有了大規模的調整，提出：「廢除『省級』制度，以求行政組織能配合目前的現實環境」。[53]

在中華民國政府失去聯合國代表權之後，監察委員陶百川曾在監察院年度檢討會中公開建議將省政府變為「虛級」制度。[54]雷震在〈救亡圖存獻議〉中，也提出具體呼應的主張：

（一）在未光復大陸以前，不設省級政府。

（二）提高縣市政府權責。現在大部分屬於省府的權責，移轉到各縣市，中央政府只管政策和制定章則，實際執行工作應由各縣市全權處理，而且全面負責。中央政府不可動輒干預，縣、市政府亦不必動輒請示，切實做到分層負責。查日本政制只有各部和縣、市兩級。過去地區劃分，有一道（北海道）、三府（東京府、京都府和大阪府）和四十三縣及六個直接市。府縣同級，不過府的區域廣濶耳。今日將東京府和東京市合併為一而稱為東京都，另外是否增加直接市則不詳，但只有中央和地方兩級。

（三）今日台北市為首都，一切照舊，但市長亦由民選。[55]

而雷震〈救亡圖存獻議〉中，除了針對建立中華台灣民主國的程序、憲法與政治體制層面進行論述之外，也大量地闡述雷震對於該階段政治民主化改革的建議。其中包含要求國民黨放棄一黨專政、健全軍事制度、落實法治保障人權、整飭治安機關、廢除報禁、結約開支、赦免政治犯等。

放棄國民黨的一黨專政，其內容重點在於強調國民黨應該遵照民主政黨的常軌活動，退出陸海空三軍、憲兵、警察等國家武力機構、司法特務機構、公營事業機關等；其次，國民黨應主動促成強而有力的在野黨，以期達成政權交替之局，並藉此促長國民黨努力奮發、日新又新。[56]而國民黨退出軍隊體制的訴求，與雷震對健全軍事制度的想法亦有關聯，細節上雷震認為應該取消黨國體制下產生的「政治作戰部」，使軍隊回歸一元化，同時縮短軍費支出與兵役時間。[57]

落實人權的部分，雷震認為法官與司法機構應該獨立於黨派之外，完全依法審判，人民除了現役軍人以外，只受普通司法審判，決不受軍法審判。應該改革與整頓特務機關，徹底改正其擾民害民的作法，提高特工人員的素質。[58]至於言論與出版自由，雷震強調應該廢除報禁，使人民享有辦報的自由權利；即便報刊文字涉及違法與誹謗情事，政府也只能用出版法或刑法來處置，不應該用「懲治叛亂條例」而以軍法處置。[59]對於政治犯，雷震指出，政治犯為思想犯而非行為犯，然而在現行的懲處卻是對政治犯的判刑遠超過對行為犯的量刑，殊為不公。況且當下正值中華民國共圖挽救之際，更應赦免政治犯，表現國民黨對反對言論的寬宏大量，並也可團結人心。[60]

1 本節相關的討論主要是以筆者過去的研究為基礎，進一步增補、修改而成。薛化元，〈雷震與中華民國的國家定位〉，收入中華民國史專題第六屆討論會秘書處編，《中華民國史專題論文集（第六屆討論會）：二十世紀臺灣歷史與人物》（台北縣：國史館，二〇〇二），頁一三九五～一四二三。

2 社論，〈反攻大陸問題〉，《自由中國》，第十七卷第三期（1957.8.1），頁五～七。

3 《聯合報》，一九五八年十月二十三日；《中央日報》，一九五八年十月二十四日；《台灣新生報》，一九五八年十月二十四日。

4 參見《聯合報》，一九五八年十月二十四日，報導黃少谷對合眾國際社記者所發表的言論。

5 社論，〈論放棄主動使用武力之承諾〉，《自由中國》，第十九卷第九期（1958.11.5），頁五～六。

6 參見李永熾監修，薛化元主編，《台灣歷史年表：終戰篇I（1945-1965）》，頁三三三；《自立晚報》，一九五九年十一月二日、四日。

7 社論，〈解決中國問題必需以民意為依歸〉，《自由中國》，第二十一卷第十期（1959.11.16），頁三～四。

8 社論，〈解決中國問題必須以民意為依歸〉，頁三。

9 社論，〈解決中國問題必須以民意為依歸〉，頁四。

10 參見秦郁彥編，《世界諸國の制度・組織・人事（1840-1987）》（東京：東京大學出版社，一九八八），頁五一一、五二六；其文章資料轉見史明，《台灣人四百年史》（聖荷西：蓬萊文化公司，一九八〇），頁一二三六。

11 Chester Bowles著，蔣勻田譯，〈重行考慮「中國問題」〉，《自由中國》，第二十三卷第三期（1960.8.1），頁一一。此處引文乃出自文內蔣勻田所寫之「譯後感」。

12 Chester Bowles著，蔣勻田譯，〈重行考慮「中國問題」〉，頁八～一〇。

13 雷震，一九七一年二月一日日記，《雷震全集45：最後十年（一）》，頁二〇。

14 雷震，一九七一年二月二十七日日記，《雷震全集45：最後十年（一）》，頁三三。當時陳啓天即認為此一發展最後即為中共統一，而雷震並不以此一悲觀態度為然。

15 雷震，《雷震回憶錄——我的母親續篇》，頁二五二。雷震在七月十九日的日記中提及當日與次日接受訪問，雷震，一九七一年七月十九日日記，《雷震全集45：最後十年（一）》，頁八六～八七。

16 關於「一國數席」的意義，請參見王曾才，《西洋現代史》（台北：東華書局，一九六七），頁四四。

17 他的朋友胡鈍俞也表明反對「一個中國，兩個政府」方案，認為此一方案下，「搞不到三年」就被中共政權併吞。雷震，一九七一年七月二十八日日記，《雷震全集45：最後十年（一）》，頁九一。而徐復觀則表明以人民投票的辦法來解決國家定位問題，他寧可選擇「台灣不要失給中共」的方案。雷震，一九七一年七月三十日日記，《雷震全集45：最後十年（一）》，頁九二。

18 雷震，一九七一年八月七日日記，《雷震全集45：最後十年（一）》，頁九四。

19 雷震，一九七一年九月三日、十日日記，《雷震全集45：最後十年（一）》，頁一〇四、一〇七。

20 伊原吉之助，《台灣の政治改革年表・覺書（1943-1987）》，頁一七九。

21 雷震，一九七一年十月二十六日日記，《雷震全集45：最後十年（一）》，頁一二一。

22 雷震，一九七一年十二月十三日日記，《雷震全集45：最後十年（一）》，頁一三五。

23 傅正注釋，雷震，一九七二年一月一日日記，《雷震全集45：最後十年（一）》，頁一四一。

24 雷震，一九七一年十二月二十四日日記，《雷震全集45：最後十年（一）》，頁一三六。

25 雷震，一九七二年一月一日日記，《雷震全集45：最後十年（一）》，頁一三九。

26 雷震，一九七二年一月一日日記，《雷震全集45：最後十年（一）》，頁一三九～一四〇。

27 雷震，一九七二年一月四日日記，《雷震全集45：最後十年（一）》，頁一四一～一四二。

28 雷震，一九七二年一月六日日記，《雷震全集45：最後十年（一）》，頁一四二。

29 雷震，一九七二年一月七日日記，《雷震全集45：最後十年（一）》，頁一四三。

30 雷震，一九七二年一月八日日記，《雷震全集45：最後十年（一）》，頁一四三～一四四。

31 雷震，一九七二年一月九日日記，《雷震全集45：最後十年（一）》，頁一四四～一四五。

32 雷震，一九七二年一月十日日記，《雷震全集45：最後十年（一）》，頁一四五。

33 雷震，《雷震全集28：與王雲五的筆墨官司（雷震特稿）》，頁六五。

34 雷震，〈雷震給蔣氏父子等五人的「救亡圖存獻議」〉，《雷震全集27：給蔣氏父子的建議與抗議》，頁七六。

35 雷震，〈雷震給蔣氏父子等五人的「救亡圖存獻議」〉，《雷震全集27：給蔣氏父子的建議與抗議》，頁七八～七九。

36 雷震，〈雷震給蔣氏父子等五人的「救亡圖存獻議」〉，《雷震全集27：給蔣氏父子的建議與抗議》，頁七六。

37 雷震，〈雷震給蔣氏父子等五人的「救亡圖存獻議」〉，《雷震全集27：給蔣氏父子的建議與抗議》，頁八三。

38 雷震，〈雷震給蔣氏父子等五人的「救亡圖存獻議」〉，《雷震全集27：給蔣氏父子的建議與抗議》，頁七六；〈給國民黨統戰者監察委員酆景福的答覆〉，《雷震全集27：給蔣氏父子的建議與抗議》，頁一二五。

39 雷震，〈給國民黨統戰者監察委員酆景福的答覆〉，《雷震全集27：給蔣氏父子的建議與抗議》，頁一二四～一二五。

40 雷震，〈給國民黨統戰者監察委員酆景福的答覆〉，《雷震全集27：給蔣氏父子的建議與抗議》，頁一二七。

41 雷震，〈給香港《明報》函〉（一九七五年十二月十四日），《雷震全集27：給蔣氏父子的建議與抗議》，頁一二二。

42 雷震，〈雷震給蔣氏父子等五人的「救亡圖存獻議」〉，《雷震全集27：給蔣氏父子的建議與抗議》，頁七九；〈給香港《明報》函〉（一九七五年十二月十四日），《雷震全集27：給蔣氏父子的建議與抗議》，頁一二三。雷震此一分法，將大陸人與台灣人加以區分，在台灣過去甚至現在都是常見的思考形態，而一般的用法則是外省人與台灣人。所謂的台灣人指的是在一九四五年以前居住在台灣的人及其後代，外省人則是一九四五年以後來台的人。惟目前以台灣住民的理念加以包攝，或是以台灣人包攝二者在內的主張，已經逐漸成形。

43 雷震，〈雷震給蔣氏父子等五人的「救亡圖存獻議」〉，《雷震全集27：給蔣氏父子的建議與抗議》，頁八二。

44 雷震，〈給國民黨統戰者監察委員酆景福的答覆〉，《雷震全集

27：給蔣氏父子的建議與抗議》，頁一二六。

45 雷震，〈雷震給蔣氏父子等五人的「救亡圖存獻議」〉，頁七九；〈給香港《明報》函〉（一九七五年十二月十四日），《雷震全集27：給蔣氏父子的建議與抗議》，頁一二二～一二三。

46 雷震，〈給國民黨統戰者監察委員酆景福的答覆〉，《雷震全集27：給蔣氏父子的建議與抗議》，頁一二六～一二七。

47 雷震，〈雷震給蔣氏父子等五人的「救亡圖存獻議」〉，《雷震全集27：給蔣氏父子的建議與抗議》，頁八三～八四。

48 雷震，〈雷震給蔣氏父子等五人的「救亡圖存獻議」〉，《雷震全集27：給蔣氏父子的建議與抗議》，頁八五。

49 雷震，〈雷震給蔣氏父子等五人的「救亡圖存獻議」〉，《雷震全集27：給蔣氏父子的建議與抗議》，頁八六～八八。

50 雷震，〈雷震給蔣氏父子等五人的「救亡圖存獻議」〉，《雷震全集27：給蔣氏父子的建議與抗議》，頁八四、八五。

51 雷震，〈雷震給蔣氏父子等五人的「救亡圖存獻議」〉，《雷震全集27：給蔣氏父子的建議與抗議》，頁八五。

52 雷震，〈雷震給蔣氏父子等五人的「救亡圖存獻議」〉，《雷震全集27：給蔣氏父子的建議與抗議》，頁八五。

53 雷震，〈雷震給蔣氏父子等五人的「救亡圖存獻議」〉，《雷震全集27：給蔣氏父子的建議與抗議》，頁一一六。

54 雷震，〈雷震給蔣氏父子等五人的「救亡圖存獻議」〉，《雷震全集27：給蔣氏父子的建議與抗議》，頁一一七。

55 雷震，〈雷震給蔣氏父子等五人的「救亡圖存獻議」〉，《雷震全集27：給蔣氏父子的建議與抗議》，頁一一八。

56 雷震，〈雷震給蔣氏父子等五人的「救亡圖存獻議」〉，《雷震全集27：給蔣氏父子的建議與抗議》，頁八九～九一。

57 雷震，〈雷震給蔣氏父子等五人的「救亡圖存獻議」〉，《雷震全集27：給蔣氏父子的建議與抗議》，頁九九～一〇〇。

58 雷震，〈雷震給蔣氏父子等五人的「救亡圖存獻議」〉，《雷震全集27：給蔣氏父子的建議與抗議》，頁一〇八。

59 雷震，〈雷震給蔣氏父子等五人的「救亡圖存獻議」〉，《雷震全集27：給蔣氏父子的建議與抗議》，頁一一一。

60 雷震，〈雷震給蔣氏父子等五人的「救亡圖存獻議」〉，《雷震全集27：給蔣氏父子的建議與抗議》，頁一一八～一一九。

第五節

民主運動的承先啟後

一、國民黨當局對雷震與黨外選舉的「關心」

雷震恢復自由之後，除了與原本關係良好的朋友有密切往來之外，也和一些後起的黨外人士有所互動。國民黨當局對雷震與黨外人士的往來，抱持相當保留的態度，擔心雷震為黨外人士的（選舉）活動造勢，或是之前《自由中國》的言論成為黨外人士（在選舉中）批評國民黨當局的助力。國民黨當局的憂慮，在某種意義上，正凸顯了雷震和《自由中國》在台灣民主運動史傳承的重要性。

一九七〇年雷震出獄後，中華民國政府在一九七一年失去了聯合國中國代表權，而台灣政治也進入了新的階段。為了補強中華民國政府在台灣統治的正當性基礎，因而透過國民大會再修改臨時條款，建立起增額中央民意代表制度。同時，蔣經國接任行政院長之後，也推動所謂「革新保台」的政治路線，在中央政府層級以及黨部引進台籍的菁英。但是縱使如此，這裡所指的是國民黨當局可以主導的行政部門或是黨務部門的人事安排，對於公職人員選舉，國民黨當局仍然希望可以壓制反對力量，透過選舉的勝選，證明人民對其執政的支持，補強其繼續主導台灣政局的正當性。另一方面，透過定期舉行的增額中央民意代表選舉，反對派候選人得以利用較寬鬆的言論空間（民主假期），逐漸朝黨外運動的方向發展。對國民黨當局而言，由於擔心雷震協助黨外人士競選，因此一有風吹草動，便透過管道向雷震施壓。一開始與雷震長年往來的郭雨新，是情治單位關心的對象。

一九七二年十二月二十三日舉行之四項公職人員選舉（增額國大代表、立法委員和台灣省省議員、縣市長），[1]在縣市長選舉和省議員選舉，國民黨當局取得壓倒性的勝利，取得了二十席縣市長，五十五席省議員。[2]不過，在增額中央民意代表選舉部分，反對派人士則有相當進展。那一屆當選的中央民意代表，包括當時黨外新秀康寧祥、曾參與中國民主黨組黨的老將許世賢，青年黨籍的黃順興、張淑真；在國民大會代表部分，黃信介的弟弟黃天福與康寧祥搭檔競選當選，張春男也當選國民大會代表。[3]針對國民黨企圖不當掌控選舉，郭雨新相當不滿。在此次省議員選舉方面，國民黨當局則試圖透過施壓，讓當時已然成為黨外領袖的郭雨新，失去其長期擔任的台灣省議員職位。由於宜蘭的主要支持者遭到打壓，甚至有的被迫流亡，並且改變長期以來對郭雨新禮讓的政策，[4]如此，郭雨新被迫退出當年的選舉；他後來轉而競選監察委員，也在國民黨強勢打壓之下，在一九七三年二月得到零票而落選。[5]

郭雨新對國民黨當局不當操控選舉十分不滿，預計於十月二十五日召開選舉座談會。酆景福特地對雷震說：「請雷先生不要出席，以免把你捲入選舉的漩渦。」雷震表示自己對座談會根本不知情，更直言「國民黨要下決心來改革，不然前途就不堪設想」，問題是酆景福並沒有回應雷震的建議，反而只是一再囑咐雷震不要出席。雷震認為：「可見國民黨今天還在防備黨外人士活動選舉，不自反省。」[6]此外，雷震的朋友王嵐僧還告訴雷震，國民黨裡面還有人散布謠言，說郭雨新之所以要舉行選舉座談會根本是雷震鼓動的，他因為知道這不是事實，因此當面代表雷震否認此事。不過，雷震家門外監視的特務人數，在這段期間增加了。[7]

到了一九七三年舉行第二屆台北市議會議員的選舉，七月二十四日上午，雷震接到老友王新衡的電話，[8]他聲稱聽聞雷震在第二屆台北市議會議員選舉中替人幫忙，還拿《自由中國》來做宣傳，叫雷震不要亂搞。雷震表示自己根本沒有注意此一地方選舉，當然也沒有去幫候選人助選宣傳的事情，還請他不要亂聽特務造謠，王新衡則回說是馬路消息。而宋英聽到這個對話相當生氣，就打電話給酆景福告訴他絕對沒有這件事情，請酆景福也不要聽信此事，本來就子虛烏有。

隔天，酆景福特地打電話來向宋英解釋：「王新衡搞錯了，不是雷先生去給台北市議員選舉作選舉運動，而是有些黨外的人，在選舉運動中，拿過去《自由中國》的文章作證，來攻擊國民黨對選舉舞弊之事，要請雷先生注意些！」宋英回答：「《自由中國》雜誌到處皆有，雷先生有什麼方法注意呢？誰叫你們過去總要對於選舉舞弊呢？」雷震心想，指責國民黨選舉舞弊的文章，青年黨朱文伯辦的《民主潮》雜誌還比《自由中國》更多。[9]

不過選舉中確實有黨外候選人借用《自由中國》的言論來批判國民黨當局，也提到雷震在過去對民主運動的貢獻。如一九七三年十二月一日郭雨新家的管事人李君，就向雷震提到第二屆台北市議員選舉，確實有黨外候選人借用《自由中國》過去的言論來批評政府，並且有提到雷震的名字。[10]因此這段時間特務跟監時更加緊密，擔心雷震去為人助選。[11]

二、雷震一九七〇年代往來的人脈分析

雷震恢復自由之後，除了與親人、原本關係良好的朋友就有往來之外，也和一些後起的黨外人士有所往來。如果透過數位人文的研究取徑，計算雷震出獄後到一九七七年日記記載截止為止，《雷震日記》記載相關人物出現的狀況，對於掌握雷震一九七〇年代往來的人脈，有所助益。而比起單純詞頻次數的探勘，如果可以用日記出現的天（篇）數來計算，比起一天日記一個人重複計算數次，更能有效呈現雷震與相關人士互動的狀態。因此，除了呈現雷震與親屬的互動外，為了瞭解雷震出獄後與外界的互動，進一步將分析範圍擴大及於與雷震友好，但未必支持甚至反對黨外運動的人士，以出現的天數（篇數）來計算，可以看出雷震在一九七〇年代的人脈互動。為了分析的需要，先扣除國民黨當局含前述定義不同的人物如蔣中正、蔣經國，還有負責監控、警告雷震行動的酆景福、吳彰炯、徐晴嵐等人；其次再扣除雷震鄰居或是單純往來而與政治無有關係的朋友如王子定等人；最後再扣除一九七〇年已經過世的胡適、殷

海光、夏濤聲以及實際上只是日記提及和雷震沒有實際互動的彭明敏、陳逸松（兩人在一九七〇年代初期已經不在台灣）等人。則雷震互動的人物出現在日記的天／篇如表一。

根據表一，互動篇數前二十位依序為：宋英（492天／篇）、雷美琳（173天／篇）、齊世英（157天／篇）、雷德全（131天／篇）、雷鳳陵（129天／篇）、金陵（100天／篇）、成舍我（99天／篇）、夏道平（81天／篇）、雷紹唐（78天／篇）、雷美莉（69

表一

	1970	1971	1972	1973	1974	1975	1976	1977	出現篇數
宋英	42	79	107	115	66	40	39	4	492
雷美琳	27	45	45	27	29	0	0	0	173
齊世英	9	32	43	30	18	11	10	4	157
雷德全	0	2	31	27	55	11	5	0	131
雷鳳陵	11	21	34	18	18	14	12	1	129
金陵	18	30	24	5	19	2	2	0	100
成舍我	7	19	16	22	14	13	7	1	99
夏道平	7	12	12	24	11	11	4	0	81
雷紹唐	6	7	25	9	20	6	4	1	78
雷美莉	0	1	28	27	13	0	0	0	69
陳襄夫	6	8	22	19	12	0	0	0	67
陳鼓應	1	3	19	30	9	3	1	0	66
雷德寧	0	3	7	10	23	10	11	0	64
向筠	6	21	12	7	3	11	4	0	64
胡學古	1	1	10	21	11	7	4	0	55
雷天洪	5	9	4	15	9	2	9	1	54
程積寬	11	8	13	10	2	5	2	1	52

	1970	1971	1972	1973	1974	1975	1976	1977	出現篇數
王雲五	3	16	5	10	0	17	1	0	52
郭雨新	0	4	6	18	10	7	5	0	50
傅正	4	11	12	9	4	3	4	0	47
王新衡	2	15	7	8	1	2	4	0	39
吳三連	0	10	3	9	7	6	3	1	39
王世杰	1	4	5	12	5	5	5	0	37
陳啓天	3	7	7	13	0	5	1	0	36
陶百川	6	10	3	8	0	0	1	1	29
張群	1	11	7	2	4	3	1	0	29
高玉樹	2	7	8	2	2	2	5	1	29
馬之驌	1	1	3	10	4	2	3	0	24
徐復觀	0	8	6	8	1	0	0	0	23
谷正綱	4	9	3	0	1	4	1	0	22
孟祥柯	0	0	2	2	9	3	1	1	18
王曉波	0	0	1	12	4	1	0	0	18
易君博	1	1	4	9	1	0	0	0	16
宋文明	1	3	4	2	2	2	1	0	15
黃少谷	2	3	3	2	1	3	0	0	14
彭明敏	3	3	0	2	2	3	0	0	13
王嵐僧	3	0	2	6	1	1	0	0	13
沈雲龍	3	3	0	2	1	4	0	0	13
劉孚坤	1	2	5	1	0	2	1	0	12
陳逸松	0	0	5	1	3	1	0	1	11
李敖	5	2	2	1	0	0	0	0	10
康寧祥	0	0	1	2	2	3	2	0	10
胡秋原	2	3	3	1	0	1	0	0	10
劉子英	1	0	1	0	2	4	1	1	10

天／篇）、陳襄夫（67天／篇）、陳鼓應（66天／篇）、雷德寧（64天／篇）、向筠（64天／篇）、胡學古（55天／篇）、雷天洪（54天／篇）、程積寬（52天／篇）、王雲五（52天／篇）、郭雨新（50天／篇）、傅正（47天／篇）。家屬佔了其中超過一半，包括宋英（配偶）、雷美琳（女兒）、雷德全（女兒）、雷鳳陵（女兒）、金陵（女婿）、雷紹唐（姪子）、雷美莉（女兒）、陳襄夫（女婿）、雷德寧（兒子）、向筠（配偶）、雷天洪（兒子）和程積寬（雷震姨姪）。

如前所述，為了瞭解雷震出獄後與外界的互動，將家屬排除，分析範圍包括與雷震長期友好，支持或不支持黨外運動的人士，以及批判國民黨或是支持、參加黨外運動的人物，《雷震日記》記載出現十天／篇以上整理如表二。

根據表二，出現五十天（篇）以上的有齊世英（157天）、成舍我（99天）、夏道平（81天）、陳鼓應（66天）、胡學古（55天）、王雲五（52天）、郭雨新（50天）。就這幾人而言，齊世英出現天數最多，達到一百五十七天，齊世英、成舍我、夏道平都是雷震從在中國大陸以來就熟識的好友，且在一九五〇年代《自由中國》或是反對黨運動中關係也相當密切；而其中跟國民黨關係較好的王雲五則持續關心雷震的狀況，且在雷震出獄之後，在經濟等各方面伸出援手。其中陳鼓應是新興的反對派人士，他與晚年的殷海光互動相當密切，而胡學古與傅正（47天）則是協助雷震晚年文稿整理的重要人士，傅正與雷震的關係尤為密切，特別是在雷震過世之後的平反運動中是其中的要角；裡面唯一台籍的菁英則是郭雨新，他也是早在一九五

表二

	1970	1971	1972	1973	1974	1975	1976	1977	出現篇數
齊世英	9	32	43	30	18	11	10	4	157
成舍我	7	19	16	22	14	13	7	1	99
夏道平	7	12	12	24	11	11	4	0	81
陳鼓應	1	3	19	30	9	3	1	0	66
胡學古	1	1	10	21	11	7	4	0	55
王雲五	3	16	5	10	0	17	1	0	52
郭雨新	0	4	6	18	10	7	5	0	50
傅正	4	11	12	9	4	3	4	0	47
王新衡	2	15	7	8	1	2	4	0	39
吳三連	0	10	3	9	7	6	3	1	39
王世杰	1	4	5	12	5	5	5	0	37
陳啓天	3	7	7	13	0	5	1	0	36
陶百川	6	10	3	8	0	0	1	1	29
張群	1	11	7	2	4	3	1	0	29
高玉樹	2	7	8	2	2	2	5	1	29
馬之驌	1	1	3	10	4	2	3	0	24
徐復觀	0	8	6	8	1	0	0	0	23
谷正綱	4	9	3	0	1	4	1	0	22
孟祥柯	0	0	2	2	9	3	1	1	18
王曉波	0	0	1	12	4	1	0	0	18
易君博	1	1	4	9	1	0	0	0	16
宋文明	1	3	4	2	2	2	1	0	15
黃少谷	2	3	3	2	1	3	0	0	14
王嵐僧	3	0	2	6	1	1	0	0	13
沈雲龍	3	3	0	2	1	4	0	0	13
劉孚坤	1	2	5	1	0	2	1	0	12
李敖	5	2	2	1	0	0	0	0	10
康寧祥	0	0	1	2	2	3	2	0	10
胡秋原	2	3	3	1	0	1	0	0	10
劉子英	1	0	1	0	2	4	1	1	10

〇年代就與雷震共事，而在反對運動中有更多的往來。至於在十次到四十次之間的只有王新衡（39天）、吳三連（39天）、王世杰（37天）、陳啓天（36天）、陶百川（29天）、張群（29天）、高玉樹（29天）、徐復觀（23天）、谷正綱（22天）、王曉波（18天）、孟祥柯（18天）、易君博（16天）、宋文明（15天）、黃少谷（14天）、王崑僧（13天）、沈雲龍（13天）、劉孚坤（12天）、康寧祥（10天）、胡秋原（10天）及李敖（10天）等人。就這個層次來分析，可以發現王新衡、王世杰、張群、谷正綱固然長期與雷震交往密切，不過他們對台灣的黨外運動則相對不關心，或是抱持保留或反對的態度，只是他們都是雷震長期往來的朋友，為了對黨外人士的態度問題，雷震也曾經跟他們當面辯駁，凸顯了他們對台灣整個反對運動未來觀點的不同。至於比較支持反對運動的吳三連、陳啓天、陶百川、高玉樹、徐復觀、王崑僧、沈雲龍、劉孚坤、胡秋原等人，有的是出自青年黨，有的也是從一九五〇年代以來就對國民黨抱持批判的態度。在這裡面，台籍菁英有郭雨新、吳三連和康寧祥，郭雨新、吳三連是一九五〇年代以來就往來的台籍菁英，而康寧祥則是一九七〇年代台灣黨外運動新興的明星人物；至於李敖則是後《自由中國》時期批判國民黨在輿論界的重要代表人物；而王曉波、孟祥柯則是與台大哲學系關係密切，反對國民黨的人士。

而次數較少沒有列入表二，但支持、同情反對運動的則有李秋遠（8天）、楊毓滋（8天）、端木愷（8天）、許世賢（7天）、陳少廷（7天）、謝聰敏（6天）等人。李秋遠、許世賢是台籍，楊毓滋、端木愷則是外省籍，不過他們共同的特點就是在一九五〇年代就與雷震有密切的往返，而且都對反對勢力的發展抱持關切的態度。其他與雷震同案被捕的馬之驌（24天），出獄後也與雷震有相當的互動。

就此而言，我們可以發現，雷震在一九七〇年代以後，主要的往來人士還是外省籍的菁英多於台籍的菁英，而其中絕大多數都是支持、同情或是投入黨外運動的人士，相對的與黨外運動保持距離或是反對的雷震朋友，在出現的天數上則相對較少，在人數比例上也較低。在某種程度上，反映了雷震在一九七〇年代的政治主張與人脈的相關性。

三、雷震改革主張的意義及其影響

在雷震改革主張的影響方面，本節除了注意到包括康寧祥（一九七〇年代黨外運動重要領袖之一）及其主導的《八十年代》對雷震與《自由中國》政治改革主張的理解，也從美麗島事件前個別黨外人士對雷震主張的評價，以及黨外共同政治改革訴求，和雷震的政治主張進行比較，並參考一九八〇年代解嚴前黨外雜誌提及雷震主張的內容，探討雷震政治主張對後續民主運動的影響。

一九七〇年代投入反對運動的政治工作者，有一些直接與雷震有互動的經驗。包括前輩的郭雨新、許世賢、余登發、李秋遠、黃信介、楊金虎、黃玉嬌等人（長期而言，高玉樹、吳三連也與台灣反對運動有密切關係），年輕一輩則有康寧祥、陳鼓應、張俊宏、陳菊、林正杰、張富忠等人。而雷震也在謝聰敏的引介下，為施明德和艾琳達的婚禮擔任證婚人。[12]

其中黨外運動的老一輩多與一九五〇年代的反對黨運動有關，因此對於雷震和《自由中國》相當瞭解。而年輕一代，或是在學生時期的圖書館閱讀《自由中國》，或是受教於《自由中國》相關人士得到啟蒙。如范巽綠、林正杰、賀端蕃三人是東海大學的同學，他們大學時期有位老師是《自由中國》的文章作者朱新民，向他們介紹這份雜誌，以此為契機，認識到《自由中國》所彰顯的自由民主人權法治的價值。受到《自由中國》自由民主傳承的影響，他們畢業後到台北讀研究所，並參與黨外運動。[13]此外，曾於《自由中國》發表法治相關文章的李聲庭，亦任教於東海大學，言論影響甚廣，如著名的黨外人士江春男回憶大學時期經常到「李聲庭老師家裡讀政治」。[14]以及，據台灣大學歷史系教授李永熾個人回憶，他就讀省立台中一中高中部時期，透過雷震主編的《自由中國》等自由派雜誌，「模糊地理解到人權與自由的概念」。[15]

一九七〇年代活躍於政壇的黨外人士康寧祥，曾於其個人回憶錄中敘述，他從《自由中國》組黨運動中有所體認，並且在一九六九年為黃信介助選、一九七二年自己競選立委等選舉活動中，以「先賢的心願作號召」，舉《自由中國》組黨失敗、雷震被捕入獄為例，向群眾說明國民黨政府的專制。[16]不僅如此，待康寧祥進入立法院後更有心承繼當年《自由中國》組黨人士之未竟志業，爭取改善地方自治選舉問題。[17]

雷震不只是辦理《自由中國》雜誌時期的言論有影響力，原本只提交給蔣中正總統、嚴家淦副總統兼行政院長、總統府張群秘書長、國家安全會議黃少谷秘書長、行政院蔣經國副院長五位國民黨高層的〈救亡圖存獻議〉的內容外洩後，也得到一些黨外領導菁英的贊同。這份文件的外洩，是從海外台獨運動的雜誌登載後開始流傳。根據雷震得到的訊息：一九七五年一月二十八日，由美國與日本的台灣獨立運動者創辦的《臺灣青年》期刊，登載了〈救亡圖存獻議〉全文。[18]此後，台灣政界有不少人取得全文，雷震身邊的台籍友人則對〈救亡圖存獻議〉極為推崇。一九七五年五月十六日的一場聚會上，高玉樹稱自己後來之所以能再當選台北市長，是拜雷震坐牢之賜，並說台灣人對雷震的印象很深，雷震在民主運動史上將不朽；康寧祥則讚「〈救亡圖存獻議〉寫得好，當為不朽之作」。[19]後來，司法行政部甚至懷疑〈救亡圖存獻議〉是郭雨新洩漏出去的，郭雨新則否認。[20]筆者曾為此探詢台獨聯盟主席黃昭堂教授，究竟此一文獻如何取得。當時負責介紹此篇文章日譯的黃主席告知，是某位不知名人士放入他們的信箱。

至於以黨外集體政治改革訴求來考察，首先，是一九七八年的黨外人士「十二大政治建設」中有關民主憲政基本改革的部分，這是考量「十二大政治建設」可以說是黨外運動菁英共同發表的第一份政治改革的集體訴求。一九七八年十月六日，當時黨外重要領袖黃信介宣布，黨外人士決定組成「台灣黨外人士助選團」，巡迴全台助選。這是中壢事件以後，透過選舉的舉行，黨外勢力朝向組織化方向發展的重要一步。除了組成助選團之外，相較於過去黨外人士偏重於單打獨鬥的選舉方式，個別提出對國民黨當局施政的批判及改革訴求，此次黨外人士在政見方面也有相當的整合。十月三十一日，「台灣黨外人士助選團」向各候選人提出「十二大政治建設」做為黨外候選人的共同政見，強調「為了追求我們的政治人權、經濟人權與社會人權，我們主張聯合所有愛鄉愛國的同胞，共同致力於『十二大政治建設』」。[21]在此一共同政見中，首先標舉了「徹底遵守憲法規定：中央民意代表全面改選；省市長直接民選；軍隊國家化；司法獨立化；各級法院改隸司法院；廢除違警罰法；思想學術超然化，禁止黨派黨工控制學校，言論出版自由，修改出版法，開放報紙雜誌；參政自由化，開放黨禁；旅行自由化，開放國外觀光旅行」。其次還有解除戒嚴令，及尊重人格尊嚴，禁止刑求、非法逮捕和囚禁，禁止侵犯民宅和破壞隱私權。

其中的中央民意代表全面改選及解除戒嚴，後者在一九五〇年代《自由中國》幾乎沒有討論，前者則是主張以「離鄉投票」的方式進行改革。不過，如果加入雷震出獄後提出的〈救亡圖存獻議〉，則前述的改革內容都是《自由中國》和雷震曾經提出的改革訴求。如果不討論後續以社會權及文化集體權等第二代及第三代人權的範疇，則此一黨外人士的主張，基本上和雷震的主張可以說是先後呼應。換言之，如果純就主張內容而言，一九七八年第一次出現黨外人士集體提出的改革訴求，與雷震及《自由中國》之前提出的政治改革內容對照，可以看出雷震在民主運動傳承脈絡中的角色。

由於美國宣布即將於一九七九年一月一日與中華人民共和國關係正常化，並不再承認中華民國，一九七八年十二月十六日蔣經國總統動用臨時條款的緊急處分權，停止進行中的增額中央民意代表選舉。[22]十二月二十五日，黨外人士召開「黨外人士國是會議」，因未能取得情治單位的許可，被迫從原訂的台北國賓飯店，移至黨外助選總部開會。在此一會議中，由前高雄縣長余登發領銜簽署，總計有七十人聯名簽署了「黨外人士國是聲明」。[23]其中在〈我們的呼籲〉部分，延續「十二大政治建設」的訴求，首先標舉依據憲法規定，徹底實現：（一）全面改選中央民意代表。（二）頒布省縣自治通則，實施地方自治，省及直轄市長民選。（三）確立司法獨立，法官超出黨派獨立審判。（四）軍隊國家化，軍人超出黨派之外，效忠國家。（五）確保學術獨立及言論、講學、著作、出版之自由。（六）解除戒嚴令，恢復民主政治正常功能，保障人民集會結社自由；非現役軍人不受軍法審判。（七）尊重人格尊嚴，保障人身自由，禁止刑求、非法逮捕和囚禁，禁止侵犯民宅和破壞隱私權。其次，在〈我們的目標〉則標舉：「在國際強權的縱橫捭闔下，我們的命運已面臨被出賣的危機，所以我們不得不率直地申明：我們反對任何強權支配其他國家人民的命運，我們堅決主張台灣的命運應由一千七百萬人民來決定。」[24]

就〈我們的呼籲〉七大訴求而言，除了第一項全面改選中央民意代表及第六項解除戒嚴令之外，幾乎在《自由中國》時期皆已陸續提及。而保障人民結社自由，以及儘量縮小軍事審判的範圍，也都是《自由中國》關心的課題。再加上雷震提出的〈救亡圖存獻議〉，則雷震主張的改革範圍，比一九七〇年代末期的黨外人士的改革訴求更大。不同的是，一九七〇年代雷震的改革訴求，主要是針對國民黨當局，期待國民黨當局可以因應現實的狀況，改弦易轍推動進一步的改革，而黨外人士則基於現實政治活動，必須向人民訴求，爭取人民的支持。

美麗島事件發生後，黨外運動先由康寧祥做為主要領導人。[25] 一九七八年底蔣經國總統下令停止原訂舉行之增額中央民代選舉後，康寧祥決定趁此空檔籌辦一個黨外立場的新雜誌，一方面與民眾進行溝通，一方面培養年輕人才，這個雜誌即《八十年代》。[26] 鄭欽仁、李永熾又建議康寧祥同時成立一家出版社，於是找來陳忠信、周瑜、范巽綠、賀端蕃等年輕一輩，將《自由中國》半月刊有關言論自由、政黨政治等議題之文章加以整理，編輯出四冊《自由中國》選集，其中一冊以「反對黨問題」為主題的甚至遭到查禁（但《自由中國》出刊當時倒沒有被禁）。[27]《八十年代》之所以選擇出版這一套《自由中國》選集，是認為一九六〇年代以後的台灣知識分子，對國家時代的看法、願望和努力，都受到《自由中國》雜誌某種程度的影響，因此時人有必要了解《自由中國》的言論內容，以從中審視、反省一九五〇年代以來三十年間台灣的國家社會問題，進一步於現實中追求自由民主理想的實現。[28] 換言之，這套選集在某種意義上延續了《自由中國》「地方自治與選舉」、「司法獨立」、「反對黨」等改革訴求。此外，《八十年代》雜誌也曾刊登數篇與雷震或《自由中國》相關之文章，如一九七九年八月發行的第一卷第五期，刊登了陳宏正以筆名文德發表的〈雷震．胡適．中國民主黨〉，介紹雷震與《自由中國》雜誌的政治理想，以悼念甫於該年逝世的雷震。[29] 一九八二年，《八十年代》也透過文章和座談方式，闡釋雷震與《自由中國》在台灣政治改革運動的角色及意義。在《八十年代》第四卷第一期刊登了傅正以〈「自由中國」與中國民主黨（1949-60）〉為題目之主講內容，向閱聽者介紹雷震的個性與理念、《自由中國》雜誌發展及中國民主黨建黨始末，其後並附上傅正與王杏慶、陳少廷等人之對談。[30]傅正特別強調雷震的重要性，認為有了雷震，才有《自由中國》雜誌與中國民主黨的組黨行動。[31]

其後，美麗島事件受難者家屬、辯護律師及黨外雜誌編輯作家聯誼會，在黨外運動取得了更大的發言權，並要求更大規模的政治改革。不過，黨外雜誌在解嚴前雖然也登載〈救亡圖存獻議〉，可能囿於當時政治尺度的關係，都未能全文刊出，特別是雷震主張成立「中華台灣民主國」的改革訴求，無法在雜誌呈現。[32]就此而言，不僅凸顯了雷震政治改革主張被黨外運動延續的一面，也呈現了其改革主張的前瞻性。

---

1 〈選舉國大代表、立委、省議員、縣市長今為投票日　政府盼選民踴躍投票珍視憲法權利〉，《中央日報》，一九七二年十二月二十三日，第一版。

2 《中央日報》，一九七二年十二月二十四日，第一版。

3 李筱峰，《台灣民主運動四十年》，頁一一三。

4 任育德，〈終身在野者：郭雨新〉，收入《郭雨新先生逝世二十週年紀念論文集》（台北：郭雨新先生逝世二十週年紀念活動籌備委員會，二〇〇五年八月），頁四〇。

5 李筱峰，〈郭雨新的一生〉，收入郭惠娜、林衡哲編，《郭雨新紀念文集》（台北：前衛，一九八八），頁七二。任育德，〈終身在野者：郭雨新〉，收入《郭雨新先生逝世二十週年紀念論文集》，頁四一。

6 雷震，一九七二年十月二十一日日記，《雷震全集45：最後十年（一）》，頁二七二。

7 宋英為此曾說，家門口監視的特務因此又增加了。雷震，一九七二年十月二十五日日記，《雷震全集45：最後十年（一）》，頁二七四。

8 一九七三年七月二十四日的日記並沒有指名道姓，只隱晦寫道「曾做特務的（軍統局上海負責人）立法委員打個電話來」，然而隔天七月二十五日的日記寫明「今日酆景福特打電話給亞英，說：『王新衡搞錯了，不是雷先生去給台北市議員選舉作選舉運動……』，再對照前述特徵，此名立法委員應該即為王新衡。見雷震，一九七三年七月二十四日、二十五日日記，《雷震全集46：最後十年（二）》，頁一二〇～一二一。

9 雷震，一九七三年七月二十五日日記，《雷震全集46：最後十年（二）》，頁一二一～一二二。

10 雷震，一九七三年十二月一日日記，《雷震全集46：最後十年（二）》，頁一八二。

11 雷震，一九七三年十一月二十三日日記，《雷震全集46：最後十年（二）》，頁一七九～一八〇。

12 張炎憲、陳美蓉、尤美琪採訪記錄，《臺灣自救宣言：謝聰敏先生訪談錄》（台北縣：國史館，二〇〇八），頁二三五～二三七；陳菊於「雷震逝世四十週年紀念活動座談會」發言，主辦單位：政治大學文學院、雷震研究中心，時間：二〇一九年九月四日，地點：政治大學教育學院。陳菊還提供了當年她帶許信良、張富忠、林正杰等人去見雷震的照片。

13 范巽綠於「雷震逝世四十週年紀念活動座談會」發言，主辦單位：政治大學文學院、雷震研究中心，時間：二〇一九年九月四日，地點：政治大學教育學院。

14 江春男，〈為老友送行〉，東海大學校友聯絡網，網址：http://www.tunghai.org/news/20090328-TEFA.htm，瀏覽日期：二〇二〇年二月十日。

15 李永熾口述，李衣雲撰寫，《邊緣的自由人：一個歷史學者的抉擇》（台北：游擊文化，二〇一九），頁一〇〇～一〇一。

16 康寧祥論述，陳政農編撰，《台灣，打拚：康寧祥回憶錄》（台北：允晨文化，二〇一三），頁六五、六八、一三一。

17 康寧祥論述，陳政農編撰，《台灣，打拚：康寧祥回憶錄》，頁一三二。

18 雷震，〈王雲五的三封來信和我的兩封覆信〉，《雷震全集28：與王雲五的筆墨官司（雷震特稿）》，頁一。不過，就出版資料而言，刊登於《台灣青年》第一七二號的〈救亡圖存獻議〉是部分摘譯，出版日期則是標明一九七五年二月五日。日本的雜誌有在出刊日期前出版的狀況，日期的出入不知是否與此有關。《台灣青年》乃由日本台獨組織「台灣青年社」所創辦。當時文章署名是黃昭堂在台獨組織慣用的Ng, Yuzin Chiautong。黃有仁（Ng Yuzin Chiautong），〈雷震と「救亡圖存獻議」〉，《台灣青年》，一七二（東京：1975.2.5），頁二八～三四。

19 雷震，一九七五年五月十六日日記，《雷震全集47：最後十年（三）》，頁四七～四八。

20 雷震，一九七五年七月十七日日記，《雷震全集47：最後十年（三）》，頁六二。

21 薛化元，〈臺灣黨外人士共同政見：十二大政治建設〉，收入陳君愷主編，《迢迢民主路上的自由呼聲：臺灣民主改革文獻選輯》（台北：中正紀念堂管理處，二〇一八）。

22 李筱峰，《台灣民主運動四十年》，頁一三三～一三四

23 李筱峰，《台灣民主運動四十年》，頁一三六～一三八。

24 薛化元，〈黨外人士國是聲明〉，收入陳君愷主編，《迢迢民主路上的自由呼聲：臺灣民主改革文獻選輯》。

25 李筱峰，《台灣民主運動四十年》，頁一六二。

26 康寧祥論述，陳政農編撰，《台灣，打拚：康寧祥回憶錄》，頁二四二～二四三。

27 康寧祥論述，陳政農編撰，《台灣，打拚：康寧祥回憶錄》，頁二四五～二四六。

28 八十年代出版社編輯部，〈自由主義者的精神堡壘「自由中國」

選集總序〉，《八十年代》，第一卷第二期（1979.7），頁八一～八四。

29 文德（陳宏正），〈雷震．胡適．中國民主黨〉，《八十年代》，第一卷第五期（1979.8），頁八七～九一。

30 可參閱《八十年代》，第四卷第一期（1982.2），對於雷震與《自由中國》的討論，特別是二十五頁王杏慶的發言。

31 傅正主講，〈「自由中國」與中國民主黨（1949-60）〉，《八十年代》，第四卷第一期（1982.2），頁二一～二六。

32 如一九八四年《關懷》雜誌率先刊載〈救亡圖存獻議〉，但因第一、二章太過敏感選擇刪去；一九八五年《生根》雜誌分兩期刊出全文，但凡提到「中華台灣民主國」之處，皆以「口」代之。見〈雷震，《救亡圖存獻議》〉，《生根》，一（1985.3.23），頁一六～二三；〈雷震，《救亡圖存獻議》〉，《生根》，二（1985.3.30），頁二六～四一；〈雷震最後的「救亡圖存獻議」〉，《關懷》，三六（1984.11.5），頁四～九。

雷震與民主憲政的追求[1]：代結論

對中華民國憲政發展而言，雷震從制憲到行憲，乃至在動員戡亂時期戒嚴體制為自由民主抗爭，留下他歷史的身影。

近代民主憲政與立憲主義（constitutionalism）或是「近代意義下的憲法」密切相關，法國大革命的人權宣言第十六條所揭示的近代立憲主義的基本精神：以保障人權為目的，政府組織則以權力分立制度為原則，以此兩大原則為基礎，建構了自由民主的憲政體制。[2]

人權的保障和國家統治權力的權力分立制度，既然是民主憲政不可或缺的要件，對台灣的民主憲政發展進程而言，如何建構前述的主張或者理論，自有其重要的意義。由於中華民國政府接收台灣之後，將中華民國法律制度橫的移植進來台灣，先不討論國際法上台灣的主權歸屬問題的話，其中一九四七年十二月二十五日生效的中華民國憲法，「形式上」成為台灣最高位階的實定法。換言之，純就人權保障和權力分立制衡而言，在中華民國憲法體制中已經有了明確的規定。因此，如何站在維護憲政體制的角度，提出要求落實的主張，在某種意義下也就是朝向民主憲政發展的重要訴求。台灣政治發展的脈絡，雖然崎嶇難行，終究朝向自由、民主、人權的價值前進。而雷震從在中國參與制憲，一路到台灣追求民主憲政落實的歷程，不僅是他人生關懷的重點，也展現他價值的抉擇與落實。

一、政黨協商、制憲到行憲

就中華民國憲政史而言，雷震自進入國民參政會服務開始，參與了政黨協商聯絡的工作，從做為溝通聯絡的螺絲釘，逐漸成為國民黨與各在野黨派政治菁英溝通協商的關鍵人物。這樣的角色，在他擔任政治協商會議秘書長時期，達到一個新的里程碑。政治協商會議中，雷震與各黨派折衝協調，是會議得以順利展開的重要因素之一。而在政治協商會議閉幕之後，國民黨與第三方面、中國共產黨的協商，雷震依然扮演重要的角色。再就民主憲政的發展而言，促成政治協商會議憲法草案的完成到制憲國民大會展開的歷程中，雷震的角色更是不容忽視。

首先，他在孫科、王世杰等人的領導下，在國民黨與民主同盟、中國共產黨針對憲法內容的討論過程中，扮演了折衝的角色，特別是以張君勱起草的憲法草案做為討論的藍本，他更起到了臨門一腳的作用。而後在政黨協商的過程中，在野黨派提出的意見常常透過雷震向國民黨方面轉達。在國共協商失敗，國民黨當局又未能根據政治協商會議的決議：先完成國民政府改組，再進行制憲國民大會的程序。此舉引發中國共產黨和民主同盟不滿，杯葛制憲國民大會。

對蔣中正而言，在中國共產黨和民主同盟杯葛下，要避免國民黨一黨制憲，便必須爭取民主社會黨和青年黨的支持。在這個歷程中，代表國民黨去遊說青年黨和民主社會黨參與制憲國民大會的人，主要也是雷震。他取得蔣中正總裁／主席的支持，與民主社會黨張君勱協議制憲國民大會將以政治協商會議憲法草案做為未來中華民國憲法的藍本，終於使民主社會黨、青年黨參加制憲國民大會，而呈現三黨制憲之局。

在制憲工作完成之後，為了推動三黨共同行憲的樣貌，雷震參與張群組閣的行政院，擔任政務委員。他主要的工作固然一方面還是在於各黨派協商，但也負責了從制憲到行憲過程中非常重要的法律行政命令的審視工作，這是根據制憲國民大會的決議，必須在行憲前廢除修改違憲法規的重要工作。儘管由於國民政府在一九四七年七月下令動員戡亂，在動員戡亂體制下，此一工作無法順利完成。但雷震在這過程中的努力，對行憲工作的推動仍有一定程度的貢獻。

而從制憲到行憲的基礎工程之一，必須要完成中央民意代表的選舉。在當時的中國社會，由於長期一黨訓政，國民黨掌握了絕大多數的政治經濟和社會資源，民主社會黨、青年黨根本無法和國民黨在不公不平的選舉條件下競爭，因而透過政黨的協商，討論如何使民主社會黨、青年黨推薦的立法委員、國民大會代表、監察委員名單順利當選，也是重要的工作。不過，在實務上，由於一些國民黨地方實力派人士選自行參選，導致協商結果無法落實，甚至有些國民黨提名的人選也無法順利當選。民主社會黨、青年黨因此常常透過雷震，向國民黨爭取是否能夠取得一定程度的救濟。此一角色能夠扮演，是雷震從國民參政會以來，長期建立與在野黨派的人脈關係，才得以順利進行。

二、從中國到台灣的連結：「自由中國運動」

一九四六年制憲國民大會通過中華民國憲法。行憲之前進行國民政府改組，張群擔任行政院長的內閣中，雷震擔任政務委員，而在行憲第一屆中央民意代表選舉及行政院組成方面，繼續扮演國民黨與青年黨、民主社會黨協商的角色。一九四八年五月，翁文灝擔任中華民國政府第一任行政院長，雷震續任政務委員一職，也繼續從事政黨協調的重要工作。十一月在戰局對國民黨當局不利的狀況下，政府內外主張和談的聲浪高漲，一些政治人物與高級將領主張「政府在猶有可為之時，與中共恢復談判」。[3]蔣中正總統也進行內閣的改組，雷震就此退出行政院。此後，雷震基本上和王世杰、胡適一樣都認為必須支持蔣中正總統進行反共，中國的民主憲政才能有出路。

十二月，新任的行政院長孫科宣稱「政府用兵的最後目的，為爭取和平」。[4]蔣中正對於不利於繼續作戰的外在壓力，也有相當的感受，而在一九四九年的總統元旦文告中對中國共產黨提出和平呼籲，表示只要能夠和平，「個人進退出處絕不縈懷」。[5]一月十九日行政院通過，要求中國共產黨先無條件停火，以進行和平談判。[6]次日，國民黨中央政治會議通過行政院的決議，和談成為正式政策。蔣中正總統則於一月二十一日正式宣布下野，由李宗仁任代總統。

在各界要求蔣中正下野的聲浪中，王世杰、雷震、胡適等自由派人士是少數持反對意見的。他們認為蔣中正總統下野後局面會垮掉，主張對中國共產黨「今日和不可能，惟有戰以圖存耳」。

由於對李宗仁代總統沒有抱持太大期待，王世杰和雷震試圖結合友人，推胡適為首，推動「擁蔣反共」的「自由中國運動」。他們強力反對李宗仁政府的求和態度，主張「號召一般信仰民主自由人士團結起來，口誅筆伐，抨擊投降論調。[7]也正是由這樣的主張出發，才形成了不分黨派組成「自由中國大同盟」的想法，堅持「擁蔣反共」，並透過「民主反共」落實「自由中國」。最後，經雷震等人多方奔走後，決定組織自由中國社，出版刊物及報紙，並由雷震、杭立武及許孝炎負責籌備，雜誌宗旨由胡適草擬。由胡適自美寄來〈自由中國的宗旨〉一文的內容來看，胡適明確主張：第一要向全國國民宣傳自由與民主的真正價值，並且督促政府改革政治經濟，建立自由民主的社會；第二要支持政府阻止共產黨的擴張；第三為盡力援助淪陷區同胞；第四則為促使中華民國成為自由中國。[8]這指出了《自由中國》的政治路線方向。

這樣的組織及出版計畫，在當時受到台灣省主席陳誠及蔣中正總裁的支持，原本準備先在上海出版《自由中國報》。[9]然而，上海情勢隨即告急，遂轉往台灣發展。由於籌備之初得到蔣中正及陳誠的支持，加上雷震當時的黨政關係十分良好，提供了《自由中國》在台灣發展的良好條件。不過，出版經費籌措不易，一直要到教育部長杭立武同意由教育部來補助部分經費，《自由中國》的出版才算是有了著落，並於一九四九年十一月二十日發行創刊號。

《自由中國》出刊後，雷震仍試圖和友人積極推動「自由中國運動」，不過，胡適的消極，使運動難以開展。一九五〇年三月一日蔣中正宣布復行視事，台灣政局進入新的階段。[10] 雖然「自由中國運動」最後無法展開，《自由中國》雜誌在某種意義下，是此一運動的產物，連結了雷震從中國大陸到台灣的理想。

三、一九五〇年代台灣民主運動中的雷震

一般而言，對於雷震和台灣民主發展的關係，主要強調兩個面向：一個是雷震在一九四九年底於台北創立《自由中國》雜誌，在一九五〇年代先是鼓吹自由民主，著重於台灣人權遭到國家公權力侵害的問題，提醒政府在反共之時必須注意對人權起碼的保護；其次則是針對民主憲政體制下反對黨在制度上存在的重要性，逐漸從鼓吹成立反對黨到投入組織反對黨的運動。由於鼓吹自由、民主、人權，使得雷震和《自由中國》與要求政治改革的台灣本土菁英有了更密切的互動，特別是面對選舉不公的問題，《自由中國》也扮演了為民喉舌的重要角色。

一九四九年十一月雷震創辦《自由中國》雜誌時，台灣就處在動員戡亂體制及戒嚴體制之下，面對來自中華人民共和國武力解放的威脅。因此，雷震一開始對國民黨當局箝制人權的作為，較為容忍，以期度過「危急存亡之秋」。而在韓戰爆發，美國第七艦隊介入台灣海峽，實施台灣海峽中立化政策之後，台灣局勢已經轉危為安。雷震主導的《自由中國》原本考量台灣

受到人民解放軍武力威脅，降低對國家公權力侵害人權的批判的言論角度，逐漸有所調整，對人權保障問題更為重視。這也是雷震主導的《自由中國》從一九五〇年六月韓戰爆發後到一九五一年五月為止，由創刊初期現實的「擁蔣反共」路線，重返落實《自由中國》的創刊宗旨，而強化了對人權保障面向的要求。

對雷震和《自由中國》而言，這是一九五〇年代他們和台灣民主運動發展的方向產生密切結合的重要契機。而在現實政治環境的限制下，雷震和《自由中國》雜誌一九五〇年代在戒嚴令及動員戡亂體制的限制之下，如何提出改革的主張，就變得相當重要。只是相對於前述人權保障的要求，或是對於國家公權力不當侵害人權的批評部分，制度層面的改革訴求部分，宣示的意義大於實質的意義。值得注意的是，憲政體制的「權力分立制衡」，在當時「萬年國會」體制下，根本沒有定期選舉的民主機制可以換血，而由第一屆中央民意代表持續行使國會的權力。由於原本的國會結構，是國民黨一黨獨大，除非透過既有權力架構下的政治黨派的重組，否則以行政、立法為主的權力分立制衡也欠缺落實的可能。[11]

（一）反對黨主張的發展與落實

就此而言，雷震和《自由中國》對於反對黨的主張，或是尋求落實成立新的反對黨過程中的訴求，成為理論上解決前述權力分立制衡無法落實的政治難題的可能解決方案。從另一個角度來看，傳統的權力分立制衡，是透過行政、立法、司法之間權力的互動制衡，縱使有定期的民主選舉，政治現實的運作，往往一個執政黨掌握了行政權，也同時掌握了立法權，這樣的話，兩個重要權力機關的制衡，便有賴其他因素才可能發揮。就此而言，反對黨便是重要的要素，而在一九五〇年代的台灣，成立有力的反對黨，也成為民主運動的重要內涵。不過，雷震著重在中央政府層級制衡考量的反對黨主張，基本上與民意或是選舉並沒有密切的關係。

另一方面，由於一九五〇年代國民黨當局透過行政命令，建立地方選舉及有限的地方自治體制，因此不少非國民黨的台灣菁英（包括部分青年黨員及民社黨員在內）往往以無黨籍的身分投入地方選舉。雖然有了有限的地方自治，由於國民黨當局希望強化對地方政治的控制權，不但沒有建立完備的選舉法規和選舉行政制度，反而企圖宰制地方選舉。因而地方選舉不公、舞弊的現象層出不窮，無黨籍的台灣菁英無法在選舉中與國民黨籍候選人公平競爭，因而逐漸朝向結社／組黨的方向發展。

這兩個不同考量的反對黨推動方向，雖然後來在中國民主黨籌組時結合，但是一九五七年台籍無黨籍菁英開始推動結社，試圖尋求與國民黨在地方選舉進行團體競爭的可能性之時，雷震對於台灣本土菁英主導組織新的反對黨，抱持一定程度的排斥態度。換言之，雷震雖然批評國民黨當局不當主導的地方選舉，對台籍菁英試圖結社和國民黨在地方選舉對抗，也有一定的同情，但是對台灣菁英主導的組黨方向，則抱持保留的態度。

直到一九六〇年之前，雷震期待的反對黨既是和選舉沒有關係，也和台籍菁英之間沒有密切地聯繫，其重點是放在如何透過原有政治體制內部權力的改組與分流，透過此一面向組成的反對黨，至少在形式上存在可以一定程度和執政的國民黨當局有制衡的關係，或者至少在憲政體制上存在一種可能的競爭關係。就此而言，新組成的反對黨，可能包括由國民黨內部的改組、分化而成，甚至可以共同支持執政的蔣中正總統。其次，則與原本跟隨國民黨當局自中國大陸敗退來台的青年黨與民主社會黨透過內部團結，增加制衡能力的可能性，有密切的關係。對雷震而言，希望透過他原本在中國大陸時期和在野黨派領袖長期互動的關係，協助青年黨與民主社會黨內部本身的團結與整合，使它們得以在議會的殿堂扮演一定程度的反對黨，進而透過這兩個黨的再整合而能夠擴大反對黨內部的實力，進而一定程度上可以抗衡執政的國民黨。

前述的主張，也存在進一步擴展的可能。對國民黨內部而言，透過一九五〇年推動改造的權力結構改組，使得原本在國民黨中央黨部的主流派——CC派，在某種程度上成為非主流的政治團體。CC派的領袖陳果夫病逝，陳立夫被流放到美國，而主要扮演著CC派團結而在立法院能發揮力量的，是雷震好友齊世英為主所建立起來的派系運作。這樣的現實狀況，當然演變成雷震思考台灣反對黨發展的一種可能性：由國民黨內部主張自由民主人士（開明人士）與青年黨、民主社會黨結合。[12]

但是，一九六〇年面對蔣中正總統違憲三連任又積極地擴權，而雷震和支持民主憲政的外省籍菁英無法透過輿論加以制衡；國際情勢也對於威權體制充滿一定程度的批判，韓國李承晚政權也在民主運動中被推翻，在這樣的時空背景下，台籍菁英對於國民黨當局主控的不公平的地方選舉也頗有怨言，因而組黨與選舉的密切結合，是台籍菁英的主要訴求。而雷震在胡適的鼓舞下也意識到與台籍菁英共同合組反對黨的必要，因而雷震最後選擇投入以台籍菁英為主導的中國民主黨組黨運動。

對反對黨運動而言，透過雷震使得台籍菁英與外省這些菁英有了溝通的重要橋樑，甚至有了進一步合流的可能性。如此使得中國民主黨不僅在地方選舉成為可以與國民黨當局進行競爭的反對黨，而且透過民主社會黨、青年黨及齊世英等具有民主傾向的自由派外省籍菁英，在國會領域的結合變成可能可以制衡國民黨的在野黨。在這樣的架構下，反對黨的發展變成一種可能，而且會對蔣中正領導的國民黨當局構成一定程度的制衡，只是這樣的發展自然是政治強人所不能接受的。一九六〇年九月四日雷震被捕，給了中國民主黨籌組運動一個重大打擊，最後在一九六一年地方選舉之後，包括台籍菁英李萬居、高玉樹等人也受到強大的壓力，組黨運動被迫結束。不過就此而言，剛好可以看出雷震及《自由中國》當年反對黨主張的歷史意義。

（二）對蔣中正總統擴權的批判

在提出民主改革主張的同時，雷震和《自由中國》也思考、批判以蔣中正為首的國民黨當局破壞憲政體制，特別是總統試圖進行擴權的行為。如同之前所提出的，雷震和《自由中國》雜誌，在一九五〇年代的改革主張，基本上是在動員戡亂體制及戒嚴令下展開的。對他們而言，「動員戡亂時期臨時條款」是一九四八年透過中華民國憲法修改程序所制定的修憲條文。因此，國民黨當局敗退來台，既然宣稱要將中華民國憲法完整帶回大陸，那麼就必須在包括臨時條款在內的中華民國憲法體制之下進行施政，才是合理正當的。但是蔣中正對於總統權限受到限制一事始終不能接受，雖然由張君勱起草的中華民國憲法，總統已經不是虛位的國家元首，包括有關行政院長人選的用人權部分，是擁有相當的主導權。不過，對蔣中正而言，他所期待的並不只是一個總統可以透過行政院長貫徹其意志的政府體制，而希望由他自己直接主導政策的運作，甚至可以跳過行政院長，直接指揮各部會來制定、落實政策。雖然當時國民黨透過黨政體制的運作，蔣中正做為政治強人，他的意志本來由國民黨中常會，再透過行政院從政同志，就可以有相當程度的落實。但是，這離蔣中正的期待還有相當大的差距。

一九五〇年六月蔣中正總統訓令行政院，在國防相關制度設計時，應增設「國防會議」，由總統行使憲法規定的「統率權」。一九五一年並以手令、代電，要求參謀總長及國防部長儘速研擬國防體系方案。[13]一九五二年五月行政院根據尚未頒布的「國防組織法草案」，研擬「國防會議規程草案」，經蔣中正總統核定後實施。[14]此後，蔣中正總統就根據自己核定、頒布的命令，設立國防會議：由總統擔任主席，行政院長、國防部長、外交部長、經濟部長、財政部長等重要政府部會首長都是國防會議的成員，此外，蔣中正還可以指派他認為應該參加的人做為國防會議的成員。[15]而透過這個會議，進而直接主導國家政策和行政的落實。

國防會議成立之初，行政院長是陳誠，陳誠對於自己的意志的落實也有一定程度的堅持。不知是否和這個權力結構有關，由於各部會都沒有提出「應交付國防會議審議」的案件，國防會議在一九五二年舉行第一次會議後，在陳誠擔任行政院長任內，就沒有再召開過，國防會議幾乎沒有實際的功能可言。[16]一九五四年六月蔣中正在陳誠卸任行政院長轉任副總統之後，再召開第二次會議，改組國防會議，將原本情治單位如國家安全局等直接置於國防會議之下（由副秘書長蔣經國直接領導），同時積極進行國防會議的運作。[17]針對此點，雷震和《自由中國》自然不能同意，而採取強烈的批判。

對《自由中國》而言，沒有組織法而成立於法無據的機關，固然是一個重要的問題，不過，國防會議可能成為「太上」行政院，更是其批評的重點所在。[18]由於國防會議中，行政院長只是與會成員之一，地位和角色與以後蔣中正根據一九六六年修正的「動員戡亂時期臨時條款」成立的國家安全會議相類，可能使總統主持的國防會議成為最高行政決策機關。因此，《自由中國》認為，設立國防會議的組織，對中華民國憲法體制所造成的影響，甚至可能形成重構中央政府體制的危機。[19]

第二個重要的總統擴權，則是一九六〇年蔣中正三連任。由於原本中華民國憲法規定總統只能連任一次的限制，因此除非修憲，蔣中正總統是無法三連任的。不過，由於蔣中正總統承諾不修憲，因此國民黨當局就將憲法與臨時條款脫鉤，透過修改臨時條款來取消總統連任的限制。如此，對雷震和《自由中國》而言，首先是原本期待如蔣中正承諾的，把包括臨時條款在內的中華民國憲法帶回中國大陸，這樣的承諾破滅後，不僅對中華民國憲法體制造成傷害，以及原本期待透過憲法體制的運作，在一九六〇年完成蔣中正任滿下野在形式上政權進行轉移的可能性也幻滅了。總統連任不受憲法限制，在某種程度上也就是蔣中正成為終身職的總統，如此正是總統權力擴權的一個重要指標。對於雷震和《自由中國》而言，這樣對憲政體制的破壞，將使其期待在台灣落實民主憲政的理想遭到嚴重的挫敗。因此，在蔣中正總統試圖三連任的過程中，《自由中國》發表了包括社論在內的多篇文章持續批判，期待可以挽回這樣的發展趨勢，但不幸失敗。蔣中正的意志壓倒了反對的聲音，透過修改臨時條款，成為終身職的總統，而這也加深了雷震和《自由中國》更進一步試圖促生有力的反對黨來制衡執政者的態度。

雷震及《自由中國》在反對蔣中正總統三連任一事是始終一致的，但沒有能力阻止。既是如此，為何還要堅持？雷震及《自由中國》的回答是：「政治局面弄到今天這種地步，我們非但深知道說了未必有用，而且還可能惹來麻煩，甚至闖下言禍；但我們身為言論界的一分子，卻有根據事實、真理、良知而坦坦白白說話的責任，故不忍不說，也不得不說。」[20]言下的無奈，躍然紙上。而反對三連任的這些文章，也是雷震及傅正以後獲罪的部分因素，由此可見此時《自由中國》之反對三連任的文章是如何的令執政者不滿。[21]

（三）既有體制下制度改革的思考

如前所述，由於《自由中國》雜誌創刊時，台灣就已經處在動員戡亂及戒嚴體制之下，當時雷震及隨中華民國政府敗退來台的外省籍菁英，在思考台灣民主政治改革，除非主張終結非常體制，否則就必須面對動員戡亂與戒嚴體制的限制。而在一九五〇年代初期，透過大法官釋字第三一號賦予第一屆立法委員及監察委員不必改選而繼續行使職權的法源，及蔣中正總統同意行政院的見解，認定只要第二屆國民大會代表沒有選舉產生並召集，第一屆國民大會代表的任期就還沒結束，使萬年國會體制正式形成。不必改選的萬年國會使中央民意代表機關欠缺了民意的基礎，而由國民大會選舉的總統及經由立法院同意總統任命的行政院長，也一樣欠缺來自被統治者同意的民意基礎。在國民黨佔國會絕大多數席次的政治結構下，國民黨的黨政體制運作強烈主導而且限制了台灣政治改革發展的可能性，不必改選的國會，在中華民國憲法體制下，也不可能有政黨輪替。雷震面對這樣的歷史現實，他和他所主導的《自由中國》雜誌，遂思考在不直接衝撞戒嚴令和動員戡亂體制的條件下，也就是在動員戡亂體制及戒嚴令下如何作最有效的民主改革的訴求。

雷震和《自由中國》提出的改革訴求之所以可能，有兩個重要的背景。首先是中華民國憲法雖然是單一國體制，但是在制憲之初就以加拿大憲政體制做為藍圖，來設計地方自治的制度和權限。就此而言，中華民國憲政體制是一種準聯邦制的憲法，地方政府不僅擁有相當大的自治權限（如加拿大的魁北克），而且在憲法中明定有相當多的中央政府權限可以委託省級政府來實施。其次，在整個「動員戡亂時期臨時條款」或是戒嚴令體制之下，它對於地方自治的部分並沒有加以凍結，地方自治之所以未能根據中華民國憲法有效的實施，主要是透過行政部門和立法部門的黨政運作，透過立法懈怠，擱置「省縣自治通則」的三讀。而由於欠缺「省縣自治通則」的法律依據，省縣的地方自治也無法落實。但是，由於「動員戡亂時期臨時條款」並沒有限制憲法有關地方自治及中央與地方權限的條文，因此，根據憲法，省長民選和民選的省議會並沒有落實的困難。

一九五七年十月以〈小地盤、大機構〉為題的社論中，《自由中國》主張憲法中規定「中央立法並執行之，或交由省縣執行之」等事項應交由地方辦理，中央政府不必再設機構管理，[22]並建議縮編中央政府的行政部門為內政部、外交部、國防部、司法行政部、財政經濟部五部，以矯正「小地盤、大機構」的現象。如此，中央政府原有的許多職權勢必交由地方政府執行，而將憲法所許可的相關的權限移轉給台灣省政府，則不僅可以改善台灣省政府權限原本遭中央政府侵奪的狀況，省政府在整個行政體系的權限和重要性也將因此大增。加上台灣省的省長及省議會之產生及自治權限回歸中華民國憲法的設計，縱使在非常體制下也沒有制度／法的限制，只要國民黨當局有心，可以迅速完成早就已經二讀的「省縣自治通則」立法。如此，在中央民意代表未全面改選的歷史條件下，由人民直選產生的省級政府將具有最直接的民意基礎。透過此一改革的構想，提出將中華民國整個國家權力的行使，儘量轉移到一個具有民意基礎的台灣省政府。雖然囿於政治的現實，這些改革的主張就像一九五八年總統府臨時行政改革委員會一樣，無法有效落實，但卻提出了在台灣民主改革的可能途徑。

（四）國家定位與民主改革的連結

面對中華人民共和國政府統治日漸鞏固的現實，原本最支持中華民國政府的美國逐漸朝向「兩個中國」的架構發展。先是透過參議院的「康隆報告」，再來則是透過甘迺迪競選總統重要的外交幕僚提出了「兩個中國」的主張，使得原本強烈反對兩個中國，堅持中華民國是中國唯一合法代表的雷震和《自由中國》，從一九六〇年開始積極思考如何面對兩個中國的時代氛圍，思考國家未來的走向。

對雷震而言，從《自由中國》創刊初期起，反共就是以「一個中國」思考，期待「反攻大陸」。至於「民主反共」，一方面是基於他和同儕對民主憲政價值的堅持，也是希望將台灣推行民主憲政的經驗、成果，可以在「反攻大陸」後，在中國大陸落實。但是，現實上「反攻大陸」越來越不可能，雖然堅持「一個中國」的立場，雷震及《自由中國》也認識到：不僅現實上武力反攻越來越不可能，反而國民黨當局以「反攻大陸」為藉口，不願在台灣落實民主憲政。因此，一九五七年年中，《自由中國》才揚棄短時間內「反攻大陸」的想法，主張採取「實事求是，持久漸進，實質反共」的政策，檢討「反攻大陸」問題，要求更積極地推動台灣民主政治的發展。一九五八年杜勒斯國務卿與蔣中正發表「蔣杜聯合公報」，使得反攻大陸在武力的主動性明白地成為不可能。就此而言，雷震和《自由中國》則依然積極主張在「反攻大陸」短時間不可能的狀況下，更應該積極在台灣落實民主改革。

一九五九年十一月美國參議院外交委員會發表「康隆報告」，提出承認中華人民共和國，以及處理「台灣共和國」的承認與聯合國席次問題。此一發展迫使《自由中國》開始正視其「一個中國」國家定位立場在現實國際政治受到的挑戰。「康隆報告」公開後，《自由中國》立即以社論〈解決中國問題必須以民意為依歸〉回應，雷震及《自由中國》認為台灣是中國一部分的論述，必須在美國不承認中華人民共和國的前提下才成立；並主張在聯合國嚴密而有效的監督下，「在整個中國舉行真正自由選舉」，來決定中國的前途。

一九六〇年四月，鮑爾斯在*Foreign Affairs*發表"The China Problem Reconsidered"，主張「兩個中國」，《自由中國》主動地加以引介。《自由中國》似乎逐漸試圖走出原有「一個中國」的架構，並面對國際上「兩個中國」的主張。雖然《自由中國》旋即因為「雷震案」的爆發而停刊，但雷震仍認真思考所謂「兩個中國」的主張，在一九七〇年出獄後，對於台灣地位問題有更深刻的認識，而繼續有了更進一步的發展。

四、恢復自由與追求民主憲政的後續

一九六〇年九月，雷震因為莫須有的罪名，冤獄十年，在一九七〇年九月恢復自由。由於雷震在獄期間，國際情勢已然丕變，包括法國承認中華人民共和國政府，而聯合國大會支持中華人民共和國政府代表中國的國家越來越多，一九七〇年更超過支持中華民國政府的會員國數，要維繫中華民國政府做為中國唯一合法代表的地位，已經幾乎沒有空間。用武力「反攻大陸」，更是宣傳意味遠大於實質。在現實上，一九七一年聯合國二七五八號決議案通過中華人民共和國政府繼承、取代中華民國政府在聯合國的代表權之後，雷震必須面對的是如何避免中華人民共和國併吞台灣。

在二七五八號決議案之前，雷震掌握前述的國際政治發展趨勢，[23]因而主張必須採取「兩個中國」的國家定位，以維繫台灣可以獨立在中華人民共和國之外。在一九七一年聯合國大會通過二七五八號決議案之後，雷震更明確地透過〈救亡圖存獻議〉，不僅想要遊說國民黨高層放棄原本的「一個中國」主張，更主張在聯合國中華民國政府的席位被中華人民共和國政府取代的狀況下，在台灣建立新的「中華台灣民主國」，以維持在中華人民共和國之外主權獨立國家的地位。就此而言，雷震不僅延續了一九六〇年對於「兩個中國」主張發展趨勢的認識，進而在台灣面對中華人民共和國兼併的威脅之下，將在台灣落實民主憲政做為他價值的優位思考，因而有前述成立「中華台灣民主國」，制定新的憲法，同時在台灣建立一個合乎自由民主人權的憲政體制的論述。這也是說，雷震做為一個自由民主主義者，自由與民主的價值優位於民族主義的認同，自由民主人權落實環境的維持，超越了中國國族主義。這樣的發展方向，對於台灣後來的政治發展有相當程度的影響。

一九七〇年代，不少黨外運動的新生代或領導人（如康寧祥），有的從閱讀《自由中國》得到政治的啟蒙，有的自雷震現實的政治主張中取得了新的改革訴求的元素，因而在一九五〇年代做為台灣自由主義代表的《自由中國》雜誌的主張，以及雷震出獄後提出的國家定位修正落實民主政治的思想，也成為雷震與黨外民主運動的新的聯結，而這樣的主張在雷震過世之後，在一九七八年底到一九七九年初期，轉換成黨外人士要求台灣住民自決主張的背景之一。雷震主張在台灣建立一個獨立於中華人民共和國之外的主權國家，對他而言，很重要的是希望維持在台灣落實自由民主人權的憲政國家的可能性。由於這樣的主張具有相當的前瞻性，也衝撞了當時國民黨當局政治的紅線。因而在解嚴前的一九八〇年代，黨外雜誌無論是《關懷》或《生根》，轉載雷震〈救亡圖存獻議〉的政治主張時都不敢全文刊登，特別是針對建立中華台灣民主國的部分，而從這也看得出雷震政治主張的前衛性。

五、朝向自由民主優位價值前進的人生歷程

雷震的一生，前半生在促進中國朝向民主憲政體制的方向發展，而在一九四九年以後，則成為台灣自由民主憲政運動的重要旗手。在某種程度上，他的一生則是朝向自由民主優位的價值前進。

整體而言，雷震追求自由、民主、憲政的一生，可以分為三個階段。第一階段是一九四九年來台灣之前，他參與政黨協商，協助催生中華民國憲法，積極尋求建立民主憲政的中國。而雖然一九四六年十二月制憲，一九四七年十二月行憲，但是國共內戰的結果，國民黨當局大敗，一九四九年十二月中華民國政府敗退到台灣。雷震主導的《自由中國》則在稍早於台北創刊。

來台創辦、主持《自由中國》是第二階段。台灣對於一九五〇年代的雷震而言，是一個落實民主憲政重要的場域，台灣的存在不僅代表自由中國的存在，也是在中國大陸之外推動自由

民主的可能性。若是台灣被中華人民共和國所併吞，則無異於宣告雷震主張的自由中國理念破產，而在台灣要落實民主憲政將更加地不可能。《自由中國》遂更進一步提出，在面對反攻大陸沒有機會的狀態下，除了應該更積極地推動在台灣的民主改革之外，同時認為一旦美國或者國際承認中華人民共和國做為中國的代表，則應該重新思考台灣是否歸屬中國的關鍵問題。這樣的態度，在甘迺迪總統競選團隊一九六〇年提出兩個中國的主張之後，雷震和《自由中國》雜誌也提出了必須認識國際政治發展的方向，思考整個國家政治改革的走向問題。然而就在一九六〇年發生了雷震案，《自由中國》被查禁停刊，而使得這個問題沒有進一步再被討論。

一九七〇年雷震出獄重返社會，開啟了他追求自由、民主、憲政的第三階段。國際情勢的發展對中華民國處境不利，特別是中華民國政府的聯合國代表權被中華人民共和國政府繼承的重大轉變，對於雷震在一九七〇年出獄之後的政治主張，有相當大的影響。原本雷震的思想和主張，早在一九五〇年代就受到台灣社會的重視，而在一九七〇年代的民主運動中，參與民主運動的菁英也有不少是受一九五〇年代《自由中國》的改革主張所啟蒙。在某種意義上，雷震在一九五〇年代追求民主憲政的努力，成為一九七〇年代台灣民主運動的重要養分。而一九七〇年新的國際情勢，使雷震在過去主張的基礎上，對國家地位和台灣民主憲政的發展，提出新的整套改革主張：建立獨立於中華人民共和國之外的中華台灣民主國，制定新憲法，落實民主憲政。在某種意義上，這也是雷震肯定自由、民主優位價值，超越國族認同的展現。前述的論述，也顯現了雷震晚年做為政治主體性發展的先覺者角色，其主張直到今天都有其時代意義。

1 本文做為《雷震傳》的結論，也是筆者長期研究雷震和《自由中國》的心得，是過去研究成果總結而成。

2 參見劉慶瑞，《中華民國憲法要義》（台北：作者自印，一九七八），頁九；許志雄，《憲法之基礎理論》（台北縣：稻禾，一九九二），頁三四～三五。薛化元，〈台灣自由主義發展的歷史考察：以反對黨問題為中心〉，《思與言》，第三十四卷第三期（1996.9），頁二四一～二四二。

3 張玉法，《中國現代史》，頁七一一；李宗仁口述，唐德剛撰寫，《李宗仁回憶錄》，頁六〇一。當時的立法院長孫科便率先提出「光榮的和平」，參見雷震，〈胡適與雷案〉，《雷震全集47：最後十年（三）》，頁一六〇。

4 郭廷以，《近代中國史綱》，頁七八六。

5 在總統文告草擬完成後，曾召集國民黨中央執行委員、監察委員餐敘，並徵求意見。席間仍有相當聲音反對文告中的主張，但蔣中正總統不為所動。國立編譯館編著，《中國近代現代史》，頁六七四。司徒雷登指出，在收到白崇禧電報的第二天（十二月二十五日），蔣中正總統便決定下野。司徒雷登，《司徒雷登回憶錄（在中國五十年）》，頁二二五。

6 張玉法，《中國現代史》，頁七一四。

7 雷震，一九四九年三月二十四日日記，《雷震全集31：第一個十年（一）》，頁一六六。

8 張忠棟，《胡適五論》，頁二五四；李筱峰，《台灣民主運動四十年》，頁五七～五八。

9 雷震，一九四九年四月五日日記，《雷震全集31：第一個十年（一）》，頁一七四。

10〈總統決定復行視事 繼續行使總統職權〉，《中央日報》，一九五〇年三月一日，第一版。

11 至於司法權在黨國體制之下，也容易受到國民黨當局的干預，司法獨立審判難以落實。

12 雷震，一九五七年八月二日日記，《雷震全集39：第一個十年（七）》，頁一四一。

13 蕭李居，〈國防會議的設置與法源初探〉，頁六～七。發表於「戰後檔案與歷史研究學術研討會」，國史館主辦，二〇〇七年十一月二十九日至三十日。

14 蕭李居，〈國防會議的設置與法源初探〉，頁一〇。

15 蕭李居，〈國防會議的設置與法源初探〉，頁一四。

16 蕭李居，〈國防會議的設置與法源初探〉，頁一六、四五。

17 蕭李居，〈國防會議的設置與法源初探〉，頁一八。

18 伊原吉之助，《台灣の政治改革年表・覺書（1943-1987）》，頁一四一。

19 社論，〈民主憲政的又一試金石〉，《自由中國》，第十一卷第二期（1954.7.16），頁四。

20〈給讀者的報告〉，《自由中國》，第二十二卷第七期（1960.4.1），頁三二。

21 此處可參見《聯合報》一九六〇年九月五日的報導，根據〈「自由中國」半月刊涉嫌違法言論摘要〉，文中將《自由中國》涉嫌違法言論分為六項，其中指出「為共匪作統戰宣傳」的第二十二卷第四期〈護憲乎？毀憲乎？——望國大代表作明智的抉擇〉一文，即是反對修憲、總統三連任的論述。也可見雷震，一九六〇年三月十六日日記中傳正的夾注，《雷震全集40：第一個十年（八）》，頁二七一～二七二。而針對雷震成立的「田雨」小組亦在此一背景下成立。

22 在這篇社論中，《自由中國》表示：「從法制的觀點來看，憲法第十章對於中央與地方的權限，作列舉式的規定。其中第一百零七條為『中央立法並執行之』的事項，第一百零八條為『中央立法並執行之，或交由省縣執行之』的事項。其餘兩條所列舉的事項，則為『省或縣立法並執行之』。在一百零七條那種硬性規定由『中央立法並執行之』的事項當中，我們可以看出除外交、國防、司法以外，其他的一些事項彼此的關係非常密切，可以說都是屬於公共經濟範圍。此外還有一點也許為一般人所未注意的。即教育制度並不在第一百零七條硬性規定『由中央立法並執行之』的事項之列，而是一百零八條當中。即是說，教育制度由中央立法，但不必由中央執行。所以在播遷中的中央政府，教育部的設立，更不必要。」社論，〈小地盤、大機構〉，《自由中國》，第十七卷第八期（1957.10.16），頁三。

23 一九七〇年聯合國大會中支持中華人民共和國政府做為中國代表的國家，已經超過支持中華民國繼續做為聯合國中國代表的國家，只是未達到重大問題決議所需要的三分之二票數，而沒有通過。

徵引書目

一、史料及檔案

(一)政府公報

《台灣省政府公報》，36年秋38，1947年8月12日。
《立法院公報》，第26會期第1期，1960年10月7日。
《國民政府公報》，331，1929年11月28日。
《國民政府公報》，1179，1933年7月11日。
《國民政府公報》，2715，1947年1月1日。
《國民政府公報》，2869，1947年7月5日。
《國民政府公報》，2881，1947年7月19日。

(二)檔案

〈收發文簿(23)〉，《蔣中正總統文物》，國史館藏，典藏號：002-110602-00023-005、010。
〈自由中國半月刊歷年人事變更調查表〉(1959年2月)，國史館檔案，案名：「對雷震及自由中國半月刊調查研究案」，檔案管理局藏，檔號：A202000000A=0047=275.11=1=virtual001=virtual001=0056。
〈呈丁俊生等四十六人聯名懇請特赦雷震之函件〉(1961年3月21日)，〈雷震等案〉，檔案管理局藏，國防部軍法局檔案，檔號：B3750347701/0049/3132488/488/1/003。
〈國防部台灣軍人監獄受刑人接見監聽紀錄報告表〉，1970年8月14日，檔案管理局藏，檔號：0049=275.11=2=virtual004=virtual001=0007。
〈國防部台灣軍人監獄受刑人接見監聽紀錄報告表〉，1970年8月27日，檔案管理局藏，檔號：0049=275.11=2=virtual004=virtual001=0021。
〈國防部台灣軍人監獄受刑人接見監聽紀錄報告表〉，1970年8月28日，檔案管理局藏，檔號：0049=275.11=2=virtual004=virtual001=0061。
〈彭孟緝呈岳公秘書長雷震11月19日接見家屬情形說話筆錄及雷震同月在監情形抄同原件〉，1963年11月22日，檔案管理局藏，檔號：B3750347701=0049=3132488=488=1=005=0031、0032、0034、0035。
〈彭孟緝呈岳公秘書長賜鑒雷震停止接見後情形及其特抄妻宋英來函〉，1963年9月20日，檔案管理局藏，檔號：B3750347701=0049=3132488=488=1=005=0006、0019、0026。
「對雷震及自由中國半月刊調查研究案」，檔案管理局藏，國史館檔案，檔號：0047=275.11=1=virtual001=virtual001=0233-234
「(48)判田字第001號台灣警備總司令部軍法處公務處理通知單」，國家發展委員會檔案管理局國史館檔案，「對雷震及自由中國半月刊調查研究案」，檔號：A202000000A=0047=275.11=1=virtual001=virtual001=0052-54。
「中國國民黨第七屆中央委員會常務委員會第一六三次會議紀錄」(1955年1月3日)，〈中國國民黨第七屆中央委員會常務委員會會議紀錄(四)〉，《陳誠副總統文物》，國史館藏，數位典藏號：008-011002-00009-015。
「中國國民黨第七屆中央委員會常務委員會第十七次會議紀錄」(1953年2月26日)，〈中國國民黨第七屆中央委員會常務委員會工作會議紀錄彙編〉，《陳誠副總統文物》，國史館藏，數位典藏號：008-011002-00005-017。
「雷君明知為匪諜而不告密檢舉處有期徒刑七年褫奪公權五年，另其他刑則，執行有期徒刑十年褫奪公權七年」(1960年10月8日)，〈雷震等案〉，檔案管理局藏，國防部軍務局檔案，檔號：B3750187701/0044/1571/10601023/192/002。
「雷君等人因叛亂案件經初審判決將雷君部份送請覆判，本部判決：原判決關於雷君部份核准」(1960年11月23日)，〈雷震等案〉，檔案管理局藏，國防部軍務局檔案，檔號：B3750187701/0044/1571/10601023/192/003。
周國光，《七年來的特種黨務》(1957年)，頁10-11。
財團法人戒嚴時期不當叛亂暨匪諜審判案件補償基金會藏，《雷鳳陵等十一人，申請補償金(雷震)》，案號：004764號。

(三)報刊

《八十年代》(1979-1982年)。
《中央日報》(1949-1972年)。
《大公報》天津版(1935年)。
《公論報》(1949-1960年)。
《民聲日報》(1961年)。
《青年戰士報》(1952-1959年)。
《時與潮》(1960-1963年)。
《聯合報》(1957-1961年)。
《台灣新生報》(1958-1960年)。
《自立晚報》(1959年)。
《香港工商日報》(1950年)。
《徵信新聞報》(1960年)。
China Post(1960年)。

(四)《自由中國》(1949-1960年)

1949年

雷震，〈獨裁，殘暴，違背人性的共產黨〉，《自由中國》，1: 1(1949.11.20)，頁11-13。

1950年

雷震，〈反對黨之自由及如何確保〉，《自由中國》，2: 7(1950.4.1)，頁15。
社論，〈臺灣、香港與大陸〉，《自由中國》，3: 10(1950.11.16)，頁4。

1951年

〈建立聯合陣線正是時候了!〉，《自由中國》，4: 2(1951.1.16)，頁4-5。
社論，〈政府不可誘民入罪〉，《自由中國》，4: 11(1951.6.1)，頁4、31。
社論，〈再論經濟管制的措施〉，《自由中國》，4: 12(1951.6.16)，頁4。

胡適，〈致本社的一封信〉，《自由中國》，5: 5（1951.9.1），頁5。

1952年

社論，〈再期望於國民黨者——讀了七全大會宣言以後〉，《自由中國》，7: 9（1952.11.1），頁4。
雷震，〈監察院之將來（一）〉，《自由中國》，7: 9（1952.11.1），頁7。
胡適，〈「自由中國」雜誌三週年紀念會上致詞〉，《自由中國》，7: 12（1952.12.16），頁4-5。

1954年

社論，〈行憲與民主〉，《自由中國》，10: 6（1954.3.16），頁3。
社論，〈敬以諍言慶祝蔣總統當選連任〉，《自由中國》，10: 7（1954.4.1），頁3-4。
許思澄，〈提議徵召胡適之先生為中華民國副總統〉，《自由中國》，10: 4（1954.4.1），頁19。
朱伴耘，〈響應選舉胡適之先生為副總統〉，《自由中國》，10: 4（1954.4.1），頁20。
朱啓葆（夏道平），〈我不贊成選胡適先生做副總統〉，《自由中國》，10: 4（1954.4.1），頁21。
社論，〈民主憲政的又一試金石〉，《自由中國》，11: 2（1954.7.16），頁4。
雷震，〈我們五年來工作的重點〉，《自由中國》11: 10（1954.11.16），頁8。
余燕人、黃松風、廣長白，〈搶救教育危機〉，《自由中國》，11: 12（1954.12.16），頁32。

1955年

社論，〈抗議與申訴〉，《自由中國》，12: 12（1955.6.16），頁6。
〈本刊重要啟事〉，《自由中國》，13: 6（1955.9.18），頁3。
社論，〈從孫元錦之死想到的幾個問題〉，《自由中國》，13: 6（1955.9.18），頁4-5。
傅正，〈國家主義與世界主義（上）〉，《自由中國》，13: 6（1955.9.18），頁11-14。
王大鈞，〈關於孫元錦之死〉，《自由中國》，13: 6（1955.9.18），頁20-22。
〈給讀者的報告〉，《自由中國》，13: 6（1955.9.18），頁32。
社論，〈對民青兩黨的期望〉，《自由中國》，13: 11（1955.12.1），頁4。

1956年

社論，〈壽總統蔣公〉，《自由中國》，15: 9（1956.10.31），頁3-4。
〈給讀者的報告〉，《自由中國》，15: 9（1956.10.31），頁35。
雷震，〈我們的態度〉，《自由中國》，15: 10（1956.11.16），頁6-9。

1957年

社論，〈我們的答辯〉，《自由中國》，16: 2（1957.1.16），頁4-5。
范度才（成舍我），〈中華日報鼓吹暴動！〉，《自由中國》，16: 2（1957.1.16），頁32、21。
〈給讀者的報告〉，《自由中國》，16: 2（1957.1.16），頁34。
牟力非，〈略論反對黨問題的癥結〉，《自由中國》，16: 3（1957.2.1），頁11。
朱伴耘，〈反對黨！反對黨！反對黨！〉，《自由中國》，16: 7（1957.4.1），頁8。
傅正，〈對本屆地方選舉的探討〉，《自由中國》，16: 9（1957.5.1），頁13。

社論，〈今日的司法！〉，《自由中國》，17: 1（1957.7.1），頁3-5。
社論，〈「今日的問題」（一）：是什麼，就說什麼（代緒論）〉，《自由中國》，17: 3（1957.8.1），頁3-4。
社論（殷海光），〈反攻大陸問題〉，《自由中國》，17: 3（1957.8.1），頁5-7。
社論，〈我們的軍事〉，《自由中國》，17: 4（1957.8.16），頁3。
社論，〈關於「反攻大陸問題」的問題〉，《自由中國》，17: 5（1957.9.5），頁6-8。
朱伴耘，〈再論反對黨〉，《自由中國》，17: 6（1957.9.16），頁8-10。
社論，〈小地盤、大機構〉，《自由中國》，17: 8（1957.10.16），頁3。
社論，〈我們的地方政制〉，《自由中國》17: 10（1957.11.16），頁4。
社論，〈我們的新聞自由〉，《自由中國》，17: 12（1957.12.16），頁3。

1958年

社論，〈「今日的問題」（十五）：反對黨問題〉，《自由中國》，18: 4（1958.2.16），頁3-4。
朱伴耘，〈三論反對黨〉，《自由中國》，18: 4（1958.2.16），頁10-13。
社論，〈中國人看美國的遠東政策——對美遠東使節的臺北會議提幾點坦率建議〉，《自由中國》，18: 6（1958.3.16），頁3-5。
社論，〈出版法修正案仍以撤回為妥〉，《自由中國》，18: 9（1958.5.1），頁5-6。
朱伴耘，〈四論反對黨〉，《自由中國》，18: 9（1958.5.1），頁9-14。
社論，〈出版法事件的綜合觀〉，《自由中國》，18: 10（1958.5.16），頁5-6。
舒霖（程滄波），〈出版法修正草案程序之爭〉，《自由中國》，18: 10（1958.5.16），頁15-16。
社論，〈國民黨當局應負的責任和我們應有的努力〉，《自由中國》，19: 1（1958.7.1），頁3-5。
顧達德，〈籌安會的醜劇〉，《自由中國》，21: 1（1958.7.1），頁9。
朱伴耘，〈五論反對黨〉，《自由中國》，19: 5（1958.9.1），頁8-12。
社論，〈認清當前形勢，展開自新運動——向大陸做政治進軍！〉，《自由中國》，19: 8（1958.10.16），頁3-6。
社論，〈呼籲從速召開反共救國會議——並請蔣總統釋疑〉，《自由中國》，19: 9（1958.11.5），頁3-5。
社論，〈論放棄主動使用武力之承諾〉，《自由中國》，19: 9（1958.11.5），頁5-6。
社論，〈如此司法——「奉命不上訴」〉，《自由中國》，19: 10（1958.11.16），頁3-4。
朱文伯，〈理論與事實——漫談人權保障問題〉，《自由中國》，19: 11（1958.12.1），頁18-19
史濟人，〈「奉命不上訴」案的新論證〉，《自由中國》，19: 11（1958.12.1），頁31。
社論，〈三論谷鳳翔對「奉命不上訴」案應負的法律責任〉，《自由中國》，19: 12（1958.12.16），頁7-8。

1959年

社論，〈欣幸中的疑慮——關於蔣總統反對修憲的聲明〉，《自由中國》，20: 1（1959.1.1），頁7。
短評，〈（五）谷鳳翔何時撤職查辦？〉，《自由中國》，20: 1（1959.1.1），頁42。
社論，〈「奉命不上訴」案為何「不予起訴」？〉，《自由中國》，20: 2（1959.1.16），頁5-7。
朱文伯，〈為中國地方自治研究會再說幾句話〉，《自由中國》，20: 2（1959.1.16），頁9-11。
老兵，〈軍人也贊成反對黨〉，《自由中國》，20: 2（1959.1.16），頁21。
〈出版法條文摘要〉，《自由中國》，20: 2（1959.1.16），頁30。
陳懷琪，〈革命軍人為何要以「狗」自居？〉，《自由中國》，20: 2（1959.1.16），頁30。
方望思，〈請看香港發出的臺灣政治颱風警報〉，《自由中國》，20: 4（1959.2.16），頁19。
〈給讀者的報告〉，《自由中國》，20: 4（1959.2.16），頁32。
社論，〈關於陳懷琪投書事件的簡報〉，《自由中國》，20: 5（1959.3.1），頁8-9。
〈給讀者的報告〉，《自由中國》，20: 5（1959.3.1），頁32。
胡適，〈容忍與自由〉，《自由中國》，20: 6（1959.3.16），頁7-8。
〈給讀者的報告〉，《自由中國》，20: 6（1959.3.16），頁32。
胡適，〈胡適之先生給本社編輯委員會一封信〉，《自由中國》，20: 7（1959.4.1），頁13。
毛子水，〈「容忍與自由」書後〉，《自由中國》，20: 7（1959.4.1），頁14。
殷海光，〈胡適論「容忍與自由」讀後〉，《自由中國》，20: 7（1959.4.1），頁16。
朱伴耘，〈六論反對黨〉，20: 10（1959.5.16），頁8-12。
社論，〈蔣總統不會作錯了決定吧？〉，《自由中國》，20: 12（1959.6.16），頁3-4。
社論，〈好一個舞文弄法的謬論——所謂「修改臨時條款並不是修改憲法本身」〉，《自由中國》，21: 2（1959.7.16），頁5。
看雲樓主，〈曹丕怎樣在群臣勸進下稱帝的？〉，《自由中國》，21: 3（1959.8.1），頁19-20。
傅正，〈修憲已沒有「合法途徑」了！〉，《自由中國》，21: 5（1959.9.1），頁13-14。
社論，〈解決中國問題必需以民意為依歸〉，《自由中國》，21: 10（1959.11.16），頁3-4。
唐德剛，〈羅斯福總統究不敢違憲〉，《自由中國》，21: 10（1959.11.16），頁24。
胡適，〈「容忍與自由」——《自由中國》十週年紀念會上講詞〉，《自由中國》，21: 11（1959.12.1），頁7-8。

1960年

社論，〈「死亡宣告」可以適用於國大代表嗎？〉，《自由中國》，22: 1（1960.1.1），頁8。
傅正，〈護憲乎？毀憲乎？——望國大代表作明智的抉擇〉，《自由中國》，22: 4（1960.2.16），頁6-8。
社論，〈豈容「御用」大法官濫用解釋權？〉，《自由中國》，22: 5（1960.3.1），頁4-6。
社論，〈豈容「御用」大法官濫用解釋權？〉，《自由中國》，22: 5（1960.3.1），頁6。
左舜生、張君勱、張發奎、李璜等，〈我們對毀憲策動者的警告〉，《自由中國》，22: 5（1960.3.1），頁6。
社論，〈怎樣才使國大的紛爭平息了的！〉，《自由中國》，22: 6（1960.3.16），頁3-4。
社論，〈論無記名投票——進步的民主制度〉，《自由中國》，22: 6（1960.3.16），頁4。

龍在天，〈異哉！所謂國大代表總額問題！〉，《自由中國》，22: 6（1960.3.16），頁17。
〈給讀者的報告〉，《自由中國》，22: 7（1960.4.1），頁32。
雷震，〈我們為什麼迫切需要一個強有力的反對黨〉，《自由中國》，22: 10（1960.5.16），頁7-10。
〈在野黨及無黨無派人士舉行本屆地方選舉檢討會紀錄摘要〉，《自由中國》，22: 11（1960.6.1），頁24
殷海光，（我對於在野黨的基本建議），《自由中國》，23: 2（1960.7.16），頁7-13。
Chester Bowles著，蔣匀田譯，〈重行考慮「中國問題」〉，《自由中國》，23: 3（1960.8.1），頁8-10。
楊金虎，〈我們衷心的期待的反對黨〉，《自由中國》，23: 3（1960.8.1），頁12-4。
雷震，〈駁斥黨報官報的謬論和誣衊〉，《自由中國》，23: 4（1960.8.16），頁7-9。
朱伴耘，〈七論反對黨——代結論〉，《自由中國》，23: 5（1960.9.1），頁7-10。
傅添榮，〈論組黨與反共復國的契機〉，《自由中國》，23: 5（1960.9.1），頁11-2。

（五）其他單篇史料

〈雷震，《救亡圖存獻議》〉，《生根》，1（1985.3.23），頁16-23。
〈雷震，《救亡圖存獻議》〉，《生根》，2（1985.3.30），頁26-41。
〈雷震最後的「救亡圖存獻議」〉，《關懷》，36（1984.11.5），頁4-9。
胡虛一，〈胡適致雷震密件〉，收入李敖主編，《李敖千秋評論》，冊84（1988.12.5），頁248、250-251。
胡虛一，〈雷震日記介紹及選註〉，收入李敖主編，《李敖千秋評論》，冊71-80，1987-1988。
胡虛一，〈雷震日記介紹及選註〉，收入李敖主編，《萬歲評論叢書》，冊3-16，1984-1985。
夏道平，〈紀念殷海光先生〉，收入林正弘主編，《殷海光紀念集》（台北：桂冠圖書，1990），頁241。
張君勱，〈中國新憲法起草經過〉，《再生》總220期（1948.6），頁3。
張君勱，1946年日記手稿。
黃有仁（Ng, Yuzin Chiautong），〈雷震と「救亡圖存獻議」〉，《台灣青年》，172（東京：1975.2.5），頁28-34。
齊邦媛訪問，李孝悌記錄，〈紀念民主的播種者齊世英先生——康寧祥先生訪問紀錄〉，收入沈雲龍、林泉、林忠勝訪問，林忠勝記錄，《齊世英先生訪問紀錄》（台北：中央研究院近代史研究所，1990），頁354-355。
薛化元、潘光哲訪談，郭雲萍記錄，〈宋文明先生訪談紀錄〉（未刊稿），訪談時間：1999年4月30日，訪談地點：華華大飯店。
薛化元、簡明海訪談，〈胡學古先生訪談紀錄〉（未刊稿），訪談時間：2001年10月27日，訪談地點：胡宅。

（六）其他成冊史料

中共中央文獻研究室編，《周恩來年譜：1898-1949》，北京：中央文獻、人民出版，1989

中國民主同盟中央史料資料委員會編，《中國民主同盟歷史文獻》，北京：文史資料出版社，1983。

中國民主社會黨中央總部編，《張君勱先生九秩誕辰紀念冊》，台北：中國民主社會黨中央總部，1976。

中國國民黨中央執行委員會宣傳部編著，《抗戰建國綱領淺說》，重慶：正中書局，1938。

孔繁霖編，《五五憲草之評議》，南京：時代出版社，1946。

王壽南編，《王雲五先生年譜初稿》，冊2、3，台北：臺灣商務印書館，1987。

司徒雷登，《司徒雷登回憶錄（在中國五十年）》，台北：新象書店，1984。

伊原吉之助，《台灣の政治改革年表・覺書（1943-1987）》，奈良：帝塚山大學，1988。

呂芳上，《蔣中正先生年譜長編（第十一冊）》，台北：國史館，2015。

呂芳上，《蔣中正先生年譜長編（第十冊）》，台北：國史館，2015。

李永熾口述，李衣雲撰寫，《邊緣的自由人：一個歷史學者的抉擇》，台北：游擊文化，2019。

李永熾監修，薛化元主編，《台灣歷史年表：終戰篇Ⅰ（1945-1965）》，台北：國家政策研究資料中心，1990。

李宗仁口述，唐德剛撰寫，《李宗仁回憶錄》，三重：台光印刷出版事業翻印本。

李敖編著，《雷震研究》，台北：李敖出版社，1988。

李雲漢主編，劉維開編輯，《中國國民黨職名錄》，台北：中國國民黨中央委員會黨史委員會，1994。

李璜，《學鈍室回憶錄》，下冊，香港：明報月刊社，1982年

孟廣涵主編，《國民參政會紀實（上卷）》，重慶：重慶出版社，1985。

邵銘煌、薛化元主編，《蔣中正總裁批簽檔案目錄》，台北：國立政治大學歷史系、中國國民黨黨史館，2005。

胡適，《胡適的日記手稿本》，冊18，台北：遠流，1990。

重慶市政協文史資料研究委員會、中共重慶市委黨校編，《政治協商會議紀實》，重慶：重慶出版社，1989。

秦孝儀主編，《中國國民黨九十年大事年表》，台北：中國國民黨黨史會，1984。

國民大會秘書處編印，《國民大會實錄》，國民大會秘書處，1946。

康寧祥論述，陳政農編撰，《台灣，打拚：康寧祥回憶錄》，台北：允晨文化，2014。

梁漱溟，《憶往談舊錄》，台北：李敖出版社，1990。

陳世宏、張世瑛、許瑞浩、薛月順編，《雷震案史料彙編：國防部檔案選輯》，台北縣：國史館，2002。

陳世宏、張世瑛、許瑞浩、薛月順編輯，《雷震案史料彙編：黃杰警總日記選輯》，台北縣：國史館，2003。

陳逸松口述，林忠勝撰述，《陳逸松回憶錄（日據時代篇）》，台北：前衛，1994。
陳新吉，《馬鞍藤的春天：白色恐怖受難者陳新吉回憶錄》，新北市：國家人權博物館籌備處，2013。
陶百川、王澤鑑、葛克昌、劉宗榮編纂，《最新綜合六法全書》，台北：三民書局，1988。
陶晉生編，《陶希聖日記：1947-1956（上）》，台北：聯經，2014。
傅正著，潘光哲編，《傅正《自由中國》時期日記選編》，台北：中央研究院近代史研究所，2011。
楊秀菁、薛化元、李福鐘主編，《戰後臺灣民主運動史料彙編（七）新聞自由（1945-1960）》，台北縣：國史館，2002。
萬麗鵑編註，潘光哲校閱，《萬山不許一溪奔：胡適雷震來往書信選集》，台北：中央研究院近代史研究所，2001。
雷德全，《我的母親：宋英》，台北：桂冠圖書，1996。
雷震著，林淇瀁校註，《雷震回憶錄之新黨運動黑皮書》，台北：遠流，2003。
雷震原著，《制憲述要》，香港：自由出版社，1957。
雷震原著，《雷震回憶錄——我的母親續篇》，香港：七十年代雜誌社，1978。
雷震原著，《雷震家書》，台北：遠流，2003。
雷震原著，傅正主編，《雷震全集》，台北：桂冠圖書，1989-1990。
雷震原著，薛化元、楊秀菁主編，《雷震的歷史辯駁》，板橋：稻鄉，2016。
雷震原著，薛化元主編，《中華民國制憲史：政治協商會議憲法草案》，板橋：稻鄉，2010。
雷震原著，薛化元主編，《中華民國制憲史——制憲的歷史軌跡（1912-1945）》，板橋：稻鄉，2010。
雷震原著，薛化元主編，《中華民國制憲史——制憲國民大會》，新北市：自由思想學術基金會出版、稻鄉印行，2011。
蔣中正，《蘇俄在中國》，台北：中央文物供應社，1957。
蔣匀田，《中國近代史轉捩點》，香港：友聯出版社，1976。
學習知識社編印，《政治協商會議文彙（增訂本）》，廣州：學習知識社，1947。
歷史文獻社編選，《政協文獻》，出版地不詳：歷史文獻社，1946。
繆全吉，《中國制憲史資料彙編》，台北縣：國史館，1989。

二、中文專書

王曾才，《西洋現代史》，台北：東華書局，1967。
史明，《台灣人四百年史》，聖荷西：蓬萊文化公司，1980。
任育德，《雷震與台灣民主憲政的發展》，台北：國立政治大學歷史學系，1999。
吳乃德，《百年追求：卷二 自由的挫敗》，新北市：衛城，2013。
李筱峰，《台灣民主運動四十年》，台北：自立晚報社，1987。
林紀東，《中華民國憲法逐條釋義》，冊4，台北：三民書局，1984。

金恆煒，《面對獨裁：胡適與殷海光的兩種態度》，台北：允晨文化，2017。
范泓，《民主的銅像：雷震傳》，台北：獨立作家，2013。
荊知仁，《中國立憲史》，台北：聯經，1992。
馬之驌，《雷震與蔣介石》，台北：自立晚報社，1993。
國立編譯館編著，《中國近代現代史》，台北：幼獅公司，1979。
張玉法，《中國現代史》，台北：東華書局，1977。
張君勱，《中國第三勢力》，台北：中華民國張君勱學會編譯，2005。
張忠棟，《胡適五論》，台北：允晨文化，1990。
張忠棟，《胡適．雷震．殷海光：自由主義人物畫像》，台北：自立晚報社，1990。
張炎憲、陳美蓉、尤美琪採訪記錄，《臺灣自救宣言：謝聰敏先生訪談錄》，台北縣：國史館，2008。
許志雄，《憲法之基礎理論》，台北縣：稻禾，1992。
許宗力，《法與國家權力》，台北：月旦，1992。
郭廷以，《中華民國史事日誌》第四冊，台北：中央研究院近代史研究所，1985。
郭廷以，《近代中國史綱》，香港：中文大學，1979。
陳三井，《八十文存：大時代中的史家與史學》，台北：秀威資訊，2017。
陳正茂，《台灣早期政黨史略（1900-1960）》，台北：秀威資訊，2009。
陳正茂編著，《左舜生年譜》，台北縣：國史館，1998。
資中筠，《美國對華政策的緣起和發展，1945-1950》，重慶：重慶出版社，1987年6月。
道爾（R. Dahl）著，張明貴譯，《多元政治：參與和反對》，台北：唐山，1989。
劉慶瑞，《中華民國憲法要義》，台北：作者自印，1978。
鄭牧心，《台灣議會政治四十年》，台北：自立晚報社，1987。
穆勒（J. S. Mill）著，郭志嵩譯，《論自由及論代議政治》，台北：協志工業叢書出版公司，1974。
薛化元，《《自由中國》與民主憲政：1950年代台灣思想史的一個考察》，板橋：稻鄉，1996。
薛化元，《中國現代史》，台北：三民書局，2011。
薛化元，《民主憲政與民族主義的辯證發展》，台北縣：稻禾，1993。
薛化元，《雷震與1950年代台灣政治發展——轉型正義的視角》，台北：中正紀念堂，2019。
蘇瑞鏘，《白色恐怖在臺灣》，板橋：稻鄉，2014。
蘇瑞鏘，《超越黨籍、省籍與國籍：傅正與戰後台灣民主運動》，台北：前衛，2007。

三、期刊論文、專書論文

李筱峰，〈郭雨新的一生〉，收入郭惠娜、林衡哲編，《郭雨新紀念文集》，台北：前衛，1988。
邱家宜，〈齊世英與逆勢而為的《時與潮》雜誌（1959-1967）〉，《新聞學研究》，123

（2015.4），頁10-11。
張淑雅，〈美國對台政策轉變的考察〉，《中央研究院近代史研究所集刊》，19（1990.6），頁484-485
陳儀深，〈胡適與蔣介石〉，收入周策縱等著，《胡適與近代中國》，台北：時報文化，1991。
傅正，〈對殷海光先生的一段懷念〉，收入林正弘編，《殷海光紀念集》，台北：桂冠圖書，1990。
須文蔚，〈1950年代台灣的香港文化與傳播政策研究：以雷震之赴港建議與影響為例證〉，《中國現代文學》，33（2018.6.20），頁177。
臺灣銀行金融研究室，〈幣制改革在臺灣〉，《臺灣銀行季刊》，2: 1（1948.9），頁109。
薛化元，〈《自由中國》地方自治主張的歷史考察〉，收入《東亞近代思想與社會：李永熾教授六秩華誕祝壽論文集》，台北：月旦，1999。
薛化元，〈1950年代雷震日記中的反對黨與胡適〉，《東亞觀念史集刊》，15（2018.12），頁45-82。
薛化元，〈雷震與中華民國的國家定位〉，收入中華民國史專題第六屆討論會秘書處編，《中華民國史專題論文集（第六屆討論會）二十世紀臺灣歷史與人物》，台北縣：國史館，2002。
薛化元，〈臺灣自由主義發展的歷史考察（1949-60）：以反對黨問題為中心〉，《思與言》，34: 3（1996.9），頁241-286。

四、會議論文

工藤貴正，〈雷震在日本留學體驗之中所形成的初期民主・憲政思想〉，發表於2018年12月5日，中央研究院近代史研究所「西方經驗與近代中日交流的思想連鎖」學術研討會。
任育德，〈終身在野者：郭雨新〉，《郭雨新先生逝世二十週年紀念論文集》，台北：郭雨新先生逝世二十週年紀念活動籌備委員會，2005年8月1日，頁40。
蕭李居，〈國防會議的設置與法源初探〉，發表於「戰後檔案與歷史研究學術研討會」，國史館主辦，2007年11月29日至30日。

五、學位論文

魏誠，《民國四十、五十年代臺灣政論雜誌的發展：自由中國半月刊內容演變與政治主張》，台北：國立政治大學新聞研究所碩士論文，1984年1月。

六、外文文獻

C. Chang, *The Third Force in China*, New York: Bookman Associates Inc., 1952.
J. Habermas, *Theory and Practice*, Boston: Beacon Press, 1974.
J. S. Mill, *Representative Government*, in R. M. Hutchins et al., *Great Book of the Western World*,

Chicago: Encyclopedia Britannica, Inc., 1952, p. 365.
R. Dahl, *Polyarchy*, New Haven: Yale University Press, 1971.
Simon Long, *Taiwan: China's Last Frontier*, London: Macmillan, 1990.
平野正，《中國民主同盟の研究》，東京：研文出版，1983。
吉見崇，《中國司法の政治史》，東京：東京大學出版會，2020。
秦郁彥編，《世界諸國の制度・組織・人事（1840-1987）》，東京：東京大學出版社，1988。

七、網路資源

「歷屆全代會」，「中國國民黨全球資訊網」網站，網址：http://www.kmt.org.tw/p/blog-page_36.html，瀏覽日期：2020年6月30日。
江春男，〈為老友送行〉，東海大學校友聯絡網，網址：http://www.tunghai.org/news/20090328-TEFA.htm，瀏覽日期：2020年2月10日。
徐惠林，〈雷震家事〉，轉載於網站「秋毫明察軒主的博文」，網址：http://blog.tianya.cn/m/post-27063818.shtml，瀏覽日期：2020年6月5日。
張智程，〈瀧川幸辰與京大事件：捍衛百分之百學術自由的「京大精神」〉、陳建邦，〈【大學之道】青春無悔、反骨精神——說京都大學〉，「台灣海外網」，網址：http://taiwanus.net/news/news/2012/201212170213591983.htm，瀏覽日期：2020年7月9日。
「軍事審判法」（1956年12月24日修正公布），司法院法學資料檢索系統，網址：https://law.judicial.gov.tw/FLAW/hisdata.aspx?lsid=FL005607&ldate=19561224&lser=001&ot=in，瀏覽日期：2020年8月6日。
「監獄行刑法」（1957年1月7日修正），司法院法學資料檢索系統，網址：https://law.judicial.gov.tw/FLAW/hisdata.aspx?lsid=FL010327&ldate=19570107&lser=001，瀏覽日期：2020年1月21日。
李鴻禧，〈雷震之憲法學者畫像——遭誣受害之宿命〉，[HI-ON]鯨魚網站，2002年9月7日文章，網址：http://www.hi-on.org.tw/bulletins.jsp?b_ID=44880，瀏覽日期：2020年4月24日。
安慶市第二中學網站，「安慶二中校史沿革圖」，2016年12月19日編輯，網址：http://www.aqez.net/DocHtml/1/Article_201612194973.html，瀏覽日期：2020年5月25日。

國家圖書館出版品預行編目(CIP)資料

民主的浪漫之路：雷震傳 / 薛化元著. -- 初版. -- 臺北市：遠流, 2020.12
面；　公分
ISBN 978-957-32-8905-0（平裝）

1. 雷震 2. 臺灣傳記

783.3886　　109016811

民主的浪漫之路：雷震傳

策劃——公益信託雷震民主人權基金
　　　自由思想學術基金會
作者——薛化元
主編——曾淑正
美術設計——陳春惠
企劃——葉玫玉

發行人——王榮文
出版發行——遠流出版事業股份有限公司
地址——台北市南昌路二段81號6樓
劃撥帳號——0189456-1
電話——(02) 23926899　傳真——(02) 23926658

著作權顧問——蕭雄淋律師
2020年12月1日 初版一刷
售價——新台幣580元
缺頁或破損的書，請寄回更換

ISBN 978-957-32-8905-0（平裝）

遠流博識網 http://www.ylib.com
E-mail: ylib@ylib.com